Funktion und Reichweite der aktien- und kapitalmarktrechtlichen Aktionärsinformation in Deutschland, Frankreich und England

Europäische Hochschulschriften

Publications Universitaires Européennes
European University Studies

Reihe II
Rechtswissenschaft

Série II Series II
Droit
Law

Bd./Vol. 4347

PETER LANG
Frankfurt am Main · Berlin · Bern · Bruxelles · New York · Oxford · Wien

Dagmar Pütz

Funktion und Reichweite der aktien- und kapitalmarktrechtlichen Aktionärsinformation in Deutschland, Frankreich und England

PETER LANG
Europäischer Verlag der Wissenschaften

Bibliografische Information Der Deutschen Bibliothek
Die Deutsche Bibliothek verzeichnet diese Publikation in der Deutschen Nationalbibliografie; detaillierte bibliografische Daten sind im Internet über <http://dnb.ddb.de> abrufbar.

Zugl.: Mainz, Univ., Diss., 2005

D 77
ISSN 0531-7312
ISBN 3-631-55035-9

www.peterlang.de

Meinen Eltern

L'une des missions traditionnelles du Droit est la protection des faibles. Mais l'équilibre est difficile à trouver et à conserver entre l'efficacité due au principe majoritaire et la protection des minoritaires.

Yves Guyon

Inhaltsverzeichnis

A. Vorwort

Die vorliegende Arbeit wurde im August 2005 vom Fachbereich Rechts- und Wirtschaftswissenschaften der Johannes Gutenberg-Universität Mainz als Dissertationschrift angenommen. Rechtsprechung, Literatur und Entwicklungen konnten bis November 2005 berücksichtigt werden. Sie befasst sich mit aktien- und kapitalmarktrechtlichen Informationsrechten und –pflichten im deutschen, französischen und englischen Recht.

Alle Rechtsordnungen der Mitgliedstaaten der Europäischen Union gewähren Aktionären bestimmte Informationsbefugnisse. In gesellschaftsrechtlicher Hinsicht dient die Aktionärsinformation vor allem der Vorbereitung der Aktionäre auf eine sachgerechte Ausübung ihrer Verwaltungsrechte, insbesondere ihres Stimmrechts auf der Hauptversammlung sowie der Prüfung, ob Entscheidungen der Gesellschaftsleitung gerichtlich angegriffen werden sollen. Aktionäre und potentielle Investoren sind zudem auf Informationen der Unternehmensleitung angewiesen, um die wirtschaftliche Sinnhaftigkeit der Verwendung ihres Kapitals oder einer beabsichtigten Investition beurteilen zu können.

Für Großaktionäre ist eine Informationsbeschaffung auf informellem Weg oftmals leicht möglich.[1] Sie verfügen bereits aufgrund ihres Stimmgewichts über einen großen Einfluss auf die Geschäftsführung der Gesellschaft, so dass in der Regel keine einschneidenden Maßnahmen ohne ihre Zustimmung erfolgen können. Zudem sind sie gerade in kleineren Gesellschaften nicht selten selbst in den Leitungsorganen vertreten. Demgegenüber sind Kleinaktionäre, die den Gesellschaften ebenfalls teilweise erhebliche Summen an Eigenkapital zur Verfügung stellen, auf eine ausreichende Informationen durch die Unternehmensleitung angewiesen, da ihr Stimmanteil eine Mitwirkung an gesellschaftsinternen Entscheidungen faktisch ausschließt.

Der Schutz von Aktionären erfolgte in Deutschland im Gegensatz zu anderen europäischen Rechtsordnungen bis vor wenigen Jahren vorwiegend durch das Aktienrecht, das fast ausschließlich eine hauptversammlungsbezogene Aktionärsinformation gewährleistet und Informationsverstöße mit scharfen Sanktionen, insbesondere der Anfechtungsklage, ahndet. Daneben ist im letzten Jahrzehnt im Wesentlichen aufgrund europarechtlicher Vorgaben ein eigenständiges Kapitalmarktrecht mit zahlreichen zusätzlichen Publizitätspflichten entstanden, die primär der Gewährleistung eines funktionsfähigen Kapitalmarktes dienen, aber auch das Informationsbedürfnis der Aktionäre und potentieller Anleger befriedigen.

---

[1] Großaktionäre erlangen die von ihnen benötigten Informationen in der Regel auf diskreten Kanälen, z.B. durch direkte Anrufe beim Vorstandsvorsitzenden oder anderen Organmitgliedern, vgl. FAZ Nr. 209 vom 7.9.2001, S. 19.

Die Pflichten zur Informationsübermittlung an die Aktionäre und die entsprechenden Sanktionen werden teilweise als zu weitgehend, zum Teil aber auch als lückenhaft angesehen. Die Information der Aktionäre kann insbesondere in börsennotierten Gesellschaften zu einem beträchtlichen bürokratischen Aufwand führen. Zahlreiche Hauptversammlungen deutscher Aktiengesellschaften haben vor allem aufgrund der Inanspruchnahme des Auskunftsrechts erhebliche Ausmaße angenommen. Viele der auf den jährlichen Aktionärstreffen gefassten Beschlüsse sind zudem Gegenstand von Anfechtungsklagen, die regelmäßig (auch) mit Informationsmängeln begründet werden, teilweise zur Blockade wichtiger Strukturänderungen führen und die betroffenen Gesellschaften oftmals dazu zwingen, kostenträchtigen Abfindungsvergleichen mit den Aktionärsklägern zuzustimmen. Daher sind aus Sicht der Gesellschaft und ihrer Leitungsorgane insbesondere die Reichweite des Auskunftsrechts zu begrenzen und die Folgen einer Anfechtungsklage abzumildern.

Vom Standpunkt der Aktionäre und potentieller Anleger aus betrachtet weist das deutsche Recht demgegenüber zum Teil erhebliche Schutzlücken auf. Dies gilt vor allem bezüglich nicht börsennotierter Gesellschaften, in denen die Anteilseigner neben den wenigen register- sowie den bilanzrechtlichen Publizitätsvorgaben nur auf die ausschließlich hauptversammlungsbezogenen Informationsrechte und -pflichten des Aktienrechts zurückgreifen können, um sich über „ihre" Gesellschaft zu informieren. Aber auch für (potentielle) Aktionäre kapitalmarktaktiver Gesellschaften, die aufgrund der kapitalmarktrechtlichen Regel- und ad hoc-Publizität von einem flankierenden Informations- und Sanktionssystem profitieren können, stellt sich das deutsche Recht als entwicklungs- und reformbedürftig dar. Regelungsdefizite werden dabei vor allem auf dem Gebiet der Sanktionen wegen fehlerhafter Kapitalmarktpublizität, insbesondere im Rahmen der zivilrechtlichen Organaußenhaftung gesehen.

In anderen europäischen Rechtsordnungen bestehen divergierende Ansätze zur Gewährleistung einer ausreichenden Information der Aktionäre, die spätestens seit dem Aufbrechen der Blockade grenzüberschreitender Sitzverlegungen durch die Grundsatzentscheidungen *Überseering*[2] und *Inspire Art*[3] des EuGH auch für deutsche Unternehmen von besonderem Interesse sein dürften.

Daher sollen in der vorliegenden Abhandlung die Vorzüge und Schwächen des deutschen Informationssystems im internationalen Vergleich herausgearbeitet werden. Beispielhaft werden hierbei das französische Rechtssystem, das ebenfalls ein stark verbandsrechtlich geprägtes Informationskonzept aufweist, und das englische Recht, das von einem gegenläufigen Ansatz ausgeht und Informationsvorschriften stärker an der Rolle der Aktionäre als Kapitalgeber orientiert, untersucht. Zudem soll analysiert werden, welche Funktion Informationsrechten

---

[2] EuGH, NJW 2002, 3614.

[3] EuGH, NJW 2003, 3331; siehe hierzu auch Horn, NJW 2004, 893.

und -pflichten zukommen sollte und wie diesem Ziel am besten Wirksamkeit verliehen werden kann. Angesichts der unterschiedlichen Informationsdichte ist eine differenzierende Betrachtung zwischen börsennotierten Aktiengesellschaften und nicht kapitalmarktaktiven Gesellschaften geboten.

Veröffentlichungspflichten im Rahmen von Übernahmesachverhalten, primärmarktbezogene kapitalmarktrechtliche Publizitätspflichten, die Offenlegung von Beteiligungsverhältnissen sowie die Rechnungslegungspublizität sollen ausgeblendet werden.

Darüber hinaus möchte ich es nicht versäumen, allen aufrichtig Dank zu sagen, die mich bei der Erstellung der vorliegenden Arbeit auf vielfache Weise unterstützt haben. In erster Linie danke ich Herrn Prof. Dr. Peter O. Mülbert für seine Anregung zu dieser Abhandlung und seine Betreuung. Er hat mich fortwährend unterstützt, war stets hilfsbereit und zuvorkommend. Ich möchte ihm auch für die zügige Erstellung des Erstgutachtens meinen Dank aussprechen. Gleicher gilt Herrn Prof. Dr. Mathias Habersack für seine Bereitschaft, das Zweitgutachten zu erstellen.

Weiterer Dank gebührt den Rechtsanwälten Frau Martina Kuppel sowie Herrn Dr. Beda Wortmann von der Rechtsanwaltskanzlei Clifford Chance Pünder in Frankfurt a.M., die mir immer wieder den Zugang zur Kanzleibibliothek ermöglicht und mir so die Literaturrecherche im englischen Recht erheblich erleichtert haben.

Abschließend danke ich vor allem meiner Familie, insbesondere meinen Eltern, sowie allen meinen Freunden und Freundinnen, die mich begleitet und ermutigt haben. Besonderer Dank gebührt Herrn Dr. Stefan R. Kranz, Mag. iur. Er hat sich nicht nur der zeitintensiven und langwierigen Arbeit des Korrekturlesens angenommen, sondern die Abhandlung durch intensive Diskussionen bereichert und so zum Gelingen meiner Arbeit beigetragen.

B. Rechtslage in Deutschland

I. Allgemeines

Der Informationsbedarf der Aktionäre deutscher Aktiengesellschaften wird neben der allgemeinen Rechnungslegungspublizität in Form von Jahresabschluss und Geschäftsbericht zum einen durch aktienrechtliche organschaftliche Informationspflichten und individuelle Auskunfts- und Einsichtsrechte, zum anderen durch kapitalmarktrechtliche Publizitätspflichten abgedeckt. Die einzelnen aktienrechtlichen Informationsrechte und –pflichten existieren grundsätzlich nebeneinander, auch wenn zwischen der organschaftlichen Informationsübermittlung, individuellen Informationsrechten der Anteilseigner und kapitalmarktrechtlichen Publizitätspflichten ein Funktionszusammenhang besteht, der ihre Reichweite beeinflusst und zum Teil begrenzt.

1. Bedeutung der aktien- und kapitalmarktrechtlichen Aktionärsinformation

Die aktienrechtlichen Informationsrechte und –pflichten sind Ausfluss der in Art. 14 Abs. 1 Grundgesetz (GG) verankerten Eigentümerstellung der Aktionäre.[4] Die Informationsrechte und –pflichten haben die Aufgabe, die Aktionäre im Hinblick auf ihre Teilnahme und Stimmabgabe in der Hauptversammlung mit relevanten Informationen zu versorgen, damit diese in der Lage sind, die Tragweite der zur Beschlussfassung anstehenden Maßnahmen zu beurteilen, eine sachgerechte Abstimmung auf informierter Grundlage zu treffen und über die Geltendmachung sonstiger Mitgliedschaftsrechte, insbesondere des Anfechtungsrechts, sowie über einen Verbleib in oder Austritt aus der Gesellschaft zu entscheiden.[5] Daneben kommt der Aktionärsinformation eine Kontrollfunktion zu, die allerdings nur ergänzend zum Tragen kommt, weil eine allgemeine Kontrolle des Vorstands durch die Aktionäre nicht dem Kompetenzgefüge der Aktiengesellschaft entspricht, sondern dem Aufsichtsrat zugewiesen wurde.[6]

Eine Verbesserung der Entscheidungsgrundlage der Anteilseigner auf der Hauptversammlung durch hinreichende Informationsübermittlung ist jedoch

---

[4] BVerfGE 14, 263, 278 ff. (Feldmühle); BVerfG, ZIP 1999, 532, 533 (SEN); WM 2000, 1948, 1949 f. (Moto Meter).

[5] Kropff, Begr. RegE AktG 1965, S. 184; Zöllner in: Kölner Kommentar AktG, § 131 Rn. 2; Henze, BB 2002, 893, 901; Baums, Gutachten F zum 63. DJT, F 132 m.w.N.; Hommelhoff, ZGR, 1993, 452, 453 ff.

[6] Decher in: Großkommentar AktG, § 131 Rn. 11 ff.; ähnlich Henze, HRR AktienR, Rn. 688 ff.; für einen allgemeinen Rechenschaftsanspruch der Aktionäre hingegen BGHZ 86, 1, 19; KG, ZIP 1995, 1585, 1587; KG, ZIP 2001, 1200, 1202; Kubis in: Münchener Kommentar AktG, § 131 Rn. 1 m.w.N.; kritisch Hüffer, ZIP 1996, 401, 403 f.

lediglich für Aktionäre mit größeren Aktienpaketen und in Gesellschaften mit wenigen Aktionären realistisch. Denn regelmäßig sind nur Großaktionäre und Anteilseigner mit gewichtigem Stimmanteil im Einzelnen an der Geschäftstätigkeit des Unternehmens interessiert und in der Lage, auf das Abstimmungsergebnis in der Hauptversammlung Einfluss zu nehmen.

Die Verbesserung der Entscheidungsfähigkeit ist für die breite Masse der Kleinaktionäre demgegenüber von rein theoretischer Natur, da ihre Stimmabgabe praktisch nicht relevant ist und sie in der Regel nicht genügend mit den innerbetrieblichen Vorgängen vertraut sind, um die ökonomisch-unternehmerische Sinnhaftigkeit der zur Entscheidung anstehenden Maßnahme beurteilen zu können.[7] Dies gilt insbesondere in großen (börsennotierten) Publikumsaktiengesellschaften. Der Interessenschwerpunkt von Kleinaktionären liegt zumeist auf der Vermögenskomponente ihrer Rechtsposition.[8] Während Großaktionäre, bei denen die unternehmerische, in der Regel langfristige, Unternehmensbeteiligung im Vordergrund steht, häufig bereits informell von der Unternehmensleitung über vertrauliche Informationen in Kenntnis gesetzt werden und aus betriebswirtschaftlichen Gründen stärker an einer Geheimhaltung von Informationen interessiert sind, haben Kleinaktionäre, die primär als Investoren fungieren und mit ihrer Gesellschaftsbeteiligung meist ausschließlich Renditeerwartungen verbinden, regelmäßig ein Interesse an einer möglichst umfassenden Informationübermittlung, um (kurzfristige) Gewinnsteigerungen zu realisieren.[9]

Mittlerweile ist daher weitgehend anerkannt, dass die aktienrechtliche Aktionärsinformation auch dem Schutz der Aktionäre in ihrer Rolle als Kapitalanleger dient.[10] Nicht nur die kapitalmarktrechtlichen Publizitätsnormen, sondern auch die aktienrechtlichen Informationsrechte und –pflichten sollen eine sachgerechte Aktienanalyse und Unternehmensbewertung gewährleisten, damit die Dispositionsfreiheit über das Anteilseigentum der Aktionäre und ihre vermögensrechtlichen Ansprüche nicht leer laufen.

Zudem zeigen die höchstrichterliche Rechtsprechung der letzten Jahre sowie die bereits erfolgten und derzeit vorbereiteten gesetzgeberischen Neuregelungen,

---

[7] Zöllner in: Reformbedarf im Aktienrecht, 1994, S. 147, 152. Hirschberger/Weiler, DB 2004, 1137, 1139 halten die Idee der Miteigentümerstellung des Aktionärs ebenfalls erst ab einer bestimmten Anteilshöhe für zutreffend.

[8] So auch WpÜG, BT-Drucks. 14/7034, S. 32; Seibt, WM 2004, 2137, 2139; a.A. Hanau, NZG 2002, 1040, 1043 unter Hinweis auf Splitterbeteiligungen von Unternehmen.

[9] BVerfG, ZIP 1999, 1803; Mülbert, Aktiengesellschaft, Unternehmensgruppe und Kapitalmarkt, 1996, S. 136 ff. m.w.N.

[10] Decher in: Großkommentar AktG, § 131 Rn. 14 f. m.w.N.; Schiessl, AG 1999, 442, 445 ff.; ders. in: VGR, Bd. 2, 2000, S. 57, 66; Seibt in: VGR, Bd. 3, 2001, S. 37 ff.; Henze, BB 2002, 893, 901; Baums, Gutachten F zum 63. DJT, F 130; Mülbert, Aktiengesellschaft, Unternehmensgruppe und Kapitalmarkt, 1996, S. 54 ff., 97 ff., 154 ff.; ders. in: Großkommentar AktG, Vor §§ 118-147 Rn. 199 ff., 203; Joussen, AG 2000, 241, 252; in diese Richtung schon Wiedemann, BB 1975, 1591 ff.

dass sich das AktG 1965 in der gegenwärtigen Gestalt von dem traditionellen Konzept des Aktionärs, dem vor allem im Rahmen des persönlichen Zusammentreffens auf der Hauptversammlung sämtliche Mitsprache- und Mitwirkungsrechte zustehen und der über ein verfassungsrechtlich gewährleistetes Bestandsinteresse verfügt, in wesentlichen Punkten fortentwickelt hat. So hat der Gesetzgeber im Rahmen des *Transparenz- und Publizitätsgesetzes* (TransPuG) vom 26.07.2002 erstmals eine Internetübertragung von Hauptversammlungen zugelassen und damit den traditionellen Charakter der Aktionärsversammlung als persönliches Zusammentreffen der Anteilseigner aufgeweicht.[11] Darüber hinaus haben das Bestandsinteresse sowie die Anfechtungsbefugnis der Minderheitsaktionäre nach der jüngsten Rechtsprechung des Bundesverfassungsgerichts[12] und des Bundesgerichtshofs[13] in bestimmten Fällen zurückzutreten, wenn die Kapitalinteressen der betroffenen Anteilseigner hinreichend gewahrt sind. Umgekehrt greifen aktienrechtliche Schutzmechanismen in Gestalt der Anfechtungsklage auch dann ein, wenn eine unternehmerische Entscheidung der Aktiengesellschaft, wie etwa im Falle eines vollständigen Delistings, nicht den Aktienbestand als solchen tangiert, sondern (nur) die Vermögensinteressen der Anteilseigner.[14]

Der stärkste Einschnitt in das tradierte Aktionärsverständnis erfolgte jedoch durch die Einführung des squeeze-out, der nach seinem Sinn und Zweck bewusst gegen die Minderheitsaktionäre gerichtet ist und der das bislang unter Hinweis auf verfassungsrechtlich geschützte Rechtspositionen vielfach vehement verfochtene und verfassungsrechtlich begründete Bestandsinteresse preisgibt.[15] Obwohl Sinn und Zweck des squeeze-out dem verbandsrechtlichen Ansatz diametral entgegenstehen und der Gesetzgeber selbst klargestellt hat, dass den Minderheitsinteressen der Kleinaktionäre durch das Gebot einer ausreichenden Barabfindung Genüge getan ist, wurde die neu geschaffene Möglichkeit, unangenehme Minderheitsaktionäre loszuwerden, auch von Vertretern dieser Auffassung nahezu einhellig begrüßt.[16] Zudem hat die obergerichtliche Recht-

---

[11] Kritisch Hommelhoff, ZGR 2001, 238, 261 zur Möglichkeit der Ausübung des Auskunftsrechts gemäß § 131 AktG via Internet, da dies „die geordnete Durchführung der Hauptversammlung als zeitlich begrenzter Präsenzveranstaltung stören (...) könne".

[12] BVerfGE 100, 289 (DAT/Altana); BVerfG, WM 2000, 1948, 1949 f. (Moto Meter).

[13] BGH, NJW 2001, 1425 (MEZ); BGH, NJW 2001, 1428 (Aqua Butzke).

[14] BGH, ZIP 2003, 387, 390 (Macrotron); siehe Henze in: Festschrift Hadding, 2004, S. 409, 423 ff.; Schlitt, ZIP 2004, 533, 535; Krämer/Theiß, AG 2003, 225, 228 ff.

[15] Vgl. hierzu Mülbert in: Festschrift Ulmer, 2003, S. 433, 438 f., 449; ders. in: Sakkoulas, Anlegerschutz, 2002, S. 55; OLG Düsseldorf, ZIP 2004, 359, 361 (Edscha AG) m. Anm. Schautes, DB 2004, 591; OLG Köln, ZIP 2004, 760, 762: „Der Minderheitsaktionär hat de facto die Funktion eines reinen Finanzanlegers."

[16] Vgl. Mülbert in: Festschrift Ulmer, 2003, S. 433, 438 m.w.N.; Vetter, AG 2002, 176, 178; Grunewald in: Münchener Kommentar, Vor § 327a Rn. 2 ff. Grundsätzliche Einwände oder Vorschläge, den squeeze-out auf börsennotierte Gesellschaften zu beschränken (so Habersack, ZIP 2001, 1230, 1235 f.; Hüffer, AktG, § 327a Rn. 4), wurden vom Gesetzgeber nicht berücksichtigt.

sprechung die Verfassungsmäßigkeit des squeeze-out, die teilweise angezweifelt wird, bejaht.[17]

Die kapitalmarktrechtlichen Publizitätspflichten, die auf keiner verfassungsrechtlich gewährleisteten Rechtsposition der Aktionäre, sondern vornehmlich auf gesamtwirtschaftlichen Zielsetzungen beruhen, bezwecken neben der Information der Anleger die Verbesserung der allokativen Funktionsfähigkeit des Kapitalmarktes und tragen dem Umstand Rechnung, dass Transparenz von elementarer Bedeutung für das Funktionieren und die Effizienz eines Marktes ist.[18] Nur dann, wenn den einzelnen Marktteilnehmern eine zeit- und kostenintensive Beschaffung von kauf– bzw. verkaufsrelevanten Informationen erspart und Informationsdefizite oder Informationsasymmetrien innerhalb des Anlegerpublikums weitestgehend behoben werden, können realistische Preise festgestellt, hektische Kurssprünge vermieden und die Effizienz des Marktes sichergestellt werden, so dass das Vertrauen der Anleger in den Kapitalmarkt sowie in die einzelne Aktiengesellschaft gefördert und – beispielsweise im Rahmen von Kapitalerhöhungen – ein höherer Zufluss an Eigenkapital begünstigt wird.

Neben den Informationsbedürfnissen der Aktionäre und des Kapitalmarktes soll die gesetzliche Ausgestaltung der aktien- und kapitalmarktrechtlichen Informationsrechte und –pflichten auch schutzwürdigen Interessen der Gesellschaft und ihrer Leitungsorgane Rechnung tragen, um Nachteile gegenüber Konkurrenten, die durch die Veröffentlichung interner Daten entstehen könnten, zu vermeiden.[19]

Die wirtschaftlichen Zielsetzungen, die durch die aktien- und kapitalmarktrechtlichen Informationsrechte und –pflichten erreicht werden sollen, sind mithin vielgestaltig und stehen teilweise in Widerspruch zueinander. Es besteht ein Spannungsverhältnis zwischen dem durch Art. 14 GG legitimierten und wirtschaftlich fundierten Informationsbedürfnis der Aktionäre einerseits und dem Interesse der Gesellschaft an Geheimhaltung vertraulicher Informationen, an einer zügigen Durchführung beschlossener Strukturmaßnahmen sowie der Gewährleistung eines reibungslosen Ablaufs der Hauptversammlung andererseits. Die widerstreitenden Interessen kommen auch in Konflikten zwischen Minderheits- und Mehrheitsaktionären zum Ausdruck. Eine weitere Spannungskomponente tritt in börsennotierten Gesellschaften hinzu, da die übermittelten Informationen das Verhalten der einzelnen Marktteilnehmer, den Börsenkurs und damit die Höhe der Kapitalkosten beeinflussen können.

---

[17] OLG Köln, ZIP 2004, 760, 762; OLG Stuttgart, NZG 2004, 146, 149; OLG Düsseldorf, ZIP 2004, 359 f.; KG, DB 2005, 41 f.; siehe Dißars, BKR 2004, 389, 390; Fuhrmann/Linnerz, ZIP 2004, 2306, 2307 m.w.N.

[18] Vgl. hierzu Assmann in: Großkommentar AktG, Einleitung A-D Rn. 357 ff.

[19] Klassisches Beispiel für diese Konfliktlage ist das Vorliegen einer Konkurrenzsituation zwischen der Gesellschaft und dem die Information begehrenden Aktionär.

2. Gewichtung der Rechte der Anteilseigner

Welches Grundverständnis der Rechtsstellung der einzelnen Anteilseigner im Rahmen der aktienrechtlichen Aktionärsinformation zukommt, ist in Deutschland noch nicht abschließend geklärt.

a) Verbandsrechtlicher Ansatz

Nach dem (noch) herrschenden *verbandsrechtlichen Ansatz*,[20] der das Aktienorganisationsrecht als Recht eines Personenverbands ansieht, hat jeder Aktionär die Stellung eines Verbandsmitglieds. Ihm stehen alle mitgliedschaftlichen Rechte als Individualrechte zu, so dass es nach dieser Ansicht grundsätzlich systemwidrig ist, die Schutzrechte in bestimmten Fällen, etwa dann, wenn sie nur aus eigennützigen Motiven heraus geltend gemacht werden, zu verweigern.[21] Zwar erkennt auch die verbandsrechtliche Sicht an, dass das grundrechtlich geschützte Anteilseigentum Inhalts- und Schrankenbestimmungen unterliegt, so dass der Schutz des einzelnen Aktionärs aus gewichtigen Gründen des Allgemeinwohls hinter die Interessen der Allgemeinheit an der freien Entfaltung der unternehmerischen Tätigkeit zurückgestellt werden kann.[22] Dennoch ist es nach herrschender Auffassung grundsätzlich nicht zu beanstanden, dass jeder Aktionär, der einen Hauptversammlungsbeschluss nicht inhaltlich mitbestimmen kann, ohne Nachweis einer besonderen Klagebefugnis unabhängig von der wirtschaftlichen Interessenlage der Gesellschaft auch bei rein egoistischen Beweggründen befugt ist, sich durch Anfechtung gegen solche Beschlüsse zu wehren, die in seine Mitgliedschaftsrechte eingreifen.[23] Eine Begrenzung der mitgliedschaftlich legitimierten Anfechtungsbefugnis ist insoweit erst in Fällen des Rechtsmissbrauchs vorzunehmen.[24] Dies wird u.a. damit begründet, dass gerade die Möglichkeit der Beschlussanfechtung Präventivwirkung entfalte, Druck auf die mitteilungspflichtigen Leitungsorgane ausübe und so die mitgliedschaftlich gebotene Durchsetzung einer ordnungsgemäßen Berichterstattung und Auskunftserteilung gewährleiste.[25]

---

[20] K. Schmidt, Gesellschaftsrecht, § 1 II 2d; Lutter, AcP 180 (1980), 84, 97 ff.; Kubis in: Münchener Kommentar AktG, § 131 Rn. 2; Decher in: Großkommentar AktG, § 131 Rn. 5; Habersack, Mitgliedschaft, 1996, S. 297 ff., 326 ff.; Kropff, Begr. RegE AktG 1965, S. 14 f.; kritisch hingegen Mülbert, Aktiengesellschaft, Unternehmensgruppe und Kapitalmarkt, 1996, S. 69 ff., 97 ff., 154 ff.; ders. in: Großkommentar AktG, Vor §§ 118-147 Rn. 187 ff. m.w.N.

[21] Hüffer in: Münchener Kommentar AktG, § 245 Rn. 7; K. Schmidt in: Großkommentar AktG, § 245 Rn. 11 unter Hinweis auf Kropff, Begr. RegE AktG 1965, S. 295 f., 332 f.

[22] Grundlegend BVerfGE 14, 263, 278 ff.; 50, 290, 342 ff. (Mitbestimmung); BVerfG, ZIP 1999, 532, 533 f. (SEN); vgl. Hüffer, AktG, § 131 Rn. 2.

[23] Hüffer in: Festschrift Kropff, 1997, S. 127, 142; Baums, Gutachten F zum 63. DJT, F 17 ff.; ähnlich Habersack, Mitgliedschaft, 1996, S. 329 f.

[24] K. Schmidt in: Großkommentar AktG, § 245 Rn. 11; Hüffer in: Münchener Kommentar AktG, § 245 Rn. 7; Hirte, BB 1988, 1469, 1470 ff.; Hoffmann-Becking, ZHR 167 (2003), 357, 361.

[25] Siehe Baums, Gutachten F zum 63. DJT, F 23, 134; Hommelhoff, ZGR 1993, 452, 455.

b) Konzept der hybriden Aktionärsstellung

Demgegenüber geht das *Konzept der hybriden Aktionärsstellung*[26] davon aus, dass das Aktienrecht eine „Gemengelage verbandsrechtlich-bestandsbezogener und vermögensbezogener Schutzregeln" darstellt und dass der Aktiengesellschaft vornehmlich eine Kapitalsammelfunktion zukommt. Insbesondere Kleinaktionäre sind demnach weniger als Mitglied eines Verbands, sondern vor allem als an einem Investment interessierte Anleger und Unternehmensfinanzierer anzusehen. Da die einzelnen Anteilseigner primär als Kapitalgeber, also als wirtschaftliche Eigentümer, an der Gesellschaft beteiligt sind, gewährt ihnen das Aktienrecht lediglich punktuelle Mitentscheidungsrechte (§ 119 Abs. 1 AktG), die primär zum Schutz ihrer Vermögensinteressen gegen nachteilige Eingriffe der Gesellschaftsleitung in Betracht kommen und nur nachrangig der Verfolgung des gemeinsamen Gesellschaftszwecks dienen.[27] Die Inhalts- und Schrankenbestimmungen des Aktieneigentums sind danach insofern zu konkretisieren, dass den Anteilseignern kein Recht zur Beschlusskontrolle zusteht, wenn und soweit ihnen vermögensrechtliche Ausgleichsansprüche gewährt werden. Im Extremfall ist es sogar zulässig, den Erhalt der Mitgliedschaft zugunsten des Grundsatzes „Vermögensschutz statt Bestandsschutz" in den Hintergrund treten zu lassen.[28] Der Vorrang der Ausschlussinteressen des Großaktionärs ist jedenfalls dann unbedenklich, wenn das Aktienrecht durch geeignete Verfahrensgarantien eine angemessene Entschädigung der zum Ausscheiden gezwungenen Minderheitsaktionäre gewährleistet.[29] Auch einzelne Vertreter des verbandsrechtlichen Ansatzes wollen die aktienrechtlichen Minderheitsrechte nur solchen Aktionären zukommen lassen, die ein so genanntes „unternehmerisches" Interesse am Wohle der Gesellschaft haben, ohne dabei jedoch von einem gesellschaftsrechtlichen Gesamtkonzept auszugehen.[30] Die jüngsten Entwicklungen des Aktienrechts gewichten ebenfalls verstärkt die unternehmerischen Interessen der Mehrheitsanteilseigner sowie die vermögensrechtliche Kompente des Aktieneigentums.

---

[26] Grundlegend Mülbert, Aktiengesellschaft, Unternehmensgruppe und Kapitalmarkt, 1996, S. 97 ff., 154 ff.; ders. in: Festschrift Ulmer, 2003, S. 433, 434; ders. in: Sakkoulas, Anlegerschutz, 2002, S. 43, 51 ff., 57 ff.

[27] Mülbert, Aktiengesellschaft, Unternehmensgruppe und Kapitalmarkt, 1996, S. 97 ff., 154 ff.; ders. in: Festschrift Ulmer, 2003, S. 433, 434 f.

[28] Mülbert, Aktiengesellschaft, Unternehmensgruppe und Kapitalmarkt, 1996, S. 339 ff.; ders. in: Festschrift Ulmer, 2003, S. 433, 435 ff.; in diese Richtung auch BGH, NJW 2001, 1425 (MEZ); BGH, NJW 2001, 1428 (Aqua Butzke); kritisch Hanau, NZG 2002, 1040, 1042.

[29] Mülbert in: Festschrift Ulmer, 2003, S. 433, 439 unter Hinweis auf BVerfGE 100, 289, 303 (DAT/Altana); BVerfG, WM 2000, 1948, 1950 f. (Moto Meter).

[30] Seibt, WM 2004, 2137, 2139, der in kapitalmarktaktiven Gesellschaften einen Wandel der Aktionärsrolle vom Mitunternehmer zum Kapitalanleger konstatiert; ähnlich Semler, in: Gesellschaftsrecht 1995, S. 179, 230 f. im Hinblick auf Schadensersatzansprüche von Anlegern.

II. Aktionärsinformation in nicht börsennotierten Gesellschaften

Das deutsche Recht regelt die Informationsrechte und –pflichten nicht börsennotierter Aktiengesellschaften, die den weitaus größten Teil aller Aktiengesellschaften in Deutschland ausmachen,[31] mit Ausnahme der Registerpublizität ausschließlich im Aktienrecht. Die ursprüngliche Fassung des Aktiengesetzes von 1965 wie auch seine Vorläufer sahen neben Informationspflichten bei Einberufung der Hauptversammlung und dem allgemeinen Auskunftsrecht des § 131 AktG nur die Sonderprüfung als rechtlich erzwingbare Informationsmöglichkeit der Aktionäre vor.[32] Es gab keine gesetzlich normierten Pflichten der Vorstände von Aktiengesellschaften, vor bestimmten Grundlagen- und Strukturmaßnahmen Berichte zu erstellen, die den Aktionären vorgelegt werden mussten.

Die heutigen, größtenteils umfangreichen Berichtspflichten wurden überwiegend erst im Anschluss an § 186 Abs. 4 S. 2 AktG, der seinerseits aufgrund der 2. europäischen gesellschaftsrechtlichen Richtlinie[33] eingeführt worden war, entwickelt.[34] In der Zwischenzeit wurden sie ständig erweitert[35] und teilweise durch flankierende Auskunftsrechte ergänzt. Daneben sind die hergebrachten Informationsrechte und –pflichten uneingeschränkt erhalten geblieben. Des Weiteren wurde im Rahmen des *Gesetzes zur Namensaktie und zur Erleichterung der Stimmrechtsausübung* (NaStraG) vom 18.1.2001 sowie des *Transparenz- und Publizitätsgesetzes* (TransPuG) vom 26.7.2002 die Form der Informationsübermittlung durch die Zulassung elektronischer Mitteilungen und Bekanntmachungen via E–Mail und Internet erheblich erleichtert. Am 01.11.2005 ist schließlich das *Gesetz zur Unternehmensintegrität und Modernisierung des Anfechtungsrechts* (UMAG) in Kraft getreten, das u.a. das Ziel hat, Hauptversammlungen deutscher – insbesondere börsennotierter – Aktiengesellschaften zu straffen und so für die Anteilseigner attraktiver zu gestalten sowie Anfechtungsrisiken zu verringern.[36]

1. Organschaftliche Informations- und Berichtspflichten

a) Informationspflichten bei Einberufung der Hauptversammlung

Die allgemeinen Informationspflichten im Rahmen der Einberufung der Hauptversammlung sowie die Sondermitteilungspflichten der Gesellschaft dienen der Vorbereitung der Hauptversammlung. Sie beruhen auf der Erwägung, dass eine

---

[31] Noack in: VGR, Bd. 9, 2005, S. 37, 38 m.w.N.
[32] Vgl. Henze/Hoffmann-Becking in: Gesellschaftsrecht 2001, S. 55, 56.
[33] Richtlinie Nr. 77/91/EWG, Abl. EG Nr. L. 026/01 v. 31.01.1977.
[34] Vgl. Hüffer in: Münchener Kommentar AktG, § 243 Rn. 39.
[35] Z.B. Umwandlungsbericht bei Formwechsel: früher nur in Ausnahmefällen erforderlich, nun generelle Berichterstattungspflicht, vgl. Mayer in: Widmann/Mayer, UmwG, § 192 Rn. 3.
[36] Siehe Begr. RegE UMAG, BT-Drucks. 15/5092, S. 14.

Hauptversammlung nur dann sinnvoll durchgeführt werden kann, wenn die Aktionäre über die Tagesordnung unterrichtet sind und sich auf die anstehenden Beschlüsse vorbereiten können.[37]

(i) Bekanntmachungen in den Gesellschaftsblättern, §§ 121 Abs. 3, 124 AktG

Bei jeder Einberufung, die gemäß § 123 Abs. 1 AktG mindestens einen Monat vor dem Tag der Hauptversammlung zu erfolgen hat, sind bestimmte Angaben in den Gesellschaftsblättern mitzuteilen. Dies bedeutet gemäß § 25 AktG, dass die Informationen in den Bundesanzeiger, der seit dem 01.01.2003 in elektronischer Form ausgestaltet und unter der Web-Adresse *www.ebundesanzeiger.de* abrufbar ist, einzurücken sind.[38]

§ 121 Abs. 3 S. 2 AktG sieht vor, dass bei der Einberufung Firma, Sitz der Gesellschaft, Zeit und Ort der Hauptversammlung sowie Bedingungen für die Teilnahme an der Hauptversammlung und für die Ausübung des Stimmrechts veröffentlicht werden müssen. Ferner ist gemäß § 124 Abs. 1 S. 1 AktG die Tagesordnung der Hauptversammlung bei der Einberufung bekannt zu geben. Danach sind alle Gegenstände, über die die Hauptversammlung beschließen, d.h. eine Entscheidung in der Sache treffen soll, in den Gesellschaftsblättern offen zu legen. Dies muss so deutlich geschehen, dass sich für die Aktionäre der Gegenstand der Verhandlung erkennen lässt und sie sachgerecht darüber entscheiden können, ob sie an der Hauptversammlung teilnehmen oder nicht und welche Weisungen sie u.U. ihrem Vertreter erteilen wollen.[39] Gemäß § 124 Abs. 3 AktG sind den Aktionären zudem sämtliche Vorschläge des Vorstands und des Aufsichtsrats zur Beschlussfassung bekannt zu geben.

Darüber hinaus gelten bei besonderen Beschlussgegenständen wie der Wahl von Aufsichtsratsmitgliedern (§ 124 Abs. 2 S. 1 AktG), Satzungsänderungen (§ 124 Abs. 2 S. 2 Alt. 1 AktG) und zustimmungsbedürftigen Verträgen (§ 124 Abs. 2 S. 2 Alt. 2 AktG) ergänzende Bekanntmachungspflichten. Danach müssen der genaue Wortlaut von Satzungsänderungen, der wesentliche Vertragsinhalt von geplanten zustimmungsbedürftigen Verträgen[40] und bei anderen einschneidenden Strukturmaßnahmen die Darstellung des Unternehmenskonzepts und der wesentlichen Einzelschritte zu seiner Durchführung offen gelegt werden. Diese Grundsätze werden für den Fall der Eingliederung und des squeeze-out durch § 320 Abs. 2 Nr. 2 AktG bzw. § 327c Abs. 1 Nr. 2 AktG ergänzt, die zusätzlich

---

[37] Hüffer, AktG, § 124 Rn. 1; Kropff, Begr. RegE AktG 1965, S. 169; Grunewald in: Münchener Kommentar AktG, § 319 Rn. 14.

[38] Siehe hierzu Noack, NZG 2004, 297, 299 m.w.N.

[39] Werner in: Großkommentar AktG, § 124 Rn. 18.

[40] Für Verschmelzung und Spaltung: Art. 6 Richtlinie Nr. 78/855/EWG, Abl. EG Nr. L. 295/36 v. 20.10.1978, und Art. 4 Richtlinie Nr. 82/891/EWG, Abl. EG Nr. L. 378/47 v. 31.12.1982.

die Mitteilung des konkreten und vollständigen Abfindungsangebots im Rahmen der Bekanntmachung der Tagesordnung vorschreiben. Die ergänzenden Offenlegungspflichten gelten über die gesetzlich in § 124 Abs. 2 AktG festgelegten Fälle hinaus auch bei anderen Maßnahmen, die in schwerwiegender Weise in die Rechte und Pflichten der Aktionäre eingreifen und daher der Zustimmung durch die Hauptversammlung bedürfen (sog. *Holzmüller*-Maßnahmen).[41]

(ii) Sondermitteilungspflichten, §§ 125 Abs. 1 u. 2, 126, 127, 128 AktG

Die gemäß §§ 121 Abs. 3, 124 AktG in den Gesellschaftsblättern bereits bekannt gemachten Informationen sind gemäß § 125 AktG in ihrem vollen Umfang zusätzlich bestimmten Personengruppen im Rahmen ihrer Einladung zur Hauptversammlung mitzuteilen. Mitteilungsempfänger gemäß § 125 Abs. 1 AktG sind nicht alle Aktionäre, sondern nur Kreditinstitute im Sinne der §§ 1 Abs. 1, 2 Abs. 1 KWG und Aktionärsvereinigungen, die in der letzten Hauptversammlung Stimmrechte für Aktionäre ausgeübt oder eine Mitteilung verlangt haben. Nach § 125 Abs. 2 AktG haben darüber hinaus Aktionäre, die nach der Bekanntmachung gemäß §§ 121, 124 AktG eine entsprechende Mitteilung verlangt haben, sowie Namensaktionäre, die mindestens zwei Wochen vor dem Tag der Hauptversammlung im Aktienregister der Gesellschaft eingetragen sind, ein Recht auf Sondermitteilung.[42]

In der Mitteilung sind neben den bereits bekannt gemachten Informationen nach Maßgabe der §§ 126, 127 AktG auch bestimmte Gegenanträge und Wahlvorschläge von Aktionären einschließlich ihres Namens, der Begründung und, soweit erfolgt, der Stellungnahme der Verwaltung anzugeben. Ferner ist auf die Möglichkeit der Stimmrechtsausübung durch einen Bevollmächtigten oder eine Aktionärsvereinigung hinzuweisen (§ 125 Abs. 1 S. 2 AktG). In börsennotierten Gesellschaften sind den Aktionären gemäß § 125 Abs. 1 S. 3, Abs. 2 AktG bei Vorschlägen zur Wahl von Aufsichtsratsmitgliedern zusätzlich ergänzende Informationen über andere Aufsichtsratsmandate der Vorgeschlagenen mitzuteilen.

Die Ausgestaltung der Mitteilungspflicht wurde durch die Verbesserung des Stellenwerts der elektronischen Medien im Rahmen des NaStraG und des TransPuG erheblich erleichtert. Während § 125 AktG a.F. die Gesellschaft zur kostspieligen, schwerfälligen und fehleranfälligen Übersendung von Unterlagen zwang, ist es nun nur noch erforderlich, dass Mitteilungen an bestimmte Aktionäre erfolgen müssen, wobei elektronische Übertragungsformen ebenfalls zulässig

---

[41] BGHZ 83, 122 (Holzmüller); BGHZ 146, 288, 294 f. (Altana/Milupa); BGH, ZIP 2004, 993 (Gelatine); Hüffer, AktG, § 124 Rn. 11; Götze, NZG 2004, 585, 589; Weißhaupt, AG 2004, 585.

[42] Durch das UMAG wurde das bislang geltende satzungsmäßige Erfordernis der Hinterlegung von Aktien gemäß § 123 Abs. 2 - 4 AktG aufgegeben; siehe dazu Gantenberg, DB 2005, 207, 209.

sind.[43] Namensaktionären z.B. können auf Wunsch die vorbereitenden Unterlagen per E-Mail zugesandt werden. Gleiches gilt gemäß § 128 AktG hinsichtlich der Mitteilung der depotführenden Kreditinstitute an die Aktionäre, die dem Institut ihre Inhaberaktien in Verwahrung gegeben haben, sowie gemäß § 126 Abs. 1 AktG für die Übermittlung von Gegenanträgen der Aktionäre. Diese muss die Gesellschaft den übrigen Aktionären nicht mehr in gedruckter Form übersenden, sondern nur noch zugänglich machen, beispielsweise durch Veröffentlichung auf ihrer Internetseite.

b) Berichtspflichten bei Grundlagen- und Strukturmaßnahmen

Neben den hergebrachten regelmäßigen Bekanntmachungs- und Mitteilungspflichten im Rahmen der Einberufung der Hauptversammlung ist der Vorstand bzw. der Hauptaktionär einer Aktiengesellschaft vor anstehenden Grundlagen- oder Strukturmaßnahmen zusätzlich zur Erstellung eines ausführlichen schriftlichen Berichts verpflichtet, dessen wesentlicher Inhalt gemäß § 124 Abs. 2 S. 2 AktG analog bereits in den Gesellschaftsblättern bekannt zu machen ist (vgl. oben B. II. 1. a) (i)) und der teilweise durch einen Bericht unabhängiger Wirtschaftsprüfer ergänzt wird.[44]

Hauptziel der formalisierten Vorabunterrichtungspflichten ist es, den Aktionären die Gründe für die geplante Maßnahme und das ihr zugrunde liegende unternehmerische Konzept zu erläutern und ihnen Informationen über die Ermittlung etwaiger Ausgleichs- und Abfindungsangebote bereits vor der Beschlussfassung zur Verfügung zu stellen, damit sie sich ausreichend vorbereiten und eine sachgerechte Entscheidung darüber treffen können, ob die Strukturmaßnahme nach ihrer Ansicht wirtschaftlich sinnvoll und gesetzmäßig ist.[45] Gleichzeitig sollen die Berichte das in der Regel zwischen der vorab unterrichteten Mehrheitsgruppe und den Kleinaktionären bestehende Informationsgefälle ausgleichen und den Aktionären eine Plausibilitätskontrolle ermöglichen.[46] Die zusätzlichen Prüferberichte bezwecken darüber hinaus, eine gerichtliche Überprüfung der Angemessenheit von Ausgleich und Abfindung der Aktionäre in einem späteren Spruchstellenverfahren möglichst überflüssig zu machen.[47]

---

[43] Siehe Hüffer, AktG, § 125 Rn. 5.

[44] Ganz h.M., Hüffer, AktG, § 186 Rn. 23; Lutter in: Kölner Kommentar AktG, § 186 Rn. 57. Zur Problematik der Formerfordernisse von Vorstandsberichten Fuhrmann, AG 2004, 135.

[45] BGHZ 83, 319 (Holzmann); OLG Düsseldorf, ZIP 1999, 793; Lutter in: Kölner Kommentar AktG, § 186 Rn. 56; Marsch-Barner in: Kallmeyer, UmwG, § 8 Rn. 6; Altmeppen in: Münchener Kommentar AktG, § 293a Rn. 37; Grunewald in: Münchener Kommentar AktG, § 319 Rn. 14; Weißhaupt, AG 2004, 585, 589.

[46] BGHZ 83, 319, 326; 107, 296, 302 (Kochs Adler); Wiedemann in: Großkommentar AktG, § 186 Rn. 117; Bungeroth in: Geßler/Hefermehl/Eckardt/Kropff, AktG, § 186 Rn. 97; Mayer in: Widmann/Mayer, UmwG, § 8 Rn. 9, 19.1; Lutter in: Lutter, Umwandlungsgesetz, § 8 Rn. 5.

[47] Siehe Hüffer, AktG, § 293b Rn. 1, § 320 Rn. 10.

Neben dem Informationszweck sollen die Vorstandsberichte die Aktionäre auf möglicherweise eintretende Einfluss- und Wertverluste hinweisen[48] und die Vertretungsorgane der an der Strukturmaßnahme beteiligten Rechtsträger zu einer sorgfältigen Vorbereitung der Beschlussfassung und zu einer besonders gründlichen Abwägung des beabsichtigten Vorhabens veranlassen.[49] Schließlich wird den umfangreichen Berichten die Funktion zugebilligt, den nicht mit dem Beschluss über die jeweilige Maßnahme einverstandenen Aktionären eine Nachprüfung der Entscheidung zu ermöglichen.[50] Die Berichte sind Grundlage der gerichtlichen Prüfung im Anfechtungsprozess.

Die Berichte finden ihre Grenze entsprechend § 131 Abs. 3 S. 1 Nr. 1 AktG in den schutzwürdigen Geheimhaltungsinteressen der Gesellschaft. Ein Vorstand ist daher nicht verpflichtet, Tatsachen in den Bericht aufzunehmen, deren Bekanntwerden geeignet ist, der betreffenden Gesellschaft oder einem verbundenen Unternehmen einen nicht unerheblichen Nachteil zuzufügen. Die Beschränkung der Berichtspflicht wird in § 8 Abs. 2 UmwG für den Verschmelzungsbericht ausdrücklich klargestellt, sie gilt aber entsprechend für die übrigen Berichtspflichten.[51] Der Vorstand muss dann im Bericht die konkreten Umstände darlegen, aus denen – ohne Offenlegung der schädlichen Tatsache selbst – sich das Geheimhaltungsinteresse ergibt.

(i) Kapitalerhöhung unter Bezugsrechtsausschluss, § 186 Abs. 4 S. 2 AktG

Soll in der Aktiengesellschaft eine Kapitalerhöhung durchgeführt werden, bei der das Bezugsrecht der Altaktionäre ganz oder teilweise ausgeschlossen ist, so hat der Vorstand gemäß § 186 Abs. 4 S. 2 AktG einen schriftlichen Bericht über die Gründe des Ausschlusses des Bezugsrechts zu erstellen.[52] Der Bericht muss den mit dem Bezugsrechtsausschluss verfolgten Zweck nachvollziehbar darlegen und umfassend und konkret die Tatsachen enthalten, die zur Beurteilung der materiellen Rechtfertigung des Bezugsrechtsausschlusses erforderlich sind.[53] Zudem ist der Ausgabebetrag der neuen Aktien unter Darlegung der Berechnungsgrundlagen und Bewertungskriterien zu begründen.[54] Zeitpunkt und Art und Weise der Bekanntgabe bestimmt § 186 Abs. 4 S. 2 AktG nicht. Nach ganz

---

[48] Wiedemann in: Großkommentar AktG, § 186 Rn. 117.
[49] Mayer in: Widmann/Mayer, UmwG, § 8 Rn. 11, § 127 Rn. 3.
[50] BGHZ 83, 319, 326 (Holzmann); Wiedemann in: Großkommentar AktG, § 186 Rn. 117; Hüffer, AktG, § 186 Rn. 23; kritisch Weißhaupt, Informationsmängel, 2003, S. 80 f.
[51] Wiedemann in: Großkommentar AktG, § 186 Rn. 128.
[52] Vgl. Art. 29 Abs. 4 Richtlinie Nr. 77/91/EWG, Abl. EG Nr. L. 026/01 v. 31.01.1977. Die Berichtspflicht gilt ebenfalls bei der Schaffung von genehmigtem Kapital unter Bezugsrechtsausschluss. Ob der Vorstand die Aktionäre auch vor der Platzierung von Aktien aus genehmigtem Kapital durch einen Bericht zu informieren hat, ist dagegen umstritten; Paefgen, ZIP 2004, 145; Paschos, WM 2005, 356 m.w.N.
[53] BGHZ 83, 319, 326; Hüffer, AktG, § 186 Rn. 24 m.w.N.
[54] Siehe Hüffer, AktG, § 186 Rn. 24 m.w.N.

h.M.[55] ist der gesamte Bericht entsprechend § 175 Abs. 2 S. 1 AktG schon von Einberufung der Hauptversammlung in den Geschäftsräumen der Aktiengesellschaft zur Einsichtnahme auszulegen (siehe unten B II. 1. c)). Ferner ist gemäß § 175 Abs. 2 S. 2 AktG analog jedem Aktionär auf sein Verlangen eine Abschrift des Berichts zu übersenden.

(ii) Umwandlungen

Ein ähnliche Berichtspflicht trifft den Vorstand, wenn die Hauptversammlung über geplante Umwandlungsmaßnahmen entscheiden soll.[56]

Gemäß § 8 Abs. 1 S. 1 UmwG sind die Vorstände aller an der Verschmelzung beteiligten Aktiengesellschaften zur Erstellung eines Verschmelzungsberichts verpflichtet.[57] Der Inhalt des Verschmelzungsberichts wird im Gesetz nicht detailliert festgelegt. § 8 Abs. 1 UmwG schreibt lediglich vor, dass der Bericht den Verschmelzungsvertrag(sentwurf) rechtlich und wirtschaftlich erläutern und begründen sowie Angaben über das Umtauschverhältnis der Anteile, über die Mitgliedschaft bei dem übernehmenden Rechtsträger und die Höhe einer anzubietenden Barabfindung enthalten muss. Diese nur konturenhafte Umschreibung des Berichtsinhaltes wird teilweise[58] kritisiert, da zum einen unklar bleibt, welche Mindestangaben der Bericht zu enthalten hat und wo gerade im Hinblick auf Geheimhaltungsinteressen die Grenzen der Berichterstattung liegen, andererseits aber Mängel des Berichts eine Anfechtbarkeit des Verschmelzungsbeschlusses begründen und über die Eintragungssperre des § 16 Abs. 2 UmwG die gesamte Umwandlungsmaßnahme blockieren können. Dem wird wiederum entgegengehalten,[59] dass detaillierte Regelungen über den Inhalt des Umwandlungsberichts den vielfachen Gestaltungen in der Praxis nicht gerecht würden und dies angesichts der Unterschiedlichkeit der Fälle zu Problemen führen würde. Nach h.A.[60] sind in dem Bericht jedenfalls die konkreten rechtlichen und wirtschaftlichen Gründe des Verschmelzungsvorhabens und im Hinblick auf das Umtauschverhältnis eine sachlich fundierte Unternehmensbewertung jeder der beteiligten Rechtsträger mitzuteilen. Entsprechende Regelungen gelten gemäß den §§ 127 S. 2, 135 Abs. 1 S. 1 UmwG für den Spaltungsbericht[61] sowie für

---

[55] Hüffer, AktG, § 186 Rn. 23; Wiedemann in: Großkommentar AktG, § 186 Rn. 120 m.w.N.

[56] Seit der Neufassung des Umwandlungsrechts im Jahre 1994 besteht nicht nur ausnahmsweise (so noch §§ 385d, 385m AktG a.F.), sondern generell eine Pflicht der Vertretungsorgane der Gesellschaft zur Berichterstattung. Diese gilt für alle Gesellschaftsformen.

[57] Vgl. § 340a AktG a.F., der zur Umsetzung von Art. 9 der Verschmelzungsrichtlinie Nr. 78/855/EWG, Abl. EG Nr. L. 295/36 v. 29.10.1978 eingeführt wurde.

[58] Grunewald in: Geßler/Hefermehl/Eckardt/Kropff, AktG, § 340a Rn. 1; Marsch-Barner in: Kallmeyer, UmwG, § 8 Rn. 6.

[59] Siebel/Gebauer, WM 2001, 118, 131.

[60] Marsch-Barner in: Kallmeyer, UmwG, § 8 Rn. 7 ff.; Lutter in: Lutter, Umwandlungsgesetz, § 8 Rn. 17, 22; Mayer in: Widmann/Mayer, UmwG, § 8 Rn. 2.

[61] Art. 7 Richtlinie Nr. 82/891/EWG, Abl. EG Nr. L. 378/47 v. 31.12.1982.

den Umwandlungsbericht bei einem Formwechsel gemäß § 192 Abs. 1 S. 2 UmwG.[62] Im Falle einer Verschmelzung oder Spaltung sind darüber hinaus unabhängige Verschmelzungs- bzw. Spaltungsprüfer gerichtlich zu bestellen, die gemäß § 12 UmwG (i.V.m. §§ 127, 135 UmwG) einen weiteren Bericht über die Angemessenheit des Umtauschverhältnisses der Anteile erstellen.[63]

Die Bekanntmachung der Umwandlungsverträge, der Vorstandsberichte und der Berichte der Verschmelzungs- bzw. Spaltungsprüfer erfolgt durch Auslegung am Sitz der Gesellschaft (siehe unten B. II. 1. c)).[64] Zudem sind die Umwandlungsverträge gemäß § 64 Abs. 1 S. 2 UmwG (i.V.m. §§ 73, 125 S. 1, 135 Abs. 1 S. 1 UmwG) in der Hauptversammlung zu Beginn der Verhandlung mündlich zu erläutern. Hinsichtlich des Umfanges der Erläuterungspflicht gelten ähnliche Grundsätze wie für den Inhalt des Verschmelzungsberichts. In der Regel genügt eine zusammenfassende Wiedergabe der Erläuterungen im Verschmelzungsbericht, gegebenenfalls ist über neuere Entwicklungen zu berichten und der Bericht insoweit zu aktualisieren.[65]

(iii) Unternehmensverträge, Eingliederungen und squeeze-out

Weitere Berichtspflichten des Vorstands bestehen bei Unternehmensverträgen, der Eingliederung von Gesellschaften sowie beim Ausschluss von Minderheitsaktionären. Diese Informationspflichten sind der Berichtspflicht nach § 8 UmwG nachgebildet. Damit trägt der Gesetzgeber dem Umstand Rechnung, dass die Verschmelzung, Unternehmensverträge i.S.d. § 291 AktG, die Eingliederung und der squeeze-out im Wesentlichen vergleichbare rechtliche Instrumente zur Erreichung ähnlicher wirtschaftlicher Ziele sind.[66] So sieht das Unternehmensvertragsrecht in § 293a AktG vor, dass die Vorstände jeder der beteiligten Gesellschaften einen schriftlichen Bericht über den Vertrag nach dem Vorbild des § 8 UmwG zu erstellen haben, der den durch externe Prüfer gemäß § 293e AktG verfassten Prüfungsbericht ergänzen soll. In diesem Bericht sind den Aktionären insbesondere die Grundsätze für die Bewertung der vertragsschließenden Unternehmen und das konkrete Umtauschverhältnis der Aktien anzugeben, damit diese plausibel nachvollziehen können, welche Auswirkungen der Vertrags-

---

[62] Im Gegensatz zu Verschmelzungen und Spaltungen ist für den Formwechsel ein Umwandlungsbericht nicht schon durch europäisches Recht vorgeschrieben.

[63] Vgl. Art. 10 Richtlinie Nr. 78/855/EWG, Abl. EG Nr. L. 295/36 v. 20.10.1978, und Art. 8 Richtlinie Nr. 82/891/EWG, Abl. EG Nr. L. 378/47 v. 31.12.1982.

[64] Vgl. Art. 11 Richtlinie Nr. 78/855/EWG, Abl. EG Nr. L. 295/36 v. 20.10.1978, und Art. 9 Richtlinie Nr. 82/891/EWG, Abl. EG Nr. L. 378/47 v. 31.12.1982.

[65] Marsch-Barner in: Kallmeyer, UmwG, § 64 Rn. 3 f.; Rieger in: Widmann/Mayer, UmwG, § 64 Rn. 6.

[66] Emmerich in: Emmerich/Habersack, Konzernrecht, § 293a Rn. 4; Altmeppen in: Münchener Kommentar AktG, § 293a Rn. 5.

schluss auf den von ihnen gehaltenen Aktienbestand hat.[67] Entsprechendes gilt im Eingliederungsrecht gemäß § 319 Abs. 3 Nr. 3 (i.V.m. § 320 Abs. 4) AktG im Hinblick auf die Bewertung der Gesellschaft und die Höhe des Abfindungsangebots. Einen Sonderfall der Berichtspflicht regelt § 327c Abs. 2 S. 1 AktG, der im Rahmen eines squeeze-out dem Hauptaktionär der Aktiengesellschaft die Erstattung eines schriftlichen Berichts auferlegt, in dem die Voraussetzungen für die Übertragung der Aktien und die Angemessenheit der Abfindung zu erläutern sind.

Die Bekanntmachung der Berichte erfolgt gemäß §§ 293f, 293g i.V.m. § 175 Abs. 2 S. 1 AktG analog durch Auslegung. Bei Unternehmens- und Eingliederungsverträgen hat nach § 293g Abs. 2 S. 1 AktG (analog) ferner eine mündliche Erläuterung des Vertrages durch den Vorstand der jeweiligen Gesellschaft auf deren Hauptversammlung stattzufinden. Im Rahmen eines squeeze-out obliegt dies gemäß § 327d S. 2 AktG, der lediglich eine fakultative Erläuterung vorsieht, dem Hauptaktionär.

(iv) Ungeschriebene Berichtspflichten?

Bislang wurde noch nicht höchstrichterlich entschieden, ob über die gesetzlich geregelten Berichtspflichten hinaus in bestimmten Fällen eine entsprechende Pflicht zur Erstellung eines Vorstandsberichts und anschließender Übersendung an die Aktionäre besteht. Teilweise[68] wird die analoge Anwendung umwandlungsrechtlicher Sonderregeln - und damit auch der entsprechenden Berichtspflichten - mit der Begründung abgelehnt, die Fälle der Vorstandsberichte seien vom Gesetzgeber durch das UmwG 1994 und die Novellierung der §§ 293 ff. und §§ 319 ff. AktG bewusst abschließend geregelt worden. Demgegenüber sind die wohl herrschende Meinung in der Literatur[69] und Teile der Rechtsprechung[70] der Ansicht, dass die Pflicht zur Erstellung eines Vorstandsberichts dort zu bejahen ist, wo es um Strukturbeschlüsse im Sinne der *Holzmüller*-Grundsätze geht. Teilweise[71] wird zudem gefordert, auch im Vorfeld einer Hauptversammlung, die über ein vollständiges Delisting zu entscheiden hat, sei ein Vorstandsbericht zu erstellen.

---

[67] BGHZ 107, 296, 302 ff. (Kochs Adler); Hüffer, AktG, § 293a Rn. 15 m.w.N.

[68] Hüffer, AktG, § 179a Rn. 12a m.w.N.

[69] Groß, AG 1996, 111, 116; ders., AG 1997, 97, 103; Habersack in: Emmerich/Habersack, Konzernrecht, Vor § 311 Rn. 36, 47; Lutter/Leinekugel, ZIP 1998, 805, 814 f.; Tröger, ZIP 2001, 2029, 2035 f.; Lutter, JZ 1998, 50, 52; Weißhaupt, NZG 1999, 804, 808 ff.; enger nun Weißhaupt, AG 2004, 585, 588 ff.; siehe auch Kubis in: Münchener Kommentar AktG, § 119 Rn. 51.

[70] LG Frankfurt a.M., ZIP 1997, 1698, 1702; LG Karlsruhe, ZIP 1998, 385, 387 ff.; a.A. OLG Frankfurt a.M., BB 2003, 1971.

[71] Schlitt, ZIP 2004, 533, 536; Wilsing/Kruse, WM 2003, 1110, 1113; a.A. aber BGH, ZIP 2003, 387, 391 (Macrotron) m. zust. Anm. Heidel, DB 2003, 548, 549; Krämer/Theiß, AG 2003, 225, 241.

c) Auslegungspflichten ab Einberufung der Hauptversammlung

Neben den Informationen, die den Aktionären bereits durch Bekanntmachung in den Gesellschaftsblättern mitzuteilen sind, müssen weitere Dokumente und Berichte ab dem Zeitpunkt der Einberufung der Hauptversammlung in den Geschäftsräumen der Gesellschaft ausgelegt werden.

(i) Allgemeines

§§ 120 Abs. 3 S. 3, 175 Abs. 2 S. 1 AktG bestimmen, dass von der Einberufung jeder ordentlichen Hauptversammlung an (§ 121 Abs. 3 AktG) der Jahresabschluss, der Lagebericht, der Bericht des Aufsichtsrats sowie der Vorschlag des Vorstands für die Verwendung des Bilanzgewinns in den Geschäftsräumen der Gesellschaft zur Einsicht der Aktionäre auszulegen sind. Darüber hinaus gewähren die §§ 120 Abs. 3 S. 3, 175 Abs. 2 S. 2 AktG jedem Aktionär ein Recht auf unverzügliche Übersendung von kostenlosen Abschriften dieser Dokumente, eine elektronische Übersendung von Unterlagen genügt dagegen (noch) nicht. § 176 Abs. 1 S. 2 AktG sieht ferner eine mündliche Erläuterung zu Beginn der Verhandlung auf der Hauptversammlung durch den Vorstand vor.

(ii) Ergänzende Auslegungspflichten bei besonderen Beschlussgegenständen

Bei besonderen Beschlussgegenständen bestehen erweiterte Auslegungspflichten und Einsichtnahmerechte der Aktionäre, die größtenteils mit den besonderen Berichtspflichten (siehe oben B. II. 1. b)) einhergehen. So hat bei Kapitalerhöhungen mit Bezugsrechtsausschluss gemäß § 175 Abs. 2 S. 1 u. 2 AktG analog[72] eine Auslegung des Vorstandsberichts über die Gründe des Ausschlusses des Bezugsrechts zu erfolgen. Auch bei Umwandlungen hat eine Auslegung der Umwandlungsverträge, -berichte und bestimmter Rechnungslegungsdokumente zur Einsicht der Aktionäre stattzufinden. Von der Einberufung der Hauptversammlung an muss dies gemäß § 63 Abs. 1 UmwG[73] (i.V.m. §§ 73, 125 oder 135 UmwG) in den Geschäftsräumen der Gesellschaft erfolgen, während der Hauptversammlung gemäß § 64 Abs. 1 S. 1 UmwG am Ort der Hauptversammlung. Bei einem Formwechsel ist nur der Umwandlungsbericht gemäß §§ 230 Abs. 2, 232 UmwG (ggf. i.V.m. §§ 238, 239 UmwG) auszulegen. Entsprechendes gilt gemäß §§ 293f, 293g Abs. 1 AktG bezüglich des Unternehmensvertrages, der Jahresabschlüsse und Lageberichte der vertragsschließenden Unternehmen sowie des Vorstands und der gemäß §§ 293a, 293e AktG zu erstellenden Prüfungsberichte, die in den Geschäftsräumen jeder der beteiligten Gesellschaften ausgelegt werden müssen. Gemäß §§ 319 Abs. 3 S. 1 und S. 2, 320 AktG sowie §§ 327c Abs. 3, 327d S. 1 AktG bestehen im Rahmen einer Eingliederung

---

[72] Allg. A.; siehe Hüffer, AktG, § 186 Rn. 23.

[73] Vgl. Art. 11 Abs. 1 Richtlinie Nr. 78/855/EWG, Abl. EG Nr. L. 295/36 v. 20.10.1978.

und einem squeeze-out ebenfalls entsprechende Auslegungspflichten. Hier sind der Eingliederungs- bzw. Übertragungsbericht, der jeweilige Beschlussentwurf und bestimmte Rechnungslegungsdokumente auszulegen. Zusätzlich steht den Aktionären gemäß §§ 63 Abs. 3, 230 Abs. 2 S. 2 UmwG, §§ 175 Abs. 2 S. 2 analog, 293f Abs. 2, 319 Abs. 3 S. 2, 320 Abs. 4 S. 3, 327c Abs. 4 AktG ein Recht auf Erteilung einer Abschrift der auszulegenden Dokumente zu.[74]

Einen Sonderfall organschaftlicher Informationspflichten bildet § 179a Abs. 2 S. 1 und 2 AktG.[75] Danach ist vor dem Abschluss von Verträgen, in denen sich die Aktiengesellschaft zur Übertragung ihres ganzen Vermögens verpflichtet, zwar kein gesonderter Bericht über die Vermögensübertragung zu fertigen. Da es aber auch hier, insbesondere bei der Übertragung des Gesellschaftsvermögens an den bisherigen Mehrheitsaktionär, des Schutzes der Aktionäre vor unangemessenen Vertragsgestaltungen bedarf, muss der Vorstand von der Einberufung der Hauptversammlung an, die über die Zustimmung beschließen soll, allen Aktionären Einsicht in den vorbereiteten Vertrag geben. Die Auslegung des Vermögensübertragungsvertrages hat wiederum in den Geschäftsräumen der betreffenden Gesellschaft zu erfolgen; zudem steht den Aktionären ein Recht zur Fertigung einer Abschrift des Vertrages zu.

(iii) Ungeschriebene Auslegungspflichten

Neben den gesetzlich geregelten Auslegungs- und Übersendungspflichten kann sich nach allgemeiner Ansicht auch in sonstigen Fällen eine Verpflichtung zur Auslegung des vollen Vertragstextes und zur Gewährung einer Einsichtnahme ergeben. Diese Pflichten sind nach Auffassung des Bundesgerichtshofs[76] nicht davon abhängig, ob der vertraglich fixierten Umstrukturierungsmaßnahme *Holzmüller*-Qualität zukommt und der Vertragsabschluss der Zustimmung durch die Hauptversammlung bedarf oder ob der Vorstand lediglich von seinem Ermessen zur Vorlage nach § 119 Abs. 2 AktG Gebrauch macht. Voraussetzung ist vielmehr, dass im Einzelfall eine Konstellation vorliegt, die eine entsprechende Anwendung des Einsichtnahmerechts gebietet. Damit lehnt der Bundesgerichtshof ausdrücklich die bislang in Literatur und Rechtsprechung herrschende Ansicht[77] ab, die die Auslegungspflicht auf eine Gesamtanalogie zu den §§ 179a

---

[74] Siehe Hüffer, AktG, § 186 Rn. 23 zum Vorstandsbericht im Vorfeld einer Kapitalerhöhung unter Bezugsrechtsausschluss.

[75] Die 1994 eingeführte Vorschrift des § 179a AktG ersetzt § 361 AktG a.F., der ebenfalls die Verpflichtung zur Auslegung des Vertrages enthielt; siehe Hüffer, AktG, § 179a Rn. 2, 19.

[76] BGHZ 146, 288 (Altana/Milupa); Drinkuth, AG 2001, 256; Mülbert, LM AktG 1965, § 119 Nr. 2; Schockenhoff, NZG 2001, 921, 923; Henze, BB 2002, 893, 895; Weißhaupt, AG 2004, 585, 591; gegen eine Analogie ebenfalls BGH, ZIP 2004, 993, 997 (Gelatine).

[77] LG Frankfurt a.M., ZIP 1997, 1698, 1702; LG München, ZIP 2001, 1148, 1150; Bayer, ZIP 1997, 1613, 1625; Lutter/Leinekugel, ZIP 1998, 805, 814; Tröger, ZIP 2001, 2029, 2032; ders., ZHR 165 (2001), 593 ff. m.w.N.; siehe auch Wilde, ZGR 1998, 423, 445 ff.

Abs. 2, 293f Abs. 1 Nr. 1, Abs. 2, 293g Abs. 1 AktG, §§ 63 Abs. 1 Nr. 1, 64 Abs. 1 S. 1 UmwG stützte und bei strukturändernden Verträgen im Sinne der *Holzmüller*-Grundsätze bejahte.

Im Rahmen von Konzernverhältnissen ist ein Strukturvertrag nach Ansicht des Bundesgerichtshofs[78] auch den Aktionären der Obergesellschaft zur Einsichtnahme vorzulegen, sofern gegenüber den Aktionären der Tochtergesellschaft eine Vorlagepflicht besteht und die Wirksamkeit des Vertragsschlusses von der Zustimmung der Obergesellschaft abhängt. Legt der Vorstand der Muttergesellschaft seinen Aktionären im Falle einer übertragenden Auflösung der Tochtergesellschaft den Vermögensübertragungsvertrag gemäß § 179a AktG zur Abstimmung vor, weil er selbst davon ausgeht, dass die Strukturmaßnahme derart tief in die Mitgliedschaftsrechte der Gesellschaft eingreift, dass eine Vorlagepflicht gegeben ist, so muss er die Vertragsunterlagen seinen Anteilsinhabern zuvor zur Unterrichtung vollständig zur Verfügung stellen.

d) Informationspflichten während und nach der Hauptversammlung

Die organschaftlichen Informationspflichten während und im Anschluss an die Hauptversammlung tragen ebenfalls dem Informationsbedürfnis der Aktionäre Rechnung, haben im Übrigen aber unterschiedliche Zielrichtungen. Die Form der Mitteilung wurde durch die Zulassung elektronischer Medien deutlich erleichtert.

(i) Offenlegung des Teilnehmerverzeichnisses, § 129 Abs. 4 S. 1 AktG

Gemäß § 129 Abs. 4 S. 1, 2 AktG ist bis zur ersten Abstimmung in der Hauptversammlung ein Verzeichnis aller Teilnehmer sowie der von ihnen gehaltenen oder vertretenen Aktien zu erstellen, in das die Gesellschaft zwei Jahre lang Einsicht gewähren muss. Die Pflicht zur Publizität kann seit dem NaStraG sowohl durch elektronische Darstellung auf einem Bildschirm als auch in der hergebrachten Form der Erstellung eines papiergebundenen Verzeichnisses und anschließender Auslegung zur Einsichtnahme erfolgen. Berechtigt zur Kenntnisnahme sind nur die an der Hauptversammlung teilnehmenden Aktionäre bzw. ihre Vertreter, nicht die sonstigen Aktionäre. Die Verpflichtung des Vorstands zur Offenlegung des Teilnehmerverzeichnisses dient weniger dazu, die Beteiligungsverhältnisse in der Gesellschaft zum Schutze der einzelnen Aktionäre transparent zu machen, als vielmehr der Feststellung der Beschlussfähigkeit sowie der Prüfung des Abstimmungsergebnisses und der Beurteilung von Stimmrechtsausschlüssen.[79]

---

[78] BGHZ 146, 288 (Altana/Milupa).

[79] RGZ 114, 202 f.; Hüffer, AktG, § 129 Rn. 1; Zöllner in: Kölner Kommentar AktG, §§ 125-127, Rn. 2; teilweise a.A. Werner in: Großkommentar AktG, § 129 Rn. 1 ff. und Eckardt in: Geßler/Hefermehl/Eckardt/Kropff, AktG, § 129 Rn. 7; kritisch hinsichtlich der bislang nur unzureichend möglichen Binnenkommunikation der Aktionäre, Noack, NZG 2004, 297, 302 f.

(ii) Erläuterung von Berichten, Verträgen und sonstigen Dokumenten

Ebenso wie die bereits erwähnten Pflichten des Vorstands zur Erstellung von speziellen Berichten bei bestimmten Grundlagen- oder Strukturmaßnahmen sowie zur Auslegung dieser Berichte dienen die zusätzlichen Erläuterungspflichten der Vorbereitung und damit dem Schutz der Aktionäre im Hinblick auf die anstehende Beschlussfassung. Die erstellten Berichte sowie weitere Dokumente sind zu Beginn der Verhandlung in der Hauptversammlung vom Vorstand mündlich zu erläutern. Dies folgt für Umwandlungen aus § 64 Abs. 1 S. 2 UmwG (i.V.m. §§ 73, 125, 135, 190 UmwG) sowie für Unternehmensverträge und Eingliederungen aus § 293g Abs. 2 AktG (analog). Beim squeeze-out ist gemäß § 327d S. 2 AktG eine fakultative Erläuterung vorgesehen;[80] im Rahmen eines Bezugsrechtsausschlusses besteht keine Pflicht des Vorstands zur Erläuterung seines Berichts. Vor der Beschlussfassung über Verträge, in denen sich die Aktiengesellschaft zur Übertragung ihres ganzen Vermögens verpflichtet, ist gemäß § 179a Abs. 2 S. 4 AktG schließlich nur der vorbereitete und zur Beschlussfassung anstehende Vertrag vom Vorstand zu erläutern.

(iii) Mitteilung der Hauptversammlungsbeschlüsse, § 125 Abs. 4 AktG

Nach Abschluss der Hauptversammlung steht allen Aktionären, die eine Aktie bei der Gesellschaft hinterlegt haben bzw. die gemäß § 67 AktG in das Aktienregister eingetragen sind, nach § 125 Abs. 4 AktG – unabhängig von ihrer Teilnahme an der Hauptversammlung – ein Recht auf unverzügliche Mitteilung aller in der Hauptversammlung zu Sachanträgen gefassten Beschlüsse zu. Diese Informationspflicht, die den Aktionären vor allem zur Prüfung einer Anfechtungsklage dient, besteht im Gegensatz zu den Mitteilungspflichten bei Einberufung der Hauptversammlung nur im Falle eines ausdrücklich erklärten Verlangens der Aktionäre. Die Form der Beschlussmitteilung wurde durch das NaStraG ebenso wie die Sondermitteilungspflicht des § 125 Abs. 2 AktG erheblich vereinfacht. Auch im Rahmen des § 125 Abs. 4 AktG genügt eine elektronische Übertragung, sofern z.B. durch Angabe einer E-Mail-Adresse gewährleistet ist, dass die Mitteilung den Interessenten erreicht.

e) Sanktionen

Verstöße gegen die aktienrechtlichen organschaftlichen Informationspflichten können gravierende Rechtsfolgen haben. Ausnahmsweise kann eine Verletzung der Informationspflichten sogar zur Nichtigkeit aller in der Hauptversammlung gefassten Beschlüsse führen; regelmäßig kommt eine Anfechtbarkeit der Haupt-

---

[80] Nach Ansicht des OLG Stuttgart, NZG 2004, 146, 147 f., genügt eine mündliche Erläuterung in der Hauptversammlung. Hüffer, AktG, § 327d Rn. 3 geht demgegenüber von einer Erläuterungspflicht des Vorstands aus; siehe hierzu auch Dißars, BKR 2004, 389, 392 m.w.N.

versammlungsbeschlüsse in Betracht. Vorbeugende Unterlassungsklagen der Aktionäre gegen anstehende Hauptversammlungsbeschlüsse sind dagegen im deutschen Recht grundsätzlich nicht vorgesehen.[81] Weitere Sanktionen sind die Erhebung einer Leistungsklage oder die Beantragung einer einstweiligen Verfügung, die Verhängung von Zwangs- oder Bußgeldern sowie strafrechtliche Maßnahmen gegen die Mitglieder des Vorstands. Sie bestehen unabhängig von einer Anfechtungs- oder Nichtigkeitsklage, haben in der Rechtspraxis jedoch bisher nur geringe Bedeutung erlangt.

(i) Nichtigkeitsklage

Die schärfste Sanktion bei Informationsrechtsverstößen, nämlich die Nichtigkeit der in der Hauptversammlung gefassten Beschlüsse, kommt gemäß § 241 Nr. 1 AktG lediglich bei einer Verletzung der Pflicht zur Bekanntmachung der Einberufung zur Hauptversammlung gemäß § 121 Abs. 3 AktG in Betracht.[82] Die Feststellung der Nichtigkeit der entsprechenden Hauptversammlungsbeschlüsse kann mit der Nichtigkeitsklage geltend gemacht werden.

(ii) Anfechtungsklage

Verstöße gegen fast alle übrigen organschaftlichen Informationspflichten führen dagegen gemäß § 243 Abs. 1 AktG zur Anfechtbarkeit der Hauptversammlungsbeschlüsse, die auf der Rechtsverletzung basieren. Dies gilt bei Verstößen gegen die Bekanntmachungspflichten des § 124 AktG[83] sowie bei Verletzung der in § 125 Abs. 1 – 3 AktG normierten Mitteilungspflichten. Eine Anfechtung ist zudem zulässig, wenn der Vorstand lückenhafte oder fehlerhafte Berichte vor anstehenden Grundlagen- und Strukturmaßnahmen (§ 243 AktG bzw. § 243 AktG analog i.V.m. § 14 Abs. 1 UmwG und ggf. §§ 73, 125, 135, 190 UmwG) vorlegt und bekannt macht oder wenn er die in § 175 Abs. 2 und § 179a Abs. 2 AktG festgelegten Auslegungspflichten sowie die Pflicht zur Erteilung von Abschriften an die Aktionäre verletzt. Ein Verstoß gegen die Pflicht des § 129 Abs. 4 AktG zur Erstellung und Auslegung eines Teilnehmerverzeichnisses während der Hauptversammlung kann ebenfalls mittels einer Anfechtungsklage

---

[81] Siehe aber BGHZ 83, 122, 134; wonach den Gesellschaftern einer Muttergesellschaft in den sog. *Holzmüller*-Fällen vor anstehenden Strukturbeschlüssen bei der Tochtergesellschaft ein Unterlassungsanspruch gegen diese zusteht, um die interne Zustimmungspflicht wirksam durchsetzen zu können; siehe hierzu auch Mayer in: Widmann/Mayer, UmwG, § 14 Rn. 15.

[82] Nach der Rechtsprechung gilt die Nichtigkeitssanktion nur bei solchen Einberufungsmängeln, die vom Gesetz als Mindestanforderung angesehen werden; OLG München, ZIP, 272, 273 f.; OLG Düsseldorf, ZIP 1997, 1153, 1159 f. m. zust. Anm. Bork, EWiR, § 249 AktG 1/98, 151 f.; kritisch dagegen Kubis in: Münchener Kommentar AktG, § 121 Rn. 45.

[83] Hüffer, AktG, § 124 Rn. 18.

sanktioniert werden.[84] Nur eine Verletzung der in § 125 Abs. 4 AktG festgelegten Mitteilungspflichten nach Abschluss der Hauptversammlung führt mangels Ursächlichkeit des Rechtsverstoßes für die bereits zuvor gefassten Beschlüsse nicht zu deren Anfechtbarkeit. Wegen der überragenden praktischen Bedeutung der Anfechtungsklage wird diese im Kapitel B. II. 3. gesondert behandelt.

(iii) Sonstiges

(a) Öffentlich-rechtliche Sanktionen

§ 400 Abs. 1 Nr. 1 AktG und § 313 Abs. 1 Nr. 1 UmwG sanktionieren die vorsätzliche unrichtige Darstellung der Verhältnisse der Gesellschaft und ermöglichen eine Bestrafung von Vorstands- und Aufsichtsratsmitgliedern wegen Verletzung organschaftlicher Informations- und Berichtspflichten mit Geldstrafe oder einer Freiheitsstrafe bis zu drei Jahren. Der Fall eines vorsätzlichen Verstoßes gegen die Pflicht zur Erstellung und Auslegung eines Teilnehmerverzeichnisses gemäß § 129 Abs. 4 AktG stellt eine Ordnungswidrigkeit dar, die gemäß § 405 Abs. 2, 4 AktG mit einer Geldbuße bis maximal 25.000,00 Euro geahndet werden kann.

(b) Zivilrechtliche Sanktionen

In zivilrechtlicher Hinsicht sind die Aktionäre berechtigt, die Erfüllung der Mitteilungspflichten des § 125 AktG[85] sowie der Pflicht zur Auslegung und zur Erteilung von Abschriften im Wege einer Leistungsklage bzw. einer einstweiligen Verfügung gerichtlich durchzusetzen. Gemäß § 407 Abs. 1 AktG bzw. § 316 Abs. 1 UmwG können Vorstandsmitglieder mittels eines Zwangsgeldes zur Befolgung dieser Pflichten angehalten werden.[86] Ferner kommt gemäß § 823 Abs. 2 BGB i.V.m. § 400 Abs. 1 Nr. 1 AktG, (§ 31 BGB) bei vorsätzlicher unrichtiger Wiedergabe der Gesellschaftsverhältnisse in Darstellungen, Übersichten über den Vermögensstand oder in Vorträgen sowie gemäß § 826 i.V.m. § 31 BGB ein Schadensersatzanspruch der Aktionäre gegen die Gesellschaft[87] und gegen die handelnden Organmitglieder[88] in Betracht.

---

[84] Allg. A.; siehe nur Werner in: Großkommentar AktG, § 129 Rn. 54; Semler in: Münchener Handbuch des Gesellschaftsrechts, § 36 Rn. 30.
[85] Werner in: Großkommentar AktG, § 125 Rn. 102.
[86] In § 407 Abs. 1 AktG, § 316 Abs. 1 UmwG wird insoweit ausdrücklich lediglich auf die §§ 175, 179a Abs. 2 S. 1 und 2, 293f, 293g Abs. 1 und auf § 13 Abs. 3 S. 3 (i.V.m. § 125 S. 1) UmwG verwiesen.
[87] Werner in: Großkommentar AktG, § 125 Rn. 99-101; Wiedemann in: Großkommentar AktG, § 186 Rn. 133. Der Ersatzanspruch gegen die Gesellschaft kann gemäß § 93 AktG wiederum einen Schadensersatzanspruch der Gesellschaft gegen den Vorstand nach sich ziehen.
[88] Siebel/Gebauer, WM 2001, 173, 189; Fuhrmann in: Gessler/Hefermehl/Eckardt/Kropff § 400 Rn. 3, 18; a.A. Werner in: Großkommentar AktG, § 125 Rn. 97.

2. Auskunftsrechte der Aktionäre

Den Auskunftsrechten der Aktionäre kommt in Deutschland elementare Bedeutung zu.[89] Sie sind zur Wahrnehmung der übrigen mitgliedschaftlichen Aktionärsrechte untrennbar mit der Teilnahme an der Hauptversammlung verbunden,[90] bestehen neben sonstigen Informationsrechten und –pflichten und können aufgrund ihrer Ausprägung als individuelle eigennützige Mitgliedschaftsrechte[91] grundsätzlich ohne Rücksicht auf die Belange der Gesellschaft ausgeübt werden. Dabei existiert insofern eine Wechselwirkung mit sonstigen Informationspflichten, als diese teilweise einen Mindeststandard für das Auskunftsrecht setzen (z.B. § 285 Nr. 9 HGB, Offenlegung der Gesamtbezüge der Organmitglieder), es andererseits aber auch begrenzen oder konkretisieren können.[92] Beispielsweise wird die Erforderlichkeit einer Auskunft häufig zu verneinen sein, wenn wegen erfolgter Vorstandsberichte eine erneute individuelle Auskunft nicht vonnöten oder eine Kursrelevanz i.S.d. § 15 Abs. 1 WpHG nicht gegeben ist.

a) Allgemeines Auskunftsrecht, § 131 AktG

Das allgemeine Auskunftsrecht wurde als eigennütziges mitgliedschaftliches Individualrecht der Aktionäre erstmals in § 112 AktG 1937 anerkannt. Anders als noch unter Geltung des AktG 1937 steht die Entscheidung über die Auskunftserteilung heute nicht mehr im pflichtgemäßen Ermessen des Vorstands, sondern ist gerichtlich voll überprüfbar. Im Gegenzug sind Gegenstand und Umfang des Auskunftsrechts begrenzt und die Auskunftsverweigerungsmöglichkeiten des Vorstands enumerativ aufgeführt und sachlich präzisiert worden.[93] Zur Straffung des Ablaufs der Hauptversammung sieht § 131 Abs. 2 S. 2 AktG nunmehr vor, dass der Leiter der Hauptversammlung nach Maßgabe einer entsprechenden Ermächtigung der Satzung oder der Geschäftsordnung befugt sein kann, das Rede- sowie das Fragerecht der Aktionäre angemessen zu beschränken.[94]

---

[89] Siehe Pelzer, Auskunftsrecht, 2004, S. 119 ff. m.w.N. zur historischen Entwicklung.

[90] BVerfG, WM 1999, 2160; Hüffer, AktG, § 131 Rn. 1, 3; Decher in: Großkommentar AktG, § 131 Rn. 7; Groß, AG 1997, 97, 100 f.

[91] Siehe Decher in: Großkommentar AktG, § 131 Rn. 5 ff.; Hüffer, AktG, § 131 Rn. 2; Kubis in: Münchener Kommentar AktG, § 131 Rn. 2 ff.

[92] So Decher in: Großkommentar AktG, § 131 Rn. 140; Seibt in: VGR, Bd. 3, 2001, S. 37, 45; a.A. Joussen, DB 1994, 2485, 2489, der eine Einschränkung des Auskunftsrechts durch die Publizitätsvorschriften des BörsG und des WpHG befürwortet; ähnlich Hirte, ZHR 167 (2003), 8, 15 ff.

[93] Siehe Barz in: Großkommentar AktG³, § 131 Anm. 1.

[94] Siehe Weißhaupt, ZIP 2005, 1766 ff.; Wilsing, DB 2005, 35, 40; Gantenberg, DB 2005, 207, 211 f.; Holzborn/Bunnemann, BKR 2005, 51, 54; kritisch Bungert in: VGR, Bd. 9, 2005, S. 59, 83 ff.; ebenfalls Martens, AG 2004, 238, 241; Meilicke/Heidel, DB 2004, 1479, 1480.

(i) Gegenstand und Umfang des Auskunftsrechts

(a) Tatbestandliche Voraussetzungen und Grenzen

§ 131 AktG gewährt Aktionären ein Recht auf Auskunft zu allen Angelegenheiten der Gesellschaft, soweit dies zur sachgemäßen Beurteilung des Gegenstands der Tagesordnung erforderlich ist. Der Begriff der Gesellschaftsangelegenheiten ist sehr weit auszulegen. Er umfasst alle Umstände, die sich auf die Aktiengesellschaft und ihre Tätigkeit beziehen. Die Fragen der Aktionäre können sich gemäß § 131 AktG somit auf die Vermögens-, Finanz- und Ertragslage der Gesellschaft, ihre rechtlichen und tatsächlichen Verhältnisse, ihre Geschäftspolitik und auf ihre Beziehungen zu Dritten, insbesondere zu Vertragspartnern, beziehen.[95] Darüber hinaus erstreckt sich das Auskunftsrecht gemäß § 131 Abs. 1 S. 2 AktG auch auf die rechtlichen und geschäftlichen Beziehungen der Gesellschaft zu verbundenen Unternehmen.

Eine Eingrenzung erfährt der Umfang des Auskunftsrechts durch das Merkmal der Erforderlichkeit, das zum Ziel hat, Missbräuche des Auskunftsrechts zu verhindern und den Verlauf der Hauptversammlung nicht durch unnötige Fragen zu stören. Während es nach § 112 Abs. 1 S. 1 AktG 1937 noch genügte, dass die begehrte Auskunft mit dem Gegenstand der Verhandlung in Zusammenhang stand, sind seit dem AktG 1965 nur noch solche Fragen vom Auskunftsrecht umfasst, deren Beantwortung notwendig ist, um den jeweiligen Tagesordnungspunkt sachgemäß beurteilen zu können.[96] In der Rechtsprechung hat sich hierzu die Formel durchgesetzt, dass eine Auskunft erforderlich ist, wenn sie nach dem Standpunkt eines objektiv denkenden Aktionärs, der die Gesellschaftsverhältnisse nur aufgrund allgemein bekannter Tatsachen kennt, ein nicht nur unwesentliches Element für seine Urteilsfindung bildet.[97]

Letztlich kann über die Frage der Erforderlichkeit einer Auskunft jedoch nur im Einzelfall und unter Berücksichtigung des konkreten Tagesordnungspunkts der Hauptversammlung entschieden werden. Weitgehende Einigkeit besteht jedenfalls insofern, als ein anderweitig bereits bestehendes Informationsniveau bei der Beurteilung zu berücksichtigen ist. Kann das Informationsbedürfnis bereits durch allgemein zugängliche Informationsquellen oder etwa spezielle Vorstandsberichte befriedigt werden, so darf eine Auskunft abgelehnt und der Aktionär auf die entsprechende Informationsquelle verwiesen werden. Dies gilt z.B. bezüglich Informationen, die im Jahresabschluss der Aktiengesellschaft

---

[95] Decher in: Großkommentar AktG, § 131 Rn. 114; Kubis in: Münchener Kommentar AktG, § 131 Rn. 34.

[96] Siehe Kropff, Begr. RegE AktG 1965, S. 185; Decher in: Großkommentar AktG, § 131 Rn. 133.

[97] BGH, ZIP 2004, 2428, 2429 (Thyssen-Krupp); BGHZ 107, 296, 307; BayObLG, ZIP 1996, 1743 f.; LG Frankfurt a.M., NZG 2005, 227, 228 f.; siehe Kubis in: Münchener Kommentar AktG, § 131 Rn. 39 m.w.N.

mitgeteilt worden sind, sofern dieser in nicht abgekürzter Form gemäß § 131 Abs. 1 S. 3 AktG während der Hauptversammlung vorgelegt wird.[98] Im Übrigen besteht eine umfangreiche Kasuistik der Rechtsprechung.[99]

(b) Auskunftsverweigerungsgründe, § 131 Abs. 3 AktG

Auch dann, wenn nach dem Tatbestand des § 131 Abs. 1 AktG ein Recht auf Auskunftserteilung besteht, die Information zur Beurteilung des konkreten Tagesordnungspunktes also erforderlich ist, darf der Vorstand in bestimmten, abschließend in § 131 Abs. 3 AktG aufgezählten Fällen eine Auskunftserteilung verweigern. Das Auskunftsverweigerungsrecht ist dagegen zu verneinen, wenn sich der Auskunftsanspruch des Aktionärs aus § 131 Abs. 4 AktG ergibt. Hinsichtlich der Frage, ob der Vorstand die Gründe für die Verweigerung in der Hauptversammlung benennen muss, wird von der h.M.[100] lediglich gefordert, dass der Vorstand in einem auf eine Auskunftsverpflichtung gestützten Anfechtungsprozess bzw. bei einer Auskunftsklage gemäß § 132 AktG die Voraussetzungen für das Vorliegen eines Auskunftsverweigerungsgrundes darzulegen hat.

Praktisch wichtigster Fall der Auskunftsverweigerung ist der der Nachteilszufügung gemäß § 131 Abs. 3 S. 1 Nr. 1 AktG. Ist eine Auskunft geeignet, der Aktiengesellschaft oder einem verbundenem Unternehmen einen nicht unerheblichen Nachteil zuzufügen, so ist der Vorstand berechtigt und wegen des Verschwiegenheitsgebotes des § 93 Abs. 1 S. 2 AktG sogar verpflichtet, die Erteilung der Auskunft zu verweigern. Die Feststellung, ob eine solche Nachteilszufügung droht, beurteilt sich nicht nach der subjektiven Überzeugung des Vorstands, sondern unterliegt vernünftiger kaufmännischer Beurteilung als objektiv verstandenem Maßstab und ist richterlich in vollem Umfange nachprüfbar.[101] Rechtsprechung und Literatur bieten ein reiches Anschauungsmaterial zur Konkretisierung des Auskunftsverweigerungsrechts des § 131 Abs. 3 S. 1 Nr. 1 AktG. Dabei ist unbestritten, dass Auskünfte, die ein etwaiges Fehlverhalten des Vorstands offen legen, auch dann zu erteilen sind, wenn die Informationen über vorgekommene Unregelmäßigkeiten u.U. nachteilig für die Gesellschaft sind, sofern die Auskunftserteilung wegen der dadurch ermöglichten Beseitigung von Missständen auch Vorteile bringen kann.

Gemäß § 131 Abs. 3 Nr. 7 AktG ist die Gesellschaft darüber hinaus zur Auskunftsverweigerung berechtigt, wenn sie die entsprechende Information bereits

---

[98] OLG Düsseldorf, WM 1991, 2148, 2153; Hüffer, AktG, § 131 Rn. 19; Decher in: Großkommentar AktG, § 131 Rn. 158; Semler in: Münchener Handbuch des Gesellschaftsrechts, § 37 Rn. 12.

[99] Siehe Decher in: Großkommentar AktG, § 131 Rn. 173 - 230 m.w.N.

[100] Decher in: Großkommentar AktG, § 131 Rn. 291; Hüffer, AktG, § 131 Rn. 26.

[101] Siehe Pelzer, Auskunftsrecht, 2004, S. 132 f. m.w.N.

seit mindestens sieben Tagen vor Beginn der Hauptversammlung bis zu deren Ende auf ihrer Internetseite allgemein zugänglich gemacht hat.[102]

(ii) Ausübungsvoraussetzungen

Die Ausübung des Auskunftsrechts ist gebunden an das Stattfinden und die Teilnahme des Aktionärs an der Hauptversammlung. Nur Fragen, die zeitlich und örtlich im Rahmen der Hauptversammlung gestellt werden, sind von § 131 AktG umfasst. Der Vorstand hat die Auskunftsbegehren noch in der Hauptversammlung zu beantworten, und zwar unabhängig davon, ob sie ihm zuvor angekündigt worden sind oder nicht. Ausreichend ist, dass die Frage vor Abschluss des betreffenden Tagesordnungspunktes gestellt wurde. Die Auskunftserteilung erfolgt mündlich, nur im Falle des § 131 Abs. 1 S. 3 AktG sowie dann, wenn die Möglichkeit der Einsichtnahme in vorbereitete Unterlagen oder Aufzeichnungen eine schnellere und zuverlässigere Unterrichtung der Aktionäre ermöglicht,[103] genügt eine schriftliche Vorlage von Dokumenten.

Grundsätzlich ist der Vorstand in den Grenzen des § 131 Abs. 1, 3 AktG unabhängig davon, ob die gestellten Fragen die Belange der Gesellschaft berücksichtigen, zu einer umfassenden Auskunft verpflichtet. Lediglich in Ausnahmefällen ist zur Sicherung eines ordnungsgemäßen Ablaufs der Hauptversammlung eine Einschränkung des Auskunftsrechts durch Ordnungsmaßnahmen zulässig.[104] Diese Maßnahmen des Hauptversammlungsleiters beziehen sich in erster Linie auf das Rederecht, das einem Aktionär entzogen werden kann, wenn dieser überlange, allgemeinpolitische, weltanschauliche oder unsachgemäße Ausführungen macht. Ein individueller Entzug auch des Fragerechts ist dagegen grundsätzlich unzulässig. Erst wenn ein Aktionär sein Fragerecht zu bloßen rhetorischen Fragen oder Suggestivfragen missbraucht, können weitere Fragen durch Ordnungsmaßnahmen als ultima ratio unterbunden werden.[105]

(iii) Erweitertes Auskunftsrecht, § 131 Abs. 4 AktG

Die Vorschrift des § 131 Abs. 4 AktG begründet ein erweitertes Auskunftsrecht, das unabhängig von der Erforderlichkeit der Mitteilung für die Beurteilung des jeweiligen Tagesordnungspunktes oder von etwaigen Auskunftsverweigerungs-

---

[102] Wilsing, DB 2005, 35, 40 f.; Holzborn/Bunnemann, BKR 2005, 51, 54; kritisch Gantenberg, DB 2005, 207, 212; Bungert in: VGR, Bd. 9, 2005, S. 59, 77 ff.; Hemeling, AG 2004, 262; Meilicke/Heidel, DB 2004, 1479, 1480, u.a. unter Hinweis darauf, dass im Internet veröffentlichte Vorabinformationen Anlass zu zusätzlichen Fragen in der Hauptversammlung geben könnten.

[103] BGHZ 101, 1, 16; Groß, AG 1997, 97, 104; kritisch Kubis in: Festschrift Kropff, 1997, 171, 187; ders. in: Münchener Kommentar AktG, § 131 Rn. 27.

[104] Decher in: Großkommentar AktG, § 131 Rn. 111 ff., Mülbert in: Großkommentar AktG, Vor §§ 118 – 147 Rn. 159 f.

[105] Groß, AG 1997, 97, 104; Hüffer, AktG, § 131 Rn. 35.

gründen besteht.[106] Sie dient als spezielle Ausprägung des allgemeinen Gleichheitsgrundsatzes des § 53a AktG[107] dazu, eine informationelle Besserstellung der Aktionäre, die auch außerhalb der Hauptversammlung Auskünfte erhalten, zu vermeiden und trägt dem Grundgedanken des § 118 Abs. 1 AktG Rechnung. Nach § 131 Abs. 4 können Aktionäre auf der Hauptversammlung eine Mitteilung der Informationen verlangen, die an anderer Stelle bereits an einzelne Aktionäre weitergegeben wurden. Dies ist insbesondere im Hinblick auf Informationen relevant, die anderen Aktionären im Rahmen von Analystenveranstaltungen bekannt gegeben wurden.[108]

Voraussetzung für die Geltendmachung dieses Anspruchs ist, dass der Fragesteller den Sachverhalt, zu dem er eine Auskunft wünscht, konkret bezeichnen kann und dass er den Aktionär namentlich benennen kann, der die gewünschte Information bereits anderweitig erhalten hat. Die allgemeine Frage, ob und wenn ja, welche Auskünfte zu bestimmten Themen gegeben worden sind, ist nach herrschender Ansicht[109] demgegenüber nicht von § 131 Abs. 4 AktG umfasst. Ebenso wenig greift § 131 Abs. 4 AktG im Hinblick auf Auskünfte an Dritte oder an Aktionäre, die diesen nicht wegen ihrer Gesellschaftereigenschaft, sondern aufgrund ihrer Stellung als Aufsichtsratsmitglied, Kreditgeber oder als Interessent für einen Beteiligungserwerb im Rahmen der *due diligence* erteilt werden.[110]

b) Spezielle Auskunftsrechte

Das Auskunftsrecht des § 131 AktG wird neben den formalisierten Informationsquellen durch spezielle Auskunftsrechte ergänzt. Diese ebenfalls hauptversammlungsbezogenen Auskunftsrechte stellen allesamt Erweiterungen oder Konkretisierungen des allgemeinen Auskunftsrechts dar. Sie tragen den speziellen Informationsbedürfnissen der Aktionäre vor einschneidenden Strukturmaßnahmen Rechnung und ergänzen insoweit die Bestimmungen über die Erstattung von Vorstandsberichten, die grundsätzlich von allen an den Strukturmaßnahmen beteiligten Gesellschaften vorzunehmen und auszulegen sind. Dementsprechend bestehen die Auskunftsansprüche unabhängig davon, ob diese Berichte den

---

[106] Ganz h.A.; BayObLG, ZIP 2002, 1804; Hüffer, AktG, § 131 Rn. 42; Decher in: Großkommentar AktG, § 131 Rn. 366; Pelzer, Auskunftsrecht, 2004, S. 146 ff. m.w.N.
[107] Kropff, Begr. RegE AktG 1965, S. 187.
[108] Seibt in: VGR, Bd. 3, 2001, S. 37, 51 ff.; Grüner, NZG 2000, 770, 778; Wilde, ZGR 1998, 423, 461.
[109] Kubis in: Münchener Kommentar AktG, § 131 Rn. 136 m.w.N.; Decher in: Großkommentar AktG, § 131 Rn. 360; LG Düsseldorf, AG 1992, 461 f.; für ein Recht auf „Auskunft über Auskünfte" dagegen Meilicke/Heidel, DStR 1992, 113, 114; Ebenroth, Auskunftsrecht, S. 103.
[110] Hüffer, AktG, § 131 Rn. 37; Kubis in: Münchener Kommentar AktG, § 131 Rn. 129 ff.

gesetzlichen Anforderungen genügen oder nicht.[111] Hinsichtlich der Ausübung der speziellen Auskunftsrechte gelten im Wesentlichen die Voraussetzungen des § 131 AktG, teilweise wird der auskunftsberechtigte Aktionärskreis auf außenstehende Aktionäre im Sinne der §§ 304, 305 AktG erweitert. Für den Umfang der Fragerechte ist ebenfalls der allgemeine Maßstab des § 131 Abs. 2 AktG[112] relevant und auch die Auskunftsverweigerungsgründe des § 131 Abs. 3 AktG sind grundsätzlich anwendbar.[113]

(i) Umwandlungen

§ 64 Abs. 2 UmwG erweitert den allgemeinen Auskunftsanspruch des § 131 AktG im Rahmen von Verschmelzungen durch Aufnahme anderer Gesellschaften dahingehend, dass auch über alle wesentlichen Angelegenheiten der anderen an der Verschmelzung beteiligten Rechtsträger Auskunft zu geben ist. Dieses erweiterte Fragerecht findet gemäß §§ 73, 125 S. 1, 135 Abs. 1 S. 1 und 176 Abs. 1 UmwG bei anderen Umwandlungsarten (Verschmelzung durch Neugründung, Spaltung zur Aufnahme, Spaltung zur Neugründung und Vermögensübertragungen) ebenfalls Anwendung.

(ii) Unternehmensverträge

§ 293g Abs. 3 AktG erweitert das allgemeine Auskunftsrecht der Aktionäre im Rahmen von Beherrschungs- und/oder Gewinnabführungsverträgen, d.h. Unternehmensverträgen i.S.d. § 291 AktG.[114] Entsprechendes gilt gemäß § 295 Abs. 1 S. 2 i.V.m. § 293g Abs. 3 AktG für die Änderung von Unternehmensverträgen. Das Auskunftsrecht erstreckt sich gemäß § 295 Abs. 2 S. 3 AktG und § 296 Abs. 2 S. 2 i.V.m. § 295 Abs. 2 S. 3 AktG auch auf außenstehende Aktionäre i.S.d. §§ 304, 305 AktG und umfasst anders als § 131 AktG alle für die Beurteilung des jeweiligen Vertrages wesentlichen Angelegenheiten auch des anderen Vertragsteils.

---

[111] Rieger in: Widmann/Mayer, UmwG, § 64 Rn. 11.

[112] Rieger in: Widmann/Mayer, UmwG, § 64 Rn. 13; Marsch-Barner in: Kallmeyer, UmwG, § 64 Rn. 6.

[113] Unstreitig für § 326 AktG und § 64 UmwG: Hüffer, AktG, § 326 Rn. 3; Grunewald in Münchener Kommentar AktG, § 326 Rn. 4; Rieger in: Widmann/Mayer, UmwG, § 64 Rn. 15; Marsch-Barner in: Kallmeyer, UmwG, § 64 Rn. 6; dagegen umstritten bei § 293g und § 319 AktG: für eine Anwendbarkeit des § 131 Abs. 3 AktG sind BayObLG, NJW 1974, 2094; Ebenroth, Auskunftsrecht, S. 62 f; Grunewald in: Münchener Kommentar AktG, § 319 Rn. 25; dagegen sind Hüffer, AktG, § 293g Rn. 4 m.w.N., Koppensteiner in: Kölner Kommentar AktG, § 319 Rn. 8; Würdinger in: Großkommentar AktG, 3. Aufl., § 293 a.F. Anm. 8, § 319 Anm. 14.

[114] Hüffer, AktG, § 293g Rn. 3; Altmeppen in: Münchener Kommentar AktG, § 293g Rn. 13 f.

(iii) Eingliederung von Aktiengesellschaften

Gemäß § 319 Abs. 3 S. 4 AktG besteht im Rahmen einer Eingliederung bei 100-prozentiger Beteiligung der künftigen Hauptgesellschaft an der einzugliedernden Gesellschaft, die durch einstimmigen Beschluss der Aktionäre der Hauptgesellschaft erfolgt, ein Auskunftsrecht der Aktionäre der künftigen Hauptgesellschaft über alle im Zusammenhang mit der Eingliederung stehenden wesentlichen Angelegenheiten auch der einzugliedernden Gesellschaft. Gleiches gilt gemäß § 320 Abs. 4 S. 3 i.V.m. § 319 Abs. 3 S. 4 AktG für den Fall der Mehrheitseingliederung, bei der ein Auskunftsrecht der Aktionäre beider Gesellschaften über alle im Zusammenhang mit der Eingliederung bestehenden wesentlichen Angelegenheiten auch der jeweils anderen Gesellschaft gegeben ist. § 326 AktG bildet einen Spezialfall des allgemeinen Auskunftsrechts nach erfolgter Eingliederung, der Auskunftsbegehren zu Angelegenheiten der eingegliederten Gesellschaft ebenso zulässt wie Fragen zu Angelegenheiten der Hauptgesellschaft. Ein spezielles Auskunftsrecht aller Aktionäre im Rahmen eines squeeze-out ist dagegen nicht vorgesehen.

c) Sanktionen

Die unberechtigte Verweigerung einer Auskunftserteilung oder die Erteilung einer fehlerhaften Auskunft kann für die Gesellschaft und im Einzelfall für den Vorstand schwerwiegende Konsequenzen haben. Ob es sich dabei um einen Verstoß gegen das allgemeine Auskunftsrecht des § 131 AktG handelt oder gegen eines der speziellen Auskunftsrechte, macht hinsichtlich der Rechtsfolgen keinen Unterschied.

(i) Auskunftserzwingungsverfahren § 132 AktG

Wird einem Aktionär eine Auskunft verweigert oder nur unvollständig erteilt, obwohl kein Verweigerungsgrund gemäß § 131 Abs. 3 AktG gegeben ist, steht dem Aktionär nach dem besonderen Streitverfahren des § 132 AktG das Recht zu, binnen zwei Wochen nach der Hauptversammlung einen Antrag auf Auskunftserteilung zu stellen. Das Auskunftserzwingungsverfahren findet gemäß § 132 Abs. 3 i.V.m. § 99 AktG im Verfahren der freiwilligen Gerichtsbarkeit statt.[115] Antragsbefugt ist jeder auf der Hauptversammlung erschienene Aktionär, der Widerspruch gegen die Beschlussfassung zu dem Tagesordnungspunkt, auf den sich die Frage bezog, erklärt hat.

---

[115] Kropff, Begr. RegE AktG 1965, S. 189. Gegen die Entscheidung des Gerichts, die durch Beschluss ergeht, findet gemäß §§ 132 Abs. 3 S. 1, 99 Abs. 3 S. 2 AktG die sofortige Beschwerde statt, sofern das Landgericht sie in seiner Entscheidung mit der Begründung zugelassen hat, dass dadurch die Klärung einer Rechtsfrage von grundsätzlicher Bedeutung zu erwarten ist.

Das Auskunftserzwingungsverfahren hat – anders als eine Anfechtungsklage – keine Auswirkungen auf die Wirksamkeit und die Umsetzung der in der Hauptversammlung gefassten Beschlüsse. Während das Verhältnis zwischen § 132 und § 243 AktG früher noch umstritten war, ist heute anerkannt, dass beide Verfahren dem Aktionär nebeneinander offen stehen.[116] Allerdings kann bei unabhängig voneinander eingeleiteten Anfechtungs- und Auskunftserzwingungsverfahren eine Wechselwirkung zwischen beiden Verfahren eintreten. So kann die Frage, ob eine Auskunft zu Recht verweigert wurde, gemäß § 148 ZPO Vorfrage im Anfechtungsprozess sein. Weiterhin entfaltet ein rechtskräftiger Auskunftserzwingungsbeschluss materielle Bindungswirkung für die Entscheidung im Anfechtungsprozess.[117]

(ii) Anfechtungsklage

Die Anfechtungsklage ist die praktisch wichtigste Sanktion im Falle der Verletzung von Auskunftsansprüchen, nicht zuletzt weil sie für die Gesellschaft und im Einzelfall auch für den Vorstand die gravierendsten Konsequenzen nach sich zieht. Nach neuester Rechtsprechung rechtfertigt bei Auskunftspflichtverletzungen bereits der Verfahrensverstoß als solcher die Anfechtung, ohne dass es auf die Relevanz des Verstoßes ankäme (siehe unten B. II. 3.).[118]

(iii) Sonstiges

Sonstige zivil- und öffentlich-rechtliche Sanktionen haben bislang kaum praktische Relevanz erlangt. Gemäß § 400 Abs. 1 Nr. 1 AktG und § 313 Abs. 1 Nr. 1 UmwG können Vorstands- und Aufsichtsratsmitglieder, die vorsätzlich falsche Auskünfte in der Hauptversammlung abgegeben haben, mit Geldstrafe oder einer Freiheitsstrafe von bis zu drei Jahren bestraft werden. Ferner kann die Verletzung der Auskunftspflicht eine Schadensersatzpflicht von Gesellschaft und Organmitgliedern gemäß § 823 Abs. 2 BGB i.V.m. § 131 AktG, (§ 31 BGB) auslösen, wenn dem Aktionär hierdurch ein eigener Schaden erwächst, der nicht mit dem Schaden der Aktiengesellschaft identisch ist.[119] Organmitglieder können sich danach sowohl gegenüber der Gesellschaft als auch gegen-

---

[116] Grundlegend BGHZ 86, 1, 6 ff.; Henze/Hoffmann-Becking in: Gesellschaftsrecht 2001, S. 55, 59.

[117] OLG Stuttgart, DB 1992, 1178, 1179; K. Schmidt in: Großkommentar AktG, § 243 Rn. 34; Semler in: Münchener Handbuch des Gesellschaftsrechts, § 37 Rn. 61; a.A. Hüffer, AktG, § 132 Rn. 2.

[118] BGH, ZIP 2004, 2428, 2430; ähnlich OLG Hamburg, NZG 2005, 218, 220; Wagner, EWiR, § 243 AktG 1/05, 241, 242.

[119] Kubis in: Münchener Kommentar AktG, § 131 Rn. 152 m.w.N.; Siebel/Gebauer, WM 2001, 173, 189; Eckardt in: Geßler/Hefermehl/Eckardt/Kropff, AktG, § 131 Rn. 172; a.A. Hüffer, AktG, § 131 Rn. 44.

über den Aktionären schadensersatzpflichtig machen,[120] bei vorsätzlichem Handeln kommt zudem eine Schadensersatzpflicht aus § 400 Abs. 1 Nr. 1 AktG bzw. aus § 823 Abs. 2 BGB i.V.m. § 313 Abs. 1 Nr. 1 UmwG in Betracht. Teilweise[121] wird auch eine Schadensersatzpflicht aus § 823 Abs. 1 und § 1004 BGB bejaht.

d) Sonderfall: Auskunftsrecht des Mehrheitsaktionärs im Vorfeld des squeeze-out, § 327b Abs. 1 S. 2 AktG

Einen Sonderfall des Auskunftsrechts bildet § 327b Abs. 1 S. 2 AktG, der als lex specialis zu § 93 Abs. 1 S. 2 AktG[122] unabhängig von der Durchführung einer Hauptversammlung ein Recht des Hauptaktionärs auf Auskunftserteilung und Herausgabe von Unterlagen gegenüber dem Vorstand regelt. Hintergrund dieses Anspruchs, der sich im Gegensatz zu § 131 AktG nicht gegen die Gesellschaft richtet, ist, dass der Hauptaktionär gemäß § 327b Abs. 1 S. 1 AktG die Höhe der Barabfindung festlegt und somit auf hinreichende Informationen über unternehmensinterne Daten angewiesen ist, um eine fundierte Unternehmensbewertung durchführen und so die Angemessenheit der Abfindung ermitteln zu können. Aufgrund dieser Sonderfunktion des Auskunftsanspruchs kann sich der Vorstand weder auf die Auskunftsverweigerungsgründe des § 131 Abs. 3 AktG berufen[123] noch begründen die dem Hauptaktionär gegebenen Mitteilungen eine erweiterte Auskunftspflicht zugunsten der Minderheitsaktionäre gemäß § 131 Abs. 4 AktG.

Erteilt ein Vorstandsmitglied dem Hauptaktionär zu weitreichende Informationen, kann es sich gemäß § 93 Abs. 2 AktG schadensersatzpflichtig und nach § 404 Abs. 1 Nr. 1 AktG sogar strafbar machen. Welche Rechtsfolgen dagegen in dem Fall eintreten, dass der Vorstand dem Hauptaktionär pflichtwidrig Auskünfte im Rahmen des § 327b Abs. 1 S. 2 AktG verweigert, ist bislang – soweit erkennbar – nicht diskutiert worden.

---

[120] So Eckardt in: Geßler/Hefermehl/Eckardt/Kropff, AktG, § 131 Rn. 172; Decher in: Großkommentar AktG, § 131 Rn. 407; abw. Zöllner in: Kölner Kommentar AktG, § 131 Rn. 101.
[121] So Habersack, Mitgliedschaft, 1996, S. 343 f., der die Mitgliedschaft des Aktionärs als sonstiges Recht i.S.d. § 823 Abs. 1 BGB qualifiziert.
[122] Hüffer, AktG, § 327b Rn. 7.
[123] Kritisch Steinmeyer/Häger, WpÜG, § 327b Rn. 55 unter Hinweis auf die hierdurch bedingten Interessenkonflikte und Schadensersatzrisiken für den Vorstand; siehe Hasselbach in: Kölner Kommentar WpÜG, § 327b Rn. 7.

3. Anfechtungsklage

a) Allgemeines

In Deutschland ist die Anfechtung von Hauptversammlungsbeschlüssen von besonderer Bedeutung. Ziel der Anfechtungsklage, die nach h.A. eine Ausprägung der aus der Mitgliedschaft folgenden eigennützigen Verwaltungsrechte der Aktionäre darstellt[124] und der eine Doppelfunktion als Mittel des individuellen Rechtsschutzes und als Maßnahme der objektiven Rechtskontrolle zukommt,[125] ist die gerichtliche Überprüfung von Mehrheitsentscheidungen, wobei die Kontrolle auf die Beseitigung von Hauptversammlungsbeschlüssen beschränkt ist. Zwar sind der Hauptversammlung gemäß § 119 Abs. 2 AktG Fragen der Geschäftsführung als potentielle Gegenstände einer Anfechtungsklage grundsätzlich entzogen. Doch hat die Hauptversammlung über den Entlastungsbeschluss gemäß §§ 119 Abs. 1 Nr. 3, 120 AktG, der sich auf die Organtätigkeit des abgelaufenen Geschäftsjahres bezieht, zumindest retrospektiv die Möglichkeit, sich mit Fragen der Geschäftsführung zu befassen.[126] Insofern ermöglicht die Anfechtungsklage eine umfassende Kontrolle des Verwaltungshandelns.

Die Beschlusskontrolle kann nur auf Initiative von Aktionären erfolgen; ein aufsichtsbehördliches Einschreiten gegen rechtswidrige Beschlüsse der Hauptversammlung ist demgegenüber gesetzlich nicht vorgesehen. Zwar findet eine registergerichtliche Prüfung von Hauptversammlungsbeschlüssen statt. Jedoch erfolgt diese nur bei eintragungspflichtigen Beschlüssen und führt darüber hinaus nicht zu einer Aufhebung des in Frage stehenden Beschlusses. Da das Anfechtungsrecht nach herrschender Ansicht[127] ein aus der Mitgliedschaft folgendes eigennütziges Verwaltungsrecht darstellt, unterliegt seine Ausübung keinen gesteigerten Treuepflichten. Ebenso wenig hat der Anfechtungskläger eine besondere Klagebefugnis oder ein spezielles Rechtsschutzbedürfnis darzutun.[128]

b) Formelle Anfechtungsvoraussetzungen

Die in den §§ 245, 246 AktG geregelten formellen Anfechtungsvoraussetzungen sind gering. Gemäß § 245 Nr. 1 AktG ist jeder Aktionär anfechtungsberechtigt, sofern er in der Hauptversammlung erschienen ist und gegen die Beschlussfas-

---

[124] Hüffer, AktG, § 243 Rn. 3, § 245 Rn. 3.

[125] BGHZ 107, 296, 310 (Kochs Adler); Lutter, ZGR 1978, 347, 349 f.; ders., AcP 180 (1980) 84, 143; K. Schmidt in: Großkommentar AktG, § 246 Rn. 11; Zöllner, AG 2000, 145, 146; für einen rein individualrechtlichen Ansatz dagegen Mülbert in: Großkommentar AktG, Vor §§ 118-147, Rn. 205 ff.; Knobbe-Keuk in: Festschrift Ballerstedt, S. 239, 244 ff.

[126] Siehe BGH, ZIP 2004, 2428, 2430 (Thyssen-Krupp); dazu Weitemeyer, NZG 2005, 341.

[127] Hüffer in: Münchener Kommentar AktG, § 245 Rn. 5 ff.; K. Schmidt in: Großkommentar AktG, § 245 Rn. 11; Zöllner in: Kölner Kommentar AktG, § 245 Rn. 6; BGHZ 107, 296, 308.

[128] BGHZ 43, 261, 265 f.; BGHZ 70, 117; BGH, AG 1992, 449; Hirte, BB 1988, 1469, 1471 ff.; Knobbe-Keuk in: Festschrift Ballerstedt, S. 239, 244.

sung zu dem Tagesordnungspunkt, für dessen Beurteilung die Auskunft erforderlich war, Widerspruch zur Niederschrift erklärt hat.[129] Eine Ausnahme von dieser Präsens- und Widerspruchsobliegenheit gilt gemäß § 245 Nr. 2 AktG bei nicht ordnungsgemäßer Einberufung der Hauptversammlung oder im Falle einer fehlerhaften Bekanntmachung der Beschlussgegenstände.

Die Anfechtungsklage ist binnen der einmonatigen Ausschlussfrist des § 246 Abs. 1 AktG zu erheben. § 245 Nr. 1 AktG sieht als zusätzliche Klagevoraussetzung vor, dass der Kläger seine Aktien schon vor der Bekanntmachung der Tagesordnung der jeweiligen Hauptversammlung erworben hat.[130]

c) Materielle Anfechtungsvoraussetzungen

(i) Gesetzesverstoß i.S.d. § 243 AktG (Verfahrensfehler)

Die Verletzung aktienrechtlicher Informationsrechte und –pflichten ist ein Verstoß gegen das bei der Beschlussfassung zu beachtende Verfahren, also ein Gesetzesverstoß i.S.d. § 243 Abs. 1 AktG. Sie kann daher grundsätzlich die Anfechtung eines Hauptversammlungsbeschlusses begründen. Verletzungen des allgemeinen Auskunftsrechts des § 131 AktG stellten in der Rechtsentwicklung den Ursprungsfall verletzter Informationspflichten dar, weil es Berichtspflichten heutigen Umfangs und spezielle Auskunftsrechte zunächst nicht gab.[131] Heute ist allgemein anerkannt, dass auch die Verletzung von organschaftlichen Berichtspflichten zur Anfechtbarkeit von Hauptversammlungsbeschlüssen nach § 243 Abs. 1 AktG führt. Soweit zwar keine Berichtspflicht im technischen Sinne besteht, der Vorstand aber von sich aus einzelne Informationen zu erteilen hat, stellen Verstöße ebenfalls Anfechtungsgründe dar. Hierunter fallen z.B. fehlerhafte Bekanntmachungen oder die ungenügende Auslegung von Dokumenten.

Der Bundesgerichtshof hat in den Grundsatzentscheidungen *MEZ* und *Aqua Butzke*[132] Anfechtungsklagen, die auf der Verletzung abfindungswertbezogener Informationspflichten im Rahmen eines Formwechsels beruhten, unter Hinweis auf den spezialgesetzlichen Ausschluss der Anfechtungsklage gemäß §§ 210, 212 UmwG für unzulässig erklärt.[133] Die Rechtsprechung hat diese Einschränkung bislang fast einheitlich auf Informationsmängel im Rahmen eines squeeze-

---

[129] Statt aller BGHZ 119, 1, 13; Decher in: Großkommentar AktG, § 131 Rn. 381.

[130] Veil, AG 2005, 567, 568; Wilsing, DB 2005, 35, 36; kritisch Meilicke/Heidel, DB 2004, 1479, 1483 f.

[131] Vgl. Hüffer in: Münchener Kommentar AktG, § 243 Rn. 39.

[132] BGH, NJW 2001, 1425 (MEZ); ebenso BGH, NJW 2001, 1428 (Aqua Butzke); siehe auch Henze in: Festschrift Hadding, 2004, S. 409, 418 ff.

[133] Dazu Mülbert in: Festschrift Ulmer, 2003, S. 433, 443 ff.; Hüffer, AktG, § 243 Rn. 18b; Decher in: Großkommentar AktG, § 131 Rn. 65b; Hirte, ZHR 167 (2003), 8, 23; Weißhaupt, Informationsmängel, S. 196 ff.; teilweise kritisch Luttermann, BB 2002, 382 f., da die Informationserteilung hierdurch in das Belieben der Gesellschaft gestellt werde.

out übertragen.[134] § 243 Abs. 4 S. 2 AktG ordnet nunmehr bezüglich aller bewertungsrelevanten Informationspflichtverletzungen in der Hauptversammlung einen Vorrang des Spruchverfahrens vor der Anfechtungsklage an, soweit die Verstöße während der Hauptversammlung erfolgten.[135] Eine Ausnahme gilt nur im Falle einer Totalverweigerung von Informationen oder weitreichenden Fehlangaben.[136] Mangelhafte (Struktur-)berichte des Vorstands im Vorfeld der Hauptversammlung berechtigen nach wie vor zur Anfechtungsklage.[137]

(ii) Relevanz

Nicht jeder verfahrensfehlerhafte Beschluss führt zum Erfolg einer Anfechtungsklage. Vielmehr müssen bei Gesetzesverstößen, die auf Verfahrensfehlern wie z.B. Informationsverstößen basieren, weitere Kriterien erfüllt sein, damit eine Anfechtungsklage erfolgreich ist. Insoweit standen sich bislang Kausalitäts- und Relevanzerwägungen gegenüber. Nach der früher herrschenden Ansicht[138] war ein Informationsverstoß dann als kausal für das Beschlussergebnis in der Hauptversammlung anzusehen, wenn ein objektiv urteilender Aktionär bei ordnungsgemäßer Information anders abgestimmt hätte, als er es ohne diese Kenntnis getan hat. Entsprechend der in § 243 Abs. 4 AktG normierten widerleglichen Vermutung für das Bestehen eines Kausalzusammenhangs musste die beklagte Gesellschaft darlegen und beweisen, dass sich der Verstoß nicht auf das Beschlussergebnis ausgewirkt hat. In seiner späteren Rechtsprechung[139] stellte der Bundesgerichtshof zusätzlich auf wertende Gesichtspunkte ab und machte die Entscheidung über die Kausalität der fehlerhaften Information auch von der Bedeutung der Information für das Abstimmungsergebnis abhängig. Demgegenüber stellt die von *Zöllner*[140] begründete neuere Lehre schon in ihrem Ausgangspunkt auf das

---

[134] OLG Köln, BB 2003, 2307 f.; LG Frankfurt a.M., EWiR, § 327a AktG 2/04, 525 m. Anm. Fleischer; OLG Stuttgart, ZIP 2003, 2363, 2367; Buchta/Sasse, DStR 2004, 958, 961 f.; Wilsing, DB 2005, 35, 36 m.w.N. Ob und inwieweit diese Grundsätze auch auf andere Umwandlungsarten zu erstrecken sind, ist noch offen; Mülbert in: Festschrift Ulmer, 2003, S. 433, 443 ff. m.w.N.; Hüffer, AktG, § 243 Rn. 18b; Sinewe, DB 2001, 690 f.; Witt, WuB II N § 210 UmwG 1.01 und 2.01; Meister/Klöckner in: Kallmeyer, UmwG, § 195 Rn. 29 f; Vetter, DB 2001, 743, 746; Hirte, ZHR 167 (2003), 8, 25 ff.

[135] Bungert in: VGR, Bd. 9, 2005, S. 59, 88 ff.; Weißhaupt, ZIP 2005, 1766, 1771 f.; Wilsing, DB 2005, 35, 36; zur Anwendung auf bereits vor Inkrafttreten des UMAG anhängig gemachte Anfechtungsklagen: OLG Hamm, DB 2005, 1956.

[136] Siehe Begr. RegE UMAG, BT-Drucks. 15/5092, S. 26; kritisch zur Abgrenzung gegenüber sehr lückenhaften Informationen: Spindler, NZG 2005, 825, 829; Bungert in: VGR, Bd. 9, 2005, S. 59, 90.

[137] Siehe Weißhaupt, ZIP 2005, 1766, 1771 f.; Spindler, NZG 2005, 825, 829; kritisch Veil, AG 2005, 567, 569 f.

[138] BGHZ 36, 121, 140; Henze, HRR AktienR, Rn. 715 ff.

[139] BGHZ 107, 296, 306 ff. (Kochs Adler); 119, 1, 19; 122, 211, 239.

[140] Zöllner in: Kölner Kommentar AktG, § 243 Rn. 81 ff.; ihm folgend Hüffer in: Münchener Kommentar AktG, § 243 Rn. 32; enger Krieger, ZHR 163 (1999), 343, 361 f.

wertende Merkmal der Relevanz ab. Entscheidend ist danach die Frage, ob durch den Verfahrensfehler eine beachtliche Beeinträchtigung der Mitverwaltungsrechte und daraus resultierend ein Legitimationsdefizit der Beschlussfassung gegeben ist. Ist vom Standpunkt eines vernünftigen Beobachters aus ein mehr als nur geringfügiger Verstoß gegeben, so dass die Vernichtung des Beschlusses als Sanktion hierauf nicht außer Verhältnis stehen würde, ist unerheblich, ob bei Vermeidung des formellen Fehlers ein anderes Abstimmungsverhalten denkmöglich gewesen wäre. Der Bundesgerichtshof[141] hält nunmehr ebenfalls allein die Relevanz des Verfahrensverstoßes für das Mitgliedschafts- bzw. Mitwirkungsrecht des Aktionärs im Sinne eines dem Beschluss anhaftenden Legitimationsdefizits für maßgeblich. Werden einem Aktionär Auskünfte vorenthalten, die aus der Sicht eines objektiv urteilenden Anteilseigners in der Fragesituation zur sachgerechten Beurteilung des Beschlussgegenstandes i.S.d. § 131 Abs. 1 S. 1 AktG erforderlich sind, liegt hierin zugleich ein relevanter Verstoß gegen das Teilnahme- und Mitwirkungsrecht des betreffenden Aktionärs, das die Rechtsfolge des § 243 Abs. 1 AktG rechtfertigt.[142]

§ 243 Abs. 4 S. 1 AktG verdichtet das Kriterium der Relevanz nunmehr zu der Formel, dass ein Beschluss im Falle einer Informationspflichtverletzung nur angefochten werden kann, wenn ein objektiv urteilender Aktionär die Erteilung der Information als wesentliche Voraussetzung für die sachgerechte Wahrnehmung seiner Teilnahme- und Mitgliedschaftsrechte angesehen hätte. Maßgeblich ist hierbei, ob der Fragegegenstand potentiell ein solches Gewicht hat, dass eine eventuelle Antwort das Verhalten hätte beeinflussen können.[143]

(iii) Kein Rechtsmissbrauch

In Einzelfällen, z.B. bei einem Verstoß gegen Treuepflichten oder bei einem widersprüchlichen Verhalten des die Auskunft begehrenden Aktionärs, gilt die Anfechtungsklage wegen rechtsmissbräuchlichen Verhaltens als unbegründet.[144] Allerdings stellen die Gerichte sehr hohe Anforderungen an den Nachweis der Rechtsmissbräuchlichkeit, so dass vielfach trotz entsprechender Indizien kein rechtsmissbräuchliches Verhalten angenommen wird.[145]

---

[141] BGH, ZIP 2004, 2428, 2430 (Thyssen-Krupp) unter Aufgabe der in BGHZ 149, 158, 164 f. (Sachsenmilch III) noch vertretenen Kausalitätserwägungen; siehe auch Wagner, EWiR, § 243 AktG1/05, 241, 242.

[142] Röhricht in: VGR, Bd. 9, 2005, S. 1, 2.

[143] Siehe Begr. RegE UMAG, BT-Drucks. 15/5092, S. 26; Bungert in: VGR, Bd. 9, 2005, S. 59, 86 ff.; Weißhaupt, ZIP 2005, 1766, 1771; kritisch Spindler, NZG 2005, 825, 829; Veil, AG 2005, 567, 568 f.; Wilsing, DB 2005, 35 f.; noch zum RefE: Schütz, DB 2004, 419, 420; Diekmann/Leuering, NZG 2004, 249, 253.

[144] BGH, NJW-RR 1992, 1388 f.; BGH, NJW 1993, 1976 f.; Kiethe, NZG 2004, 489, 491; Decher in: Großkommentar AktG, § 131 Rn. 391, 393 f.; Henze in: Festschrift Hadding, 2004, S. 409 ff.

[145] Vgl. Nitschke/Bartsch, AG 1969, 95, 99 f.; kritisch Kiethe, NZG 2004, 489, 493 f. m.w.N.

d) Rechtsfolgen

Im Erfolgsfalle führt die Anfechtungsklage nach Abschluss des zivilrechtlichen Verfahrens gemäß § 248 Abs. 1 S. 1 AktG zur endgültigen Nichtigerklärung des Beschlusses durch das Gericht. Bereits die Erhebung der Anfechtungsklage hat vielfach schwerwiegende Konsequenzen für die beklagte Gesellschaft.

(i) Beeinträchtigung der Umsetzung von Hauptversammlungsbeschlüssen

Zwar hat die Erhebung der Anfechtungsklage als solche keine Auswirkungen auf die Wirksamkeit eines angegriffenen Hauptversammlungsbeschlusses, doch ist der Beschluss grundsätzlich nicht auszuführen, so lange eine Anfechtungsklage noch möglich oder bereits anhängig ist.[146]

(ii) Beeinträchtigung des registergerichtlichen Eintragungsverfahrens

Die Erhebung der Anfechtungsklage hat darüber hinaus in registerrechtlicher Hinsicht gravierende Auswirkungen, die den betroffenen Gesellschaften erhebliche Probleme bereiten können. Hierbei ist zwischen konstitutiven und deklaratorischen Eintragungen sowie zwischen einer förmlichen und einer bloß faktischen Registersperre zu unterscheiden.

(a) „Faktische Registersperre", § 127 FGG

Grundsätzlich ist die bloße Anfechtbarkeit eines Beschlusses sowohl bei rein deklaratorischen als auch bei konstitutiven Registereintragungen kein Eintragungshindernis. Da es jedoch zu den Amtspflichten des Registerrichters gehört, die Eintragung unwirksamer Beschlüsse zu verhindern, sind die Registergerichte im Falle der Erhebung einer Anfechtungsklage gemäß § 127 FGG befugt, bei Zweifeln an der Rechtmäßigkeit der angegriffenen Beschlüsse das Eintragungsverfahren bis zu einer rechtskräftigen Entscheidung über die Klage auszusetzen. Die Entscheidung über die Aussetzung hängt von der Lage des Einzelfalles und vom pflichtgemäßen Ermessen des jeweiligen Registerrichters ab, der die Erfolgsaussichten des Anfechtungsprozesses, aber auch den durch die (Nicht-) Eintragung drohenden Schaden einzuschätzen und gegeneinander abzuwägen hat.[147] Unzulässig ist eine Aussetzung nach § 127 FGG bei evident missbräuchlicher oder sonst offensichtlich aussichtsloser Anfechtungsklage; in allen übrigen Fällen dagegen ist sie zulässig und geboten.[148]

---

[146] Siehe K. Schmidt in: Großkommentar AktG, § 243 Rn. 71.
[147] Allg. Ansicht, siehe Hüffer, AktG, § 243 Rn. 53.
[148] Bei einer Entscheidung über die Aussetzung muss das Interesse der Gesellschaft an zeitnaher Eintragung gegen die Erfolgsaussichten der Anfechtungsklage abgewogen werden. Sind die Erfolgsaussichten der Klage nicht zuverlässig zu beurteilen, hat der Registerrichter das Eintragungsverfahren entsprechend § 127 FGG auszusetzen; BGH, WM 1990, 1372 ff.;

Die durch die Aussetzung bewirkte „faktische Registersperre" ist bei lediglich deklaratorischen Eintragungen[149] nicht problematisch. Dagegen hat sie in Fällen einer konstitutiven Eintragung in das Handelsregister, z.B. bei Satzungsänderungen (§ 181 Abs. 3 AktG), Kapitalmaßnahmen (§ 186 i.V.m. §§ 188, 189 AktG) und Unternehmensverträgen (§ 294 Abs. 2 AktG) – also fast allen Grundlagen- und Strukturentscheidungen – für die Gesellschaft gravierende Folgen. Da diese Beschlüsse erst mit ihrer Anmeldung und entsprechenden Eintragung im Handelsregister Wirksamkeit erlangen, ist die Erhebung jeder nicht offensichtlich aussichtslosen Anfechtungsklage zunächst einmal ein Wirksamkeitshindernis. Dies kann angesichts des dreistufigen Instanzenzuges, der im Hinblick auf den Streitwert solcher Klagen regelmäßig zur Verfügung steht, zu jahrelangen Blockaden der beschlossenen Maßnahmen führen.

(b) Förmliche Registersperre, § 16 Abs. 2 S. 2 UmwG, § 319 Abs. 5 S. 2 AktG

Hat ein Hauptversammlungsbeschluss eine Umstrukturierungsmaßnahme nach dem UmwG, eine Eingliederung oder ein squeeze-out zum Gegenstand, so ist die Eintragung des entsprechenden Beschlusses im Handelsregister ebenfalls von konstitutiver Wirkung. Zudem hat der Vorstand bei der Anmeldung zur Eintragung in das Handelsregister gemäß § 16 Abs. 2 S. 1 UmwG (Verschmelzung) i.V.m. §§ 125 S. 1, 198 Abs. 3 UmwG (Spaltung und Formwechsel) bzw. gemäß § 319 Abs. 5 S. 1 AktG (i.V.m. § 327e Abs. 2 AktG) gegenüber dem Registergericht ausdrücklich zu erklären, dass keine Klage gegen die Wirksamkeit des Umstrukturierungsbeschlusses anhängig ist. Ist die Abgabe der Negativerklärung wegen einer erhobenen Anfechtungsklage nicht möglich, so ist das Registergericht gemäß § 16 Abs. 2 S. 2 UmwG bzw. § 319 Abs. 5 S. 2 AktG (i.V.m. § 327e Abs. 2 AktG) gesetzlich gehindert, den betreffenden Hauptversammlungsbeschluss ins Handelsregister einzutragen.[150]

Die förmliche Registersperre kann durch ein Freigabeverfahren gemäß § 319 Abs. 6 AktG (i.V.m. § 327e Abs. 2 AktG) bzw. § 16 Abs. 3 (i.V.m. § 125, 198 Abs. 3) UmwG wieder aufgehoben werden. Das Freigabeverfahren ermöglicht, dass das mit der Anfechtungsklage befasste Prozessgericht auf Antrag der Gesellschaft die Registersperre aufheben und die Eintragung in das Handelsregister zulassen kann, sofern die Klage entweder unzulässig oder offensichtlich unbegründet ist oder das alsbaldige Wirksamwerden des Hauptversammlungs-

---

Hüffer in: Münchener Kommentar AktG, § 246 Rn. 134; Wiedemann in: Großkommentar AktG, § 181 Rn. 28; Baums, Gutachten F zum 63. DJT, F 160.

[149] Lediglich die Eintragung der Auflösung einer Aktiengesellschaft gemäß §§ 262 Abs. 1 Nr. 2, 263 S. 1 AktG und die Beendigung der Eingliederung gemäß § 327 Abs. 1 Nr. 1 und Abs. 3 AktG sind deklaratorischer Natur.

[150] Trägt der Registerrichter die Umwandlungsmaßnahme entgegen § 16 Abs. 2 S. 2 UmwG dennoch in das Handelsregister ein, kommt eine Rückabwicklung aus Gründen des Bestandsschutzes nicht in Betracht; BVerfG, WM 2004, 2354; zustimmend Kort, BB 2005, 1577.

beschlusses nach freier Überzeugung des Gerichts unter Berücksichtigung der Schwere der mit der Anfechtungsklage geltend gemachten Rechtsverletzungen zur Abwendung der vom Antragsteller dargelegten wesentlichen Nachteile für die Gesellschaft und ihre Aktionäre vorrangig erscheint. Bei Umwandlungen ist eine Rückabwicklung der im Anschluss an das Freigabeverfahren erfolgten Eintragung gemäß § 20 Abs. 2 UmwG auch im Falle eines Erfolgs der Anfechtungsklage ausgeschlossen. Die Anfechtungsklage wandelt sich daher mit Rechtskraft des Freigabebeschlusses und Eintragung in das Handelsregister in eine individuelle Schadensersatzklage gegen die Gesellschaft um.[151]

(iii) Auswirkungen auf durchgeführte Hauptversammlungsbeschlüsse

Wird die Anfechtungsklage rechtskräftig abgewiesen, bleibt der angegriffene Hauptversammlungsbeschluss wirksam. Demgegenüber lässt ein rechtskräftiges stattgebendes Anfechtungsurteil die von der Hauptversammlung gewollten Rechtswirkungen grundsätzlich ex tunc entfallen.[152] Im Rahmen von durchgeführten Strukturänderungen wirkt das den Beschluss für nichtig erklärende Urteil jedoch nicht zurück, sondern macht erst ab Eintritt der Rechtskraft eine Rückabwicklung erforderlich. Dies gilt insbesondere für bereits durchgeführte und im Handelsregister eingetragene fehlerhafte Kapitalerhöhungen.[153]

e) Freigabeverfahren gemäß § 246a AktG

Im Hinblick auf die vielfach schwer wiegenden Konsequenzen der Erhebung einer Anfechtungsklage für die beklagte Gesellschaft wurde gemäß § 246a AktG in Anlehnung an § 319 Abs. 6 AktG und § 16 Abs. 3 UmwG ein aktienrechtliches Freigabeverfahren für eintragungsbedürftige Hauptversammlungsbeschlüsse über Kapitalmaßnahmen sowie über Unternehmensverträge eingeführt, das im Gegensatz zu den bereits normierten Freigabeverfahren unabhängig von einer Registersperre eröffnet ist. Das angerufene Gericht kann daher eine angefochtene Kapitalmaßnahme oder einen Unternehmensvertrag unabhängig von dem Ausgang des Freigabeverfahrens eintragen; es ist hierzu verpflichtet, wenn ein entsprechender gerichtlicher Beschluss ergangen ist.[154] Wie auch bei den beiden

---

[151] Lutter, JZ 2000, 837, 839 f. Bei Eingliederungen gemäß § 319 Abs. 6 S. 6 AktG (i.V.m. § 320 Abs. 1 S. 3) kommt jedoch auch eine Naturalrestitution in Betracht, soweit sich Eingliederungsfolgen rückgängig machen lassen; Hüffer, AktG, § 319 Rn. 21; Grunewald in: Münchener Kommentar AktG, § 319 Rn. 43.

[152] Insoweit ist lediglich umstritten, ob die Rückwirkung auch gegenüber Dritten eintritt, die auf den Bestand von Geschäften, die auf dem Hauptversammlungsbeschluss basieren, vertraut haben; Hüffer, AktG, § 248 Rn. 7; K. Schmidt in: Großkommentar AktG, § 248 Rn. 8 m.w.N.

[153] Hüffer, AktG, § 248 Rn. 7a; K. Schmidt in: Großkommentar AktG, § 248 Rn. 7; Zöllner in: Festschrift Hadding, 2004, 725, 728 m.w.N.

[154] Wilsing, DB 2005, 35, 37 f.; Bungert in: VGR, Bd. 9, 2005, S. 59, 90 ff.; noch zum RefE Diekmann/Leuering, NZG 2004, 249, 255; Wilsing, ZIP 2004, 1082, 1083 f.; Buchta/Sasse, DStR 2004, 958, 962.

vorgenannten Freigabeverfahren setzt ein solcher Beschluss voraus, dass die Klage entweder unzulässig oder offensichtlich unbegründet ist oder dass ein überwiegendes Interesse der Gesellschaft am Vollzug des Hauptversammlungsbeschlusses besteht. Im letztgenannten Fall kann die Eintragung mithin aufgrund einer reinen Interessenabwägung – ohne summarische Prüfung der Hauptsache – auch dann freigegeben werden, wenn die Klage voraussichtlich oder zweifelsfrei begründet ist.[155] Obsiegt der Aktionärskläger allerdings im Hauptsacheverfahren, kann er gemäß § 246a AktG nach bestandskräftiger Eintragung des Hauptversammlungsbeschlusses von der Gesellschaft Schadensersatz verlangen, nicht aber die Beseitigung der Wirkung der Eintragung.[156]

Um dem beabsichtigten Charakter des Verfahrens als Eilverfahren noch stärker Ausdruck zu verleihen und eine überlange Dauer der Prozesse zu vermeiden, sieht § 246a AktG die Möglichkeit des Verzichts auf eine mündliche Verhandlung und zusätzlich eine Begründungspflicht bei Nichteinhaltung eines Zeitrahmens von drei Monaten zur Durchführung des Verfahrens vor.[157]

4. Hauptversammlungsunabhängige Informationsmöglichkeiten

Aktionäre deutscher nicht börsennotierter Gesellschaften haben – mit Ausnahme von freiwilligen Mitteilungen der Gesellschaft – zwischen den Hauptversammlungen lediglich die Möglichkeit, über das Handelsregister Informationen über die Gesellschaft einzusehen. Jedoch sind nur wenige Umstände eintragungspflichtig und eintragungsfähig, so dass aus dem Handelsregister in der Regel gemäß § 39 AktG neben Firma und Sitz der Gesellschaft nur der Gegenstand des Unternehmens, die Namen und die Art der Vertretungsbefugnis der Vorstandsmitglieder, die Höhe des Grundkapitals sowie gegebenenfalls Satzungsbestimmungen über die Dauer der Gesellschaft und über das genehmigte Kapital in Erfahrung gebracht werden können.[158] Fehlerhafte Eintragungen lösen eine Rechtsscheinhaftung aus und können die Festsetzung von Zwangsgeldern nach sich ziehen.

---

[155] Veil, AG 2005, 567, 571 ff.; Begr. RegE UMAG, BT-Drucks. 15/5092, S. 29; kritisch Hirschberger/Weiler, DB 2004, 1137, 1139; Meilicke/Heidel, DB 2004, 1479, 1484; Holzborn/Bunnemann, BKR 2005, 51, 58; Spindler, NZG 2005, 825, 830.

[156] Begr. RegE UMAG, BT-Drucks. 15/5092, S. 28; Ihrig/Erwin, BB 2005, 1973, 1977; Wilsing, DB 2005, 35, 38 f.; kritisch Meilicke/Heidel, DB 2004, 1479, 1484; Holzborn/Bunnemann, BKR 2005, 51, 58; Spindler, NZG 2005, 825, 830.

[157] Siehe Schütz, DB 2004, 419, 423; kritisch Diekmann/Leuering, NZG 2004, 249, 253 und Hirschberger/Weiler, DB 2004, 1137, 1139, die darauf hinweisen, dass trotz des Zeitrahmens mehr als sieben Monate von der Beschlussfassung der Hauptversammlung bis zu einer rechtskräftigen Gerichtsentscheidung verstreichen können.

[158] Siehe Pentz in: Münchener Kommentar AktG, § 39 Rn. 7 ff. m.w.N.

5. Sonderprüfung

Das Institut der Sonderprüfung gemäß §§ 142 ff. AktG nimmt eine Sonderstellung im Rahmen der aktienrechtlichen Informationsrechte und –pflichten ein.

a) Grundzüge und Normzweck

Die Sonderprüfung dient primär der Aufklärung von etwaigen Unregelmäßigkeiten bei der Gründung oder der Geschäftsführung und der Sicherung von Schadensersatzansprüchen der Gesellschaft gegen ihre Gründer oder Verwaltungsmitglieder; ihr kommt insoweit zugleich Präventivwirkung zu.[159] Entgegen der gesetzessystematischen Einordnung bezweckt die Sonderprüfung jedoch nicht nur eine Offenlegung der tatsächlichen Grundlagen möglicher Ersatzansprüche, sondern kann auch zur Vorbereitung sonstiger Maßnahmen angewandt werden.[160] Sie überlagert die Überwachungskompetenz des Aufsichtsrats und durchbricht die Zuständigkeitsverteilung in der Organisationsverfassung der Aktiengesellschaft, indem sie die Aktionäre berechtigt, die Bestellung von unabhängigen Prüfern auch gegen den Willen der Verwaltung durchzusetzen, und ihnen so – entgegen der grundsätzlichen Zuständigkeitsordnung in der Gesellschaft – ein eigenes Untersuchungsrecht gewährt. Da auch eine qualifizierte Minderheit befugt ist, die Bestellung von Sonderprüfern zu beantragen, dienen die §§ 142 ff. AktG gleichzeitig dem Schutz von Minderheitsaktionären in Fällen, in denen die Mehrheit das jeweilige Verhalten der Organmitglieder billigt.[161] Zudem entspricht die Aufdeckung von Missständen durch Maßnahmen der Sonderprüfung nach dem Willen des Gesetzgebers dem Interesse der Allgemeinheit, insbesondere dem der Gläubiger und künftigen Aktionäre.[162]

b) Gegenstand und Umfang der Sonderprüfung

Die Reichweite der Sonderprüfung ist sehr groß. Sie erstreckt sich gemäß § 142 Abs. 1, 2 AktG auf alle Vorgänge bei der Gründung und bei Kapitalmaßnahmen sowie auf die gesamte Geschäftsführung.[163] Die Maßnahmen der Sonderprüfung sind in sachlicher Hinsicht lediglich dahingehend eingeschränkt, dass nur ein-

---

[159] Bezzenberger in: Großkommentar AktG, § 142 Rn. 6, 8; Seibt, WM 2004, 2137.

[160] Habersack in: Festschrift Wiedemann, 2002, S. 889, 897; Schröer in: Münchener Kommentar AktG, § 142 Rn. 1; Bezzenberger in: Großkommentar AktG, § 142 Rn. 6; Wilsing, ZIP 2004, 1082, 1090 u.a. unter Hinweis auf die steigende Zahl von Sonderprüfungen.

[161] Bezzenberger in: Großkommentar AktG, § 142 Rn. 8; Seibt, WM 2004, 2137.

[162] Kropff, Begr. RegE AktG 1965, S. 212; Schröer in: Münchener Kommentar AktG, § 142 Rn. 6.

[163] Auf die speziellen Sonderprüfungstatbestände, die an den Verdacht unzulässiger Unterbewertungen und/oder fehlender Angaben im Anhang des Jahresabschlusses (§§ 258 ff. AktG) bzw. an pfichtwidrige Nachteilszufügungen im Rahmen von Konzernrechtsbeziehungen (§ 315 AktG) anknüpfen und leges speciales zu den §§ 142 ff. AktG darstellen, soll vorliegend nicht näher eingegangen werden.

zelne bestimmte Vorgänge Gegenstand der Untersuchung sein können. Der Prüfungsumfang muss abgrenzbar und gegenständlich beschränkt sein, er darf sich z.B. nicht auf die Geschäftsführung im allgemeinen während eines bestimmten Zeitabschnitts erstrecken.[164] Dahinter steht die Erwägung, dass die Sonderprüfung keine zweite Kontrolle der regulären Prüfungsmaßnahmen wie z.B. der Gründungsprüfung gemäß § 33 Abs. 2 AktG oder der Abschlussprüfung gemäß § 316 Abs. 1 HGB sein soll; eine Kollision mit diesen Rechtsinstituten soll vermieden werden.

Werden Sonderprüfer zur Prüfung bestimmter Vorgänge bei der Gründung der Aktiengesellschaft bestellt, können sie sämtliche Maßnahmen bis zur Eintragung der Gesellschaft gemäß § 41 AktG untersuchen. Sind Maßnahmen der Geschäftsführung Gegenstand der Sonderprüfung, kann der gesamte Verantwortungsbereich des Vorstands im Sinne des § 77 Abs. 1 AktG geprüft werden. Dabei ist unerheblich, ob es sich um eine Leitungsmaßnahme handelt und ob der Vorstand selbst tätig war oder eine Delegation auf leitende Angestellte erfolgt ist. Der weit auszulegende Begriff der Geschäftsführung erfasst auch Maßnahmen des Aufsichtsrats, soweit sich diese auf die Überwachung (§ 111 Abs. 1 AktG) und die Mitwirkung bei Geschäftsführungsmaßnahmen des Vorstands beziehen.[165] Sogar einzelne Posten des Jahres- oder Konzernabschlusses können nach zutreffender Ansicht[166] Gegenstand einer Sonderprüfung sein. Darüber hinaus kann sich die Prüfung auf die Beziehungen der Gesellschaft zu verbundenen Unternehmen erstrecken.[167]

c) Voraussetzungen der Einsetzung von Sonderprüfern

(i) Bestellung durch die Hauptversammlung, § 142 Abs. 1 AktG

Eine Sonderprüfung kann zunächst gemäß § 142 Abs. 1 AktG durch Hauptversammlungsbeschluss veranlasst werden. In diesem Falle beschließt die Hauptversammlung mit einfacher Stimmenmehrheit (§§ 23 Abs. 5, 133 Abs. 1 AktG), dass und zu welchen sachlichen Punkten eine Sonderprüfung erfolgen soll, und benennt die einzusetzenden Prüfer.[168] Großaktionäre verfügen oftmals über einen ausreichenden Stimmanteil, um einen Beschluss gemäß § 142 Abs. 1 AktG

---

[164] Hefermehl in: Geßler/Hefermehl/Eckardt/Kropff, AktG, § 142 Rn. 8; Hüffer, AktG, § 142 Rn. 4 ff.

[165] Hüffer, AktG, § 142 Rn. 5; Habersack in: Festschrift Wiedemann, 2002, S. 889, 899.

[166] Bezzenberger in: Großkommentar AktG, § 142 Rn. 16; Fleischer, RIW 2000, 809, 812, 816; Habersack in: Festschrift Wiedemann, 2002, S. 889, 902 ff. m.w.N.; a.A. Hüffer, AktG, § 142 Rn. 6 und Hefermehl in: Geßler/Hefermehl/Eckardt/Kropff, AktG, § 142 Rn. 5, die eine Untersuchung von Posten des Jahresabschlusses nur dann für zulässig halten, wenn dies zur Prüfung anderer Maßnahmen der Geschäftsführung erforderlich ist.

[167] So Bezzenberger in: Großkommentar AktG, § 142 Rn. 15.

[168] Statt aller: Hüffer, AktG, § 142 Rn. 9 f.

herbeizuführen, sind selbst an der Unternehmensleitung beteiligt oder gelangen aufgrund ihres Stimmgewichts und ihrer Kapitalmacht auf informellem Wege an Informationen über etwaige Unregelmäßigkeiten. Zudem können sie damit drohen, die Entlastung der Organmitglieder gemäß § 120 Abs. 2 AktG zu verweigern und hierdurch erheblichen Druck auf die Geschäftsleitung ausüben. Daher ist die Bestellung von Sonderprüfern nach § 142 Abs. 2 AktG vielfach von größerem Interesse.

(ii) Bestellung durch gerichtlichen Beschluss, § 142 Abs. 2 AktG

Die gerichtlich angeordnete Sonderprüfung nach entsprechendem Antrag einer Aktionärsminderheit gemäß § 142 Abs. 2 AktG erstreckt sich auf die gleichen Vorgänge wie die Prüfung gemäß § 142 Abs. 1 AktG,[169] ist jedoch an strenge formelle und materielle Voraussetzungen geknüpft.

In formeller Hinsicht ist gemäß § 142 Abs. 2 S. 1 AktG eine qualifizierte Aktionärsminderheit erforderlich, wobei ein Zusammenschluss von Aktionären zum Erreichen des Quorums zulässig ist.[170] Die Antragsteller müssen über einen Aktienanteil von 1 % des Grundkapitals der Gesellschaft oder einen anteiligen Betrag von 100.000,00 Euro verfügen und nachweisen, dass sie seit mindestens drei Monaten vor dem Tage der Hauptversammlung Inhaber der Aktien sind und dass sie ihre Aktien bis zur Entscheidung über den Antrag halten.[171]

Materiell-rechtlich muss sich der Antrag der Minderheitsaktionäre auf einen der oben unter B. II. 5. b) beschriebenen prüfungsfähigen Vorgänge richten. Zudem kann eine gerichtliche Bestellung von Sonderprüfern nur erfolgen, wenn die Hauptversammlung zuvor einen gemäß § 142 Abs. 1 AktG gestellten Antrag abgelehnt hat oder sich trotz ordnungsgemäßer Antragstellung geweigert hat, einen solchen Beschluss zu fassen. Darüber hinaus setzt § 142 Abs. 2 S. 1 AktG das Vorliegen von Tatsachen voraus, die den Verdacht rechtfertigen, dass bei dem Vorgang Unredlichkeiten oder grobe Verletzungen des Gesetzes oder der Satzung vorgekommen sind.[172] Die Antragsteller müssen substantiiert Umstände vortragen, aus denen sich ein hinreichender Tatverdacht[173] für eine Unredlichkeit oder grobe Gesetzes- oder Satzungsverletzung ergibt bzw. die dazu führen,

---

[169] Eine zeitliche Beschränkung besteht bei der Prüfung von Geschäftsführungsmaßnahmen, für die nach § 142 Abs. 2 AktG – anders als bei § 142 Abs. 1 AktG – eine Fünfjahresfrist gilt.

[170] Siehe Spindler, NZG 2005, 865, 870 m.w.N.

[171] Gemäß § 142 Abs. 2 S. 3 AktG genügt die Vorlage einer Versicherung des depotführenden Kreditinstituts, dass die Aktien so lange nicht veräußert werden.

[172] Für eine Ausdehnung der Sonderprüfung auf alle Gesetzes- und Satzungsverletzungen: Seibt, WM 2004, 2137, 2140.

[173] Der Begriff des hinreichenden Tatverdachts ist entsprechend § 203 StPO auszulegen, ein bloßer Anfangsverdacht im Sinne des § 152 Abs. 2 StPO genügt nicht. Spindler, NZG 2005, 865, 870 und Seibt, WM 2004, 2137, 2140 halten insoweit eine Glaubhaftmachung für ausreichend; a.A. Diekmann/Leuering, NZG 2004, 249, 250: Vollbeweis.

dass sich das Gericht zu einer Amtsermittlung gemäß § 12 FGG veranlasst sieht. Sind diese Voraussetzungen erfüllt, so bestimmt das Gericht den Prüfungsgegenstand und benennt die Sonderprüfer.

d) Maßnahmen nach Zulassung der Sonderprüfung

(i) Rechte der Sonderprüfer

Art und Umfang der Prüfungshandlungen ergeben sich aus dem gemäß § 142 Abs. 1, 2 AktG vorgegebenen Gegenstand der Sonderprüfung. Welche Untersuchungen vorzunehmen oder zu veranlassen sind, können die Sonderprüfer selbst entscheiden. Sie haben hierzu gemäß § 145 Abs. 1 AktG umfangreiche Einsichts- und Prüfungsrechte in die Handelsbücher (§ 238 Abs. 1 HGB), in alle Unterlagen, die für die Rechnungslegung der Gesellschaft von Bedeutung und deshalb gesondert aufzubewahren sind, sowie in Aufzeichnungen von allen Vermögensgegenständen der Gesellschaft. Die Einsichts- und Prüfungsbefugnisse der Sonderprüfer sind grundsätzlich unbeschränkt und finden ihre Grenze nur im Rechtsmissbrauch. Die Prüfer haben darüber hinaus gemäß § 145 Abs. 2 AktG weitreichende Auskunfts- und Nachweisrechte, sofern eine entsprechende Aufklärung für eine sorgfältige Prüfung der Vorgänge notwendig ist. Sie können Auskünfte sowohl von den Gesellschaftsorganen als solchen als auch von den einzelnen Organmitgliedern verlangen. Ein Auskunftsverweigerungsrecht entsprechend § 131 Abs. 3 AktG besteht nicht. Die nach § 145 Abs. 2 AktG gewährten Aufklärungs- und Nachweisrechte – nicht jedoch die Einsichts- und Prüfungsbefugnisse des § 145 Abs. 1 AktG – bestehen gemäß § 145 Abs. 3 AktG zudem gegenüber Konzernunternehmen sowie abhängigen und herrschenden Gesellschaften.

(ii) Inhalt und Publizität des Sonderprüfungsberichts

Nach Abschluss ihrer Untersuchungen erstellen die Sonderprüfer gemäß § 145 Abs. 4, 5 AktG einen Prüfungsbericht. Der Bericht ist allen Gesellschaftsorganen bekannt zu geben und beim Registergericht am Sitz der Gesellschaft einzureichen. Jeder Aktionär hat das Recht auf Übermittlung einer Abschrift des gesamten Prüfungsberichts durch den Vorstand, um sachkundig über die Geltendmachung von Schadensersatzansprüchen gegen die Leitung der Gesellschaft entscheiden zu können. Der Bericht ist zudem bei der Einberufung der nächsten Hauptversammlung auf die Tagesordnung zu setzen und gemäß §§ 124 f. AktG in den Gesellschaftsblättern bekannt zu machen.

Inhalt und Umfang des Prüfungsberichts sind nicht gesetzlich geregelt, sie ergeben sich nach der Vorstellung des Gesetzgebers[174] aus dem Zweck der Son-

[174] Kropff, Begr. RegE AktG 1965, S. 212.

derprüfung. Der Bericht muss vollständig, für die betroffenen Aktionäre klar und deutlich und zudem unparteiisch sein. Er darf nicht nur die Prüfungsergebnisse zusammenfassen, sondern muss auch die Prüfungshandlungen, die tatsächlichen Grundlagen der Prüfung und die vorgenommenen Ermittlungsmaßnahmen darlegen und begründen. Entgegen der bisherigen Rechtslage[175] sieht das Sonderprüfungsrecht seit Inkrafttreten des UMAG nunmehr in § 145 Abs. 4 AktG die Möglichkeit einer inhaltlichen Beschränkung des Prüfungsberichts vor. Danach können bestimmte Tatsachen nach entsprechender Anordnung des Gerichts nicht in den Bericht aufgenommen werden, soweit überwiegende Belange der Gesellschaft dies gebieten und eine Offenlegung zur Aufdeckung der Unredlichkeiten bzw. Rechtsverstöße nicht unverzichtbar ist. Diese Neuregelung dürfte zu einer Beschränkung der umfassenden Sonderprüfungspublizität führen und vermeiden, dass sich Minderheitsaktionäre des Instruments der Sonderprüfung bedienen, um Geschäftsgeheimnisse auszuforschen und das Unternehmen letztlich zu schädigen.[176]

175 Vgl. Kropff, Begr. RegE AktG 1965, S. 211.
176 Siehe Begr. RegE UMAG, BT-Drucks. 15/5092, S. 19; Holzborn/Bunnemann, BKR 2005, 51, 58; für eine umfassende Berichtspflicht dagegen Meilicke/Heidel, DB 2004, 1479, 1481.

III. Zusätzliche Publizitätspflichten kapitalmarktaktiver Gesellschaften

Ist eine Aktiengesellschaft an einer deutschen Börse zugelassen, sind neben den vorgenannten Informationsrechten und –pflichten weitere Publizitätsvorgaben zu beachten. Die kapitalmarktrechtlichen Publizitätspflichten[177] haben im Unterschied zu den aktienrechtlichen Informationspflichten im Wesentlichen zwei Schutzrichtungen. Sie bezwecken zum einen die Verbesserung der Effizienz und der allokativen Funktionsfähigkeit des Kapitalmarkts und zum anderen den Schutz des Anlegerpublikums durch Förderung der informationellen Gleichbehandlung aller Marktteilnehmer. Dabei erstreckt sich der Schutzbereich sämtlicher Publizitätsregeln im Gegensatz zu den aktienrechtlichen Vorgaben auf die Öffentlichkeit, also auch auf potentielle Anleger. Die Vorschriften über die Regelpublizität sollen gewährleisten, dass die betroffenen Aktiengesellschaften ergänzend zu den handelsrechtlichen Bestimmungen über den Jahresabschluss dem Anlegerpublikum regelmäßig kurzfristig orientierte Informationen über einen bestimmten Berichtszeitraum zur Verfügung stellen. Der laufenden Berichterstattung kommt zudem eine Kontroll- und eine Prognosefunktion zu, da sie eine Überprüfung des Unternehmensergebnisses sowie der in der Vergangenheit abgegebenen Prognosen ermöglicht und zugleich über voraussichtliche Geschäftsentwicklungen informiert.[178] Darüber hinaus sind der Öffentlichkeit aufgrund der Regelung der ad hoc-Publizität, die durch die Pflicht zur Offenlegung der Wertpapiertransaktionen der Organmitglieder ergänzt wird, umgehend alle sonstigen Informationen zu vermitteln, die für eine fundierte Kauf- oder Verkaufsentscheidung erforderlich erscheinen und kurssensibel sind.

Inhalt und Reichweite der Sekundärmarktpublizität sind abhängig davon, in welchem Marktsegment die Aktien der jeweiligen Gesellschaft gehandelt werden. Die Frankfurter Wertpapierbörse[179] unterscheidet seit der Neustrukturierung der Marktsegmente zwar noch zwischen amtlichem und geregeltem Markt, hinsichtlich des Inhalts der Publizitätspflichten ist jedoch im Wesentlichen die Differenzierung zwischen *Prime Standard* und *General Standard* maßgeblich.[180] Während Aktiengesellschaften, deren Aktien im *General Standard* notiert sind, lediglich die gesetzlichen Mindestvorgaben zu beachten haben, gelten im *Prime Standard* aufgrund der nunmehr als Satzung ausgestalteten Börsenordnung der Frankfurter Wertpapierbörse zahlreiche weitergehende Publizitätsanforderungen.

---

[177] Die Publizitätspflichten beziehen sich sowohl auf Emittenten von Aktien als auch auf Emittenten sonstiger börsennotierter Wertpapiere und Rechte, die an einer deutschen Börse gehandelt werden. Letztere sind nicht Gegenstand der vorliegenden Untersuchung.
[178] Hamann in: Schäfer, § 44b BörsG a.F. Rn. 3.
[179] Im Folgenden wird nur auf die Marktsegmente der Frankfurter Wertpapierbörse eingegangen.
[180] Vgl. § 50 Abs. 3 BörsG, der den einzelnen Börsen anders als die Vorgängernorm des § 72 Abs. 3 BörsG a.F. die Regelung weiterer Zulassungs(folge)bedingungen ermöglicht hat.

Das Kapitalmarktrecht wurde zuletzt aufgrund der Vorgaben der europäischen *Marktmissbrauchsrichtlinie*[181] durch das *Anlegerschutzverbesserungsgesetz* (AnSVG) vom 28.10.2004 in zahlreichen Punkten reformiert, u.a. wurden die Regelungen der ad hoc-Publizität sowie der § 15a und § 20a WpHG modifiziert. Zudem wurden die Befugnisse der Bundesanstalt für Finanzdienstleistungsaufsicht (BaFin) erweitert.

1. Zwischenberichterstattung, § 40 BörsG

Die Verpflichtung zur Veröffentlichung mindestens eines Zwischenberichts im Geschäftsjahr gemäß § 40 BörsG wurde im Jahr 1986 eingeführt und setzt weitgehend die europarechtlichen Mindestanforderungen um.[182] Die europäische Transparenzrichtlinie, die am 20.01.2005 in Kraft getreten und bis zum 20.01.2007 in nationales Recht umzusetzen ist, sieht mit der Pflicht zur Erstellung von Halbjahresfinanzberichten und Zwischenmitteilungen der Geschäftsführung weitergehende Publizitätsanforderungen vor.[183]

Bei dem Zwischenbericht handelt es sich um eine eigenständige kapitalmarktrechtliche Information der Anleger. Er unterscheidet sich nicht nur im Umfang, sondern auch im Inhalt vom Jahresabschluss, da er statt vergangenheitsbezogener Zahlenangaben vorwiegend künftige Unternehmensentwicklungen zum Gegenstand hat.[184] Im Gegensatz zum Jahresabschluss dient der Zwischenbericht zudem weder der Gewinn- oder Steuerermittlung noch der Festlegung der Gewinnausschüttung, sondern besitzt eine reine Informationsfunktion, die den Kapitalanlegern sowie den Gläubigern und sonstigen Interessengruppen zugute kommen soll.

a) Adressatenkreis

Einen Zwischenbericht haben gemäß § 40 Abs. 1 BörsG die Aktiengesellschaften zu erstellen, deren Aktien zum amtlichen Markt an einer deutschen Wertpapierbörse zugelassen sind. Die Emittenten haben den Bericht in den ersten acht Monaten des Geschäftsjahres vorzulegen. Gemäß § 71 S. 1 und 2 der Börsenordnung der Frankfurter Wertpapierbörse (BörsO FWB) i.V.m. §§ 53 – 62 BörsZulV gilt die Pflicht zur Interimsberichterstattung zudem für den *General Standard*, also auch für die Emittenten, deren Aktien im geregelten Markt no-

---

[181] Richtlinie Nr. 2003/6/EG, Abl. EG Nr. L. 096/16 v. 12.04.2003.

[182] Diese waren zunächst in der *Zwischenberichts-Richtlinie* Nr. 82/121/EWG, Abl. EG Nr. L. 48/26 v. 20.02.1982 geregelt. Sie sind heute in der Richtlinie Nr. 2001/34/EG, Abl. EG Nr. L. 184/01 v. 06.07.2001 normiert.

[183] Richtline Nr. 2004/109/EG Abl. EG Nr. L. 390/38 v. 31.12.2004, abrufbar unter *http://europa.eu.int/comm/internal_market/de/finances/mobil/transparency/index.htm*; hierzu d'Arcy/Meyer, Der Konzern 2005, 151.

[184] Groß, Kapitalmarktrecht, §§ 53-70 BörsZulV Rn. 4; ders., WM 2002, 477, 478; Siebel/Gebauer, WM 2000, 173, 182.

tiert sind. Darüber hinausgehend schreiben § 63 und § 78 BörsO FWB für alle im *Prime Standard* notierten Gesellschaften die Pflicht zur Erstellung von Quartalsberichten vor.

b) Inhalt und Bekanntmachung der Zwischenberichte

(i) Inhalt

Gemäß § 40 Abs. 1 BörsG hat der Zwischenbericht das Ziel, anhand von Kennzahlen und Erläuterungen die tatsächliche Finanzlage und den allgemeinen Geschäftsgang der berichtspflichtigen Gesellschaft im Berichtszeitraum darzustellen. Der Bericht hat sich insbesondere an den Grundsätzen des *true and fair view*, des Prinzips der Wesentlichkeit und des Stetigkeitsprinzips zu orientieren. Sein näherer Inhalt ist aufgrund der Ermächtigung des § 40 Abs. 2 BörsG in den §§ 53 – 60 BörsZulV geregelt. Im Gegensatz zu den handelsrechtlichen Vorschriften für den Jahresabschluss enthalten die Regelungen der §§ 53 ff. BörsZulV allerdings nur grobe Rahmenvorgaben.[185] Ebenso wenig ist eine Prüfung der im Bericht gemachten Angaben durch einen Abschluss- bzw. Wirtschaftsprüfer gesetzlich vorgeschrieben.[186]

Der Zwischenbericht hat gemäß § 40 Abs. 1 BörsG Zahlenangaben und Erläuterungen zu enthalten. Hinsichtlich der Zahlenangaben verlangt § 54 Abs. 1 S. 1 BörsZulV, dass „mindestens" der Betrag der Umsatzerlöse und das Ergebnis vor oder nach Steuern anzugeben sind. Diese Angaben sind gemäß § 54 Abs. 1 S. 2 BörsZulV um die Vergleichszahlen des entsprechenden Vorjahreszeitraumes zu ergänzen. Bestimmte unterjährige Ergebniskategorien wie etwa Netto-Umsatzerlöse, Personalaufwand, Finanzerträge und -aufwendungen oder das Ergebnis je Aktie sind nach den gesetzlichen Vorgaben dagegen nicht zwingend anzugeben. Von Seiten der Literatur wird lediglich gefordert, dass die berichtspflichtige Gesellschaft im Hinblick auf das Stetigkeitsprinzip nicht ohne sachlichen Grund und ohne gesonderten Hinweis von der einmal gewählten Darstellungsform abweicht.[187] Darüber hinaus sind die Angaben über Umsatzerlöse gemäß § 57 Abs. 1 BörsZulV zu ergänzen und gegebenenfalls anzupassen, wenn sie ansonsten nicht aussagekräftig wären. Ist die Gesellschaft zur Erstellung eines Konzern-

---

[185] Eine Präzisierung und Weiterentwicklung der gesetzlichen Vorgaben ist gemäß § 342 HGB durch den vom *Deutschen Rechnungslegungs-Standards Committee* (DRSC) verabschiedeten und vom Bundesministerium der Justiz bekannt gemachten *Deutschen Rechnungslegungsstandard 6* (DRS 6) erfolgt. Dieser gilt allerdings nur für in Deutschland zur Konzernbilanzierung verpflichtete Unternehmen und enthält gemäß § 342 Abs. 2 HGB lediglich eine widerlegbare gesetzliche Rechtsvermutung; Ebke in: Münchener Kommentar HGB, § 342 Rn. 22; Heidelbach in: Schwark, KMRK, § 40 BörsG Rn. 8.

[186] D'Arcy/Meyer, Der Konzern 2005, 151, 152 m.w.N.

[187] Heidelbach in: Schwark, KMRK, § 40 BörsG Rn. 10.

abschlusses verpflichtet, besteht ein Wahlrecht, ob der Zwischenbericht nur für die jeweilige Gesellschaft oder aber in konsolidierter Form erstellt wird.

Die Zahlenangaben sind zusätzlich zu erläutern, um eine Beurteilung der Entwicklung der Geschäftstätigkeit und der Ergebnisse der berichtspflichtigen Gesellschaft zu ermöglichen. Wesentlicher Bestandteil der Erläuterungen bildet gemäß § 55 BörsZulV wiederum ein Vergleich mit dem entsprechenden Vorjahreszeitraum. Darüber hinaus hat die berichtspflichtige Gesellschaft gemäß § 55 S. 4 BörsZulV – soweit möglich – zu allen Punkten der Erläuterungen Prognosen für das laufende Geschäftsjahr zu erstellen. Dazu sind in verbaler Form die Erwartungen für die künftige Entwicklung der zuvor erwähnten Berichtsgegenstände darzulegen. Weiterhin sollen die Prämissen, auf denen die Prognosen beruhen, sowie die Umstände mit denen sie begründet werden, im Einzelnen erläutert werden.[188]

Weitere Angaben und Erläuterungen sind nicht gesetzlich vorgeschrieben. Allerdings sieht § 63 BörsO FWB hinsichtlich der Gesellschaften, deren Aktien im *Prime Standard* der Frankfurter Wertpapierbörse zugelassen sind, neben der Verpflichtung zur Quartalsberichterstattung weitergehende inhaltliche Vorgaben vor. Gemäß § 63 Abs. 1 BörsO FWB sind die Berichte nach denselben internationalen Rechnungslegungsvorschriften wie der konsolidierte Jahresabschluss zu erstellen. Zusätzlich müssen sie alle in § 63 Abs. 3 BörsO FWB aufgelisteten Zahlenangaben und Erläuterungen enthalten. Hierzu zählen insbesondere die Veröffentlichung einer Gewinn- und Verlustrechung für das vergangene Quartal, einer Kapitalflussrechnung, aller personeller Veränderungen in den Geschäftsführungs- und Aufsichtsorganen sowie Erläuterungen zu Auftragslage, Investitionen und Forschungs- und Entwicklungsaufwendungen. Gemäß § 63 Abs. 6 i.V.m. Abs. 3 BörsO FWB wird eine einheitliche Strukturierung der Quartalsberichte empfohlen, nicht aber verbindlich vorgeschrieben.[189] Eine Prüfungspflicht ist auch nach der Börsenordnung der Frankfurter Wertpapierbörse nicht vorgeschrieben.

Nach Art. 5 Abs. 2 der europäischen Transparenzrichtlinie ist ein Halbjahresfinanzbericht zu veröffentlichen, der u.a. einen verkürzten Rechnungslegungsabschluss und einen Lagebericht enthalten muss, in dem die Finanzlage und die Auswirkungen wesentlicher Ereignisse auf die Finanzlage darzulegen sind.[190] Art. 6 der Richtlinie sieht zudem vor, dass alle Gesellschaften, deren Aktien auf einem geregelten Markt zugelassen sind, im ersten und dritten Quartal des Geschäftsjahres eine Zwischenmitteilung der Geschäftsführung zu erstellen haben, die mindestens eine Erläuterung der wesentlichen Ergebnis und Transaktionen

---

188 Groß, Kapitalmarktrecht, §§ 53-70 BörsZulV Rn. 5; Siebel/Gebauer, WM 2001, 118, 173, 180.

189 Anders noch die seit dem 01.07.2002 aufgehobene Vorschrift Abschnitt 2 Ziff. 7.1.3 (1) des Regelwerks Neuer Markt.

190 Siehe d'Arcy/Meyer, Der Konzern 2005, 151, 155 f. m.w.N.

und ihrer Auswirkungen auf die Finanzlage des Emittenten sowie eine allgemeine Beschreibung der Finanzlage und des Geschäftsergebnisses des Emittenten und der von ihm kontrollierten Unternehmen in dem betreffenden Zeitraum enthalten müssen.[191]

(ii) Bekanntmachung

Die Bekanntgabe der Zwischenberichte, die innerhalb von zwei Monaten nach Ende des Berichtzeitraums, also innerhalb von acht Monaten seit Beginn des Geschäftsjahres vorgenommen werden muss, erfolgt gemäß § 61 Abs. 1 BörsZulV durch Veröffentlichung in mindestens einem Börsenpflichtblatt oder im elektronischen Bundesanzeiger. Der Bericht ist gemäß § 62 BörsZulV ebenfalls der Zulassungsstelle der jeweiligen Börse, an der die Aktien notiert sind, zu übermitteln. Nach § 63 Abs. 5 S. 1 BörsO FWB haben Gesellschaften, deren Aktien im *Prime Standard* notiert sind, den Bericht unverzüglich in deutscher und englischer Sprache bekannt zu geben.

c) Sanktionen

(i) Öffentlich-rechtliche Sanktionen

Vorsätzliche oder leichtfertige Verstöße gegen die Zwischenberichtspflicht können gemäß § 62 Abs. 1 Nr. 3 i.V.m. Abs. 3 BörsG als Ordnungswidrigkeit mit einer Geldbuße bis zu 100.000,00 Euro geahndet werden. Die Geldbuße richtet sich gemäß § 9 Abs. 1 Nr. 1 OWiG primär gegen das betreffende Vorstandsmitglied, sie kann gemäß § 30 Abs. 1 Nr. 1 OWiG aber auch gegen die Gesellschaft oder gegen andere Personen, die sich an der Zuwiderhandlung beteiligt haben (§ 14 Abs. 1 OwiG), festgesetzt werden. Verletzungen der Pflicht zur Interimsberichterstattung können zudem eine Marktmanipulation i.S.d. § 20a WpHG darstellen. Dieser gegenüber der praktisch lange bedeutungslos gebliebenen Vorgängerregelung des § 88 BörsG a.F. erweiterte Verbotstatbestand rechtfertigt gemäß § 4 WpHG Überwachungs- und Untersuchungsmaßnahmen der BaFin in der betroffenen Gesellschaft und kann gemäß § 39 Abs. 1 Nr. 1 u. Nr. 2 WpHG zu Geldbußen bis zu 1 Mio. Euro sowie unter den Voraussetzungen des § 38 Abs. 2 WpHG zu strafrechtlichen Sanktionen führen (siehe im Einzelnen unten B. III. 5.). Zudem kommt eine Strafbarkeit gemäß § 400 Abs. 1 Nr. 1 AktG in Betracht.[192]

Darüber hinaus kann die jeweilige Zulassungsstelle Verletzungen der gesetzlichen oder satzungsrechtlichen Vorgaben zur Interimsberichterstattung mit Maßnahmen nach § 43 BörsG sanktionieren. Sie ist gemäß §§ 43 S. 1, 54 S. 1 BörsG befugt, den Verstoß durch Börsenbekanntmachung zu veröffentlichen.

---

[191] Kritisch d'Arcy/Meyer, Der Konzern 2005, 151, 157 f.

[192] BGH, WM 2005, 227, 230 f.; L. Kutzner, WuB IX § 400 AktG 1.05.

Ein schärferes Mittel als das „Outen" der Gesellschaft sieht darüber hinaus § 43 S. 2 BörsG vor, der neben den allgemeinen verwaltungsrechtlichen Widerrufsregelungen einen vereinfachten Widerruf der Börsenzulassung ermöglicht. Des Weiteren kommt bei schwerwiegenden Publikationsverstößen gemäß § 38 BörsG eine Aussetzung oder eine Einstellung der amtlichen Notierung in Betracht. Erfüllt eine im *Prime Standard* notierte Gesellschaft vorsätzlich oder leichtfertig nicht die nach der Börsenordnung vorgeschriebenen erweiterten Berichtspflichten, kann der Sanktionsausschuss der Zulassungsstelle gemäß § 20 Abs. 2 S. 2 BörsG ein Ordnungsgeld bis zu 250.000,00 Euro verhängen.[193]

(ii) Zivilrechtliche Sanktionen

Unzutreffende oder unvollständige Zwischenberichte können nach h.A.[194] gemäß § 823 Abs. 2 BGB i.V.m. § 400 Abs. 1 Nr. 1 AktG oder gemäß § 826 BGB Schadensersatzansprüche einzelner Anleger gegen den Emittenten sowie gegen vorsätzlich pflichtwidrig handelnde Organmitglieder begründen, die vorrangig auf Naturalrestitution gerichtet sind. Demgegenüber ist umstritten,[195] ob die Zwischenberichtspflicht des § 40 BörsG oder die entsprechende Ordnungswidrigkeitsnorm des § 62 Abs. 1 Nr. 3 BörsG Schutzgesetze zugunsten geschädigter Kapitalanleger i.S.d. § 823 Abs. 2 BGB darstellen. Nach wohl h.M. lösen fehlerhafte Zwischenberichte keine Ansprüche nach den Grundsätzen der bürgerlich-rechtlichen Prospekthaftung i.e.S. aus.[196]

2. Ad hoc-Publizität, § 15 WpHG

Die heute in § 15 WpHG geregelte ad hoc-Publizität wurde ebenfalls zur Umsetzung europarechtlicher Vorgaben[197] eingeführt und ist eine weitere tragende Säule im kapitalmarktrechtlichen Informationssystem. Wie schon die Vorgängerregelung des § 44a BörsG a.F. soll die ad hoc-Publizität gemäß § 15 WpHG zur Verbesserung der Allokationseffizienz der Kapitalmärkte die laufende Pub-

---

[193] Kritisch Zietsch/Holzborn, WM 2002, 2356, 2358.

[194] BGH, WM 2005, 227, 230 ff. (EM.TV) m.w.N.; Mülbert/Steup in: Habersack/Mülbert/Schlitt, Unternehmensfinanzierung, 2005, § 26 Rn. 177, 179; dies., WM 2005, 1633, 1645; Siebel/Gebauer, WM 2001, 173, 188 f.; Groß, WM 2002, 477, 483.

[195] Gegen einen Schutzgesetzcharakter: Groß, WM 2002, 477, 482; Mülbert/Steup in: Habersack/Mülbert/Schlitt, Unternehmensfinanzierung, 2005, § 26 Rn. 177; dies., WM 2005, 1633, 1645 f.; dafür: Siebel/Gebauer, WM 2001, 173, 188 f.; Schäfer, ZIP 1987, 953, 958.

[196] Mülbert/Steup, WM 2005, 1633, 1647 ff.; Groß, WM 2002, 477, 478 ff.; a. A. Schäfer, ZIP 1987, 953, 958; Schwark in: Festschrift Hadding, 2004, S. 1117, 1128 f.; wohl auch Heidelbach in: Schwark, KMRK, § 40 BörsG, Rn. 31.

[197] Maßgeblich waren die Börsenzulassungsrichtlinie Nr. 79/279/EWG, Abl. EG Nr. L. 66 v. 16.3.1979 und die Insider-Richtlinie Nr. 89/592/EWG, ABl. EG Nr. L. 334/30 v. 18.11.1989. Die relevanten gemeinschaftsrechtlichen Regelungen sind heute in der Marktmissbrauchs-Richtlinie und deren Durchführungsrichtlinien sowie in der Börsenzulassungsrichtlinie Nr. 2001/34/EG, Abl. EG Nr. L. 184/1 v. 06.07.2001, enthalten.

lizität in Form der aktienrechtlichen Rechnungslegung und der Zwischenberichterstattung nach § 40 BörsG ergänzen.[198] Zugleich ist § 15 WpHG als Instrument zur Bekämpfung des Missbrauchs von Insiderwissen konzipiert worden. Durch die unverzügliche Veröffentlichung kursrelevanter Umstände soll zum einen der Kreis der potentiellen Insider möglichst klein gehalten und zum anderen der Zeitraum, in dem Insiderwissen missbräuchlich ausgenutzt werden kann, weitestgehend verkürzt werden.[199] Nachdem die ad hoc-Mitteilungspflicht aufgrund vieler Kursmanipulationen der letzten Jahre in zahlreichen Punkten bereits durch das *Vierte Finanzmarktförderungsgesetz* (4. FMG) verschärft und präzisiert wurde, hat das AnSVG, das die Vorgaben der europäischen *Marktmissbrauchsrichtlinie* umsetzt und die ad hoc-Publizität vollständig dem Insiderrecht anpasst, die Publizitätspflicht erneut erheblich ausgeweitet.

a) Adressatenkreis, Inhalt und Bekanntmachung

(i) Adressatenkreis

Die Verpflichtung zur ad hoc-Publizität erstreckt sich gemäß § 15 Abs. 1 S. 1 WpHG auf alle Aktiengesellschaften, deren Aktien zum amtlichen oder zum geregelten Markt an einer deutschen Börse zugelassen sind. Daneben können gemäß § 15 Abs. 1 S. 3 WpHG auch sonstige Personen, z.B. Unternehmensberater, der Publizitätspflicht unterfallen.[200]

(ii) Inhalt

Während die ad hoc-publizitätspflichtigen Tatsachen i.S.d. § 15 WpHG bislang nur eine Teilmenge der Insidertatsachen darstellten, ist seit der Umsetzung der Marktmissbrauchsrichtlinie durch das AnSVG jede Insiderinformation i.S.d. § 13 WpHG offen zu legen, so dass die ad hoc-Publizität das Spiegelbild des Verbots der Weitergabe von Insiderinformationen darstellt.[201] Publizitätspflichtig nach § 15 Abs. 1 S. 1 WpHG sind nicht mehr nur die bislang noch nicht öffentlich bekannt gemachten Tatsachen, die einen Bezug zur unternehmerischen Sphäre der Gesellschaft und Auswirkungen auf die Vermögens- oder Finanzlage oder auf den allgemeinen Geschäftsverlauf des Emittenten haben, sondern auch Ereignisse oder Umstände, die außerhalb des Tätigkeitsbereichs des Emittenten eingetreten sind oder sich nicht auf seine Vermögens- oder

---

[198] Begr. RegE BT-Drucks. 10/4296, S. 16; ferner Fürhoff/Wölk WM 1997, 449 f.
[199] Begr. RegE 2. FFG, BT-Drucks. 12/6679, S. 48, 102; siehe auch Kümpel/Assmann in: Assmann/Schneider, WpHG, § 15 Rn. 18 ff.
[200] BaFin, Emittentenleitfaden, S. 45; Merkner/Sustmann, NZG 2005, 729, 735; kritisch Leuering, NZG 2005, 12 ff. m.w.N.
[201] Kuthe, ZIP 2004, 883, 885.

Ertragslage auswirken.[202] Voraussetzung ist insoweit lediglich, dass die Insiderinformation den Emittenten unmittelbar betrifft. Entgegen der alten Rechtslage lösen daher beispielsweise auch die Veräußerung eines größeren Aktienpaketes, ein Übernahmeangebot,[203] Änderungen der Dividendenzahlung oder beim Rating des Emittenten sowie ein Wechsel der Börsennotierung die ad hoc-Publizitätspflicht aus, wenn ihnen ein erhebliches Kursbeeinflussungspotential innewohnt.[204] Dagegen ist nach der Neufassung des § 15 WpHG offen, ab welchem Zeitpunkt unternehmensinterne mehrstufige Entscheidungsprozesse der ad hoc-Publizität unterfallen.[205] Ebenso bedarf noch der Klärung, welche Ereignisse in Konzernsachverhalten die Mitteilungspflicht auslösen.[206]

Wann eine Eignung zur erheblichen Kursbeeinflussung i.S.d. § 13 Abs. 1 WpHG vorliegt, ist nur schwer zu beurteilen. Nach überwiegender Ansicht[207] kommt es vor allem darauf an, ob die in Frage stehende Tatsache für einen rational denkenden Anleger unter Berücksichtigung des üblichen Kursschwankungsbereichs einen Kauf- oder Verkaufsanreiz darstellen würde. Die Prüfung, ob eine kurssensible Tatsache vorliegt, ist daher in starkem Maße durch prospektive Elemente geprägt, wobei die Marktbreite der Aktie und die übliche Volatilität maßgebende Kriterien darstellen.[208]

Angaben, die offensichtlich keine Insiderinformation i.S.d. § 15 Abs. 1 WpHG darstellen, dürfen gemäß § 15 Abs. 2 S. 1 WpHG zur Vermeidung einer Einschränkung oder Verwässerung von ad hoc-Mitteilungen nicht veröffentlicht werden. Unwahre Tatsachen sind gemäß § 15 Abs. 2 S. 2 WpHG unabhängig davon, ob es sich um eine veröffentlichungspflichtige Tatsache i.S.d. § 15 Abs. 1 S. 1 WpHG handelt, unverzüglich in einer Veröffentlichung zu berichtigen.

---

[202] Siehe BaFin, Emittentenleitfaden, S. 40 m.w.N.; Merkner/Sustmann, NZG 2005, 729, 735; kritisch Spindler, NJW 2004, 3449, 3451; zu § 15 WpHG a.F. Kümpel/Assmann in: Assmann/Schneider, WpHG, § 15 Rn. 44, 98 ff.

[203] BaFin, Emittentenleitfaden, S. 40. § 10 WpÜG sieht hierzu unabhängig von der Kursrelevanz der Mitteilung und den Auswirkungen auf die Vermögens- oder Ertragslage ein spezielles Veröffentlichungsverfahren vor, das nicht den Emittenten, sondern den Bieter zur Offenlegung seines Angebots verpflichtet. Gleiches gilt gemäß § 35 WpÜG, wenn ein Bieter eine Kontrollstellung in der Zielgesellschaft erreicht hat; hierzu i.E. Steinmeyer/Häger, WpÜG, §§ 10, 35 jeweils Rn. 1 ff.

[204] Vgl. Begr. RegE, BT-Drucks., 15/3174, S. 35; Diekmann/Sustmann, NZG 2004, 929, 934.

[205] Hierzu BaFin, Emittentenleitfaden, S. 19 f.; Merkner/Sustmann, NZG 2005, 729, 737; Ziemonis, NZG 2004, 537, 541; Diekmann/Sustmann, NZG 2004, 929, 934 f.; Messerschmidt, BB 2004, 2538; kritisch Möllers, WM 2005, 1393.

[206] Spindler/Speier, DB 2005, 2031 m.w.N.; BaFin, Emittentenleitfaden, S. 43, 51.

[207] Kümpel/Assmann in: Assmann/Schneider, WpHG, § 15 Rn. 98 ff.; Assmann in: Assmann/Schneider, WpHG, § 13 Rn. 59 ff.; Fürhoff/Wölk, WM 1997, 449, 453 f.

[208] Assmann in: Assmann/Schneider, WpHG, § 13 Rn. 65 ff.; Fürhoff/Wölk, WM 1997, 449, 455.

(iii) Bekanntmachung

Die publizitätspflichtigen Tatsachen sind grundsätzlich unverzüglich der Geschäftsführung der jeweiligen Börse und der BaFin mitzuteilen. Weitere Vorgaben bezüglich der Offenlegungsmodalitäten werden gemäß § 15 Abs. 7 WpHG durch die §§ 4 ff. der *Wertpapierhandelsanzeige- und Insiderverzeichnisverordnung* (WpAIV) vom 13.12.2004 geregelt, um eine möglichst koordinierte Veröffentlichungspraxis zu gewährleisten. Die Veröffentlichung hat gemäß § 5 WpAIV über ein elektronisch betriebenes Informationsverbreitungssystem[209] sowie im Internet unter der Adresse des Emittenten zu erfolgen.

Ausnahmsweise ist der Emittent gemäß § 15 Abs. 3 S. 1 WpHG (i.V.m. § 6 WpAIV) berechtigt, die Veröffentlichung der ad hoc-Mitteilung auf eigene Verantwortung ohne vorherigen Antrag gegenüber der BaFin so lange aufzuschieben, wie es der Schutz seiner berechtigten Interessen erfordert und keine Irreführung der Öffentlichkeit zu befürchten ist.[210] Diese Möglichkeit der Selbstbefreiung ist insbesondere bei Gefahr der Beeinträchtigung laufender Verhandlungen und bei mehrstufigen Entscheidungsprozessen relevant.[211]

b) Sanktionen

(i) Öffentlich-rechtliche Konsequenzen

Verstößt ein Emittent gegen die Pflicht zur ad hoc-Publizität, ist die BaFin gemäß § 4 Abs. 6 WpHG befugt, die Veröffentlichung selbst auf Kosten des Emittenten vorzunehmen. Gemäß § 40b WpHG ist die BaFin berechtigt, ihre unanfechtbar gewordenen Sanktionsmaßnahmen zu veröffentlichen (*shaming*).[212]

Die vorsätzliche oder leichtfertige Verletzung der in § 15 Abs. 1 WpHG normierten Verhaltenspflichten stellt gemäß § 39 Abs. 2 Nr. 5 lit. a) WpHG zudem eine Ordnungswidrigkeit dar, für die § 39 Abs. 4 WpHG die Verhängung von Bußgeldern bis zu 1 Mio. Euro vorsieht, die sich gegen die Gesellschaft und gegen die einzelnen Vorstandsmitglieder persönlich richten können. Entsprechend der Rechtslage bei der Zwischenberichterstattung kann eine Verletzung des § 15 WpHG ebenfalls den Tatbestand des Verbots der Marktmanipulation gemäß § 20a WpHG erfüllen und insoweit Sanktionen auf dem Gebiet des Ordnungswidrigkeiten- und des Strafrechts nach sich ziehen, § 39 Abs. 1 Nr. 1 und Nr. 2 (i.V.m. § 38 Abs. 2 WpHG). Zudem ist eine Strafbarkeit gemäß § 400

---

[209] Hierzu zählen u.a. die elektronischen Verbreitungssysteme der Nachrichtenagenturen Reuters, Bloomberg sowie der Deutschen Gesellschaft für die ad hoc-Publizität mbH (DGAP).

[210] Kuthe, ZIP 2004, 883, 885 m.w.N.; Nietsch, BB 2005, 785, 786; kritisch Tollkühn, ZIP 2004, 2215, 2217 f.

[211] Merkner/Sustmann, NZG 2005, 729, 735 ff.; BaFin, Emittentenleitfaden, S. 19 f.

[212] Siehe Spindler, NJW 2004, 3449, 3454 m.w.N.

Abs. 1 Nr. 1 AktG möglich, wenn die ad hoc-Mitteilung eine Darstellung oder Übersicht über den Vermögensstand enthält.[213]

Schließlich kommen bei nachhaltigen Verstößen gegen die ad hoc-Publizität gemäß § 4 Abs. 2 WpHG eine vorübergehende Untersagung oder die Anordnung der Aussetzung des Börsenhandels mit einzelnen oder mehreren Finanzinstrumenten sowie Maßnahmen nach § 43 BörsG in Betracht; schärfstes Sanktionsmittel ist hierbei der Widerruf der Zulassung.

(ii) Zivilrechtliche Konsequenzen

Durch das 4. FMG wurde gemäß §§ 37b, 37c WpHG erstmals eine Emittentenhaftung für vorsätzlich oder grob fahrlässig unterlassene, verspätete oder sonst fehlerhafte ad hoc-Mitteilungen eingeführt. Im Übrigen war umstritten,[214] ob und inwieweit Verstöße gegen die ad hoc-Publizität Schadensersatzansprüche von Anlegern, die im Vertrauen auf die Richtigkeit solcher Meldungen Aktientransaktionen getätigt haben, begründen können. Der Bundesgerichtshof hat in den Grundsatzentscheidungen[215] zum Fall *Infomatec* klargestellt, dass eine Schadensersatzpflicht einzelner Organmitglieder wegen fehlerhafter ad hoc-Mitteilungen unter den Voraussetzungen des § 826 BGB in Betracht kommen kann. Ebenso ist eine Haftung gemäß § 400 Abs. 1 Nr. 1 AktG i.V.m. § 823 Abs. 2 BGB möglich[216] (siehe im Einzelnen unten B. III. 5.).

3. Directors' Dealings, § 15a WpHG

Eine Meldepflicht für private Aktien- und Wertpapiergeschäfte von Organmitgliedern und bestimmten sonstigen Personen, sog. *Directors' Dealings*, die in Deutschland erstmals[217] durch das 4. FMG eingeführt wurde, soll Kapitalanlegern die Möglichkeit geben, aus dem Transaktionsverhalten der Vorstands- und Aufsichtsratsmitglieder Rückschlüsse auf die gegenwärtige und zukünftige Unternehmensentwicklung zu ziehen und so die Entscheidungsgrundlage für die

---

[213] BGH, WM 2005, 227, 230 ff.; Mülbert/Steup in: Habersack/Mülbert/Schlitt, Unternehmensfinanzierung, 2005, § 26 Rn. 166 m.w.N.

[214] Weitgehende Einigkeit bestand lediglich darin, dass die Pflicht zur ad hoc-Publizität aufgrund des § 15 Abs. 6 WpHG a.F. kein Schutzgesetz zugunsten von Kapitalanlegern i.S.d. § 823 Abs. 2 BGB ist; Zimmer in: Schwark, KMRK, § 15 WpHG, Rn. 170 ff.; Groß, WM 2002, 477, 482 m.w.N.; Thümmel, DB 2001, 2331; a.A. Schäfer, ZIP 1987, 953, 956.

[215] BGH, ZIP 2004, 1593, 1596 ff.; 1599, 1601 ff.; 1604.

[216] BGH, WM 2005, 227; Mülbert/Steup in: Habersack/Mülbert/Schlitt, Unternehmensfinanzierung, 2005, § 26 Rn. 166 m.w.N.

[217] Zuvor sah – in Anlehnung an die Regelungen des sec. 16 (a) *Securities Exchange Act 1934* (USA) sowie der ss. 323 – 329 *Companies Act 1985* (U.K.) – lediglich das Regelwerk Neuer Markt eine entsprechende Meldepflicht vor. Die Verpflichtung fand ebenfalls Aufnahme in Nr. 6.6 des *Deutschen Corporate Governance - Kodex.*

eigene Anlagestrategie zu verbessern.[218] Neben dieser „Indikatorwirkung“[219] dient § 15a WpHG dem Grundsatz der Anlegergleichbehandlung durch Verringerung von Informationsvorsprüngen, der Kapitalmarkttransparenz und der Marktintegrität durch Steigerung des Anlegervertrauens.[220]

a) Adressatenkreis und Pflichten auslösendes Ereignis

In sachlicher Hinsicht beschränkt sich die Bekanntmachungspflicht des § 15a WpHG auf Emittenten, deren Aktien zum Handel am amtlichen oder geregelten Markt zugelassen sind; ein Handel mit Freiverkehrswerten ist nicht von der Meldepflicht erfasst. Meldepflichtig sind sämtliche Personen, die eine Führungsaufgabe beim Emittenten wahrnehmen. Hierzu zählen gemäß § 15a Abs. 2 WpHG Organmitglieder und persönlich haftende Gesellschafter, aber auch sonstige Personen, die regelmäßig Zugang zu Insiderinformationen haben und zu wesentlichen unternehmerischen Entscheidungen ermächtigt sind. Welche Personen hiervon im Einzelnen erfasst werden, ist noch offen.[221] Um Umgehungsgeschäften zu begegnen, unterliegen gemäß § 15a Abs. 1 S. 2, Abs. 3 WpHG zusätzlich alle Personen, die in einer engen Beziehung zu dem „Primärinsider“ stehen, der Veröffentlichungspflicht, so dass nicht nur Ehegatten und nahe Verwandte, sondern auch juristische Personen etc., die direkt oder indirekt von einer meldepflichtigen Führungskraft kontrolliert werden, ihre Wertpapiertransaktionen offen legen müssen.[222] In welchen Fällen, etwa bei Beteiligungs- und Konzernsachverhalten oder Treuhändern, eine Offenlegungspflicht besteht, bedarf noch der Klärung.[223]

Meldepflichtig sind Geschäfte mit Aktien und anderen sich darauf beziehenden Finanzinstrumenten des Emittenten.[224] Einzelheiten bezüglich des Mindestinhalts und des Umfangs der Mitteilung werden gemäß § 15a Abs. 5 WpHG durch Rechtsverordnung geregelt. Nach der Bagatellklausel des § 15a Abs. 1 S. 5

---

[218] Zimmer in: Schwark, KMRK, § 15a WpHG Rn. 5; Fleischer, ZIP 2002, 1217, 1220; ders., NJW 2002, 2977, 2978; Schneider, BB 2002, 1817 f.; Rudolph, BB 2002, 1036, 1040.

[219] So Begr. RegE, BT-Drucks., 14/8017, S. 87.

[220] Zimmer in: Schwark, KMRK, § 15a WpHG, Rn. 6, 9 f. m.w.N.; Seitz, BKR 2002, 340; Fleischer, ZIP 2002, 1217, 1218, 1220; Pluskat, BKR 2004, 467.

[221] Kritisch Spindler, NJW 2004, 3449, 3452; Kuthe, ZIP 2004, 883, 886 f.; Bürgers, BKR 2004, 424, 428.

[222] Pluskat, DB 2005, 1097, 1099; kritisch Kuthe, ZIP 2004, 883, 886 f.; noch zu § 15a WpHG a. F.: Hutter/Leppert, NZG 2002, 649, 656; Letzel, BKR 2002, 862, 864 f.

[223] Pluskat, BKR 2004, 467, 470 f.; Holzborn/Israel, WM 2004, 1948, 1953; Kuthe, ZIP 2004, 883, 886 f.; Diekmann/Sustmann, NZG 2004, 929, 936; zu § 15a WpHG a.F.: Schneider, AG 2002, 473.

[224] Es ist unklar, ob schon der schuldrechtliche Vertrag oder erst der dingliche Erwerb des jeweiligen Finanzinstruments die Meldepflicht auslöst; siehe Pluskat, DB 2005, 1097, 1099; Schneider, BB 2002, 1817, 1818 ff.; Fleischer, ZIP 2002, 1217, 1226. Für eine Begrenzung des § 15a Abs. 1 S. 1 WpHG auf entgeltliche Geschäfte: Pluskat, BKR 2004, 467, 471; dies., DB 2005, 1097, 1099.

WpHG sind Transaktionen, die innerhalb eines Kalenderjahres insgesamt weniger als 5.000,00 Euro betragen, von der Mitteilungs- und Veröffentlichungspflicht befreit.[225]

b) Inhalt und Bekanntmachung der Mitteilung

Wurde ein veröffentlichungspflichtiges Geschäft i.S.d. § 15a WpHG abgeschlossen, hat die meldepflichtige Person innerhalb von fünf Tagen an den Emittenten und die BaFin eine schriftliche Mitteilung zu übersenden, in der gemäß § 15a Abs. 1, 5 WpHG i.V.m. §§ 10 f. WpAIV u.a. detaillierte Angaben zur mitteilungspflichtigen Person, zu Art, Umfang und Datum sowie zum Preis des Geschäfts enthalten sind.[226]

Im Anschluss an die Mitteilung der meldepflichtigen Person ist der Emittent gemäß § 15a Abs. 4, 5 WpHG i.V.m. §§ 12 f. WpAIV verpflichtet, die Öffentlichkeit unverzüglich über die Transaktion zu unterrichten. Hierbei ist auch der Name des Mitteilungspflichtigen zu veröffentlichen.[227] Im Gegensatz zur Vorläuferregelung der Nr. 7.2 Regelwerk Neuer Markt hat der Emittent die Information nicht an die Börsen weiterzuleiten, die dann ihrerseits für eine Veröffentlichung sorgen, sondern muss diese gemäß § 13 WpAIV grundsätzlich selbst auf der eigenen Homepage im Internet bekannt geben. In zeitlicher Hinsicht gilt lediglich ein Unverzüglichkeitsgebot, das nicht gesetzlich konkretisiert wurde. Insbesondere hat der Gesetzgeber entgegen Nr. 7.2. (1) des Regelwerks Neuer Markt, die eine Frist von maximal drei Tagen vorsah, von der Regelung einer zeitlichen Grenze abgesehen. Die BaFin kann gemäß § 13 WpAIV eine zusätzliche Veröffentlichung auf ihrer Internetseite vornehmen.

c) Sanktionen

Entsprechend der Rechtslage im Rahmen der ad hoc-Publizität stehen der BaFin gemäß § 4 WpHG Überwachungs-, Auskunfts- und Untersuchungsbefugnisse zu. Die vorsätzliche oder leichtfertige Verletzung der Mitteilungs- bzw. Veröffentlichungspflicht stellt gemäß § 39 Abs. 2 Nr. 2 lit. d) WpHG bzw. § 39 Abs. 2 Nr. 5 lit. b) WpHG eine Ordnungswidrigkeit dar, die mit einem Bußgeld bis zu 100.000,00 Euro geahndet werden kann. Ferner sind Sanktionen nach § 38 Abs. 2 i.V.m. § 39 Abs. 1 Nr. 1 und 2 WpHG wegen Verstoßes gegen das Verbot der Marktmanipulation sowie eine vorübergehende Untersagung oder Anordnung der Aussetzung des Börsenhandels mit einzelnen oder mehreren

---

[225] Siehe Diekmann/Sustmann, NZG 2004, 929, 936 m.w.N.

[226] Hierbei hat auch eine Namensnennung zu erfolgen; VG Frankfurt a.M., WM 2004, 1923; Lenenbach, EWiR, § 15a WpHG a.F. 1/05, 235.

[227] VG Frankfurt a.M., WM 2004, 1923; a.A. Lenenbach, EWiR, § 15a WpHG a.F. 1/05, 235, 236.

Finanzinstrumenten gemäß § 4 Abs. 2 WpHG oder Maßnahmen nach § 43 BörsG möglich. Gemäß § 40b WpHG ist die BaFin ferner berechtigt, ihre unanfechtbar gewordenen Sanktionsmaßnahmen zu veröffentlichen.

Ob ein Verstoß gegen § 15a WpHG auch zivilrechtliche Ansprüche der Anleger zu begründen vermag, ist nicht gesetzlich geregelt. Weitgehende Einigkeit besteht insoweit darin, dass geschädigten Anlegern gemäß § 826 BGB Schadensersatzansprüche zustehen.[228] Ferner wird eine analoge Anwendung der §§ 37b, 37c WpHG erwogen.[229] Demgegenüber ist umstritten,[230] ob der Vorschrift des § 15a WpHG Schutzgesetzcharakter i.S.d. § 823 Abs. 2 BGB zukommt oder ob der gesetzgeberisch bezweckte Anlegerschutz ein bloßer Rechtsreflex ist. Eine höchstrichterliche Klärung dieser Fragen ist noch nicht erfolgt (siehe im Einzelnen unten B. III. 5.).

4. Sonstige Veröffentlichungspflichten

a) Publizitätspflicht, § 39 Abs. 1 Nr. 3 BörsG

§ 39 Abs. 1 Nr. 3 BörsG verpflichtet Gesellschaften, deren Aktien zum amtlichen Markt einer deutschen Börse zugelassen sind, das Publikum über den Emittenten und die zugelassenen Wertpapiere angemessen zu unterrichten. An der Frankfurter Wertpapierbörse gilt die Unterrichtungspflicht gemäß § 71 S. 1 BörsO FWB im gesamten *General Standard*, also auch im geregelten Markt. Art und Umfang der Publizitätspflicht des § 39 Abs. 1 Nr. 3 BörsG sind gemäß § 39 Abs. 2 BörsG in den §§ 63-67, 69, 70 BörsZulV als „sonstige Pflichten" abschließend geregelt.[231] Danach bestehen insbesondere Veröffentlichungspflichten bei der Ausschüttung und Auszahlung von Dividenden, der Ausgabe neuer Aktien, der Ausübung von Umtauschrechten oder Änderungen der mit den Wertpapieren verbundenen Rechte. Diese sind teilweise deckungsgleich mit der Verpflichtung zur ad hoc-Publizität, teilweise ergeben sie sich auch aus dem Aktiengesetz.

Eine vorsätzliche oder leichtfertige Verletzung dieser Pflichten stellt gemäß § 62 Abs. 1 Nr. 7 BörsG i.V.m. § 71 BörsZulV eine Ordnungswidrigkeit dar, die mit einer Geldbuße bis zu 50.000,00 Euro sanktioniert werden kann. Ob und

---

[228] Zimmer in: Schwark, KMRK, § 15a WpHG Rn. 47, §§ 37b, 37c WpHG Rn. 117 f.; Sethe in: Assmann/Schneider, WpHG, § 15a Rn. 106; Mülbert/Steup in: Habersack/Mülbert/Schlitt, Unternehmensfinanzierung, 2005, § 26 Rn. 183.

[229] Zimmer in: Schwark, KMRK, § 15a WpHG Rn. 47.

[230] Bejahend Fleischer, ZIP 2002, 1217, 1229; ders., NJW 2002, 2977, 2978; Schwark in: Festschrift Hadding, 2004, S. 1117, 1133; verneinend Zimmer in: Schwark, KMRK, § 15a WpHG Rn. 47; Sethe in: Assmann/Schneider, WpHG, § 15a Rn. 105; Mülbert/Steup in: Habersack/Mülbert/Schlitt, Unternehmensfinanzierung, 2005, § 26 Rn. 182.

[231] h.M., Heidelbach in: Schwark, KMRK, § 39 BörsG § 44 Rn. 15; Hamann in: Schäfer, § 44 BörsG a.F. Rn. 26.

inwieweit fehlerhafte Veröffentlichungen zudem eine zivilrechtliche Haftung auslösen, bedarf noch der Klärung[232] (siehe B. III. 5.).

b) Auskunftspflicht, § 41 BörsG

Schließlich sind Gesellschaften, deren Aktien im amtlichen Markt an einer deutschen Börse notiert sind, gemäß § 41 Abs. 1 BörsG zu umfassenden Auskünften gegenüber den zuständigen Börsenstellen verpflichtet. Die Auskünfte sind nach § 41 Abs. 2 S. 1 BörsG auf Verlangen der Zulassungsstelle zu veröffentlichen, sofern dies zum Schutz des Publikums oder für einen ordnungsgemäßen Börsenhandel erforderlich ist. Die Vorschrift des § 41 BörsG ist in erster Linie hinsichtlich solcher Umstände von Bedeutung, die nicht schon gemäß § 15 WpHG, § 40 oder § 39 Abs. 1 Nr. 3 BörsG zu publizieren sind. Sie kann jedoch auch herangezogen werden, um zu überprüfen, ob Tatsachen oder Ereignisse vorliegen, die bereits aufgrund anderer gesetzlicher Bestimmungen publizitätspflichtig sind, und um gegebenenfalls auf die Erfüllung dieser Pflichten hinzuwirken.[233] Dies gilt nach der Vorstellung des Gesetzgebers vor allem dann, wenn Anhaltspunkte für wirtschaftliche Schwierigkeiten des Emittenten oder sonstige bewertungserhebliche Umstände gegeben sind.[234] Insbesondere können am Markt kursierende Gerüchte auf ihren Wahrheitsgehalt überprüft werden, um eine Verunsicherung der Marktteilnehmer zu vermeiden.

Die vorsätzliche oder leichtfertige Verletzung der Auskunftspflicht stellt eine Ordnungswidrigkeit dar und kann gemäß § 62 Abs. 1 Nr. 4 i.V.m. Abs. 3 BörsG mit einer Geldbuße bis zu 50.000,00 Euro geahndet werden.

c) Bekanntmachung der Beendigung von Anfechtungsverfahren, § 248a AktG

Um missbräuchlichen Anfechtungsklagen entgegenzuwirken, sind seit Inkrafttreten des UMAG im Falle der Beendigung eines Anfechtungsverfahrens die Art der Verfahrensbeendigung, alle damit in Zusammenhang stehenden Vereinbarungen mit vollständigem Wortlaut und der Name der Beteiligten unverzüglich im Bundesanzeiger bekannt zu machen, § 248a i.V.m. § 149 Abs. 2 AktG.[235] Die Bekanntmachung ist Voraussetzung für die Wirksamkeit und die Bindungswirkung der getroffenen Vereinbarungen.

---

[232] Für eine Haftung nach allgemeiner zivilrechtlicher Prospekthaftung: Hamann in: Schäfer, § 44 BörsG a.F. Rn. 38, §§ 45, 46 BörsG a.F. Rn. 31; ebenso Heidelbach in Schwark, § 39 BörsG Rn. 16, die zusätzlich eine Anwendung der §§ 37b und 37c WpHG befürwortet.

[233] Heidelbach in: Schwark, KMRK, § 41 BörsG Rn. 2.

[234] Heidelbach in: Schwark, KMRK, § 41 BörsG Rn. 1 m.w.N.; Hamann in: Schäfer, § 44c BörsG a.F. Rn. 5, 10.

[235] Begr. RegE UMAG, BT-Drucks. 15/5092, S. 24 f.; Wilsing, DB 2005, 35, 41; Bungert in: VGR, Bd. 9, 2005, S. 59, 98 ff.; kritisch zur Beschränkung auf börsennotierte Gesellschaften Paschos/Neumann, DB 2005, 1779, 1785 f.; ebenfalls kritisch Meilicke/Heidel, DB 2004, 1479, 1485.

5. Sanktionen kapitalmarktbezogener Informationspflichtverletzungen im Einzelnen

Nach der Vorstellung des Gesetzgebers sind kapitalmarktrechtliche Informationsverstöße primär mit Sanktionen auf dem Gebiet des Straf- und Ordnungswidrigkeitenrechts zu ahnden.[236] Zudem kann die Verletzung der Publizitätspflichten Schadensersatzansprüche der Anleger nach sich ziehen. Im Zuge des 4. FMG wurde in den §§ 37b, 37c WpHG erstmals die Haftung des Emittenten wegen vorsätzlicher oder grob fahrlässiger Falschinformation im Rahmen der ad hoc-Publizität geregelt. Ob und in welchen Fällen im Übrigen eine Schadensersatzpflicht des Emittenten sowie eine Haftung der Organmitglieder bejaht werden kann, ist erst zum Teil richterlich entschieden worden. Bedeutung hat diese Frage insbesondere für die Behandlung der „Altfälle" fehlerhafter ad hoc-Meldungen und für sonstige kapitalmarktbezogene Informationsverstöße. Teilweise[237] wird ein allgemeiner Schadensersatzanspruch gegen die Gesellschaft und gegen Organmitglieder unter Hinweis darauf, dass dies dem Standard entwickelter Kapitalmärkte entspreche, schon bei (grob) fahrlässigem Handeln der Organmitglieder befürwortet, während die Gegenansicht[238] Schadensersatzansprüchen von Anlegern im Hinblick auf die weitreichenden Folgen und die zu erwartende Rechtsunsicherheit kritisch bis ablehnend gegenübersteht.

Art. 7 der europäischen Transparenzrichtlinie schreibt lediglich eine Haftung für Informationsverstöße im Rahmen der Regelpublizität vor, überlässt die Entscheidung über die Person des Haftungspflichtigen sowie die einzelnen Haftungsvoraussetzungen aber einzelstaatlichem Recht. Das in Deutschland geplante *Gesetz zur Verbesserung der Haftung für falsche Kapitalmarktinformationen* (*Kapitalmarktinformationshaftungsgesetz* - KapInHaG), das u.a. eine Außenhaftung von Organmitgliedern gegenüber Anlegern wegen grob fahrlässigen fehlerhaften Informationen gegenüber dem Kapitalmarkt vorsieht, soll vorläufig (?) nicht weiter vorangetrieben werden.[239]

---

[236] Im Zuge des 4. FMG wurde der praktisch nahezu bedeutungslos gebliebene Straftatbestand des Kursbetruges, § 88 BörsG a.F., durch § 20a WpHG ersetzt, um Manipulationsaktivitäten am Kapitalmarkt wirksamer als bisher zu ahnden und den Schutz der Anleger zu stärken (s. Schwark in: Schwark, KMRK, § 20a WpH, Rn. 1 ff.; Altenhain, BB 2002, 1874; kritisch Park, BB 2003, 1513, 1517). Der Verbotstatbestand wurde im Rahmen der Umsetzung der Marktmissbrauchsrichtlinie ausgedehnt und in „Verbot der Marktmanipulation" umbenannt.

[237] Baums, Regierungskommission Corporate Governance, 2001, Rn. 186; Fleischer, NJW 2002, 2977, 2979; ders., ZRP 2002, 532; Fuchs/Dühn, BKR 2002, 1063, 1066.

[238] Mülbert, JZ 2002, 826, 835; Groß, WM 2002, 477, 486; Veil, ZHR 167 (2003), 357, 392 ff.

[239] Vgl. Börsenzeitung Nr. 218 v. 10.11.2004, S. 5. Zum Entwurf siehe Möllers, JZ 2005, 75; Gottschalk, Der Konzern 2005, 274; Casper, BKR 2005, 83 f.; Veil, BKR 2005, 91.

a) Verbot der Marktmanipulation, § 20a WpHG

(i) Anwendungsbereich

(a) Adressatenkreis und sachlicher Schutzbereich

Das Verbot der Marktmanipulation richtet sich nicht nur an Mitglieder der Unternehmensleitungen, sondern an jedermann, insbesondere auch an Analysten und Journalisten. In sachlicher Hinsicht umfasst der Schutzbereich des § 20a WpHG insbesondere die Börsen- und Marktpreisbildung von Finanzinstrumenten, die an einem organisierten Markt Deutschlands oder eines anderen Mitgliedstaats der Europäischen Union zugelassen sind oder gehandelt werden oder die in einen inländischen Freiverkehr einbezogen sind. Hinsichtlich der Handlungsalternativen lehnt sich der Tatbestand der Marktmanipulation an die Rechtsbegriffe des § 88 BörsG a.F. an, er dehnt jedoch die Reichweite des Verbots gegenüber der Vorgängerregelung sowohl in objektiver als auch in subjektiver Hinsicht erheblich aus.

(b) Art der Falschinformation

Der Tatbestand des § 20a WpHG umfasst sämtliche informations- und handelsbezogenen Manipulationsstrategien, sofern diese geeignet sind, auf den Börsen- oder Marktpreis einzuwirken. Da die drei Handlungsalternativen in § 20a WpHG nur abstrakt umschrieben werden, konkretisiert die *Marktmanipulations-Konkretisierungsverordnung* (MaKonV) vom 01.03.2005 entsprechend der Ermächtigung des § 20a Abs. 5 Nr. 1 - 5 WpHG, welche Umstände für die Bewertung eines Wertpapiers erheblich sind und welche Handlungen als zulässige Marktpraxis gelten.[240] Darüber hinaus kann die BaFin gemäß § 20a Abs. 2 S. 2, Abs. 5 Nr. 4 WpHG definieren, welche Fallkonstellationen als sogenannte *safe harbour*-Fälle entgegen dem Wortlaut des § 20a Abs. 1 WpHG als zulässig zu werten sind. Subjektiv erfordert die Verbotsnorm des § 20a WpHG Vorsatz, wobei dolus eventualis ausreichend ist.[241] Eine Täuschungsabsicht ist nach der Umsetzung der Marktmissbrauchsrichtlinie auch bei der dritten Handlungsalternative nicht mehr erforderlich.

(ii) Sanktionen

Statt der bislang ausschließlich gegebenen strafrechtlichen Sanktionsmöglichkeit wurde mit der Neufassung der §§ 38, 39 WpHG ein zweistufiges Sanktionsmodell geschaffen, das gemäß § 39 Abs. 1 Nr. 1 und 2, Abs. 2 Nr. 11, Abs. 4

---

[240] Leppert/Stürwald, ZBB 2004, 302 m.w.N.

[241] Barnert, WM 2002, 1473, 1476; Möller, WM 2002, 309, 316; Ziouvas/Walter, WM 2002, 1483, 1487.

WpHG primär Sanktionen auf dem Gebiet des Ordnungswidrigkeitenrechts vorsieht und einen Verstoß gegen § 20a WpHG nur unter der zusätzlichen Voraussetzung einer tatsächlichen kausalen Einwirkung auf den Börsen- oder Marktpreis (§ 38 Abs. 2 WpHG) unter Strafe stellt.[242] Dies hat zur Folge, dass in erster Linie die BaFin für die Überwachung und Sanktionierung von Rechtsverstößen zuständig ist. Die einzelnen Staatsanwaltschaften hingegen werden erst eingeschaltet, wenn die Schwelle der bloßen Gefährdung überschritten und der Kurs aufgrund der Manipulation tatsächlich beeinflusst worden ist.

Daher kommt bei Verletzungen des Verbots der Marktmanipulation primär die Verhängung von Bußgeldern in Höhe von bis zu 1 Mio. Euro in Betracht. Sind die strafrechtlichen Voraussetzungen erfüllt, können Verstöße gemäß § 38 Abs. 1, 2 WpHG mit Freiheitsstrafe bis zu fünf Jahren oder mit Geldstrafe geahndet werden. Entgegen der herrschenden Ansicht[243] sehen Teile der Literatur[244] den Straftatbestand des § 38 Abs. 2 i.V.m. §§ 39 Abs. 1 Nr. 1 und 2, Abs. 2 Nr. 11, 20a Abs. 1 WpHG als nicht hinreichend bestimmt i.S.d. Art. 103 Abs. 2 GG an. Dies gelte insbesondere im Hinblick auf die – auch im Rahmen der weitreichenden Verordnungsermächtigung durch die MaKonV kaum konkretisierten – Tatbestandsmerkmale der bewertungserheblichen Tatsachen (§ 20a Abs. 1 Nr. 1 WpHG) und des Aussendens falscher oder irreführender Signale (§ 20a Abs. 1 Nr. 2 WpHG) sowie auf das Erfordernis der manipulationsbedingten Kursbeeinflussung gemäß § 38 Abs. 2 WpHG.

Ob der Verbotsnorm des § 20a WpHG drittschützende Wirkung i.S.d. § 823 Abs. 2 BGB zukommt, ist ebenso wie bei der Vorgängerregelung des § 88 BörsG a.F. umstritten (siehe B. III. 5. c)(ii)).[245]

---

242 In der Praxis kann der Kausalitätsnachweis zwischen mangelhafter Information und eingetretener Kursveränderung allerdings kaum erbracht werden; siehe LG München I, BKR 2003, 681, 684; Hellgardt, ZIP 2005, 2000; Altenhain, BB 2002, 1873, 1876; Tripmaker, wistra 2002, 288, 292; Ziouvas/Walter, WM 2002, 1483, 1487 f.; bejaht allerdings von LG München I, wistra 2003, 277, 279 (Comroad); Spindler, NJW 2004, 3449, 3452.

243 BGH, NJW 2004, 302; BGH, WM 2005, 227, 232; Eichelberger, ZBB 2004, 296 m.w.N.

244 Streinz/Ohler, WM 2004, 1309, 1314 ff.; Gaede/Mühlbauer, wistra 2005, 9, 13 ff.; Kutzner, WM 2005, 1401 m.w.N.; kritisch auch Weber, NJW 2004, 3674, 3675; Vogel, NStZ 2004, 252, 255 f.

245 Nach ganz h.M. ist § 88 BörsG a.F. kein Schutzgesetz i.S.d. § 823 Abs. 2 BGB: BVerfG, ZIP 2002, 1986, 1988; BGH, ZIP 2004, 1593, 1595 f.; 1599, 1601; OLG München, ZIP 2002, 1989; Gottschalk, Der Konzern 2005, 274, 277; Groß, Kapitalmarktrecht, § 88 BörsG a.F. Rn. 1; Schwark, EwiR, § 88 BörsG 1/01, 1049, 1050; Fuhrmann in: Erbs/Kohlhaas, § 88 BörsG Rn. 2; a.A. LG Augsburg, WM 2001, 1944 f.; Rodewald/Siems, BB 2001, 2439 ff.
Für einen Schutzgesetzcharakter des § 20a WpHG: Altenhain, BB 2002, 1873, 1875; Tripmaker, wistra 2002, 288, 291; dagegen Schmitz, wistra 2002, 208, 212; Barnert, WM 2002, 1473, 1478; Ziouvas/Walter, WM 2002, 1483, 1488; Mülbert/Steup in: Habersack/Mülbert/Schlitt, Unternehmensfinanzierung, 2005, § 26 Rn. 180; Gottschalk, Der Konzern 2005, 274, 277.

b) Emittentenhaftung gemäß §§ 37b, 37c WpHG

Nach den speziellen sekundärmarktbezogenen Haftungstatbeständen der §§ 37b, 37c WpHG haben Anleger, die bei einem Wertpapiergeschäft im Vertrauen auf die Einhaltung des § 15 WpHG durch die unterlassene oder verspätete Veröffentlichung oder durch die unrichtige Behauptung potentiell kurserheblicher Tatsachen einen Schaden erlitten haben, einen Ersatzanspruch gegen den Emittenten.

(i) Anwendungsbereich und Tatbestandsvoraussetzungen

Die §§ 37b, 37c WpHG beziehen sich gemäß § 2 Abs. 2 lit. b) WpHG auf Finanzinstrumente, die in den Marktsegmenten amtlicher und geregelter Markt gehandelt werden; Freiverkehrswerte i.S.d. § 57 Abs. 1 BörsG sind dagegen nicht erfasst.[246] Der Schutzbereich der §§ 37b, 37c WpHG erstreckt sich auf Neuanleger, die sich nach der Pflichtverletzung des Emittenten zum Wertpapiererwerb entschlossen haben, und auf Altanleger, die ihre Aktien nach der Pflichtverletzung veräußert haben. Er umfasst jedoch nicht die Altanleger, die durch geschönte ad hoc-Meldungen davon abgehalten wurden ihre Wertpapiere zu verkaufen.[247]

Die Haftung gemäß §§ 37b, 37c WpHG knüpft in objektiver Hinsicht an die Unterlassung der unverzüglichen Veröffentlichung bzw. an die Veröffentlichung einer unwahren Insiderinformation an, sofern diese den Emittenten unmittelbar betrifft und ihr ein erhebliches Kursbeeinflussungspotential innewohnt. Subjektiv erfordert der Schadensersatzanspruch ein vorsätzliches oder grob fahrlässiges Handeln des Emittenten. Die Beweislast für fehlendes Verschulden obliegt gemäß §§ 37b Abs. 2, 37c Abs. 2 WpHG dem Emittenten.[248] Angesichts der zuletzt erfolgten Ausweitung des § 15 und der §§ 37b, 37c WpHG sowie der fehlenden Erfahrungen in der forensischen Praxis bedarf die Auslegung zahlreicher Einzelpunkte noch einer richterrechtlichen Klärung. Dies gilt beispielsweise für die Fragen, wann bei mehrstufigen Entscheidungsprozessen eine Tatsache vorliegt, ob die Unwahrheit eines Umstands vom Empfängerhorizont des breiten Anlegerpublikums oder von der Bereichsöffentlichkeit der professionellen Börsenteilnehmer zu beurteilen ist, wann ein erhebliches Kursbeein-

---

246 Ob auch Wertpapiere, die nur gemäß § 56 BörsG in den geregelten Markt einbezogen sind, in den Anwendungsbereich der §§ 37b, 37c WpHG fallen, ist umstritten; Baums, ZHR 167 (2003), 139, 147; Möllers/Leisch, NZG 2003, 112, 113 f.

247 Fleischer, NJW 2002, 2977, 2980; ders., ZIP, 2005, 1805, 1808; Baums, ZHR 166 (2002), 375, 379; Escher-Weingart/Lägeler/Eppinger, WM 2004, 1845 ff.; Zimmer in: Schwark, KMRK, §§ 37b, 37c WpHG Rn. 75; a.A. Baums, Regierungskommission Corporate Governance, 2001, Rn. 186, § 79 Abs. 4.

248 Siehe Mülbert/Steup in: Habersack/Mülbert/Schlitt, Unternehmensfinanzierung, 2005, § 26 Rn. 141; Rössner/Bolkart, ZIP 2002, 1471, 1474; Maier-Reimer/Webering, WM 2002, 1857, 1859; Zimmer in: Schwark, KMRK, §§ 37b, 37c WpHG Rn. 62 f. m.w.N.

flussungspotential gegeben ist, sowie für das Problem, ab welchem Zeitpunkt das Unverzüglichkeitsgebot verletzt ist.[249]

Ebenso besteht noch keine Einigkeit darüber, ob der geschädigte Anleger darlegen und beweisen muss, dass ein Kausalzusammenhang zwischen der fehlerhaften ad hoc-Meldung und seiner Wertpapiertransaktion gegeben ist. Teile der Literatur[250] gehen grundsätzlich von einer Beweislast der Anleger aus, befürworten aber Beweiserleichterungen in Anlehnung an die Figur der Anlagestimmung. Andere differenzieren danach, welchen Schaden der Anleger liquidieren möchte, oder verzichten auf das Erfordernis einer Kausalbeziehung zwischen Pflichtverletzung und Anlageentscheidung.[251] Demgegenüber geht der Bundesgerichtshof[252] davon aus, dass die geschädigten Anleger das Vorliegen der haftungsbegründenden Kausalität in vollem Umfang darlegen und beweisen müssen, ohne dass ihnen Beweiserleichterungen zugute kommen (siehe im Einzelnen unten B. III. 5. c) (iii)).

(ii) Rechtsfolgen

Die §§ 37b, 37c WpHG verpflichten den Emittenten zum Schadensersatz gegenüber den Anlegern, sofern diesen durch die Unterlassung bzw. Falschangabe ein Schaden entstanden ist. Da der Gesetzgeber in seiner Begründung zum 4. FMG lediglich festgestellt hat, die irregeführten Anleger müssten so gestellt werden, als ob der Emittent seine Publizitätspflichten ordnungsgemäß erfüllt hätte,[253] bestehen unterschiedliche Auffassungen über den Inhalt des Schadensersatzanspruches. Nach wohl überwiegender Auffassung[254] ergibt sich der Ersatz-

---

249 Siehe Möllers/Leisch, NZG 2003, 112 m.w.N.; Zimmer in: Schwark, KMRK, §§ 37b, 37c WpHG Rn. 18 ff.; Nietsch, BB 2005, 785.

250 Fleischer, NJW 2002, 2977, 2980; Veil, ZHR 167 (2003), 365, 380 ff.; Möllers, JZ 2005, 75, 78; enger Mülbert/Steup in: Habersack/Mülbert/Schlitt, Unternehmensfinanzierung, 2005, § 26 Rn. 159; kritisch Rieckers, WM 2001, 1213, 1219.

251 Möllers/Leisch in: Möllers/Rotter, Ad-hoc-Publizität, 2003, § 14 Rn. 78 ff.; dies., BKR 2002, 1071, 1079; Zimmer in: Schwark, KMRK, §§ 37b, 37c WpHG Rn. 90; Maier-Reimer/Webering, WM 2002, 1857, 1860; Veil, ZHR 167 (2003), 365, 391 f.; Rössner/Bolkart, ZIP 2002, 1471, 1476.

252 BGH, ZIP 2004, 1599, 1602 ff.; so auch Rützel, AG 2003, 69, 73 f., 76.

253 Vgl. Begr. RegE, BT-Drucks. 14/8017, S. 93.

254 Mülbert, JZ 2002, 826, 835; Mülbert/Steup in: Habersack/Mülbert/Schlitt, Unternehmensfinanzierung, 2005, § 26 Rn. 147 ff.; Fleischer, DB 2004, 2031, 2035; ders., ZIP, 2005, 1805, 1809; Hutter/Leppert, NZG 2002, 649, 655; Großmann/Nikoleyczik, DB 2002, 2031, 2035; Rützel, AG 2003, 69, 75 f.; Fuchs/Dühn, BKR 2002, 1063, 1068; Zimmer in: Schwark, KMRK, §§ 37b, 37c WpHG Rn. 89, 91 ff.; Kowalewski/Hellgardt, DB 2005, 1839 f. Bei der Schadensberechnung ist gemäß § 287 ZPO die Auswirkung der fehlerhaften Information auf den Wertpapierkurs zu bestimmen. Allgemeine Markteinflüsse und Kursbewegungen, die dem Informationsverstoß zeitlich nachfolgen oder auf sonstigen unternehmensspezifischen Faktoren basieren, sind aus dem Kurswert herauszurechnen. Zur Theorie (semi-)informationseffizienter Kapitalmärkte: Sauer, Haftung, 2004, S. 127 ff.; ders., ZBB, 2005, 24, 33 f.

anspruch aus der Differenz zwischen dem tatsächlichen Transaktionspreis und dem Preis, der bei pflichtgemäßem Publizitätsverhalten zustande gekommen wäre, während die Gegenansicht,[255] der sich im Rahmen der Haftung aus § 826 BGB auch der Bundesgerichtshof[256] angeschlossen hat (siehe dazu unten (B. III. 5. c) (iii)), einen Anspruch auf Rückabwicklung des Wertpapiergeschäfts entsprechend der allgemeinen bürgerlich-rechtlichen Systematik (§ 249 S. 1 BGB) und der geltenden Rechtspraxis im Rahmen der Prospekthaftung jedenfalls dann befürwortet, wenn der Anleger nachweisen kann, dass er das Wertpapier bei Kenntnis der wahren Tatsachen nicht gekauft hätte. Teilweise[257] wird ein Wahlrecht zwischen beiden Berechnungsmethoden oder eine Schadenspauschalierung[258] für vorzugswürdig gehalten. Weiterhin ist umstritten, ob dem Anleger ein Mitverschulden auch mit der Begründung zur Last gelegt werden kann, er habe seine Papiere trotz sinkender Kurse nicht unverzüglich veräußert.[259] Schließlich besteht ebenfalls Streit darüber, ob dem Emittenten oder aber dem Anleger die Darlegungs- und Beweislast für das Nichtvorliegen der haftungsausfüllenden Kausalität obliegt.[260]

c) Sonstige Schadensersatzansprüche der Anleger

(i) Schadensersatz aus Prospekthaftung

Nach herrschender Meinung[261] können geschädigte Anleger Ersatzansprüche wegen fehlerhafter ad hoc-Mitteilungen nicht auf die Grundsätze der allgemeinen zivilrechtlichen Prospekthaftung stützen, da dies die Konturen des börsenrechtlichen Prospektbegriffs sprengen würde. Im Falle mangelhafter Zwischenberichte dagegen wird eine Anwendung der bürgerlich-rechtlichen

---

255 Möllers/Leisch, WM 2001, 1648, 1655; dies. in: Möllers/Rotter, Ad-hoc-Publizität, 2003, § 14 Rn. 37 ff.; Veil, ZHR 167 (2003), 365, 387 ff.; Escher-Weingart/Lägeler/Eppinger, WM 2004, 1845, 1847 ff.

256 BGH, ZIP 2004, 1593, 1599.

257 Rössner/Bolkart, ZIP 2002, 1471, 1475; Möllers, JZ 2005, 75, 78.

258 Baums, ZHR 167 (2003), 139, 181 ff. unter Hinweis auf die US-amerikanische Rechtslage.

259 Dafür LG Augsburg, WM 2001, 1944, 1946; Baums, Regierungskommission Corporate Governance, 2001, Rn. 187; Rieckers, BB 2002, 1213, 1219; a.A. Fleischer/Kalss, AG 2002, 329, 334; Mülbert/Steup in: Habersack/Mülbert/Schlitt, Unternehmensfinanzierung, 2005, § 26 Rn. 162, da eine permanente Beobachtung und korrekte Deutung etwaiger Kursschwankungen nicht zumutbar sei.

260 Für eine Beweislast des Emittenten gemäß § 45 Abs. 2 Nr. 2 BörsG analog: Fleischer, BB 2002, 1869, 1873 f.; Fleischer/Kalss, AG 2002, 329, 333; Rössner/Bolkart, ZIP 2002, 1471, 1476; dagegen: Mülbert/Steup in: Habersack/Mülbert/Schlitt, Unternehmensfinanzierung, 2005, § 26 Rn. 160; offen: Hutter/Leppert, NZG 2002, 649, 654.

261 BGH, ZIP 2004, 1593, 1594 f.; 1599, 1600; Mülbert/Steup in: Habersack/Mülbert/Schlitt, Unternehmensfinanzierung, 2005, § 26 Rn. 116; Groß, WM 2002, 477, 479; Leisch, ZIP 2004, 1573 f.; Veil, ZHR 167 (2003), 365, 367 f.; Rützel, AG 2003, 69 ff.; a.A. Schäfer, ZIP 1987, 953, 958.

Prospekthaftungsgrundsätze von der herrschenden Ansicht in der Literatur[262] befürwortet.

(ii) Schadensersatz aus Verletzung von Schutzgesetzen

Im Rahmen der Problematik des Schadensersatzes aus der Verletzung von Schutzgesetzen ist unstreitig, dass die Normen der §§ 263, 264a StGB und § 400 Abs. 1 Nr. 1 AktG bzw. § 313 Abs. 1 Nr. 1 UmwG Schutzgesetze i.S.d. § 823 Abs. 2 BGB (ggfs. i.V.m. § 31 BGB) darstellen.[263] Der Emittent sowie Vorstandsmitglieder können sich daher beispielsweise wegen vorsätzlicher Falschdarstellungen in Zwischenberichten gegenüber Aktionären schadensersatzpflichtig machen. Seit den Grundsatzentscheidungen des Bundesgerichtshofs zum Fall *Infomatec* besteht nunmehr ebenfalls weitgehende Einigkeit darin, dass ad hoc-Mitteilungen nicht als Darstellungen über den Vermögensstand der Gesellschaft i.S.d. § 400 Abs. 1 Nr. 1 AktG angesehen werden können, wenn sie sich nur auf einzelne Aspekte beziehen.[264] Etwas anderes gilt dagegen, wenn sie ein Gesamtbild über die wirtschaftliche Lage der Gesellschaft ermöglichen und den Eindruck der Vollständigkeit erwecken.[265]

Den Publizitätsvorschriften der § 39 Abs. 1 Nr. 3 BörsG, § 40 BörsG, § 15 WpHG und § 15a WpHG sowie den entsprechenden Ordnungswidrigkeitsvorschriften wird nach überwiegender Ansicht[266] ein Schutzgesetzcharakter mit der Begründung abgesprochen, Zweck der kapitalmarktrechtlichen Mitteilungs- und Veröffentlichungspflichten sei die Förderung der Markttransparenz, während Individualinteressen nur im Sinne eines Reflexes dieser Interessen geschützt werden. Im Rahmen des § 15 WpHG wird die Nichtanwendbarkeit des § 823 Abs. 2 BGB auf § 15 Abs. 6 WpHG a.F. gestützt.[267] Gleiches gilt nach Auffas-

---

262 Mülbert/Steup in: Habersack/Mülbert/Schlitt, Unternehmensfinanzierung, 2005, § 26 Rn. 118; Schäfer, ZIP 1987, 953, 958; Schwark in: Festschrift Hadding, 2004, S. 1117, 1128 f.; wohl auch Heidelbach in: Schwark, KMRK, § 40 BörsG, Rn. 31; a. A. Groß, WM 2002, 477, 478 ff.

263 Mülbert/Steup in: Habersack/Mülbert/Schlitt, Unternehmensfinanzierung, 2005, § 26 Rn. 166 ff. m.w.N.

264 BGH, ZIP 2004, 1593, 1596; 1599, 1601 f.; Mülbert/Steup in: Habersack/Mülbert/Schlitt, Unternehmensfinanzierung, 2005, § 26 Rn. 166; a.A. Baums, Regierungskommission Corporate Governance, 2001, Rn. 184; Groß, WM 2002, 477, 483 f.; Ehricke in: Hopt/Voigt, Kapitalmarktinformationshaftung, 2005, S. 278 f.

265 BGH, NJW 2005, 445, 447 f.; OLG München, ZIP 2002, 1989, 1994; LG München, BKR 2003, 681; Mülbert/Steup in: Habersack/Mülbert/Schlitt, Unternehmensfinanzierung, 2005, § 26 Rn. 166; Gottschalk, DStR 2005, 1648 f.; Kowalewski/Hellgardt, DB 2005, 1839, 1841; Thümmel, DB 2001, 2331 f.

266 OLG München, DB 2002, 2430; LG Kassel, DB 2002, 2151; Sethe in: Assmann/Schneider, WpHG, § 15a Rn. 106; Groß, WM 2002, 477, 482 ff.; a.A. Siebel/Gebauer, WM 2001, 173, 188 f.; Schäfer, ZIP 1987, 953, 956 bzgl. § 44b BörsG a.F.

267 BGH, ZIP 2004, 1593, 1595 m.w.N., 1599, 1601; Thümmel, DB 2001, 2331 f.; Krause, ZGR 2002, 799, 805; Kümpel/Assmann in: Assmann/Schneider, WpHG, § 15 Rn. 267 ff.

sung des Bundesgerichtshofs[268] sowie der herrschenden Ansicht in der Literatur[269] bezüglich § 88 BörsG a.F., da diese Norm ebenfalls lediglich eine mittelbare Schutzwirkung zugunsten des einzelnen Kapitalanlegers entfalte.

Zur Frage der Schutzgesetzeigenschaft des § 20a WpHG hat sich demgegenüber noch keine herrschende Meinung herausgebildet.[270] Obwohl das Verbot der Marktmanipulation ausweislich der Gesetzesmaterialien zum 4. FMG der Stärkung des Anlegerschutzes dient, dürfte der Schutzgesetzcharakter des § 20a WpHG zu verneinen sein, da die Norm „insbesondere die Zuverlässigkeit und Wahrheit der Preisbildung an den Börsen" sicherstellen soll.[271]

Ist die Verletzung eines Schutzgesetzes i.S.d. § 823 Abs. 2 BGB gegeben, haften die jeweiligen Schädiger sowie die Gesellschaft bei Vorliegen der Transaktionskausalität ohne Einschränkung durch Kapitalerhaltungsgrundsätze vorrangig auf Naturalrestitution.[272]

(iii) Schadensersatz gemäß § 826 BGB

Seit den Grundsatzentscheidungen des Bundesgerichtshofs[273] im Fall *Infomatec* ist anerkannt, dass eine Haftung von Organmitgliedern und Emittenten[274] wegen Informationsverstößen aus § 826 BGB (i.V.m. § 31 BGB) hergeleitet werden kann. § 826 BGB setzt danach in tatbestandlicher Hinsicht neben dem Vorliegen einer objektiv fehlerhaften Mitteilung voraus, dass der Anleger hierdurch einen Schaden erlitten hat und dass das betreffende Organmitglied diesbezüglich vorsätzlich und sittenwidrig gehandelt hat.

Für die Annahme des Schädigungsvorsatzes genügt es, dass der Pflichtverletzer die Art des möglicherweise eintretenden Schadens erkannt hat, sich der Richtung des Schadensverlaufs bewusst war und dies billigend in Kauf genommen hat. Nicht erforderlich ist hingegen, dass er die Individualität der konkret Geschädigten in seinen Willen aufgenommen hat.[275] Da eine ad hoc-Mitteilung

---

[268] BGH, ZIP 2004, 1593, 1595; 1599, 1601; BVerfGE, ZIP 2002, 1986; OLG München, ZIP 2002, 1989; LG Kassel, DB 2002, 2151; a.A. noch LG Augsburg, WM 2001, 1944 f.

[269] Groß, WM 2002, 477, 484; Schwark, EwiR, § 88 BörsG 1/01, 1049 f.; Schäfer, WuB I G 7 – 8.01, 1271, 1272; Rieckers, WM 2001, 1213, 1215 m.w.N.; a.A. Rodewald/Siems, BB 2001, 2439 ff.; Fuchs/Dühn, BKR 2002, 1063, 1064 ff.

[270] Siehe Leisch in: Möllers/Rotter, Ad-hoc-Publizität, 2003, § 16 Rn. 37 ff.; Schwark in: Schwark, KMRK, § 20a WpHG Rn. 5; Vogel in: Assmann/Schneider, WpHG, § 20a Rn. 12 ff.; Altenhain, BB 2002, 1874; Ekkenga, ZIP 2004, 781, 788 ff.; Mülbert/Steup in: Habersack/Mülbert/Schlitt, Unternehmensfinanzierung, 2005, § 26 Rn. 180.

[271] Vgl. Bericht des Finanzausschusses, 4. FMG, BT-Drucks. 14/8601, S. 1, 20.

[272] BGH, ZIP 2005, 1270, 1271 (EM.TV); a.A. Sauer, ZBB 2005, 24, 30 ff.

[273] BGH, ZIP 2004, 1593; 1599; 1604.

[274] BGH, ZIP 2005, 1270 (EM.TV).

[275] BGH, ZIP 2004, 1593, 1598; LG Frankfurt a.M., NZG 2003, 786 f.; Schwark, EWiR § 88 BörsG 1/01, 1049 f.; Schäfer, WuB I G 7 – 8.01, 1271, 1272. Nach teilweise vertretener Ansicht genügen sogar leichtfertig abgegebene fehlerhafte ad hoc-Meldungen: LG Augsburg,

nur zulässig ist, wenn die Information geeignet ist, den Börsenpreis der Wertpapiere erheblich zu beeinflussen, ist der Schädigungsvorsatz zu bejahen, wenn der jeweilige Pflichtverletzer wissentlich eine fehlerhafte ad hoc-Mitteilung veröffentlicht hat. Die Sittenwidrigkeit ist aufgrund der vorsätzlichen Falschmitteilung indiziert. Sie ist jedenfalls dann gegeben, wenn der Schädiger aus eigennützigen Motiven handelte.[276]

Darüber hinaus obliegt den Aktionärsklägern die Beweislast für das Vorliegen eines Kausalzusammenhangs zwischen Informationsverstoß und Kauf- bzw. Verkaufsentschluss; die Grundsätze des Anscheinsbeweises sind nicht anwendbar. Ebenso scheiden Beweiserleichterungen durch die Anwendung der Rechtsfigur der Anlagestimmung grundsätzlich aus.[277] Vielmehr ist für die Annahme der Transaktionskausalität eine Einzelfallbetrachtung maßgeblich, wobei insbesondere die jeweils verstrichene Zeitspanne zwischen Wertpapiergeschäft und Informationsverstoß entscheidend ist.[278] In dem vom Bundesgerichtshof entschiedenen Fall *Infomatec* war ein Zeitraum von ein bis zwei Monaten zwischen Informationsverstoß und Transaktion unschädlich, während eine Zeitspanne von sechs Monaten die erforderliche Kausalität entfallen ließ.[279]

Liegen die Haftungsvoraussetzungen des § 826 BGB vor, können geschädigte Erstanleger nach herrschender Meinung[280] vorrangig gemäß § 249 BGB Natural-

---

WM 2001, 1944, 1946; Möllers/Leisch, WM 2001, 1648, 1653 ff.; Rieckers, WM 2001, 1213, 1218; Gerber, DStR 2004, 1793, 1798.

[276] BGH, ZIP 2004, 1593, 1598; OLG Frankfurt a.M., ZIP 2005, 710, 712; Leisch, ZIP 2004, 1573, 1576; Möllers/Leisch, WM 2001, 1648, 1652 ff.; Krause, ZGR 2002, 799, 821 ff.; Kowalewski/Hellgardt, DB 2005, 1839, 1841 f. Nach a.A. genügt auch eine uneigennützige Falschmitteilung: Fleischer, DB 2004, 2031, 2033; Dühn, Schadensersatzhaftung, 2003, S. 138 ff., 140; Schwark in: Festschrift Hadding, 2004, S. 1117, 1131 f.; Reichert/Weller, ZRP 2002, 49, 53.

[277] BGH, ZIP 2004, 1599, 1602 ff.; Röhricht in: VGR, Bd. 9, 2005, S. 1, 21; Mülbert/Steup in: Habersack/Mülbert/Schlitt, Unternehmensfinanzierung, 2005, § 26 Rn. 174; Fleischer, ZIP 2005, 1805, 1807; Gottschalk, DStR 2005, 1648, 1650; Gerber, DStR 2004, 1793, 1796 f.

[278] BGH, ZIP 2004, 1599, 1603; OLG Frankfurt a.M., ZIP 2005, 710, 712; Röhricht in: VGR, Bd. 9, 2005, S. 1, 21 f.; Fleischer, DB 2004, 2031, 2034; ders., ZIP 2005, 1805, 1811; Gottschalk, DStR 2005, 1648, 1649, der zusätzlich auf die Kriterien der allgemeinen Marktstimmung und im Falle von ad hoc-Mitteilungen auf deren Aufmachung und Inhalt abstellt.

[279] Zustimmend Mülbert, Börsen-Zeitung Nr. 168 v. 01.09.2004, S. 2; siehe zur Rechtsprechung OLG Frankfurt a.M., ZIP 2005, 710 f.; OLG München, NZG 2005, 681 f.; OLG München, NZG 2005, 404; LG Kassel, DB 2002, 2151 f.

[280] BGH, ZIP 2005, 1270; BGH, ZIP 2004, 1593, 1599; OLG München, WM 2005, 1269, 1270 f.; LG Augsburg, WM 2001, 1944, 1946; OLG Frankfurt a.M., ZIP 2005, 710 f.; Röhricht in: VGR, Bd. 9, 2005, S. 1, 19 f.; Mülbert/Steup in: Habersack/Mülbert/Schlitt, Unternehmensfinanzierung, 2005, § 26 Rn. 173; dies., WM 2005, 1633, 1637; Fleischer, ZIP 2005, 1805, 1809; Möllers/Leisch, WM 2001, 1648, 1656; Leisch, ZIP 2004, 1575; Gerber, DStR 2004, 1793, 1797 f.; Gottschalk, Der Konzern 2005, 274, 279; generell für Kursdifferenzhaftung: Geibel, Kapitalanlegerschaden, 2002, S. 113 f.; Dühn, Schadensersatzhaftung, 2003, S. 152 ff.; Fuchs/Dühn, BKR 2002, 1063, 1068.

restitution in Form der Erstattung des gezahlten Kaufpreises gegen Übertragung der erworbenen Aktien verlangen oder, insbesondere wenn die Aktien zwischenzeitlich veräußert wurden, auf eine Differenzschadensberechnung übergehen. Der Schadensersatzanspruch ist weder durch das Verbot der Einlagenrückgewähr gemäß § 57 AktG oder das Verbot des Erwerbs eigener Aktien gemäß § 71 AktG begrenzt oder gar ausgeschlossen[281] noch auf das freie Kapital der Gesellschaft beschränkt.[282] Inwieweit auch Altaktionäre, die aufgrund einer Falschmitteilung von einem Verkauf ihrer Aktien Abstand genommen haben, Schadensersatz verlangen können, ist dagegen noch weitgehend ungeklärt.[283]

---

[281] BGH, ZIP 2005, 1270; OLG Frankfurt a.M., ZIP 2005, 710, 713; OLG München, WM 2005, 1269, 1270 f.; Kort, NZG 2005, 496, 498.

[282] OLG Frankfurt a.M., ZIP 2005, 710, 713; Hutter/Stürwald, NJW 2005, 2428, 2430; Kort, NZG, 2005, 496, 498; Gottschalk, DStR 2005, 1648, 1653; Möllers, BB 2005, 1637, 1641; Fleischer, ZIP 2005, 1805, 1811; a.A. Reichert/Weller, ZRP 2002, 49, 56; Veil, ZHR 167 (2003), 365, 394 f.; Henze, NZG 2005, 115, 118 ff.

[283] BGH, ZIP 2005, 1270; dazu Gottschalk, DStR 2005, 1648, 1651; Hutter/Stürwald, NJW 2005, 2428, 2431; Fleischer, ZIP 2005, 1805, 1808.

C. Rechtslage in Frankreich

I. Allgemeines

Die *société anonyme* (S.A.) ist in Abgrenzung zu der in Frankreich erst 1999 allgemein zugelassenen nicht börsenfähigen *société par actions simplifiées* (SAS)[284] die Kapitalgesellschaft und juristische Person des Privatrechts, die der deutschen Aktiengesellschaft entspricht. Wie auch bei der deutschen Aktiengesellschaft ergeben sich Informationsrechte und –pflichten sowohl aus aktien– als auch aus kapitalmarktrechtlichen Vorschriften. Die kapitalmarktrechtlichen Publizitätspflichten, aber auch zahlreiche der aktienrechtlichen Informationsrechte und –pflichten[285] wurden erst in den letzten Jahrzehnten geschaffen. Seitdem erfolgte eine kontinuierliche Ausdehnung der Informationsmöglichkeiten der Aktionäre.

Das französische steht ebenso wie das deutsche Aktienrecht in kontinentaleuropäischer Tradition und ist wesentlich von kodifiziertem Recht geprägt. Die meisten der für die S.A. maßgeblichen gesellschaftsrechtlichen Regelungen sind im *Code de Commerce* (C. com.) und in entsprechenden Durchführungsverordnungen, insbesondere dem *décret n° 67-236 du 23.03.1967* (décret 1967), normiert.[286] In kapitalmarktrechtlicher Hinsicht bildet der *Code monétaire et financier* (C. mon. et fin.) den gesetzgeberischen Rahmen, der durch Dekrete und Verordnungen konkretisiert wird.[287] Der *Code monétaire et financier* enthält alle gesetzlichen Regelungen auf dem Gebiet des Geld- und Währungsrechts sowie auf dem der Finanz- und Bankaktivitäten und bestimmt die Stellung und Befugnisse der französischen allgemeinen und unabhängigen Börsenaufsichtsbehörde, der *Autorité des marchés financiers* (AMF).[288] Ebenso wie in Deutschland verzichtet der französische Gesetzgeber zunehmend darauf, kapitalmarktbezogene Detailregelungen selbst festzuschreiben und hat diesbezüglich

---

[284] Die SAS gewährt im Gegensatz zu dem strengen formalistischen Konzept der S.A. eine weitgehende Gestaltungsfreiheit hinsichtlich der Gründungsanforderungen, der Organisationsverfassung und der Kapitalaufbringung; siehe Guyon, *Droit des Affaires I*, n° 471-1 ff.

[285] Einige Informationsrechte, z.B. das Auskunftsrecht des Art. L225-108 al. 3 C. com., fanden erst durch das *loi n° 84-46 du 01.03.1984* Eingang in das französische Aktienrecht.

[286] Seit der Schaffung des *Code de Commerce* 1801-08 erfolgte ab Mitte des 19. Jahrhunderts eine zunehmende Ausgliederung von handels- und gesellschaftsrechtlichen Regelungen, v.a. durch die *loi du 24.07.1867* und durch das Nachfolgegesetz, die *loi n° 66-537 du 24.07.1966*. Im Jahre 2000 wurde in einer umfassenden Gesetzesreform das gesamte Handels-, Gesellschafts- und Insolvenzrecht wieder im *Code de Commerce* zusammengefasst.

[287] In den im Jahr 2000 geschaffenen *Code monétaire et financier* wurde u.a. die *ordonnance n° 67-833 du 28.9.1967* eingegliedert.

[288] Die AMF wurde durch die *loi n° 2003-706 du 01.08.2003* geschaffen und ersetzt die beiden bisherigen Aufsichtsorgane *Commission des opérations de bourse* (COB) und *Conseil des marchés financiers* (CMF); *vgl. www.amf-france.org.*

Normsetzungskompetenzen auf Verwaltungsbehörden, insbesondere die AMF, übertragen.

Die französische S.A. kann nach der Art ihrer Organisationsstruktur sowie nach ihrem Aktionärskreis unterschieden werden. Anders als im deutschen Recht besteht eine Wahlmöglichkeit zwischen traditionell monistischer Struktur der S.A. mit Hauptversammlung (*assemblée générale*) und Verwaltungsrat *(conseil d'administration)* einerseits und der dualistischen Organisationsform, die sich aus den Organen Hauptversammlung, Aufsichtsrat (*conseil de surveillance*) und Vorstand *(directoire)* zusammensetzt, andererseits.[289] Die unterschiedlichen Organisationsstrukturen französischer Aktiengesellschaften sind hinsichtlich der Informationsrechte der Aktionäre allerdings nur insofern relevant, als das primär informationspflichtige Organ der Verwaltungsrat bei der monistischen S.A. und der Vorstand bei der dualistischen S.A. ist.

Hinsichtlich der Zusammensetzung des Aktionärskreises lässt sich die S.A. in die „einfache" S.A. (*S.A. sans appel publique à l'épargne*) und die Publikums-S.A. (*S.A. avec appel public à l'épargne*) einteilen. Werden die Aktien der S.A. nur einzelnen oder ausgesuchten Investoren zur Zeichnung bzw. zum Kauf angeboten, so handelt es sich gemäß Art. L411-2 C. mon. et fin. um eine „einfache" S.A. Nach der gesetzlichen Definition des Art. L411-1 C. mon. et fin. liegt dagegen eine Publikums-S.A. vor, wenn die Aktien der Gesellschaft entweder an einer französischen Wertpapierbörse zugelassen sind oder wenn die Gesellschaft Aktien oder sonstige Wertpapiere einem anonymen Anlegerkreis offeriert. Eine *S.A. avec appel public à l'épargne* unterliegt im Vergleich zur „einfachen" S.A. Sonderregelungen; neben einem erhöhten Mindestgrundkapital und strengeren Gründungsanforderungen gelten besondere Publizitätsvorschriften.[290] Neben der regelmäßig vorgesehenen Veröffentlichung von Gesellschaftsinformationen in einem lokalen Amtsblatt ist bei Publikumsgesellschaften eine Veröffentlichung im *Bulletin des annonces légales obligatoires* (B.A.L.O.) vorgeschrieben, das dem deutschen Bundesanzeiger entspricht. Zudem unterliegt die Gesellschaftstätigkeit der Publikums-S.A. im Hinblick auf den Anlegerschutz einer umfassenden aufsichtsbehördlichen Kontrolle.

Wichtigstes Kontrollorgan der Publikumsgesellschaften ist die allgemeine und unabhängige Börsenaufsichtsbehörde, die AMF. Die AMF verfügt wie auch ihr Vorbild, die US-amerikanische *Securities and Exchange Commission* (SEC), über weitreichende Kompetenzen. Zu den Aufgaben der AMF, die sich aus den

---

[289] Die dem deutschen Recht angelehnte dualistische Struktur der S.A. wurde insgesamt nur von ca. 2% aller französischen Aktiengesellschaften gewählt, allerdings befinden sich hierunter die größten und bedeutendsten Unternehmen Frankreichs. So sind 20 % aller im CAC 40 notierten Gesellschaften dualistisch organisiert, der Anteil dualistischer Gesellschaften im Banken- und Finanzsektor ist sogar noch größer; vgl. Guyon, *Droit des Affaires I*, n° 349-1.

[290] Siehe Lefebvre, *Sociétés commerciales*, n° 7016 ff. m.w.N.

beiden Organen Kollegium (*collège*) und Sanktionskommission (*commission des sanctions*) zusammensetzt, zählen gemäß Art. L621-1 C. mon. et fin. der Anlegerschutz, die Überwachung des Funktionierens der Wertpapiermärkte sowie die Kontrolle der Informationen, die an die Öffentlichkeit und die Anleger gegeben werden. Vor diesem Hintergrund hat der Gesetzgeber der AMF durch die Befugnis zum Erlass von allgemein verbindlichen Rechtsverordnungen (*règlements*) Normsetzungskompetenz zugebilligt (Art. L621-6 C. mon. et fin.), ihr die Überwachung der Einhaltung der von ihr erlassenen Regeln auferlegt (Art. L621-8 C. mon. et fin.) und ihr zudem Untersuchungs- und Sanktionsbefugnisse übertragen (Art. L621-9 ff., L621-14 ff. C. mon. et fin.).[291] Diese Machthäufung, die legislative, exekutive und judikative Elemente in einer Behörde kumuliert, wurde bezüglich der *Commission des opérations de bourse* (COB), deren Aufgaben und Befugnisse die AMF in vollem Umfang übernommen hat, vom Verfassungsgerichtshof *(Conseil Constitutionnel)* ausdrücklich als verfassungsgemäß gebilligt.[292] Soweit die AMF zur Kontrolle der von den Gesellschaften veröffentlichten Informationen berechtigt ist, steht ihr gemäß Art. L621-9-1 C. mon. et fin. ein umfassendes Untersuchungsrecht zu. Die AMF kann danach durch besondere Prüfer ihrer Behörde jederzeit Einsicht in sämtliche Geschäftsunterlagen einer börsennotierten Gesellschaft nehmen und von ihren Mitarbeitern Auskunft verlangen, um ihre gesetzlich übertragenen Aufgaben zu sichern. Zu diesem Zweck steht den Prüfern eine Zutrittsberechtigung zu allen Geschäftsorten der Gesellschaft zu. Im Rahmen der Kontrolle ist es der Gesellschaft gemäß Art. L621-9-3 al. 2 C. mon. et fin. zudem grundsätzlich verwehrt, der AMF die Bekanntgabe von Informationen unter Hinweis auf ihr Betriebsgeheimnis *(secret professionnel)* zu verweigern.

---

[291] Siehe Pezard, *Code monétaire et financier*, n° 1120 ff.; 1123 ff.

[292] *Conseil Constitutionnel*, 28.07.1989, J.O. 1989, 9676; Génevois, Rev. fr. dr. Adm. 1989, 671.

II. Aktionärsinformation in nicht börsennotierten Gesellschaften

1. Hauptversammlungsbezogene formalisierte Informationsrechte und organschaftliche Berichtspflichten

Entsprechend dem deutschen Aktienrecht sieht das französische Gesellschaftsrecht im Vorfeld einer Hauptversammlung zahlreiche Informationsrechte und organschaftliche Berichtspflichten vor. Auch sie haben primär die Funktion, die Aktionäre im Hinblick auf ihre Teilnahme an der Hauptversammlung vorzubereiten und sie in die Lage zu versetzen, an den von der Hauptversammlung zu treffenden Entscheidungen sachkundig mitzuwirken.[293] Darüber hinaus dient das Informationssystem nach allgemeiner Ansicht[294] der Information der Öffentlichkeit, insbesondere potentieller Kapitalanleger, die sich im Rahmen ihrer Investitionsentscheidung über die Lage der Gesellschaft unterrichten wollen.

Kernelemente der organschaftlichen Informationsübermittlung bilden die Mitteilung der Tagesordnung, der Bericht der Geschäftsführung *(rapport de gestion)*, der (konsolidierte) Jahresabschluss und der Bericht der Abschlussprüfer. Durch zahlreiche Reformgesetze und -verordnungen wurden die hauptversammlungsbezogenen Informationsrechte und -pflichten in den letzten Jahren deutlich ausgedehnt und die Befugnisse der Aktionäre zur Rechtsausübung in der Hauptversammlung erleichtert.[295] Während beispielsweise eine S.A. bis zum Jahre 2001 noch berechtigt war, den Zugang der Aktionäre zur Hauptversammlung vom Besitz einer Mindestanzahl von Aktien abhängig zu machen, haben nun alle Aktionäre einer S.A. das Recht zur Teilnahme und zur Ausübung ihrer hauptversammlungsbezogenen Informationsrechte.[296] Darüber hinaus wurden die Schwelle für die Ausübung von bestimmten Minderheitsrechten von 10 % auf 5 % herabgesetzt und Aktionärsvereinigungen i.S.d. Art. L225-120 C. com. als Antragsberechtigte zugelassen. Zudem hat der französische Gesetzgeber die Möglichkeit einer virtuellen Teilnahme an der Hauptversammlung (Art. L225-107-II. C. com.) und bei entsprechenden Einverständnis der Aktionäre einer Übersendung von Informationen auf elektronischem Weg (Art. 120-1 décret 1967) eingeführt.[297] Schließlich wurden die Fälle einer möglichen Beschlussanfechtung deutlich ausgedehnt und zahlreiche Straftatbestände aufgehoben.

---

[293] Siehe Guyon, *Droit des Affaires I*, n° 293 m.w.N.
[294] Germain in: Ripert/Roblot, *Droit commercial I-2*, n° 1568 m.w.N.
[295] *Loi Sécurité Financière (Loi LSF) n°2003-706 du 01.08.2003; Loi n °2005-842 du 26.07.2005; Ordonnance n°2004-604 du 24.06.2004*; *Ordonnance n°2004-1382 du 22.12.2004*; *Ordonnance n°2005-1126 du 08.09.2005.*
[296] Die gemäß Art. 138 al. 4 décret 1967 a.F. mögliche Zugangsbeschränkung wurde durch die *Loi des Nouvelles Régulations Économiques n° 2001-42 du 15.05.2001 (Loi NRE)* aufgehoben.
[297] *Décret n° 2002-803 du 03.05.2002*; Merle, *Droit commercial*, n°471-1; Guyon, Rev. soc. 2002, 421 m.w.N.

a) Informationspflichten im Vorfeld der Hauptversammlung

(i) Mitteilungspflichten bei Einberufung der Hauptversammlung

Gemäß Art. L225-104 al. 1 C. com. i.V.m. Art. 120 décret 1967 sind französische Aktiengesellschaften grundsätzlich befugt, die Modalitäten der Einberufung einer Hauptversammlung durch Satzung selbst zu regeln; zwingende Informationspflichten sind jedoch in Art. L225-105 C. com. i.V.m. Art. 123 ff. décret 1967 festgelegt. Danach muss die Einberufungsmitteilung mindestens fünfzehn Tage vor der Hauptversammlung erfolgen und neben Angaben u.a. zu Rechtsnatur, Grundkapital und Sitz der Gesellschaft, den Zeitpunkt und den Ort der Veranstaltung sowie die einzelnen Tagesordnungspunkte enthalten. Diese Informationen werden gemäß Art. 124 al. 1, 125 décret 1967 den Aktionären, die Inhaber von Namensaktien sind, persönlich zugesandt, bei Vorliegen einer entsprechenden Einwilligung ist eine elektronische Übermittlung ausreichend. Gegenüber Inhaberaktionären genügt die Gesellschaft gemäß Art. 124 al. 1 décret 1967 durch Veröffentlichung der Informationen in einem lokalen Amtsblatt (*journal habilité à recevoir les annonces légales dans le département du siège social*) der Mitteilungspflicht. In Publikumsgesellschaften ist zusätzlich eine Bekanntgabe im B.A.L.O. vorgeschrieben. Zudem haben Publikumsgesellschaften nach Art. 130 décret 1967 zusätzlich die Beschlussvorschläge des Verwaltungsrats bzw. Vorstands mindestens dreißig Tage vor der Hauptversammlung im B.A.L.O. zu veröffentlichen.

(ii) Recht auf Zusendung von Dokumenten Art. L225-108 al. 1, 2 C. com., Art. 138 i.V.m. Art. 133, 135 décret 1967

(a) Umfang der zu übersendenden Dokumente

Nach Art. L225-108 al. 1 C. com. sind französische Aktiengesellschaften vor einer Hauptversammlung verpflichtet, Aktionären alle Dokumente vorzulegen, die zur sachgemäßen Beurteilung der Geschäftsführung und der Geschäftstätigkeiten der Gesellschaft (*jugement informé sur la gestion et la marche des affaires de la société*) erforderlich sind.[298] Welche Unterlagen im Einzelnen zu übersenden sind, bestimmt sich gemäß Art. L225-108 al. 2 C. com. nach den Bestimmungen des décret 1967, die durch eine umfangreiche Kasuistik der Rechtsprechung konkretisiert werden.[299]

Hierunter fällt insbesondere der in Art. L225-100 C. com. bezeichnete Bericht des Vorstands bzw. Verwaltungsrats, der der Hauptversammlung vorzulegen ist. In diesem Bericht sind gemäß Art. L225-100 al. 3 C. com. die Entwicklung der Umsätze und der Unternehmensergebnisse sowie der finanziellen Situation der

---

[298] Siehe Merle, *Droit commercial*, n° 474 m.w.N.

[299] *Cour d'appel de Paris*, 20.06.2003, *Droit des Sociétés, Fevrier* 2004, 11 m. Anm. Trébulle.

Gesellschaft zu erläutern und sämtliche Verwaltungsrats-, Vorstands- und Aufsichtsratsmandate sowie sonstige Funktionen, die die Organmitglieder in anderen Gesellschaften innehaben, aufzulisten. Dem Bericht der Geschäftsführung ist gemäß Art. L225-100 al. 6 C. com. eine tabellarische Übersicht beizufügen, in der aufzulisten ist, in welchen Fällen und in welchem Umfang die Hauptversammlung gemäß Art. L225-129-1 und Art. L225-129-2 C. com. die Befugnis zur Entscheidung über eine Kapitalerhöhung auf den Verwaltungsrat bzw. Vorstand übertragen hat. Zusätzlich zu dem nach Art. L225-100 C. com. zu erstellenden Bericht der Geschäftsführung hat der Vorsitzende des Verwaltungs- bzw. Aufsichtsrats gemäß Art. L225-37 und Art. L225-68 C. com. einen weiteren Bericht zu verfassen, in dem die Arbeitsbedingungen und die Organisation der Arbeiten des jeweiligen Gremiums sowie die unternehmensinternen Kontrollverfahren darzulegen und zu erläutern sind.[300] Publikumsgesellschaften haben diesen Bericht gemäß Art. L621-18-3 C. mon. et fin. zusätzlich nach Maßgabe des *règlement général* der AMF zu veröffentlichen, um die Kontrollmechanismen innerhalb der Gesellschaft für potentielle Anleger transparent zu machen.

Der Übersendungspflicht unterliegen weiterhin der (konsolidierte) Jahresabschluss, der in Konzernverhältnissen gemäß Art. 248-12 décret 1967 nach den Konzernteilen und Aufgabenbereichen aufzuschlüsseln[301] und gegebenenfalls mit Anmerkungen des Aufsichtsrats zu versehen ist, und der Bericht der Abschlussprüfer (*commissaires aux comptes*), Art. 135, 4°, 135, 6° décret 1967.[302] Zudem sind den Aktionären u.a. eine Fassung aller Beschlussvorschläge des Verwaltungsrats bzw. Vorstands (Art. 133, 2°, 135, 2° décret 1967) und bei Resolutionsentwürfen von Aktionären auch die Angabe der Motive und Begründungen für die jeweiligen Beschlussvorlagen (Art. 135, 3° décret 1967) zu übersenden. Die Anteilseigner haben ferner ein Recht auf Übersendung der Liste aller Verwaltungsrats- bzw. Vorstands- und Aufsichtsratsmitglieder (Art. 135, 1° décret 1967), inklusive der Angabe sonstiger Gesellschaften, in denen diese Personen Geschäftsführungs- oder Aufsichtsfunktionen wahrnehmen. Schließlich erstreckt sich das Zusendungsrecht auf Berichte über das Ergebnis des vergangenen Geschäftsjahres (Art. 133, 3° décret 1967) und bei ordentlichen Hauptversammlungen auf Vergleichstabellen zur Lage der Gesellschaft in den letzten fünf Geschäftsjahren.

---

[300] Boizard, Rev. soc. 2003, 795, 797.

[301] *Cour d'appel de Paris*, 20.06.2003, *Droit des Sociétés, Fevrier* 2004, 11 m. Anm. Trébulle.

[302] Im Bericht der Abschlussprüfer ist gemäß Art. L225-115-4° C. com. je nach Mitarbeiteranzahl der Gesamtbetrag der Vergütungen der fünf bzw. zehn bestbezahlten Arbeitnehmer und Organmitglieder (anonym) anzugeben. Diese Bestimmung ist seit der Neufassung des Art. L225-102-1 C. com. jedoch nur noch in Gesellschaften, die nicht an einem geregelten Markt notiert sind, von Bedeutung.

(b) Ausübungsmodalitäten

Das Recht auf Übersendung der oben genannten Unterlagen steht jedem Aktionär zu, unabhängig davon, ob er Inhaber von Namens- oder Inhaberaktien ist (Art. 138 décret 1967). Entgegen der bis zum Jahre 2001 geltenden Rechtslage[303] ist die Berechtigung nicht vom Erreichen eines Mindestanteilsbesitzes abhängig. Voraussetzung ist lediglich, dass der die Information begehrende Aktionär einen entsprechenden schriftlichen oder elektronischen Antrag bei der Gesellschaft stellt. Dies hat den Vorteil, dass nur die Aktionäre, die sich tatsächlich für die Belange der Gesellschaft interessieren, die Berichte etc. erhalten und die Gesellschaft Verwaltungskosten sparen kann. Der Antrag kann gemäß Art. 133, 4° i.V.m. Art. 138 décret 1967 in Zusammenhang mit der Bitte um Vollmachtserteilung an die Gesellschaft oder gemäß Art. 138 décret 1967 auch ohne vorherigen Schriftwechsel von der Einberufung der Hauptversammlung an bis zu fünf Tage vor der Hauptversammlung gestellt werden. Die Übersendung der Unterlagen erfolgt entweder schriftlich oder bei entsprechender Zustimmung der Aktionäre elektronisch via E-Mail.

(iii) Informationspflichten im Vorfeld der Vollmachtserteilung an die Geschäftsleitung, Art. L225-106 C. com. i.V.m. Art. 133 décret 1967

Zur Stärkung der Stellung der Geschäftsführung können Aktionäre dem Verwaltungsrat bzw. Vorstand gemäß Art. L225-106 al. 7 C. com. eine Vollmacht zur Stimmrechtsausübung auf der Hauptversammlung erteilen. Da eine Vollmachtserteilung allerdings möglicherweise den Interessen der Aktionäre widerspricht, sieht das französische Aktienrecht in Art. 133 décret 1967 zusätzliche Informationspflichten vor, damit die Anteilseigner sachkundig über die Übertragung ihres Stimmrechts entscheiden können.

Jeder Bitte der Gesellschaft um Erteilung einer Vollmacht, die auf schriftlichem Wege oder elektronisch via E-Mail gestellt werden kann, sind Angaben über den Ablauf der Hauptversammlung, d.h. die Tagesordnung (Art. 133, 1° décret 1967), eine Fassung der vom Verwaltungsrat bzw. Vorstand und der von Aktionären vorgeschlagenen Beschlussentwürfe (Art. 133, 2° décret 1967), sowie ein Überblick über die Situation der Gesellschaft im vergangenen Geschäftsjahr (Art. 133, 3° décret 1967) beizufügen. Zusätzlich ist den Aktionären gemäß Art. 133, 4° décret 1967 ein vorbereitetes Antragsschreiben an die Gesellschaft zu übermitteln, wonach diese auf entsprechende Anforderung dem Aktionär weitere in Art. 135 décret 1967 aufgeführte Dokumente zuzusenden hat.[304]

---

303 Art. 138 al. 4 décret 1967 a.F.

304 Nach Art. 133-5° - 133-8° décret 1967 sind den Aktionären weitere Dokumente, wie z.B. ein Formular zur schriftlichen Stimmrechtsausübung (*vote par correspondance*), sowie Informationen über die Möglichkeit der Vollmachtserteilung an Dritte etc. zu übersenden.

b) Berichtspflichten bei Grundlagen- und Strukturmaßnahmen

Neben den allgemeinen Bekanntmachungs- und Mitteilungspflichten im Vorfeld jeder Hauptversammlung existieren vor bestimmten Grundlagen- und Strukturmaßnahmen besondere Berichtspflichten des Verwaltungsrats bzw. Vorstands gegenüber der außerordentlichen Hauptversammlung *(assemblée générale extraordinaire)*. Diese dienen wie auch im deutschen Recht der Information der Aktionäre und haben zudem die Funktion, die Anteilseigner auf mögliche Wertverluste oder eine Verminderung der Einflussnahmemöglichkeiten hinzuweisen. Der französische Gesetzgeber hat über die europarechtlichen Vorgaben hinaus teilweise weitergehende Berichtspflichten geschaffen.

(i) Kapitalerhöhungen

(a) Allgemeines

Gemäß Art. L225-129 i.V.m. L225-139 C. com. i.V.m. Art. 154 décret 1967 hat der Verwaltungsrat bzw. Vorstand vor jeder Kapitalerhöhung einen schriftlichen Bericht zu erstellen, in dem sämtliche Angaben über die Gründe der Kapitalerhöhung und über den Geschäftsverlauf im vergangenen Geschäftsjahr den Aktionären mitzuteilen sind. Dieser Bericht ist den Aktionären vor ihrer Beschlussfassung über die Kapitalerhöhung bekannt zu geben.[305]

Hat die Hauptversammlung den Verwaltungsrat bzw. Vorstand gemäß Art. L225-129-1 C. com. ermächtigt, das Grundkapital der Gesellschaft bis zu einem bestimmten Nennbetrag durch Ausgabe neuer Aktien ohne vorherigen Hauptversammlungsbeschluss zu erhöhen, so ist das jeweilige Leitungsorgan gemäß Art. L225-129-5 C. com. – insoweit über die vergleichbaren Vorschriften der deutschen §§ 202 ff. AktG hinausgehend – nach jeder Inanspruchnahme dieser Ermächtigung verpflichtet, einen zusätzlichen Bericht hierüber zu erstellen, der der nächsten ordentlichen Hauptversammlung vorzulegen ist.

---

[305] Vor Durchführung der Kapitalerhöhung ist zunächst das Verhandlungsprotokoll der Hauptversammlung, die den Beschluss zur Kapitalerhöhung gefasst hat, gemäß Art. 51-1° *décret n° 84-407 du 30.05.1984* bei dem Registergericht zur allgemeinen Einsichtnahme einzureichen. Danach sind gemäß Art. 156 décret 1967 alle Namensaktionäre u.a. über die Möglichkeit der Bezugsrechtsausübung in einem gesonderten Schreiben zu informieren. Handelt es sich um eine kapitalmarktaktive Gesellschaft, sind die vorgenannten und weitere Informationen gemäß Art. 156 al. 4, 159 décret 1967 im B.A.L.O. zu veröffentlichen. Zusätzlich ist gemäß Art. L412-1 al. 1, 621-8 C. mon. et fin. eine detaillierte Mitteilung (*note d'information*) zu erstellen, die der Genehmigung der AMF bedarf. Nachdem die AMF die Rechtmäßigkeit der Maßnahme bestätigt hat, kann die Zeichnung der Aktien erfolgen. Erst nach der Durchführung der Kapitalerhöhung ist die Änderung des Eigenkapitals im Handelsregister zu veröffentlichen; Lefebvre, *Sociétés commerciales*, n° 11805 ff., 11862; Guyon, *Droit des Affaires I*, n° 434 m.w.N.

(b) Kapitalerhöhungen unter Bezugsrechtsausschluss

Soll die Kapitalerhöhung unter Ausschluss des Bezugsrechts der Altaktionäre erfolgen, hat der Bericht des Verwaltungsrats bzw. des Vorstands entsprechend den Vorgaben der Kapitalrichtlinie nach Art. L225-135, L225-139 C. com. weitere Informationen zu enthalten. Neben Angaben zur Höhe und zu den Gründen für die Kapitalerhöhung sind zusätzlich die Gründe für den Bezugsrechtsausschluss zu erläutern.

Werden die neuen Aktien öffentlich zur Zeichnung angeboten und will der Verwaltungsrat bzw. Vorstand den Bezugspreis der Aktien selbst festlegen, kann die Hauptversammlung gemäß Art. L225-136 C. com. nach Vorlage eines weiteren Berichts des Verwaltungsrats bzw. Vorstands und des Abschlussprüfers *(commissaire aux comptes)* einen entsprechenden Ermächtigungsbeschluss fassen. In Gesellschaften, die an einem geregelten Markt notiert sind, ist die Geschäftsführung nach Inanspruchnahme ihrer Ermächtigung gemäß Art. L225-136, 1° al. 2 C. com. zudem zur Erstellung eines weiteren Berichts verpflichet, der mit einem Bestätigungsvermerk des Abschlussprüfers zu versehen ist und in dem alle Kriterien, die letztlich zur Festlegung des Bezugspreises geführt haben, darzulegen sind.

Die Geschäftsführung ist gem. Art. L225-138 I. al. 2, L225-139 C. com. zur Erstellung eines zusätzlichen Berichts verpflichtet, wenn die Hauptversammlung die Kapitalerhöhung unter Ausschluss des Bezugsrechts zugunsten bestimmter Personen beschlossen und dem Verwaltungrat bzw. Vorstand die Befugnis übertragen hat, die Namen der Begünstigten sowie die Zahl der von ihnen zu zeichnenden Aktien festzulegen. In diesem Bericht, der mit einem Bestätigungsvermerk des Abschlussprüfers zu versehen und der nächsten ordentlichen Hauptversammlung vorzulegen ist, sind die genauen Zeichnungsbedingungen aller begünstigten Personen offenzulegen.

(ii) Fusionen und Spaltungen

Vor der Entscheidung der außerordentlichen Hauptversammlung über eine geplante Verschmelzung oder Spaltung haben der Verwaltungsrat bzw. der Vorstand jeder der beteiligten Gesellschaften entsprechend den europarechtlichen Richtlinienvorgaben[306] zunächst einen Verschmelzungs- bzw. Spaltungsvertragsentwurf *(projet de fusion/de scission)* vorzulegen. In diesem Entwurf sind nach Art. 254 décret 1967 neben Angaben über die Rechtsform und den Geschäftssitz der beteiligten Gesellschaften insbesondere die Gründe, Ziele und Bedingungen der Fusion, das Umtauschverhältnis der Aktien und die Höhe einer anzubietenden Barabfindung aufzuführen. Über die Vorgaben des deutschen

---

[306] Vgl. Art. 9 Richtlinie Nr. 78/855/EWG, Abl. EG Nr. L. 295/36 v. 20.10.1978, und Art. 7 Richtlinie Nr. 82/891/EWG, Abl. EG Nr. L. 378/47 v. 31.12.1982.

Rechts hinaus sind zudem die von der Verschmelzung bzw. Spaltung betroffenen Aktiva und Passiva der beteiligten Gesellschaften zu bezeichnen und zu bewerten (Art. 254 al. 2, n °3° décret 1967). Der wesentliche Inhalt des Vertragsentwurfs ist gemäß Art. 255 décret 1967 bei der Geschäftsstelle des Handelsgerichts am Sitz der Gesellschaft einzureichen und im lokalen Amtsblatt *(journal d'annonces légales du département du siège social)* oder bei entsprechendem Einverständnis der Aktionäre elektronisch zu veröffentlichen, um die Anteilseigner, aber auch die Gläubiger der betroffenen Gesellschaften möglichst frühzeitig über die geplante Umstrukturierung zu informieren.[307] Bei Publikumsgesellschaften hat zusätzlich eine Offenlegung im B.A.L.O. zu erfolgen.[308]

Nach der Unterzeichnung und Veröffentlichung des Fusions- bzw. Spaltungsvertrages haben der Verwaltungsrat bzw. Vorstand jeder der beteiligten Gesellschaften einen Umwandlungsbericht *(rapport du conseil d'administration ou du directoire)* zu erstellen (Art. L236-6, L236-9 C. com.). Dieser Bericht hat gemäß Art. L236-9 al. 4 C. com. i.V.m. Art. 256 al. 1, 2 décret 1967 eine detaillierte Erklärung und Begründung der rechtlichen und wirtschaftlichen Rahmenbedingungen der Umwandlung, des Umtauschverhältnisses der Aktien und der angewandten Bewertungsmethoden zu enthalten. Gemäß Art. L236-10 C. com. (i.V.m. Art. L236-16 C. com.) haben die gerichtlich bestellten und mit weitreichenden Informations- und Untersuchungsbefugnisse ausgestatteten Verschmelzungs- bzw. Spaltungsprüfer *(commissaires à la fusion/à la scission)* einen weiteren Bericht zu dem Wert der übertragenen Aktiva und Passiva sowie zur Angemessenheit des Umtauschverhältnisses der Anteile zu fertigen.[309]

Sowohl der Verschmelzungs- bzw. Spaltungsvertrag als auch die Berichte der Geschäftsführung sowie der Verschmelzungs- bzw. Spaltungsprüfer sind gemäß Art. 258 décret 1967 mindestens einen Monat vor dem Tag der außerordentlichen Hauptversammlung am Geschäftssitz jeder der beteiligten Gesellschaften zur Einsicht der Aktionäre auszulegen.[310]

c) Einsichtnahmerechte

Neben der Veröffentlichung von Informationen und dem Recht auf Übersendung von Berichten und sonstigen Unterlagen sind französische Aktiengesellschaften vor einer Hauptversammlung verpflichtet, zahlreiche Dokumente des abgelaufenen Geschäftsjahres zur Einsichtnahme der Aktionäre auszulegen.

---

[307] Guyon, *Droit des Affaires I*, n°632; Lefebvre, *Sociétés commerciales*, n° 26535 m.w.N.

[308] Die Veröffentlichung des Vertragsentwurfes braucht nach Art. 255 décret 1967 nicht die Bezeichnung und Bewertung der einzelnen Aktiva und Passiva zu enthalten.

[309] Vgl. Art. 10 Richtlinie Nr. 78/855/EWG, Abl. EG Nr. L. 295/36 v. 20.10.1978, und Art. 8 Richtlinie Nr. 82/891/EWG, Abl. EG Nr. L. 378/47 v. 31.12.1982.

[310] Vgl. Art. 11 Richtlinie Nr. 78/855/EWG, Abl. EG Nr. L. 295/36 v. 20.10.1978, und Art. 9 Richtlinie Nr. 82/891/EWG, Abl. EG Nr. L. 378/47 v. 31.12.1982.

(i) Allgemeines

(a) Umfang

Das in Art. 139, 140 décret 1967 normierte Einsichtnahmerecht *(droit de communication)* der Aktionäre erstreckt sich auf alle Dokumente des abgelaufenen Geschäftsjahres, die sich die Aktionäre bereits gemäß Art. 135 décret 1967 zusenden lassen können (vgl. oben C. II. 1. a) (ii)). Darüber hinaus haben die Anteilseigner ein Einsichtsrecht in alle in Art. L225-115 C. com. zusätzlich angeführten Angaben. Dies sind u.a. das Inventar, der (konsolidierte) Jahresabschluss (Art. L225-115, 1° C. com.), die Gründe und Motive der vorgeschlagenen Beschlussentwürfe sowie Angaben zu den Kandidaten für die jeweiligen Leitungsorgane (Art. L225-115, 3° C. com.). Soweit sich das Einsichtnahmerecht zudem auf Angaben zur Höhe der Gesamtbezüge der fünf bzw. zehn bestbezahlten Führungskräfte der Gesellschaft (Art. L225-115, 4° C. com.) erstreckt, ist es seit der gemäß Art. L225-102-1 C. com. für die an einem geregelten Markt notierten Gesellschaften eingeführten Pflicht zur Offenlegung aller direkten und indirekten Bezüge der einzelnen Organmitglieder nur noch für nicht kapitalmarktaktive sowie für im Freiverkehr notierte Aktiengesellschaften von Bedeutung.

Des Weiteren haben Aktionäre gemäß Art. 225-115, 5° C. com. ein Recht auf Vorlage einer Liste mit namentlicher Nennung aller im vergangenen Geschäftsjahr übernommenen Sponsoren- und Mäzenatentumsaktivitäten *(liste des actions nominatives de parrainage et de mécénat)*, da diese Geschäfte oft an die Grenzen des Gesellschaftszwecks stoßen.[311] Seit Inkrafttreten der *loi NRE* sind Aktiengesellschaften zudem gemäß Art. L225-115, 6° C. com. verpflichtet, alle Verträge, die zwischen der Gesellschaft einerseits und Organmitgliedern, Aktionären mit einem Kapitalanteil von mehr als 5% oder Konzerngesellschaften andererseits geschlossen wurden und nicht einer Genehmigungspflicht durch den Verwaltungsrat unterliegen, in einer Liste zusammenzufassen und diese zur Einsicht der Aktionäre auszulegen.[312] Schließlich erstreckt sich das Einsichtnahmerecht gemäß Art. L225-116 C. com. i.V.m. Art. 140 décret 1967 auch auf die Aktionärsliste, d.h. in die Liste aller Inhaber von Namensaktien, damit sich die Anteilseigner über die Mehrheitsverhältnisse in der Gesellschaft und die Chancen einer Einflussnahme auf die Unternehmensleitung informieren kön-

---

[311] Guyon, *Droit des Affaires I*, n° 297.

[312] Seit der Handelsrechtsreform v. 15.05.2001 unterliegen gemäß Art. L225-38 C. com. alle Verträge zwischen der Gesellschaft und Organmitgliedern, Aktionären mit einem Kapitalanteil von mehr als 5% sowie Konzerngesellschaften, die *nicht* dem gewöhnlichen Geschäftsleben zuzuordnen sind, einer Zustimmungspflicht durch den Verwaltungsrat. Alle übrigen vertraglichen Abreden zwischen den vorgenannten Personen sind gemäß Art. L225-115-6° C. com. offen zu legen; Germain in: Ripert/Roblot, *Droit commercial I-2*, n° 1647 m.w.N.

nen.[313] Ergänzend berechtigt Art. 139 al. 4 décret 1967 die Aktionäre, Kopien von allen Dokumenten, auf die sich das Einsichtnahmerecht erstreckt, anzufertigen.[314]

(b) Ausübungsmodalitäten

Gemäß Art. L225-115 C. com., Art. 139 décret 1967 hat die Auslegung der oben beschriebenen Unterlagen ab der Einberufung der Hauptversammlung, spätestens jedoch fünfzehn Tage vor Stattfinden der Hauptversammlung zu erfolgen. Das jedem Aktionär zustehende Einsichtnahmerecht kann gemäß Art. 139 al. 1 décret 1967 nur am Niederlassungsort *(siège social)* bzw. am Sitz der Geschäftsleitung (*lieu de la direction administrative*) ausgeübt werden, so dass die Gesellschaft die Dokumente nur dort zur Einsicht der Aktionäre bereithalten muss. Bei der Einsichtnahme hat jeder Aktionär gemäß Art. 144 décret 1967 das Recht auf Hinzuziehung einer fachkundigen Person.

(ii) Ergänzende Einsichtnahmerechte bei besonderen Beschlussgegenständen, Art. 258 décret 1967

Vor der Beschlussfassung über eine Verschmelzung oder eine Spaltung sind französische Aktiengesellschaften gemäß Art. 258 décret 1967 verpflichtet, mindestens einen Monat vor Stattfinden der Hauptversammlung zusätzliche Unterlagen zur Einsichtnahme der Aktionäre auszulegen. Dies sind u.a. der Entwurf des Verschmelzungs- bzw. Spaltungsvertrags *(projet de fusion/de scission)*, die Umwandlungsberichte der Geschäftsführung und der Verschmelzungs- bzw. Spaltungsprüfer sowie die testierten Jahresabschlüsse und Geschäftsführungsberichte aller beteiligten Gesellschaften der letzten drei Jahre.

d) Sanktionen

Verletzungen der organschaftlichen hauptversammlungsbezogenen Informationspflichten können auch in Frankreich einschneidende Rechtsfolgen nach sich ziehen. In Betracht kommen hierbei sowohl zivilrechtliche als auch öffentlichrechtliche Sanktionen. In zivilrechtlicher Hinsicht sind die Aktionäre einer französischen Aktiengesellschaft im Falle von Informationspflichtverletzungen berechtigt, Klage *(action en nullité)* zu erheben, um die Nichtigkeit des angegriffenen Hauptversammlungsbeschlusses feststellen oder durch gerichtliches Urteil anordnen zu lassen. Neben der Befugnis zur Erhebung einer Anfechtungsklage sind die Anteilseigner einer französischen Aktiengesellschaft zusätz-

---

[313] Guyon, *Droit des Affaires I*, n° 297; Germain in: Ripert/Roblot, *Droit commercial I-2*, n° 1571.

[314] Eine Ausnahme bildet wegen des zumeist großen Volumens sowie des ungleich größeren Risikos der Wirtschaftsspionage lediglich das Inventar; Guyon, *Droit des Affaires I*, n° 297.

lich berechtigt, einen Antrag auf Erlass einer einstweiligen Verfügung, auf Vertagung der Hauptversammlung sowie auf Durchführung einer Sonderprüfung zu stellen. Zudem kommen die Erhebung von Schadensersatzklagen sowie von Geld- oder Freiheitsstrafen Betracht (siehe i.E. unten C. II. 4.).

2. Hauptversammlungsbezogene Auskunftsrechte der Aktionäre

a) Allgemeines Fragerecht *vor* der Hauptversammlung, Art. L225-108 al. 3 C. com.

Ein allgemeines Auskunftsrecht der Aktionäre wurde im französischen Recht erst 1984 gesetzlich eingeführt.[315] Es dient als individuelle Informationsmöglichkeit der Aktionäre ebenfalls der Sicherstellung einer fachkundigen Entscheidung in der Hauptversammlung. Anders als im deutschen Aktienrecht ist es nicht als mündliches Informationsrecht in der Hauptversammlung ausgestaltet, sondern als Recht zur Stellung schriftlicher Fragen an den Verwaltungsrat bzw. den Vorstand im Vorfeld jeder Hauptversammlung. Dies wird vor allem damit begründet, dass auf diese Weise missbräuchliche Aktionärsfragen, die den Fortgang der Hauptversammlung beeinträchtigen könnten, vermieden werden. Zudem sei bei schriftlicher Vorabstellung der Fragen eine bessere Vorbereitung der Organmitglieder möglich, so dass die Qualität der Antworten steige.[316]

(i) Ausübungsvoraussetzungen

Das in Art. L225-108 al. 3 C. com. verankerte Fragerecht setzt in formeller Hinsicht lediglich das Vorliegen der Aktionärseigenschaft voraus. Das Auskunftsrecht kann vor jeder Hauptversammlung – unabhängig von dem Inhalt der Tagesordnung sowie der Einordnung als ordentliche oder außerordentliche Hauptversammlung – von der Übersendung der gemäß Art. L225-108 al. 1, 2 C. com. angeforderten Dokumente bis zum Beginn der Generaldebatte ausgeübt werden. Wie viele Aktien der Fragesteller besitzt, ist unerheblich. Von Seiten der Literatur[317] wird allerdings vorgeschlagen, das Fragerecht *de lege ferenda* an ein Mindestquorum, dessen Höhe in der jeweiligen Gesellschaftssatzung festgelegt werden kann, zu knüpfen. Ferner wird in Anlehnung an die Regelung zur Übersendung von Unterlagen im Vorfeld der Hauptversammlung gemäß Art. 138 décret 1967 die Einführung einer Frist von mindestens fünf Tagen bis zur Hauptversammlung, binnen derer alle Aktionärsfragen bei der Gesellschaft

---

[315] *Loi n° 84-46 du 01.03.1984.*
[316] Guyon, *Droit des Affaires I*, n° 298, 447; Merle, *Droit commercial*, n° 476: *„Les actionnaires peuvent espérer obtenir par ces questions écrites des réponses plus complètes que par le jeu des questions orales en cours de l'assemblée"*.
[317] Viandier, JCP éd. E 2004, 1257.

eingegangen sein müssen, empfohlen.[318] Der Verwaltungsrat bzw. Vorstand hat die Fragen mündlich in der Hauptversammlung zu beantworten.

(ii) Umfang des Fragerechts

Das Fragerecht des Art. L225-108 al. 3 C. com. ist im Gegensatz zum deutschen Auskunftsrecht nach § 131 AktG nicht gesetzlich begrenzt. Jedoch sind Aktionärsfragen nach Ansicht der Rechtsprechung[319] nur insoweit zulässig, als der Aktionär bei der Fragestellung das Gesellschaftsinteresse (*intérêt social*) beachtet hat. Er darf danach keine Fragen stellen, auf die er bereits eine Antwort erhalten hat, die eine eventuelle Preisgabe von Geschäftsgeheimnissen beinhalten[320] oder mit denen er sonstige außerhalb des Gesellschaftsinteresses liegende Zielsetzungen verfolgt.[321] Hält sich der Fragesteller nicht an diese Beschränkungen, sind die Leitungsorgane berechtigt, das Auskunftsbegehren wegen Missbrauchs eines Minderheitenrechts (*abus de droit d'un minoritaire*) zu verweigern.[322] Darüber hinaus fordern Teile der Literatur[323] die Einführung des Erfordernisses eines unmittelbaren Zusammenhangs zwischen den gestellten Fragen und der Tagesordnung der Hauptversammlung. Die Antworten der Unternehmensleitung sind Teil der Generaldebatte und müssen im Sitzungsbericht aufgeführt werden.[324]

(iii) Sanktionen

Das französische Recht sieht keine ausdrücklichen gesetzlichen Sanktionen wegen Auskunftsrechtsverletzungen vor. Da dem Fragerecht nach allgemeiner Auffassung[325] kein zwingender Charakter (*caractère impératif*) i.S.d. Art. L235-1 al. 2 C. com. zukommt, kann insbesondere eine Anfechtungsklage wegen Verletzung des Art. L225-108 C. com. nicht mit Aussicht auf Erfolg erhoben werden. In Betracht kommt jedoch ein Schadensersatzanspruch gegen die Mitglieder der Geschäftsführung wegen rechtsmissbräuchlicher Verletzung des Fragerechts.[326] In der Praxis zögern die Leitungsorgane daher regelmäßig, Auskünfte zu gestellten Aktionärsfragen zu verweigern.[327]

---

[318] Viandier, JCP éd. E 2004, 1257.
[319] *Tribunal de commerce Paris*, 11.05.2004, JCP éd. E 2004, 1256 m. zust. Anm. Viandier.
[320] Cozian/Viandier/Deboissy, *Droit des Sociétés*, n° 826.
[321] *Tribunal de commerce Paris*, 11.05.2004, JCP éd. E 2004, 1256 m. zust. Anm. Viandier.
[322] Mansuy, Jur.-Class., *Sociétés Traité*, Fasc. 136-30, n° 68.
[323] Mansuy, Jur.-Class., *Sociétés Traité*, Fasc. 136-30, n° 68; Viandier, JCP éd. E 2004, 1257.
[324] Cozian/Viandier/Deboissy, *Droit des Sociétés*, n° 826; Mansuy, Jur.-Class., *Sociétés Traité*, Fasc. 136-30, n° 68; Pelzer, Auskunftsrecht, 2004, S. 58 m.w.N.
[325] Germain in: Ripert/Roblot, *Droit commercial I-2*, n° 1574; Pelzer, Auskunftsrecht, 2004, S. 60 ff.
[326] *Tribunal de commerce Paris*, 11.05.2004, JCP éd. E 2004, 1256 m. zust. Anm. Viandier.
[327] Viandier, JCP éd. E 2004, 1257; kritisch Mansuy, Jur.-Class., *Sociétés Traité*, Fasc. 136-30, n° 68, da missbräuchlichen Fragen der Aktionäre kaum wirksam begegnet werden könne.

b) Zusätzliches Fragerecht *in* der Hauptversammlung?

Ein Fragerecht der Aktionäre in der Hauptversammlung wurde bislang nicht gesetzlich normiert. In der Literatur divergieren die Meinungen darüber, ob den Aktionären ein solches Recht zugebilligt werden soll, ohne dass dies eingehend diskutiert würde. Nach einer Ansicht[328] steht Art. L225-108 al. 3 C. com. mündlichen Auskunftsbegehren in der Hauptversammlung jedenfalls nicht entgegen. Die Gegenauffassung[329] hält die Möglichkeit der schriftlichen Vorabfragestellung im Vergleich zu einem Auskunftsrecht in der Hauptversammlung aus den bereits erwähnten Gründen ohnehin für vorzugswürdig und setzt sich nicht weiter mit einem mündlichen Fragerecht auseinander.

Selbst bei einer allgemeinen Anerkennung eines Auskunftsrechts der Aktionäre ist jedoch sehr fragwürdig, ob dies nennenswerte praktische Auswirkungen hätte. Da weder ein Auskunftsrecht in der Hauptversammlung noch etwaige Sanktionen gesetzlich normiert sind, kann davon ausgegangen werden, dass Rechtsverletzungen seitens der Unternehmensleitung insoweit keine rechtliche Folgen nach sich ziehen.

3. Nicht hauptversammlungsbezogene Informationsrechte und -pflichten

a) Veröffentlichungen im Handelsregister

Entsprechend der europarechtlichen Vorgaben[330] haben auch französische Aktiengesellschaften bestimmte Umstände in das Handelsregister *(registre du commerce et des sociétés)* eintragen zu lassen. Ähnlich dem deutschen Recht ist der Umfang der eintragungspflichtigen Angaben begrenzt, so dass sich aus dem Handelsregister lediglich ein fragmentarisches Bild der aktuellen Situation der Gesellschaft ergibt.[331] Gemäß Art. 15 *décret n° 84-407 du 30.05.1984* sind neben Firma und Sitz der Gesellschaft im Wesentlichen nur die Namen und Anschriften der Aktionäre und der Organmitglieder, die Höhe des Grundkapitals und die wesentlichen Geschäftsaktivitäten des Unternehmens einzutragen. In Konzernverhältnissen sind zusätzlich der Sitz und die Rechtsform aller beteiligten Gesellschaften bekannt zu geben. Fehlerhafte Eintragungen lösen eine Rechtsscheinhaftung aus und können die Festsetzung von Zwangsgeldern nach sich ziehen.

---

[328] Cozian/Viandier/Deboissy, *Droit des Sociétés*, n° 826.
[329] Guyon, *Droit des Affaires I*, n° 298, 447; Merle, *Droit commercial*, n° 476.
[330] Richtlinie Nr. 68/151/EWG, Abl. EG Nr. L. 065/08 v. 14.03.1968.
[331] Kritisch Guyon, *Droit des Affaires I*, n° 931.

b) Auslegungspflichten am Sitz der Gesellschaft, Art. L225-117 C. com.

Ergänzend zur den Informationspflichten im Vorfeld einer Hauptversammlung sind französische Aktiengesellschaften nach Art. L225-117 C. com. verpflichtet, bestimmte Unterlagen der letzten drei Geschäftsjahre am Gesellschaftsitz jederzeit zur Einsichtnahme bereit zu halten, um den Aktionären einen möglichst umfangreichen Einblick in die Zusammensetzung und in die Geschäftssituation ihrer Gesellschaft zu geben.[332] Die Bekanntgabe der Dokumente kann auch durch Veröffentlichung auf der Website der Gesellschaft im Internet erfolgen.[333]

(i) Umfang des Einsichtnahmerechts

Der Umfang des Einsichtnahmerechts korrespondiert weitgehend mit den hauptversammlungsbezogenen Einsichtnahmebefugnissen der Aktionäre. Neben sämtlichen der in Art. L225-115 C. com. genannten Dokumente (siehe oben C. II. 1. c)) erstreckt sich das Einsichtnahmerecht auf alle Anwesenheitslisten *(feuilles de présence)* und Verhandlungsprotokolle *(procès-verbaux)* der Hauptversammlungen der letzten drei Geschäftsjahre. Lediglich die Aktionärslisten sind nicht erfasst. Gemäß Art. 142 décret 1967 sind die Aktionäre zudem befugt, Kopien von den entsprechenden Dokumenten anzufertigen.[334]

(ii) Ausübungsmodalitäten

Das Einsichtnahmerecht des Art. L225-117 C. com. steht jedem Aktionär zu. Es kann am Ort der Niederlassung der Gesellschaft *(siège social)* bzw. am Sitz der Geschäftsleitung *(lieu de la direction administrative)* ausgeübt werden; einer vorherigen Antragstellung bedarf es nicht.[335] Ebenso wie im Rahmen der Art. L225-115, L225-116 C. com. hat jeder Aktionär gemäß Art. 144 décret 1967 das Recht auf Hinzuziehung einer fachkundigen Person.

(iii) Sanktionen

Bei Verstößen gegen Art. L225-117 C. com. sind die Anteilseigner gemäß Art. L225-117 C. com. befugt, einen gerichtlichen Antrag auf Erlass einer einstweiligen Verfügung zu stellen. Im Übrigen zieht die Verletzung des Art. L225-117 C. com. im Gegensatz zum hauptversammlungsbezogenen Einsichtnahmerecht des Art. L225-115 C. com. keine gesetzlichen Sanktionen nach sich.

---

[332] Cozian/Viandier/Deboissy, *Droit des Sociétés*, n° 822.

[333] Merle, *Droit commercial*, n° 477.

[334] Entsprechend dem hauptversammlungsbezogenen Einsichtnahmerecht ist das Anfertigen von Kopien des Inventars u.a. wegen des Risikos der Wirtschaftsspionage nicht gestattet; siehe Guyon, *Droit des Affaires I*, n° 297.

[335] Germain in: Ripert/Roblot, *Droit commercial I-2*, n° 1572.

c) Enquêterecht zu Geschäftsführungsangelegenheiten, Art. L225-231 al. 1 C. com.

Neben den hauptversammlungsbezogenen Informations- und Fragerechten billigt das französische Recht Aktionären weitere Auskunftsrechte zu bestimmten Vorgängen in der Geschäftsführung und zu Konzerngesellschaften zu. Werden die gestellten Fragen nicht oder fehlerhaft beantwortet, kann im Anschluss unter bestimmten Voraussetzungen eine Sonderprüfung durchgeführt werden.

(i) Umfang des Fragerechts

Art. L225-231 al. 1 C. com. gewährt Aktionären ein zeitlich unbeschränktes schriftliches Auskunftsrecht gegenüber dem Präsidenten des Verwaltungsrats bzw. dem Vorstandsvorsitzenden. Zulässig sind Fragen zu bestimmten Geschäftsführungsangelegenheiten der Gesellschaft *(une ou plusieures opérations de gestion de la société)* sowie zu beherrschten Gesellschaften i.S.d. Art. L233-3 C. com. Das Auskunftsrecht reicht daher – insoweit § 131 Abs. 2 AktG vergleichbar – über Angelegenheiten der eigenen Gesellschaft hinaus und trägt so der engen Unternehmensverflechtung in Konzernverhältnissen Rechnung. Fragen zu beherrschten Gesellschaften sind gemäß Art. L225-231 al. 1 C. com. zusätzlich im Hinblick auf das Konzerninteresse zu würdigen. Die Unternehmensleitung ist verpflichtet, die Aktionärsfragen binnen eines Monats vollumfänglich zu beantworten und die Antworten auch dem Abschlussprüfer *(commissaire aux comptes)* mitzuteilen (Art. L225-231 al. 1 C. com., Art. 195-1 décret 1967).

(ii) Ausübungsmodalitäten

Die Ausübung des hauptversammlungsunabhängigen Fragerechts steht lediglich institutionalisierten Aktionärsvereinigungen i.S.d. Art. L225-120 C. com. und qualifizierten Aktionärsminderheiten zu. Mit der Neufassung des *Code de Commerce* wurde der Kreis der antragsberechtigten Minderheitsaktionäre dahingehend erweitert, dass statt des bisherigen Quorums von 10 % ein Kapitalanteil der Fragesteller von 5 % genügt, wobei unerheblich ist, ob das Quorum von einem Einzelaktionär oder einer Gruppe mehrerer Aktionäre erreicht wird. Die Aktionärsvereinigungen i.S.d. Art. L225-120 C. com. haben seit 1994 ein eigenes quorenunabhängiges Antragsrecht.

(iii) Sanktionen

Hat die Verwaltung den Aktionären nicht binnen der Monatsfrist eine Antwort erteilt oder sind die Fragesteller der Auffassung, ihre Fragen seien fehlerhaft beantwortet worden, können sie gemäß Art. L225-231 al. 2 C. com. gerichtlich die Bestellung von Sonderprüfern verlangen. Anders als im deutschen Aktienrecht sind neben Aktionären und Aktionärsvereinigungen zudem die Staatsanwaltschaft, der jeweilige Betriebsrat sowie bei börsennotierten Gesellschaften die AMF berechtigt, gerichtlich die Einsetzung von Sonderprüfern zu beantragen.[336] Dieser erweiterte Kreis der Antragsberechtigten verdeutlicht, dass Angelegenheiten einer Gesellschaft vom französischen Gesetzgeber nicht nur als eine Privatsache der Anteilsinhaber, sondern auch als öffentliche bzw. gesellschaftliche Angelegenheit angesehen werden.[337] Ist der gerichtliche Antrag erfolgreich, werden vom Präsidenten des Handelsgerichts durch einstweilige Verfügung Sonderprüfer benannt, die – auf Kosten der Gesellschaft – mit der Erstellung eines Berichts zur Beantwortung der Fragen beauftragt werden (siehe hierzu i.E. unten C. II. 4. d)).

d) Annex: Krisenbezogenes Fragerecht, Art. L225-232 C. com.

Neben den ständigen und den hauptversammlungsbezogenen Fragerechten der Aktionäre gewährt der französische Gesetzgeber den Anteilseignern ein weiteres Recht zur Stellung schriftlicher Fragen an die Unternehmensleitung, wenn Umstände bekannt werden, die den weiteren Geschäftsbetrieb gefährden könnten *(alerte par les associés)*. Dieses krisenbezogene Fragerecht dient jedoch nicht der Information der Aktionäre, sondern hat zum Ziel, eventuell bestehende (finanzielle) Schwierigkeiten der Gesellschaft möglichst schnell aufzudecken, um rasch effektive Gegenmaßnahmen ergreifen zu können.[338]

Die Fragen sind an den Präsidenten des Verwaltungsrats bzw. den Vorstandsvorsitzenden zu richten. Zulässig sind Fragen zu allen Angelegenheiten, die die zukünftige Entwicklung des Geschäftsbetriebs gefährden könnten *(tout fait de nature à compromettre la continuité de l'exploitation)*, was dem englischen Begriff des *going concern* entspricht.[339] Das Fragerecht steht allen Aktionären zu, die als Einzelaktionär oder als Aktionärsvereinigung i.S.d. Art. L225-120 C. com. über mindestens 5 % des Gesellschaftskapitals verfügen, und kann, anders als das Enquêterecht des Art. L225-231 C. com., nur zweimal pro Geschäftsjahr ausgeübt werden. Die Frage ist von der Geschäftsführung binnen einer Frist von einem Monat zu beantworten. Die Antworten werden allerdings nicht den Fragestellern oder gar der Öffentlichkeit, sondern lediglich den Abschlussprüfern mitgeteilt, um die Vertraulichkeit der betreffenden Angelegenheit zu wahren.[340]

---

[336] Hier wird im Gegensatz zur Antragstellung von Aktionärsseite die Einsetzung von Sonderprüfern nicht an eine vorherige schriftliche Fragestellung an die Unternehmensleitung geknüpft.

[337] Guyon, Jur.-Class., *Sociétés Traité*, Fasc. 135-10, n° 25.

[338] Guyon, *Droit des Affaires I*, n° 447, n° 1059; siehe auch Mestre/Pancrazi, *Droit commercial*, n° 1146; Merle, *Droit commercial*, n° 514.

[339] Merle, *Droit commercial*, n° 514; Guyon, *Droit des Affaires I*, n° 1059.

[340] Guyon, *Droit des Affaires I*, n° 1059.

4. Sanktionen bei Informationsverstößen im Einzelnen

Das französische Recht sieht eine ganze Palette von Sanktionsmöglichkeiten vor, die von (Minderheits-)Aktionären bei Informationsverstößen und bei sonstigen Rechtsverletzungen geltend gemacht werden können. Allerdings hat eine Aktionärsklage nur dann Aussicht auf Erfolg, wenn das zugrunde liegende Informationsbegehren dem berechtigten Interesse der Gesellschaft *(intérêt social)* nicht entgegensteht.[341] Dem liegt zugrunde, dass das Gesellschaftsrecht nach französischer Rechtsauffassung zuvörderst dem Gesellschaftsinteresse dient. Unter dem Begriff des *intérêt social*, der von der Rechtsprechung je nach Typ und wirtschaftlicher Situation der Gesellschaft unterschiedlich ausgelegt und bislang nicht allgemein konkretisiert wurde, ist nach Auffassung der Literatur[342] das gemeinschaftliche Interesse aller Aktionäre am Fortbestand, der Stetigkeit und der Prosperität der Gesellschaft zu verstehen. Dies beinhaltet, dass die Individualinteressen der Minderheitsaktionäre im Rahmen der Ausübung der Informations- und Klagerechte nur eine untergeordnete Stellung einnehmen dürfen (***suprématie de l'intérêt général sur les intérêts particuliers***).[343] Den Informations- und Klagebefugnissen der Aktionäre kommt daher primär die Aufgabe zu, eine sachgemäße Unterrichtung über die Geschäftsführung und die Geschäftstätigkeit der Gesellschaft zu gewährleisten sowie einen eventuellen Machtmissbrauch der Aktionärsmehrheit oder der Leitungsorgane offenzulegen und gegebenenfalls zu verhindern. Demgegenüber soll vermieden werden, dass einzelne Anteilseigner ihre Minderheitenrechte missbräuchlich dazu nutzen, um Obstruktion zu betreiben und Entscheidungen der Aktionärsmehrheit bzw. der Leitungsorgane zu blockieren.[344]

a) Anfechtungsklage

(i) Allgemeines

Das französische Gesellschaftsrecht sieht gemäß Art. L235-1 C. com. ebenso wie das deutsche Aktienrecht eine *action en nullité* vor, die auch bei hauptversammlungsbezogenen Informationsverstößen erhoben werden kann. Anders als das deutsche unterscheidet das französische Recht jedoch nicht zwischen Nichtigkeits- und Anfechtungsklage, sondern behandelt die gesamte Materie unter dem Begriff der *droit en nullité*. Zur besseren Vergleichbarkeit mit dem deutschen Recht wird die *action en nullité* im Folgenden insgesamt als Anfechtungsklage bezeichnet.

---

[341] *Cour de Cassation com.*, 16.06.1998, Rev. soc. 1999, 103 m. Anm. Medjaoui m.w.N.
[342] Goffaux-Callebaut, RTD com. 2004, 35 mit umfangreichen Nachweisen auch zu anders lautenden Begründungsansätzen der Literatur.
[343] Germain in: Ripert/Roblot, *Droit commercial I-2*, n° 1586/1; Guyon, *Droit des Affaires I*, n° 280, 443.
[344] Medjaoui, Rev. soc. 1999, 105, 106 ff.

Der französische Gesetzgeber hat die Möglichkeiten der Beschlussanfechtung sehr restriktiv ausgestaltet. Er trägt damit in hohem Maße dem Umstand Rechnung, dass Anfechtungsklagen für die betroffene Gesellschaft gravierende Folgen haben können.[345] Er unterscheidet hinsichtlich der Voraussetzungen einer Beschlussanfechtung nicht nur zwischen der Art der verletzten Rechte, sondern auch zwischen den Beschlussgegenständen der Hauptversammlung. Im Gegensatz zu Rechtsverstößen in ordentlichen Hauptversammlungen lässt er bei außerordentlichen Hauptversammlungen, die eine Satzungsänderung zum Gegenstand haben, eine Nichtigkeit nur unter sehr engen Voraussetzungen zu. Die Nichtigkeitsproblematik wird im französischen Recht also gerade in den Fällen besonders restriktiv gehandhabt, die Aktionären deutscher Aktiengesellschaften am meisten Erspressungs- und Missbrauchspotential bieten und den Gesellschaften die größten Probleme bereiten. Die Verletzung nicht hauptversammlungsbezogener Informationsrechte, wie z.B. des Art. L225-117 C. com., führt hingegen nicht zur Nichtigkeit eines Hauptversammlungsbeschlusses.[346]

(ii) Klagebefugnis

Nach französischem Recht sind Aktionäre zur Erhebung einer Anfechtungsklage wegen Informationsverstößen befugt, wenn sie nach den allgemeinen zivilprozessualen Grundsätzen des Art. 31 *Nouveau Code de Procédure Civile* (NCPC) ein legitimes Interesse am Klageerfolg *(intérêt légitime* oder *intérêt à agir)* darlegen und beweisen können.[347] Daher ist schon auf der Ebene der Zulässigkeit das Bestehen einer Klagebefugnis darzulegen. Diese wird im Rahmen von Anfechtungsklagen nach allgemeiner Ansicht eng ausgelegt.[348] Für die Beurteilung des *intérêt légitime* ist eine Abwägung zwischen den Zielen des klagenden Aktionärs und dem Interesse der Gesellschaft maßgebend, wobei im Rahmen einer Gesamtbetrachtung insbesondere die Konsequenzen der möglichen Aufhebung des Hauptversammlungsbeschlusses von entscheidender Bedeutung sind. Stehen

---

345 Aus diesem Grund ist zudem jedermann im Rahmen von fehlerhaften strukturändernden Hauptversammlungsbeschlüssen, die zur Erhebung einer Anfechtungsklage berechtigen, gemäß Art. L210-7 C. com. befugt, bei Gericht die Behebung des Rechtsmangels zu verlangen; siehe Lefebvre, *Sociétés commerciales*, n° 28443, 28200, 28210.

346 Mansuy, Jur.-Class, *Sociétés Traité*, Fasc. 136-30, n° 88.

347 Hovasse, JCP éd. E 2005, 1493, 1494 f.; Im Falle sonstiger Rechtsverletzungen wie etwa Willensmängeln etc. können auch andere Personen wie etwa Gläubiger der Gesellschaft oder Organmitglieder eine Anfechtungsklage erheben, sofern sie ein berechtigtes Interesse haben; siehe Guyon, *Droit des Affaires I*, n° 442 m.w.N.; Lefebvre, *Sociétés commerciales*, n° 28353; Bellinghausen, RIW 1997, 100, 101.

348 *Cour de Cassation com.*, 15.07.1992, Rev. soc. 1992, 757 m. Anm. Le Cannu; *Cour de Cassation com.*, 17.01.1989 Bull. Joly 1989, 247 m. Anm. Le Cannu; siehe auch Hannoun, RTD com. 1993, 229, 237 f., 240, der darauf hinweist, dass die restriktive Auslegung auf dem allgemeinen Grundsatz basiert, dass nach französischem Rechtsverständnis öffentlichen Einrichtungen und der Staatsanwaltschaft, nicht aber einzelnen Privatpersonen die Aufgabe zukommt, Initiativen zur Verteidigung der Rechtsordnung zu ergreifen.

beispielsweise die durch die behauptete Rechtsverletzung beeinträchtigten (finanziellen) Aktionärsinteressen zu den finanziellen Auswirkungen einer Aufhebung des angegriffenen Beschlusses für die Gesellschaft außer Verhältnis, ist die Anfechtungsklage unzulässig.[349] Das erkennende Gericht verfügt hierdurch bereits auf prozessualer Ebene über einen großen Beurteilungsspielraum und kann je nach Einzelfall eine unterschiedliche Gewichtung der divergierenden Interessen vornehmen, so dass schon vor Beginn der materiell-rechtlichen Prüfung zahlreiche missbräuchliche Klagen abgewiesen werden.[350] In der Praxis kommt dem Erfordernis eines legitimen Klageinteresses dementsprechend eine wichtige Filterfunktion zu.[351]

(iii) Anfechtungsgründe

(a) Anfechtung von Beschlüssen außerordentlicher Hauptversammlungen

Eine Aufhebung von Beschlüssen außerordentlicher Hauptversammlungen, also von Beschlüssen, die eine Satzungsänderung zum Gegenstand haben, ist gemäß Art. L235-1 al. 1 C. com. nur möglich, wenn die Nichtigkeitsfolge in einer Norm des zweiten Buchs des *Code de Commerce* (Art. L221-1 C. com. – Art. L252-13 C. com.) oder in Vorschriften des allgemeinen Vertragsrechts *(lois qui régissent les contrats)* ausdrücklich gesetzlich angeordnet ist.[352] Daher können – abgesehen von allgemeinen zivilrechtlichen Vertragsfehlern wie dem Fehlen der Geschäftsfähigkeit, Willensmängeln etc.[353] – nur wenige aktienrechtliche Informationspflichtverletzungen zur Nichtigkeit von Beschlüssen einer außerordentlichen Hauptversammlung führen.

Hierunter fallen Verstöße gegen die in Art. L225-121 C. com. aufgeführten Aktionärsrechte sowie gegen die Vorgaben der Art. L225-104, Art. L225-129 ff. i.V.m. Art. L225-149-3 C. com. und Art. L236-6 al. 3 i.V.m. Art. 235-8 C. com. Demnach ist jede Abstimmung über einen nicht auf der Tagesordnung aufgeführten Punkt nichtig (Art. L225-121 al. 1 i.V.m. Art. L225-105 C. com.).[354] Gleiches gilt für Hauptversammlungsbeschlüsse, die ohne oder nach fehlerhafter

---

[349] *Cour de Cassation com.*, 15.07.1992, Rev. soc. 1992, 757 m. Anm. Le Cannu.

[350] *Cour de Cassation civ.*, 31.01.1990, Bull. civ. 1990, 21; Hannoun, RTD com. 1993, 229, 240 u.a. unter Hinweis auf eine Entscheidung der *Cour de Cassation com.* v. 06.05.1991.

[351] Vgl. Bellinghausen, RIW 1997, 100, 101.

[352] Gleiches gilt gemäß Art. L235-1 al. 1 C. com. für die Annulierung einer Gesellschaft. Die Verletzung von Vorschriften des allgemeinen Vertragsrechts i.S.d. Art. L235-1 al. 1 C. com. bezieht sich auf das Fehlen der Geschäftsfähigkeit, Willensmängel etc.; vgl. Lefebvre, *Sociétés commerciales*, n°28276.

[353] Germain in: Ripert/Roblot, *Droit commercial I-2*, n° 1587; Lefebvre, *Sociétés commerciales*, n° 28230 ff.

[354] Eine Ausnahme gilt nach der *théorie des incidents de séance*, wenn der fehlende Tagesordnungspunkt die Abberufung eines Mitglieds der Geschäftsführung oder des Aufsichtsrats zum Gegenstand hat; Guyon, *Droit des Affaires I*, n° 293.

Mitteilung des Berichts der Geschäftsführung *(rapport de gestion)*, des (konsolidierten) Jahresabschlusses oder des Berichts der Abschlussprüfer erfolgen (Art. L225-121 al. 1 i.V.m. Art. L225-100 C. com.). Ebenso haben nach Art. L225-129 ff. i.V.m. Art. L225-149-3 C. com. fehlerhafte Berichte von Verwaltungsrat, Vorstand oder Abschlussprüfern im Rahmen von Kapitalerhöhungen sowie Verstöße gegen die Pflicht zur Einreichung der in Art. L236-6 al. 3 C. com. bezeichneten Unterlagen im Rahmen von Umwandlungen gemäß Art. L235-8 C. com. zwingend die Nichtigkeit des jeweiligen Hauptversammlungsbeschlusses zur Folge.[355]

Die Aufhebung von Beschlüssen einer außerordentlichen Hauptversammlung kann darüber hinaus gerichtlich angeordnet werden, wenn im Rahmen der Einberufung Informationspflichtverletzungen unterlaufen sind (Art. L225-104 al. 2 C. com.). Entsprechendes gilt gemäß Art. L225-121 al. 2 C. com. bei Verletzung der Rechte auf Einsichtnahme in die Aktionärsliste (Art. L225-116 C. com.) oder in die in Art. L225-115 C. com., Art. 135, 139 ff. décret 1967 aufgelisteten Gesellschaftsunterlagen.[356] Die Verletzung sonstiger Informationsrechte zieht demgegenüber im Rahmen von außerordentlichen Hauptversammlungen keine Nichtigkeit nach sich.

(b) Anfechtung von Beschlüssen ordentlicher Hauptversammlungen

Verstöße gegen die Informationsrechte, deren Verletzung die Nichtigkeit außerordentlicher Hauptversammlungen bewirken kann, führen nach Maßgabe des Art. L225-121 C. com. auch bei ordentlichen Hauptversammlungsbeschlüssen zur Nichtigkeit bzw. Annulierung. Im Rahmen von ordentlichen Hauptversammlungen kann zudem die Verletzung sonstiger Informationsbefugnisse eine Aufhebung des Hauptversammlungsbeschlusses zur Folge haben, Art. L235-1 al. 2 C. com. Danach ist eine Aufhebung auch bei Verstößen gegen eine nicht explizit genannte Norm möglich, sofern diese im zweiten Buch des *Code de Commerce* (Art. L221-1 C. com. – Art. L252-13 C. com.) enthalten ist oder eine allgemeine vertragsrechtliche Regelung *(loi qui régit les contrats)* darstellt und ihr ein zwingender Charakter *(caratère impératif)* zukommt.[357]

---

[355] Lefebvre, *Sociétés commerciales*, n° 27050.

[356] *Cour d'appel d'Aix*, 27.05.1988, JCP éd. E 1989, II, 155562, n° 11 m. Anm. Viandier/Caussain; Merle, *Droit commercial*, n° 478.

[357] Cozian/Viandier/Deboissy, *Droit des Sociétés*, n° 486 ff.; Germain in: Ripert/Roblot, *Droit commercial I-2*, n° 1586/1. Der Begriff der Verletzung von Vorschriften des allgemeinen Vertragsrechts i.S.d. Art. L235-1 al. 2 C. com. bezieht sich auf das Fehlen der Geschäftsfähigkeit, Willensmängel etc.; Lefebvre, *Sociétés commerciales*, n° 28327. Nach früherer Auffassung erforderte die Aufhebung eines Hauptversammlungsbeschlusses zwingend eine entsprechende gesetzliche Anordnung. Das Prinzip „*pas de nullité sans texte*" wird jedoch heute bei Hauptversammlungen, die keine Satzungsänderung zum Gegenstand haben, nicht mehr angewandt; siehe Guyon, *Droit des Affaires I*, n° 442.

Die Frage, wann es sich um eine Norm mit zwingendem Charakter handelt, hat der französische Gesetzgeber nicht näher konkretisiert, so dass den erkennenden Gerichten ein weitreichender Beurteilungsspielraum zukommt.[358] Nach allgemeiner Auffassung[359] wird der Begriff des *caractère impératif* sehr restriktiv ausgelegt. Zwar kann nach Ansicht der Rechtsprechung[360] schon die Verletzung einer Verordnungsvorschrift, wie z.B. des décret 1967, zur Aufhebung eines Hauptversammlungsbeschlusses führen, wenn eine zwingende gesetzliche Regelung auf die Verordnungsnorm verweist. Doch erfordert der *caractère impératif*, dass die Rechtsverletzung in erheblichem Maße das durch die in Rede stehende Norm im konkreten Fall geschützte Gesellschaftsinteresse beeinträchtigt, so dass die Anfechtungsklage in der Regel trotz Vorliegens eines Verstoßes nicht begründet ist.[361] Teilweise wird sogar vertreten, dass die Möglichkeit strafrechtlicher Sanktionen eine Anfechtungsklage entbehrlich macht, während die Gegenansicht Normen, die in strafrechtlicher Hinsicht sanktionsbewährt sind, generell zwingenden Charakter im Sinne des Art. L235-1 C. com. zuerkennt.[362]

Jedenfalls ist eine verzögerte Vorlage von Dokumenten so lange unbeachtlich, als der Aktionär seine Rechte noch unter Verwertung der gewünschten Informationen ausüben kann.[363] Ebensowenig kann die fehlerhafte Beantwortung von Aktionärsfragen vor einer Hauptversammlung mangels zwingenden Charakters des Art. L225-108 al. 3 C. com. die Nichtigerklärung von Beschlüssen der Hauptversammlung nach sich ziehen.[364]

(iv) Rechtsfolgen und praktische Bedeutung von Anfechtungsklagen

Grundsätzlich kommt einer erfolgreichen Anfechtungsklage ex-tunc Wirkung *(effet rétroactif)* zu. Allerdings hat der französische Gesetzgeber die Nichtigkeitsfolgen in vielen Fällen stark abgeschwächt, so dass die praktischen Auswirkungen der Anfechtungsklage häufig begrenzt sind.[365] Insbesondere kann die

---

[358] Vgl. Lefebvre, *Sociétés commerciales*, n° 28306.

[359] Siehe Cozian/Viandier/Deboissy, *Droit des Sociétés*, n° 486 m.w.N.

[360] *Cour de Cassation com.*, 15.04.1982, Rev. soc. 1983, 343 m. Anm. Hémard; *Cour de Cassation com.*, 04.10.1988, Rev. soc. 1989, 62 m. Anm. Guyon; *Cour d'appel Agen*, 09.11.1989, Rev. soc. 1990, 293; vgl. Germain in: Ripert/Roblot, *Droit commercial I-2*, n° 1586/1. Teile der Literatur sind zudem der Auffassung, dass auch Vorgaben der Satzung ein zwingender Charakter zugebilligt werden kann; Lefebvre, *Sociétés commerciales*, n° 28328.

[361] Lefebvre, *Sociétés commerciales*, n° 28306 f.

[362] Germain in: Ripert/Roblot, *Droit commercial I-2*, n° 1586/1; Lefebvre, *Sociétés commerciales*, n° 28309 m.w.N.

[363] Witt, AG 2000, 257, 266 unter Hinweis auf *Tribunal de Grande Instance de Pau*, 07.10.1959, *Recueil Dalloz* 1960, 248.

[364] Mansuy, Jur.-Class., *Sociétés Traité*, Fasc. 136-30, n° 68; siehe auch *Cour d'appel de Paris*, 23.04.1985, Bull. Joly 1985, 1034 zum gleichlautenden Auskunftsrecht im Rahmen der *société à responsabilité limitée*; Pelzer, Auskunftsrecht, 2004, S. 61 f.

[365] Lefebvre, *Sociétés commerciales*, n° 28400.

Nichtigkeit eines Hauptversammlungsbeschlusses gutgläubigen Dritten (*tiers de bonne foi*) gemäß Art. L235-12 C. com. grundsätzlich nicht entgegengehalten werden.[366]

Die Erhebung von Anfechtungsklagen hat zudem keine unmittelbaren Auswirkungen auf die Umsetzung von Strukturbeschlüssen. Kapitalmaßnahmen französischer Aktiengesellschaften werden zwar im *régistre du commerce et des sociétés* eingetragen. Im Gegensatz zum deutschen Recht wirkt sich der Registereintrag jedoch nicht auf die Wirksamkeit der beschlossenen Maßnahme aus, da er erst nach Abschluss der tatsächlichen Zeichnung aller neuen Aktien (deklaratorisch) vorzunehmen ist.[367]

Die Wirksamkeit von Umwandlungsmaßnahmen hängt grundsätzlich ebenfalls nicht von der Eintragung im Handelsregister ab. Gemäß Art. L236-4 n° 2 C. com. wird die Umwandlung am Tag des Hauptversammlungsbeschlusses wirksam, soweit der Verschmelzungs- bzw. Spaltungsvertrag kein anderweitiges Datum festlegt.[368] Der Registereintrag ist nach Art. L236-4 n° 1 C. com. lediglich dann für die Wirksamkeit der Umwandlungsmaßnahme maßgeblich, wenn durch die Umwandlung eine neue Gesellschaft entsteht. Diese Form der Umstrukturierung ist jedoch aus steuerrechtlichen Gründen sehr kosteninstensiv und hat daher in der Praxis keine nennenswerte Bedeutung erlangt.[369] Das Erpressungspotential missbräuchlicher Aktionärsklagen ist demnach von vorneherein erheblich niedriger als im deutschen Recht. Ferner kann das anlässlich der Anfechtungsklage angerufene Gericht den betroffenen Gesellschaften während des Verfahrens jederzeit Gelegenheit geben, etwaige Informationsverstöße binnen einer bestimmten Frist nachträglich zu beheben.[370] Die Aufhebung eines Hauptversammlungsbeschlusses, der die Annahme einer Fusion oder Spaltung zum Gegenstand hatte, hat nach der Sonderregelung des Art. L235-11 al. 2 C. com. zudem abweichend von der grundsätzlich bestehenden ex tunc-Wirkung des Anfechtungsurteils keinen Einfluss auf Rechte und Pflichten der Gesellschaft,

---

[366] Beispielsweise war eine an sich begründete Anfechtungsklage gegen einen Hauptversammlungsbeschluss, der die Ausgabe einer Wandelanleihe zum Gegenstand hatte, im Ergebnis erfolglos, da den Inhabern der Anleihezertifikate kein böser Glaube bezüglich der hauptversammlungsbezogenen Rechtsverletzung nachgewiesen werden konnte; *Cour d'appel de Paris*, 26.04.1990, Bull. Joly 1990, 536; siehe auch Lefebvre, *Sociétés commerciales*, n° 28403 m.w.N.; Germain in: Ripert/Roblot, *Droit commercial I-2*, n° 1588; Guyon, *Droit des Affaires I*, n° 442 ; auch Mestre/Pancrazi, *Droit commercial*, n° 360.

[367] Lefebvre, *Sociétés commerciales*, n° 11862; Guyon, *Droit des Affaires I*, n° 434 m.w.N.

[368] In der Praxis wird aus bilanzrechtlichen Gründen regelmäßig rückwirkend auf den Zeitpunkt des Abschlusses des letzten Geschäftsjahres abgestellt; siehe Guyon, *Droit des Affaires I*, n° 632-1; Lefebvre, *Sociétés commerciales*, n°26875 m.w.N.

[369] Vgl. Guyon, *Droit des Affaires I*, n°637.

[370] Guyon, *Droit des Affaires I*, n°632. Art. L235-9 al. 2 C. com. sieht bezüglich der Anfechtung von Umwandlungsmaßnahmen statt der üblichen Dreijahresfrist zudem eine verkürzte Verjährungsfrist von sechs Monaten seit der letzten Veröffentlichung vor.

die zwischen dem Datum der Wirksamkeit der Umwandlungsmaßnahme und der Bekanntgabe des gerichtlichen Urteils begründet worden sind.[371]

Die Anfechtungsklage hat in der französischen Rechtspraxis nicht die Bedeutung des deutschen Rechtsinstituts erlangt. Zwar ist die Annulierung von Beschlüssen ordentlicher Hauptversammlungen leichter zu erreichen als die Aufhebung von Beschlüssen einer außerordentlichen Hauptversammlung, doch wird die gesamte Problematik der Beschlussanfechtung sehr restriktiv gehandhabt, um zu vermeiden, dass einzelne Anteilseigner ihre Minderheitenrechte missbräuchlich dazu nutzen, „demokratische" Entscheidungen der Aktionärsmehrheit bzw. der Leitungsorgane zu blockieren.[372]

b) Vertagung der Hauptversammlung

Das französische Recht sieht drei Möglichkeiten der Vertagung einer Hauptversammlung *(ajournement de l'assemblée)* vor. Neben einer Vertagung auf Betreiben des Verwaltungsrats bzw. Vorstands oder durch mehrheitlichen Beschluss der Hauptversammlung können auch Aktionärsminderheiten eine Vertagung durchsetzen, indem sie einen entsprechenden Eilantrag bei Gericht stellen.[373] Die Vertagung der Hauptversammlung durch einstweilige Verfügung auf Antrag einer Aktionärsminderheit ist jedoch nur unter sehr engen Voraussetzungen zulässig, da der Schutz der Aktionärsminderheit nach allgemeiner Auffassung eine systematische Behinderung der regulären Mehrheitsentscheidungen nicht rechtfertigt.[374] Erforderlich ist zunächst, dass das begründete Risiko einer späteren gerichtlichen Aufhebung des Hauptversammlungsbeschlusses besteht[375] oder dass den Aktionären im Vorfeld der Zusammenkunft nur unzureichende Informationen übermittelt wurden.[376] Liegen diese Voraussetzungen vor, hat zusätzlich eine Interessenabwägung zwischen dem Schutzbedürfnis der Antragsteller einerseits und Gesellschaftsinteressen andererseits

---

[371] Gemäß Art. L235-11 C. com. haften allerdings alle an der Umwandlung beteiligten Gesellschaften gesamtschuldnernisch für Verbindlichkeiten, die zwischen dem Wirksamwerden der Umwandlungsmaßnahme und ihrer späteren Aufhebung entstanden sind; siehe Lefebvre, *Sociétés commerciales*, n° 27050 f.; Germain in: Ripert/Roblot, *Droit commercial I-2*, n° 1974.

[372] *Cour de Cassation com.*, 16.06.1998, Rev. soc. 1999, 103 m. Anm. Medjaoui; Guyon, *Droit des Affaires I*, n° 444; Lefebvre, *Sociétés commerciales*, n°28200.

[373] Cozian/Viandier/Deboissy, *Droit des Sociétés*, n° 850.

[374] Mansuy, Jur.-Class., Fasc. 136-30, n° 86.

[375] *Cour d'appel de Paris*, 14.06.1988, Recueil Dalloz 1988, 505, m. Anm. Viandier; *Tribunal de Commerce de Paris*, 12.08.1993, Bull. Joly 1994, 169, m. Anm. Ruff u. Barbièri; siehe auch Cozian/Viandier/Deboissy, *Droit des Sociétés*, n° 850.

[376] Beispielsweise rechtfertigt das Fehlen einer Erläuterung des Ausgabekurses neuer Aktien im Vorfeld einer Kapitalerhöhung die Vertagung der Hauptversammlung; *Cour d'appel de Paris*, 04.02.1988, Bull. Joly 1988, 274; *Tribunal de Grande Instance de Strasbourg*, 26.09.1969, RTD com. 1970, 138, 150 f.; Cozian/Viandier/Deboissy, *Droit des Sociétés*, n° 850; Mansuy, Jur.-Class., Fasc. 136-30, n° 86; Lefebvre, *Sociétés commerciales*, n° 10157.

stattzufinden. Hierbei hat das Gericht insbesondere zu berücksichtigen, dass die Vertagung der Hauptversammlung schwerwiegende unumkehrbare Auswirkungen hat und das Funktionieren der Gesellschaftstätigkeit selbst beeinträchtigen kann, so dass nur schwerwiegende offensichtliche Rechtsverstöße die Anordnung der Vertagung rechtfertigen.[377]

c) Antrag auf Erlass einer einstweiligen Verfügung, Art. L238-1 C. com.

Im Falle einer Verletzung der aus Art. L225-115, L225-116 und L225-117 C. com. folgenden Informationsrechte sowie der aus Art. L225-129, L225-129-5, L226-129-6, 225-135, 225-136 und L225-138 resultierenden Berichtspflichten können Aktionäre gemäß Art. L238-1 C. com. bei dem Präsidenten des zuständigen Handelsgerichts einen Antrag auf Erlass einer einstweiligen Verfügung *(injonction judiciaire)* einreichen. Bei Erfolg des Antrags wird die Unternehmensleitung, gegebenenfalls unter Androhung eines Zwangsgeldes, gerichtlich verpflichtet, dem klagenden Aktionär die rechtlich vorgeschriebene Information ordnungsgemäß zu erteilen.[378] Zwangsgeld und Gerichtskosten werden den Leitungsorganen der Gesellschaft auferlegt.[379] Zudem kann das Gericht einen *mandatataire de justice* bestimmen, der den Aktionären die begehrten Informationen umgehend beschafft.[380]

Die Ausübung sonstiger Informationsrechte wie beispielsweise des Rechts auf Zusendung von Dokumenten gemäß Art. L225-108 al. 1, 2 C. com. kann gemäß Art. 810 NCPC nach allgemeinen zivilrechtlichen Grundsätzen ebenfalls mittels eines Antrags auf Erlass einer einstweiligen Verfügung gerichtlich durchgesetzt werden, sofern dies zur sachgemäßen Beurteilung der Geschäftsführung und der Geschäftstätigkeiten der Gesellschaft erforderlich ist.[381]

d) Sonderprüfung *(expertise de gestion)*, Art. L225-231 al. 2 C. com.

(i) Allgemeines

Die Möglichkeit der Einleitung einer Sonderprüfung wurde erst mit der *loi du 24.6.1966* ins französische Recht als *expertise de minorité* eingeführt, um die begrenzten Befugnisse der Bilanzprüfer zu ergänzen und die Minderheitsrechte der Aktionäre zu stärken.[382] Im Gegensatz zur deutschen Rechtspraxis hat sich die Sonderprüfung in Frankreich zum praktisch wichtigsten Informations- und

---

[377] Cozian/Viandier/Deboissy, *Droit des Sociétés*, n° 850.
[378] Guyon, *Droit des Affaires I*, n° 299; Germain in: Ripert/Roblot, *Droit commercial I-2*, n° 1575.
[379] Vgl. Germain in: Ripert/Roblot, *Droit commercial I-2*, n° 1575.
[380] auch Mestre/Pancrazi, *Droit commercial*, n° 598.
[381] *Cour d'appel de Paris*, 20.06.2003, *Droit des Sociétés, Février* 2004, 11 m. Anm. Trébulle.
[382] Germain in: Ripert/Roblot, *Droit commercial I-2*, n° 1746; Fleischer, RIW 2000, 809.

Minderheitenrecht der Aktionäre entwickelt.[383] Die Gründe für diesen Bedeutungszuwachs, der sich auch in der Umbenennung in *expertise de gestion* widerspiegelt, liegen zum einen in der Erweiterung des Kreises der antragsberechtigten Personen wie z.B. Aktionärsvereinigungen, und zum anderen in der Ausdehnung des sachlichen Anwendungsbereichs. Während Aktionäre früher[384] ohne weiteres eine Untersuchung beantragen konnten, hat die Sonderprüfung seit der Neufassung des *Code de Commerce* allerdings eine Einschränkung dahingehend erfahren, dass ein entsprechender Antrag nur noch nach vorheriger erfolgloser schriftlicher Fragestellung an die Unternehmensleitung zulässig ist. Daher ist die Einsetzung von Sonderprüfern nun nicht mehr ein komplementäres Informationsinstrument, von dem ohne weiteres Gebrauch gemacht werden kann, sondern – jedenfalls soweit der Antrag von Aktionärsseite gestellt wird – nur eine Sanktion bei Verletzung der Informationspflicht des Art. L225-231 al. 1 C. com.

Der Antrag auf Einsetzung von Sonderprüfern ist in einem kontradiktorischen einstweiligen Verfügungsverfahren zu stellen, in dem aber weder eine besondere Dringlichkeit dargelegt und bewiesen noch im Anschluss ein Hauptsacheverfahren angestrengt werden muss. Bei Erfolg des Antrags werden durch eine einstweilige gerichtliche Verfügung Prüfer benannt, die auf Kosten der Gesellschaft mit der Erstellung eines Berichts zur Beantwortung der Fragen beauftragt werden.

(ii) Prüfungsumfang

Die *expertise de gestion* ermöglicht eine gezielte Untersuchung bestimmter Vorgänge bei der Geschäftsführung einer Gesellschaft. Die zulässigen Prüfungsgegenstände sind nicht gesetzlich fixiert, sondern werden nach Maßgabe der zuvor von den Aktionären gestellten Fragen gerichtlich eingegrenzt. Dabei ist zu beachten, dass die *expertise de gestion* keine flächendeckende Ausforschung, sondern nur die Prüfung von sachlich und zeitlich abgegrenzten Teilakten zulässt.[385]

---

[383] Vgl. Guyon, *Droit des Affaires I*, n° 447; Germain in: Ripert/Roblot, *Droit commercial I-2*, n° 1746; Poisson Schödermeier, Rev. int. dr. comp. 1987, 913 ff., die auch den Ausnahmecharakter des Rechtsinstituts hervorhebt.

[384] Die Rechtsprechung (z.B. *Cour d'appel de Paris*, 16.02.1982, Rev. soc. 1982, 848 m. Anm. Guyénot) sah die *expertise de gestion* ursprünglich als subsidiären Rechtsbehelf an, der nur nach dem Ausschöpfen aller sonstigen Informationsmöglichkeiten zur Verfügung stand. Zuletzt wurde die *expertise* von der herrschenden Auffassung (z.B. *Cour de Cassation com.*, 15.07.1987, Bull. Joly 1987, 703; *Cour de Cassation com.*, 21.10.1997, J.C.P. 1998, 36 mit krit. Anm. Guyon) als komplementäres und gleichrangiges Informationsinstrument verstanden.

[385] Guyon, *Droit des Affaires I*, n° 447; *Cour de Cassation com.*, 29.11.1983, Rev. soc. 1984, 317 m. Anm. Chartier; Urbain-Parleani, Rev. soc. 2003, 223, 227 f.

(iii) Voraussetzungen der Einsetzung von Sonderprüfern

Die Einsetzung von Sonderprüfern setzt im Rahmen einer Antragstellung von Aktionären zunächst voraus, dass ein gemäß Art. L225-231 al. 1 C. com. geäußertes Informationsbegehren nicht, nicht rechtzeitig oder fehlerhaft beantwortet worden ist und dass ein entsprechender Enquêteantrag beim Präsidenten des Handelsgerichts gestellt wird.[386] Entsprechend der Regelung des Art. L225-231 al. 1 C. com. sind auch im Rahmen des gerichtlichen Verfahrens nur qualifizierte Aktionärsminderheiten, die ein Quorum von mindestens 5% des registierten Kapitals der Gesellschaft halten, sowie Aktionärsvereinigungen i.S.d. Art. L225-120 C. com. antragsberechtigt. Im Gegensatz zum geltenden deutschen Recht ist der Antrag auf Sonderprüfung nicht an einen ablehnenden Hauptversammlungsbeschluss gebunden, sondern kann jederzeit gestellt werden.

Die eine Sonderprüfung begehrenden Aktionäre haben in ihrem gerichtlichen Antrag eine Verletzung des Gesellschaftsinteresses *(intérêt social)* darzulegen und gegebenenfalls nachzuweisen. Diese Anforderung wird von der Rechtsprechung[387] weit ausgelegt; Streitigkeiten zwischen Mehrheits- und Minderheitsaktionären sind ausreichend. Nur bei ausschließlich persönlichen Motiven des Antragstellers ist der Antrag abzuweisen. In der Praxis deckt sich das Gesellschaftsinteresse ohnehin häufig mit dem des Antragstellers – zumeist ist jedenfalls keine ausschließlich eigennützige Motivation gegeben. Darüber hinaus setzt ein erfolgreicher Antrag auf Einsetzung von Sonderprüfern voraus, dass der Antragsteller Verdachtsmomente *(caractère suspect)* für Unregelmäßigkeiten innerhalb der Gesellschaft aufzeigt. Auch bei dieser Anforderung ist die Spruchpraxis großzügig. Der Antragsteller ist lediglich gehalten, konkrete Anhaltspunkte für das Vorliegen von Unregelmäßigkeiten darzulegen. Beweise für ein gesellschaftsschädigendes Verhalten der Unternehmensleitung hingegen muss er nicht vorlegen, da die Beweisgewinnung gerade Sache der Sonderprüfer ist.[388] Allerdings darf der Antrag nicht rechtsmissbräuchlich sein; insoweit obliegen auch den Minderheitsaktionären Loyalitätspflichten gegenüber der Gesellschaft, bei deren Nichtbeachtung *(abus de minorité)*[389] der Antrag abzuweisen ist. Nach der Einführung der obligatorischen Fragepflicht im Vorfeld des gerichtlichen Verfahrens gemäß Art. L225-231 al. 1 C. com. dürften Missbrauchsfälle weiter eingeschränkt werden.

---

[386] Das Erfordernis einer vorherigen Fragestellung gilt im Rahmen von Sonderprüfungsanträgen sonstiger Personen dagegen nicht; Lefebvre, *Sociétés commerciales*, n° 13086.

[387] *Cour de Cassation com.*, 10.02.1998 J.C.P. 1999, 771 m. Anm. Gibirila.

[388] *Cour d'appel Rennes*, 11.6.1986, Rev. soc. 1987, 96; *Cour de Cassation com.*, 18.06.1991, Bull. Joly 1991, 816; *Cour de Cassation com.*, 10.02.1998 J.C.P. 1999, 771 m. Anm. Gibirila; Guyon, Jur.-Class., *Sociétés Traité*, Fasc. 135-10, n° 35.

[389] *Cour d'appel Paris*, 16.02.1982, Rev. soc. 1982, 848 m. Anm. Guyénot; *Cour d'appel Lyon*, 27.11.1992, RTD com. 1993, 112 mit Anm. Reinhard: *„rappeler les actionnaires minoritaires à leur devoir de loyauté"*.

(iv) Prüfungsdurchführung und Prüfungsbericht

(a) Rechte der Sonderprüfer

Das französische Recht enthält keine näheren Vorgaben zur Prüfungsdurchführung und zum Prüfungsbericht. Art. L225-231 al. 4 C. com. bestimmt lediglich, dass das Gericht bei Stattgabe des Antrags die Reichweite der Sonderprüfung und die Vollmachten der Sachverständigen festlegt. Regelmäßig hat der Prüfer ein uneingeschränktes Einsichtsrecht in die Geschäftsbücher und sonstige Unterlagen der Gesellschaft. Darüber hinaus kann der Sonderprüfer grundsätzlich alle geeigneten Maßnahmen ergreifen, die seinen Untersuchungsauftrag fördern, wie z.B. die Befragung von Mitgliedern des Verwaltungsrats bzw. Vorstands.[390] Entsprechend der deutschen Rechtslage sieht das französische Sonderprüfungsrecht soweit ersichtlich keine Einschränkungen im Hinblick auf Vertraulichkeitsinteressen der betroffenen Gesellschaft vor, ohne dass dies jedoch bislang kritisiert wurde. Die Prüfer haben lediglich hinsichtlich vertraulicher Informationen, die anderweitige Geschäftsführungsmaßnahmen betreffen, Stillschweigen zu bewahren.[391]

(b) Inhalt und Publizität des Sonderprüfungsberichts

Nach Abschluss ihrer Untersuchungen haben die Prüfer einen detaillierten Bericht zu erstellen, der gemäß Art. L225-231 al. 5 C. com. einer weitreichenden Publizität unterliegt. Der Bericht ist zum einen dem Antragsteller und den Leitungsorganen der Gesellschaft zu übermitteln. Des Weiteren erhalten Staatsanwaltschaft, Betriebsrat, Bilanzprüfer und im Falle einer Publikums-S.A. auch die AMF eine Ausfertigung des Berichts. Zudem ist der Sonderprüfungsbericht dem Bericht der Abschlussprüfer anlässlich der nächsten Hauptversammlung beizufügen und mit diesem zu veröffentlichen. Inhaltliche Anforderungen an den Prüfungsbericht sind nicht gesetzlich vorgeschrieben. Im Gegensatz zum deutschen Recht sind die Prüfer jedoch nicht auf Äußerungen zur Rechtmäßigkeit der geprüften Maßnahme beschränkt, sondern haben darüber hinaus die Befugnis, eine Stellungnahme zur Sinnhaftigkeit der fraglichen Geschäftsführungshandlung abzugeben.[392]

(v) Praktische Auswirkungen der Sonderprüfung

Obwohl sie als solche keine rechtlichen Auswirkungen auf die Gesellschaft hat, ist die Sonderprüfung das praktisch wichtigste Informations- und Kontrollinstrument der Minderheitsaktionäre. Der Sonderprüfungsbericht dient primär

---

[390] Guyon, Jur.-Class., *Sociétés Traité*, Fasc. 135-10, n° 49; Fleischer, RIW 2000, 809.
[391] Poisson Schödermeier, Rev. int. dr. comp. 1987, 913, 938.
[392] Poisson Schödermeier, Rev. int. dr. comp. 1987, 913, 937.

der Sammlung von Informationen und Beweisen für eine spätere Haftungsklage gegen Verwaltungsrats- bzw. Vorstandsmitglieder, auch wenn zwischen beiden kein rechtlich zwingender Zusammenhang besteht. Nicht selten kann er wertvolle Hinweise oder gar Beweise für ein missbräuchliches Verhalten der Aktionärsmehrheit liefern.[393] Daneben wird die Sonderprüfung auch Anfechtungsklagen gegen die Gesellschaft vorgeschaltet.[394]

Für die Beschlussfassung in der Hauptversammlung hat der Prüfungsbericht dagegen in der Regel keine unmittelbaren Folgen, da diese von den Mehrheitsaktionären dominiert wird, die oft die Meinung der Unternehmensleitung teilen. Daher wird von Teilen der Literatur[395] vorgeschlagen, je nach Ergebnis der Prüfung eine Entlassung der Verwaltungsrats- bzw. Vorstandmitglieder oder eine Aufhebung der fehlerhaften oder missbräuchlichen Rechtsakte seitens der Unternehmensleitung anzuordnen.

e) Schadensersatzklage gegen die Mitglieder der Unternehmensleitung

Das französische Gesellschaftsrecht enthält keine bereichsspezifische Anspruchsgrundlage bezüglich Schadensersatzforderungen der Aktionäre gegenüber den Mitgliedern der Gesellschaftsleitung. Nach h.A.[396] können Aktionäre unter den allgemeinen zivilrechtlichen Anforderungen des Art. 1382 *Code civil* Schadensersatzansprüche gegen die Organmitglieder auch wegen mangelhafter Aktionärsinformation durchsetzen. Eine erfolgreiche Haftungsklage setzt danach voraus, dass der Aktionär infolge des Informationsverstoßes einen eigenen Schaden erlitten hat. Der Nachweis eines persönlichen Schadens kann jedoch vielfach nicht geführt werden, so dass die Schadensersatzklage gegen Organmitglieder wegen Verletzung aktienrechtlicher Informationsrechte bisher keine nennenswerte Bedeutung erlangt hat.[397]

f) Strafrechtliche Sanktionen

Zwar hat der französische Gesetzgeber im Zuge des Reformgesetzes vom 01.08.2003 zahlreiche Straftatbestände des *Code de Commerce* aufgehoben; doch können einzelne Informationspflichtverstöße immer noch mit Geld- oder Freiheitstrafen sanktioniert werden. Dabei können sich ab dem 01.01.2006 aufgrund der Bestimmungen des Gesetzes vom 09.03.2004 (*loi Perben*) nicht nur die einzelnen Organmitglieder, sondern auch die Gesellschaft selbst strafbar

---

393 Guyon, *Droit des Affaires I*, n° 454.
394 Guyon, Jur.-Class., *Sociétés Traité*, Fasc. 135-10, n° 35; ders., *Droit des Affaires I*, n° 447.
395 Guyon, *Droit des Affaires I*, n° 447.
396 Merle, *Droit commercial*, n° 478; Germain in: Ripert/Roblot, *Droit commercial I-2*, n° 1575; Lefebvre, *Sociétés commerciales*, n° 10258, 10292, 10319, 28447.
397 Vgl. Mansuy, Jur.-Class., *Sociétés Traité*, Fasc. 136-30, n° 87.

machen, sofern sich ein vorsätzliches Handeln *(sciemment)* des jeweiligen Organmitglieds nachweisen lässt.[398]

Art. L242-17 I. n° 2° C. com. sieht vor, dass ein Verstoß gegen die vor einer Kapitalerhöhung bestehenden organschaftlichen Informationspflichten eine Geldstrafe (*amende*) bis zu 9.000,00 Euro nach sich ziehen kann. Eine Verletzung der Berichtspflicht vor einer Kapitalerhöhung unter Bezugsrechtsausschluss kann gemäß Art. L242-20 C. com. Freiheitsstrafen bis zu zwei Jahren und Geldstrafen bis zu 18.000,00 Euro zur Folge haben. Dagegen sind Verstöße gegen die Berichtspflichten des Verwaltungsrats bzw. Vorstands vor Umwandlungsmaßnahmen nicht mit strafrechtlichen Sanktionen belegt.

g) Annex 1: Zivilprozessuale Untersuchungsmaßnahmen *(expertise in futurum)*, Art. 145 NCPC

Gemäß Art. 145 NCPC können Aktionäre durch Stellung eines Antrags auf Anordnung von zivilprozessualen Untersuchungsmaßnahmen (*expertise préventive* bzw. *expertise in futurum*) vergleichbare Ergebnisse wie im Rahmen einer Sonderprüfung erzielen. Zwar ist die *expertise in futurum* an sich eine rein zivilprozessuale Maßnahme, die lediglich der Vorbereitung einer späteren Klage dient. Doch ist eine Antragsstellung gemäß Art. 145 NCPC, die alternativ oder kumulativ zu einem Antrag auf Durchführung einer Sonderprüfung erfolgen kann,[399] in der französischen Rechtspraxis auch bei Informationsbegehren von Aktionären von großer Bedeutung.[400]

Gemäß Art. 145 NCPC sind Aktionäre zur Stellung eines Verfügungsantrags berechtigt, sofern sie ein berechtigtes Interesse (*motif légitime*) haben, Beweismittel, die für einen künftigen Rechtsstreit relevant sein können, zu gewinnen und sicherzustellen.[401] Der Anwendungsbereich des Art. 145 NCPC ist im Vergleich zur Sonderprüfung größer, da die *expertise in futurum* über die Quorenbeschränkung des Art. L225-231 al. 2 C. com. hinaus allen Aktionären zusteht und nicht nur auf Vorgänge in der Geschäftsführung der Gesellschaft beschränkt ist.[402] Voraussetzung der Durchführung einer *expertise in futurum* ist, dass die klagenden Aktionäre Anhaltspunkte für rechtswidrige Vorgänge in der Gesell-

---

[398] Vgl. Dalloz, *Code de Commerce, éd. 2003*, vor Art. L241-1 C. com.

[399] So nun ausdrücklich *Cour de cassation com.*, 21.09.2004, Bull. Joly 2005, 73 m. zust. Anm. Godon; a.A. noch *Tribunal de commerce Paris*, 27.06.2002 Rev. soc. 2002, 719 m. Anm. Le Cannu.

[400] Urbain-Parleani, Rev. soc. 2003, 223 m.w.N.; Guyon, *Droit des Affaires I*, n° 447.

[401] *Cour de Cassation com.*, 28.01.1992, Rev. soc. 1992, 508 m. Anm. Guyon; Germain in: Ripert/Roblot, *Droit commercial I-2*, n° 1749; Guyon, *Droit des Affaires I*, n° 447 a.E.; Urbain-Parleani, Rev. soc. 2003, 223, 229 f.

[402] Fleischer, RIW 2000, 809, 815; Germain in: Ripert/Roblot, *Droit commercial I-2*, n° 1749.

schaft darlegen und darüber hinaus konkret vortragen, welche gerichtlichen Maßnahmen sie aus diesem Grunde anstrengen wollen.[403]

Nach Durchführung einer *expertise in futurum* wird der Prüfungsbericht im Gegensatz zum Sonderprüfungsbericht nach Art. L225-231 al. 5 C. com. nicht allgemein veröffentlicht, sondern nur dem Antragsteller und der Gesellschaft zugänglich gemacht.[404]

h) Annex 2: Sanktionen bei rechtsmissbräuchlichen Aktionärsklagen

Das französische Recht geht hinsichtlich der Rechtsposition der Aktionäre von dem Prinzip aus, dass es keine Rechte ohne entsprechende Pflichten geben darf. Verletzt ein Aktionär seine Loyalitätspflichten gegenüber der Gesellschaft, kann er unter dem Gesichtspunkt des rechtsmissbräuchlichen Aktionärsverhaltens *(abus de minorité)* gemäß Art. 1382 *Code civil* zu Schadensersatzzahlungen verpflichtet werden.[405] Eine solche Haftung wurde bislang beispielsweise bei zahlreichen und umfangreichen Auskunftsbegehren i.S.d. Art. L225-108 al. 3 C. com., die nur den eigennützigen finanziellen Interessen des Fragestellers dienten,[406] sowie in einem Fall, in dem eine Aktionärin eine Anfechtungsklage gegen einen Beschluss des Verwaltungsrates nur angestrengt hatte, um dessen Präsidenten aus persönlichen Rachemotiven zu schaden,[407] bejaht.

---

403 *Tribunal de commerce Paris*, 27.06.2002, Rev. soc. 2002, 719 m. Anm. Le Cannu.

404 Urbain-Parleani, Rev. soc. 2003, 223, 237.

405 *Cour de Cassation com.*, 04.07.1995, Rev. soc. 1995, 504 m. Anm. Le Cannu; *Cour de Cassation com.*, 16.06.1998, Rev. soc. 1999, 103 m. Anm. Medjaoui; Mestre/Pancrazi, *Droit commercial*, n° 356 f. m.w.N.; Cozian/Viandier/Deboissy, *Droit des Sociétés*, n° 852; Bellinghausen, RIW 1997, 100, 101; Lefebvre, *Sociétés commerciales*, n° 10678; Guyon, *Droit des Affaires I*, n° 456.

406 *Tribunal de commerce Paris*, 11.05.2004, JCP éd E 2004, 1256 m. zust. Anm. Viandier.

407 *Cour de Cassation com.*, 04.07.1995, Rev. soc. 1995, 504 m. Anm. Le Cannu; Cozian/Viandier/Deboissy, *Droit des Sociétés*, n° 852.

III. Zusätzliche Publizitätspflichten kapitalmarktaktiver Gesellschaften

Entsprechend der gemeinschaftsrechtlichen Vorgaben sind französische börsennotierte Aktiengesellschaften zu einer umfassenden periodischen und anlassbezogenen Berichterstattung verpflichtet.[408] Die kapitalmarktbezogenen Publizitätspflichten gelten grundsätzlich nur für die in einem Segment des geregelten Marktes *(marché réglementé)*[409] notierten Gesellschaften. Die Umsetzung und Ausgestaltung der Informationspflichten hat der französische Gesetzgeber gemäß Art. L621-6 C. mon. et fin. weitestgehend der AMF übertragen, die ebenfalls die praktische Einhaltung ihrer Normen kontrolliert und im Falle von Informationsverstößen zum Erlass von Sanktionen berufen ist. Kernstück der kapitalmarktrechtlichen Publizitätsnormen bilden der *Code de Commerce*, der *Code monétaire et financier*, die Dekrete *n° 67-236* vom 23.03.1967 und *n° 2003-1109* vom 21.11.2003 (décret 2003) sowie die von der AMF erlassene Generalverordnung vom 12.11.2004 (*règlement général,* règl. gén.*),*[410] die die Emittenten u.a. verpflichtet, kapitalmarktbezogene Informationen exakt, präzise und wahrheitsgemäß *(exacte, précise et sincère)* zu veröffentlichen. Die Verletzung von kapitalmarktrechtlichen Publizitätspflichten zieht primär Sanktionen auf dem Gebiet des Straf- und des Ordnungswidrigkeitenrechts nach sich. Daneben sind zivilrechtliche Schadensersatzklagen wegen fehlerhafter Kapitalmarktinformation zunehmend von Bedeutung.

1. Zwischenberichterstattung

Französische börsennotierte Aktiengesellschaften sind entsprechend der europarechtlichen Vorgaben zur Erstattung von Zwischenberichten verpflichtet. Anders als im deutschen Recht folgt die Pflicht zur Interimsberichterstattung nicht aus rein kapitalmarktrechtlichen Normen, wie dem *Code monétaire et financier*, sondern aus dem *Code de Commerce.*

a) Adressatenkreis

Gemäß Art. L232-7 C. com., Art. 294 ff. décret 1967 unterliegen nur Gesellschaften, deren Aktien am Primärmarkt einer französischen Wertpapierbörse

---

[408] Diese Pflichten gelten auch für ausländische Emittenten, deren Aktien an einer französischen Börse notiert sind; *AMF*, 17.06.2004, *Droit des Sociétés, Janvier* 2005, 34.

[409] Hierunter fallen der Primärmarkt *(premier marché* bzw. *cote officielle),* der Sekundärmarkt *(second marché)* und der Neue Markt *(nouveau marché)*, nicht jedoch der Freiverkehr *(marché libre).*

[410] Durch das *règlement général* der AMF sind nahezu alle noch von der COB erlassenen Verordnungen, insbesondere das *règlement n° 98-07*, außer Kraft getreten; siehe *www.amf-france.org.*

notiert sind *(inscrites à la cote officielle des bourses de valeurs)*, der Pflicht zur Interimsberichterstattung.

b) Inhalt und Bekanntmachung der Zwischenberichte

Über die europarechtlichen und deutschen Offenlegungpflichten hinaus sieht die französische Regelpublizität eine Pflicht zur Erstellung von Zwischenberichten sowohl pro Semester als auch pro Trimester vor.

(i) Inhalt

(a) Zwischenberichterstattung pro Semester *(information semestrielle)*

Gemäß Art. 297-1 décret 1967 haben französische Aktiengesellschaften binnen vier Monaten nach Ablauf des ersten Geschäftshalbjahres einen Zwischenbericht vorzulegen. Während in Deutschland weitgehend nur die europarechtlichen Mindestanforderungen im Börsengesetz und der Börsenzulassungsverordnung umgesetzt wurden, gehen die französischen Bestimmungen in Bezug auf die zu veröffentlichenden Zahlenangaben deutlich über die Mindestangaben hinaus. Gemäß Art. 297-1 décret 1967 sind die Nettoumsatzerlöse sowie das Ergebnis vor Steuern im Zwischenbericht offen zu legen. Diese Angaben sind im Gegensatz zu den nach deutschem Recht lediglich allgemein vorgeschriebenen Zahlenangaben zur Finanzlage und dem Geschäftsgang der Gesellschaft übersichtlich in tabellarischer Form in den drei Spalten „aktuelles Ergebnis, Vorjahreshalbjahr und Vorjahresabschluss" zu veröffentlichen, so dass bei jedem einzelnen Posten die Vergleichszahlen des Vorjahreshalbjahres und des Vorjahresabschlusses unmittelbar erkennbar sind. Zudem ist im Hinblick auf das Unternehmensergebnis eine nahezu vollständige Gewinn- und Verlustrechnung zu publizieren. Des Weiteren sind im Gegensatz zum deutschen Recht, das diesbezüglich ein Wahlrecht vorsieht, sowohl das Ergebnis vor als auch nach Steuern und ein entsprechender Steueraufwand auszuweisen (Art. 297-1 décret 1967 i.V.m. Art. 14-16 décret 1983).[411] Ist der Emittent zur Veröffentlichung eines Konzernabschlusses verpflichtet, so sind auch die tabellarischen Angaben im Zwischenbericht in konsolidierter Form zu erstellen (Art. 297-1 décret 1967 i.V.m. Art. 221-2 règl. gén.)[412]. Schließlich unterliegt der Zwischenbericht gemäß Art. L232-7 al. 3 C. com. i.V.m. Art. 297-1 décret 1967 einer eingeschränkten Prüfungspflicht, da er mit einer Bestätigung der Abschlussprüfer zu versehen ist.

---

[411] *Décret n° 83-1020 du 29.11.1983.*

[412] Siehe Decoopman, Jur.-Class., *Banque-Crédit-Bourse*, Fasc. 1510, n° 44 noch zum règl. n° 87-04 der COB.

(b) Zwischenberichterstattung pro Trimester *(information trimestrielle)*

Die halbjährliche Regelpublizität wird gemäß Art. 297 décret 1967 durch die Pflicht zur Erstellung von Trimesterberichten ergänzt. Danach sind die am Primärmarkt notierten Gesellschaften zur Veröffentlichung der Nettoumsatzerlöse des letzten sowie der vorangegangenen Trimester und der entsprechenden Vergleichszahlen des vergangenen Geschäftsjahres verpflichtet. Von Konzerngesellschaften ist der Bericht ebenso wie der Halbjahresbericht zudem in konsolidierter Form zu erstellen.[413]

(c) Sonstige zusätzliche Publizitätserfordernisse

Nach Art. 295 décret 1967 sind Gesellschaften, deren Aktien am amtlichen Markt der französischen Börse notiert sind, verpflichtet, binnen vier Monaten nach Abschluss des Geschäftsjahres und spätestens fünfzehn Tage vor der ordentlichen Hauptversammlung den Jahresabschluss, den Beschlussvorschlag der Geschäftsführung über die Ergebnisverwendung und gegebenenfalls einen konsolidierten Jahresabschluss im B.A.L.O. zu veröffentlichen. Zudem sind gemäß Art. 295 i.V.m. Art. 248-12 décret 1967 bestimmte im Anhang zum Jahresabschluss enthaltene Informationen zur Einsicht der Aktionäre am Geschäftssitz der Gesellschaft auszulegen.[414]

(ii) Bekanntmachung

Die Bekanntmachung der Berichte erfolgt in den Fällen der Art. 295 – Art. 297-1 décret 1967 durch Veröffentlichung im B.A.L.O, bei Veröffentlichungen gemäß Art. 298 décret durch Bekanntgabe in einem sonstigen Amtsblatt. Stellt die AMF Verstöße gegen die Pflicht zur Bekanntmachung der Zwischenberichte fest, ist sie berechtigt, die Bekanntmachung selbst vorzunehmen.

c) Sanktionen

Fehlerhafte Informationen in Zwischenberichten können gemäß Art. L465-2 al. 2 C. mon. et fin. als Marktpreismanipulation strafbar sein, wenn sie gegenüber der Öffentlichkeit abgegeben wurden und geeignet sind, den Kurs des Wertpapiers zu beeinflussen. Unterhalb der strafrechtlichen Sanktionsebene können Informationsverstöße gemäß Art. 632-1 règl. gén. Maßnahmen auf dem Gebiet des Ordnungswidrigkeitenrechts, insbesondere die Verhängung von Geldbußen nach sich ziehen.[415] Zudem veröffentlicht die AMF auf ihrer Website eine Liste

---

[413] Germain in: Ripert/Roblot, *Droit commercial I-2*, n° 1573 m.w.N.

[414] Dies sind u.a. die genaue Bezeichnung der in der Konzernbilanz berücksichtigten Gesellschaften, die Angabe der Höhe der direkten und indirekten Kapitalbeteiligung sowie die Liste der wesentlichen Beteiligungen der Gesellschaft.

[415] *Cour d'appel de Paris*, 17.09.2004, RTD. com. 2005, 142 m. Anm. Rontchevsky.

aller Gesellschaften, die nicht ordnungsgemäß ihrer Zwischenberichtspflicht nachgekommen sind.[416] Schließlich kommt gemäß Art. 1382 *Code civil* auch eine Schadensersatzhaftung des Emittenten sowie der Leitungsorgane wegen fehlerhafter Informationen in Zwischenberichten in Betracht (siehe i. E. unten C. III. 5.).[417]

2. Ad hoc-Publizität

Entsprechend der europarechtlichen Vorgaben hat die Verpflichtung zur ad hoc-Publizität *(information occasionelle)* auch Eingang ins französische Recht gefunden. Anders als in Deutschland ist die anlassbezogene Publizitätspflicht aber nicht in einem formellen Gesetz, sondern in den Art. 222-1 ff. règl. gén. der AMF geregelt.

a) Adressatenkreis

Gemäß Art. 222-1, 222-3 règl. gén. erstreckt sich die Verpflichtung zur ad hoc-Publizität auf alle Aktiengesellschaften, deren Wertpapiere oder sonstige Finanzinstrumente an einem geregelten Markt (*marché réglementé)* zugelassen sind.[418] Entgegen dem deutschen Recht sind gemäß Art. 222-7 règl. gén. zudem alle sonstigen Personen, die Finanzgeschäfte mit möglichen Auswirkungen auf den Kurs eines Finanzinstruments vorbereiten, verpflichtet, dies der Öffentlichkeit mitzuteilen. Entsprechendes gilt nach Art. 222-8 règl. gén. für Personen, die nach der Veröffentlichung einer entsprechenden Geschäftsabsicht, z.B. eines Übernahmeangebots, ihre Pläne geändert haben.[419]

b) Inhalt und Bekanntmachung

(i) Inhalt

Entsprechend der europarechtlichen Vorgaben der Marktmissbrauchsrichtlinie hat der Emittent nach Art. 222-3 I. règl. gén. jede Insiderinformation (*information priviligiée*) offen zu legen.[420] Nach der Legaldefinition des Art. 621-1 règl. gén. stellt jede konkrete Information (*information précise*), die den Emittenten oder ein Finanzinstrument direkt oder indirekt betrifft und die die spürbare Auswirkungen auf den Kurs eines Finanzinstruments haben kann *(susceptible d'avoir*

---

[416] Abrufbar unter *www.amf-france.org.*
[417] *Cour d'appel de Paris*, 26.09.2003, JCP éd. E 2004, 769 m. Anm. de Vries; Letréguilly, Rev. dr. banc. et fin. 2004, 448, 452 f.
[418] Die ad hoc-Publizität erstreckt sich zudem auf alle im Katalog des Art. L 211-1 C. mon. et. fin. aufgelisteten Finanzinstrumente.
[419] Lefebvre, *Sociétés commerciales*, n° 17833; Germain in: Ripert/Roblot, *Droit commercial I-2*, n° 1573.
[420] Noch zu Art. 4 règl. n° 98-07 Maréchal, *Droit des Sociétés, Août – Sept.* 2001, 4, 8 m.w.N.

une influence sensible sur le cours des instruments financiers), eine Insiderinformation dar. Der Begriff der Insiderinformation ist daher im Vergleich zum deutschen Recht, das eine unmittelbare Betroffenheit des Emittenten sowie die Eignung zur erheblichen Kursbeeinflussung fordert, weiter gefasst. Wie auch im deutschen Recht fallen hierunter u.a. alle Tatsachen bezüglich der Ergebnis- und Geschäftsentwicklung der Gesellschaft sowie alle Umstände, die Auswirkungen auf die finanzielle Situation der Gesellschaft haben können. Ferner sind Prognosen zu veröffentlichen, hinsichtlich des ungewissen Eintritts aber mit einem ausdrücklichen Vorbehalt zu versehen. Treten die prognostizierten Tatsachen später nicht ein, hat der Emittent gemäß Art. 222-6 règl. gén. eine Korrekturmitteilung vorzunehmen, um seiner Publizitätspflicht zu genügen. Die Beurteilung des Kursbeeinflussungspotentials der Tatsache bestimmt sich im Wege einer Einzelfallanalyse. Dabei ist eine ex ante-Betrachtung maßgeblich; die Frage, ob später tatsächlich eine Kursbeeinflussung stattgefunden hat oder nicht, hat keine Relevanz.[421]

Die Informationen sind so früh wie möglich (*dès que possible*) zu veröffentlichen, zeitliche Obergrenzen werden jedoch nicht vorgeschrieben. Nach Auffassung der Rechtsprechung[422] kann allerdings eine verfrühte ad hoc-Mitteilung als fehlerhaft angesehen werden, wenn der Emittent negative Unternehmensergebnisse offenlegt, ohne zugleich auf noch laufende, aber nahezu abschlussreife Verhandlungen über eine Unternehmensübernahme hinzuweisen.

Der Emittent kann die Veröffentlichung einer an sich publizitätspflichtigen Tatsache gemäß Art. 222-3 II., III. règl. gén. verschieben, wenn ansonsten eine Beeinträchtigung der berechtigten Interessen der Gesellschaft (*intérêts légitimes*) zu befürchten wäre und eine spätere Veröffentlichung geeignet ist, die angestrebte Vertraulichkeit zu wahren.[423]

(ii) Bekanntmachung

Die Bekanntgabemodalitäten der ad hoc-Publizität sind in Art. 222-10 règl. gén. geregelt.[424] Danach sind der Emittent sowie alle sonstigen publizitätspflichtigen Personen verpflichtet, die Mitteilung in Form einer offiziellen (Presse-) Mitteilung (*communiqué*) zu veröffentlichen und zu prüfen, ob die Meldung effizient und wahrheitsgemäß verbreitet wurde *(dont l'auteur s'assure de la diffusion effective et intégrale)*. Regelmäßig erfolgt die Veröffentlichung in Form einer Pressemitteilung. Zudem ist die AMF spätestens zum Zeitpunkt der

---

[421] *Cour d'appel de Paris*, 10.09.1996, Gaz. Pal., *Décembre* 1996, 20.
[422] *Cour d'appel de Paris*, 26.09.2003, JCP éd. E 2004, 769 m. krit. Anm. de Vries.
[423] Insoweit kommen gemäß Art. 222-3 III. règl. gén. insbesondere laufende Vertragsverhandlungen oder noch nicht abgeschlossene mehrstufige Entscheidungsprozesse in Betracht; siehe Mestre/Pancrazi, *Droit commercial*, n° 599.
[424] Vgl. Lefebvre, *Sociétés commerciales*, n° 17834.

allgemeinen Veröffentlichung über die ad hoc-Meldung zu informieren, damit sie rechtzeitig Kontroll- oder sonstige Maßnahmen ergreifen kann. Insbesondere ist die AMF gemäß Art. 222-11 règl. gén. berechtigt, von den publizitätspflichtigen Personen binnen angemessener Frist die Veröffentlichung weitergehender Informationen zu verlangen und, sollte dieser Aufforderung keine Folge geleistet werden, im Wege der Ersatzvornahme selbst für eine Veröffentlichung zu sorgen (vgl. im Einzelnen unter D. III. 4. a)).

c) Sanktionen

Ebenso wie die Verletzung der Zwischenberichtspflicht können fehlerhafte sowie verspätete ad hoc-Meldungen Maßnahmen auf dem Gebiet des Straf- und Ordnungswidrigkeitenrechts nach sich ziehen.[425] Im Falle vorsätzlich falscher ad hoc-Mitteilungen kommt gemäß Art. 1382 *Code civil* ferner eine Schadensersatzhaftung des Emittenten und der Organmitglieder in Betracht. (vgl. i. E. unten C. III. 4. c)).[426]

3. Directors' Dealings

Durch das Gesetz n° 2003-706 v. 01.08.2003 wurde in Frankreich entsprechend der Vorgaben der europäischen *Marktmissbrauchsrichtlinie*[427] erstmals eine Pflicht zur Veröffentlichung von privaten Aktien- und sonstigen Wertpapiergeschäften von Organmitgliedern, leitenden Angestellten der Gesellschaft und ihnen nahe stehenden Personen eingeführt. Sie ergänzt die Vorschriften des Art. L225-109 C. com. i.V.m. Art. 153-1 ff. décret 1967, die die Mitglieder der Leitungsorgane von am geregelten Markt notierten Aktiengesellschaften sowie deren Ehepartner verpflichtet, alle von ihnen gehaltenen Aktien entweder als Namensaktien registrieren oder in einem bestimmten Bankdepot verwahren zu lassen.[428]

a) Adressatenkreis und Pflichten auslösendes Ereignis

Gemäß Art. L621-18-2 C. mon. et fin. unterliegen alle Organmitglieder, die Generaldirektoren und weitere leitende Angestellte der Gesellschaft sowie Personen, die diesen nahe stehen, der Meldepflicht. Welche nahe stehenden Per-

---

[425] Maréchal, *Droit des Sociétés, Août – Sept.* 2001, 4, 8.
[426] Bonneau/Drummond, *Marchés financiers,* n° 515 m.w.N.
[427] Art. 6 Abs. 4 Richtlinie Nr. 2003/6/EG, Abl. EG Nr. L. 096/16 v. 28.01.2003. Diese Regelung löst die vorherige unverbindliche Empfehlung der COB (*recommandation n° 2002-01*), die eine Offenlegung von Wertpapiereigengeschäften der Organmitglieder ohne entsprechende Begründungspflicht angeregte, ab; vgl. Lefebvre, BRDA 06/2002, 4.
[428] Hierdurch sollte bereits die COB in die Lage versetzt werden, die Wertpapiertransaktionen der jeweiligen Personen nachzuvollziehen und ihre Rechtmäßigkeit zu kontrollieren; siehe Lefebvre, *Sociétés commerciales*, n° 17824 ff. m.w.N.

sonen im Einzelnen hiervon erfasst sind, bestimmt sich gemäß Art. L621-18-2 al. 1 lit. b) C. mon. et fin. nach den Vorgaben eines Ausführungsdekrets, das jedoch bis dato noch nicht erlassen wurde. In sachlicher Hinsicht unterfallen der Erwerb, die Abtretung, die Zeichnung und sonstige Geschäfte mit Aktien des Emittenten sowie alle Transaktionen mit sich darauf beziehenden Derivaten oder anderen Finanzinstrumenten der Offenlegungspflicht.[429]

b) Inhalt und Bekanntmachung der Mitteilungen

Gemäß Art. L621-18-2 al. 1 C. mon. et fin. i.V.m. Art. 222-14 règl. gén. hat der Emittent die Transaktion binnen fünf Tagen ab dem Zeitpunkt der Mitteilung durch den jeweiligen Adressaten der AMF zu melden und in Form einer offiziellen (Presse-)Mitteilung für deren Veröffentlichung zu sorgen. Einzelheiten zum Inhalt der Mitteilung des Emittenten sowie der Veröffentlichung sind gemäß Art. L621-18-2 al. 2 C. mon. et fin. in Art. 222-15 règl. gén. näher geregelt. Darüber hinaus sind die Transaktionen gemäß Art. L621-18-2 al. 2 C. mon. et fin. i.V.m. dem künftigen Ausführungsdekret ebenfalls der Hauptversammlung bekannt zu geben.

c) Sanktionen

Spezielle Sanktionen wegen Verletzungen der Melde- und Veröffentlichungspflicht sind nicht gesetzlich vorgesehen. Verstöße gegen Art. L621-18-2 C. mon. et fin. können jedoch Maßnahmen nach den allgemeinen Vorschriften des Straf- und Ordnungswidrigkeitenrechts zur Folge haben (siehe i. E. unten C. III. 5.).

4. Sonstiges: Bericht über die Vergütung der Organmitglieder

In Gesellschaften, deren Aktien an einem geregelten Markt zugelassen sind oder die von einer dort notierten Gesellschaft kontrolliert werden, ist der Verwaltungsrat bzw. der Vorstand zusätzlich verpflichtet, in seinem gemäß Art. L225-100 C. com. der Hauptversammlung vorzulegenden Bericht über die allgemeinen Anforderungen hinaus (siehe oben C. II. 1. a) (ii)) gemäß Art. L225-102-1 al. 1 – 3 C. com. alle direkten und indirekten Bezüge, die die Organmitglieder von Seiten der Gesellschaft oder einer Konzerngesellschaft erhalten haben, genau zu bezeichnen.[430]

---

[429] Siehe Boizard, Rev. soc. 2003, 795, 802. Entsprechend der europarechtlichen Vorgaben sind die offenlegungspflichtigen Personen gemäß Art. 222-14 règl. gén. erst ab Überschreiten des Schwellenwerts von 5.000,00 Euro offenlegungspflichtig.

[430] Ob hiervon auch Sachleistungen wie z.B. die Bereitstellung eines Firmenwagens erfasst werden, ist streitig; siehe Storp, RIW 2002, 409, 415; Lefebvre, *Sociétés commerciales*, n° 11076.

5. Sanktionen im Einzelnen

Das französische Kapitalmarktrecht ahndete Publizitätsverstöße zunächst nur mit strafrechtlichen Maßnahmen. Das börsenstrafrechtliche Informationsdelikt der Marktpreismanipulation, das in Anlehnung an US-amerikanische Vorschriften[431] bereits im Jahre 1970 eingeführt wurde, stellte lange Zeit die einzige Sanktionsmöglichkeit bei kapitalmarktbezogenen Informationsverstößen dar.[432] Nach zahlreichen Finanzskandalen der 80er Jahre übertrug der Gesetzgeber ergänzend der COB die Befugnis, Sanktionen auf dem Gebiet des Ordnungswidrigkeitenrechts zu verhängen, um kapitalmarktrechtliche Verstöße schneller und damit effektiver ahnden zu können.[433] Die aufsichtsbehördlichen Maßnahmen können nach allgemeiner Ansicht[434] zusätzlich zu den strafrechtlichen Sanktionen angeordnet werden, sofern der Grundsatz der Verhältnismäßigkeit beachtet wird. Die COB, deren Befugnisse nun auf die AMF übergangen sind, hat in den letzten Jahren umfassend von ihren Sanktionsmöglichkeiten Gebrauch gemacht; insbesondere die Verhängung von Bußgeldern zählt heute zu den praktisch wichtigsten Sanktionen wegen falscher Kapitalmarktinformation.[435] Darüber hinaus sind Schadensersatzklagen geschädigter Anleger zunehmend von Bedeutung.[436]

a) Aufsichtsbehördliche Sanktionen

Die AMF selbst hat in Art. 632-1 règl. gén. festgelegt, in welchen Fällen die fehlerhafte Information des Kapitalmarktes unzulässig ist. Die einzelnen Sanktionsmöglichkeiten wiederum ergeben sich aus dem *Code monétaire et financier*.

(i) Anwendungsbereich

(a) Adressatenkreis und sachlicher Schutzbereich

Der Tatbestand der falschen Kapitalmarktinformation richtet sich gegen jedermann, also auch gegen Mitglieder der Leitungsorgane und sonstige Marktteilnehmer, insbesondere Finanzintermediäre und Abschlussprüfer.[437] In sachlicher

---

[431] Vgl. Bonneau/Drummond, *Marchés financiers,* n° 504.

[432] Auch das Insiderhandelsverbot wurde im französischen Kapitalmarktrecht bereits im Jahre 1970 eingeführt; siehe Bonneau/Drummond, *Marchés financiers,* n° 504.

[433] *Loi n° 89-531 du 02.08.1989*; siehe Vatel, Rev. soc. 1994, 25 m.w.N.

[434] Daher kann beispielsweise gemäß Art. L621-16 C. mon. et fin. ein bereits gezahltes Bußgeld auf eine verhängte Geldstrafe angerechnet werden; de Vauplane/Bornet, *Marchés financiers,* n° 1073; Bonneau/Drummond, *Marchés financiers,* n° 512 m.w.N.

[435] S. Mattout, *Droit des Sociétés, Déc.* 2004, 11, 14 ; Fleischer/Jänig, RIW 2002, 729, 735.

[436] Vgl. Mattout, *Droit des Sociétés, Déc.* 2004, 11 ff.

[437] Noch zu Art. 3 règl. 98-07: AMF, 18.11.2004, Bull. Joly 2005, 769 m. Anm. Daigre; *Cour d'Appel de Paris,* 07.03.2000, Bull. Joly 2000, 493 m. Anm. Barbièri; de Vauplane/Bornet, *Marchés financiers,* n° 1054; Fleischer/Jänig, RIW 2002, 729, 734.

Hinsicht sind alle Finanzinstrumente erfasst, bezüglich derer der Emittent die Zulassung an einem geregelten Markt *(marché réglémenté)* beantragt hat. Falschinformationen im Rahmen des Freiverkehrs *(marché libre)* stellen daher keine kapitalmarktspezifisch sanktionsbewährte Zuwiderhandlung dar.

(b) Art der Falschinformation und subjektive Voraussetzungen

Art. 632-1 règl. gén. untersagt jede Verbreitung von Informationen, die geeignet sind, einen unzutreffenden, unpräzisen oder irreführenden Eindruck von einem Finanzinstrument zu vermitteln *(informations ... susceptibles de donner des indications inexactes, imprécises ou trompeuses sur des instruments financiers)*. Dies gilt unabhängig davon, ob sich die Mitteilung auf vergangene, gegenwärtige oder zukünftige Umstände bezieht und in welcher Form sie verbreitet wird. Erfasst sind daher sämtliche periodischen und anlassbezogenen Pflichtmitteilungen, aber auch freiwillige Angaben in Broschüren, Zeitungsartikeln, Interviews etc., die unzutreffend oder irreführend sind. Ebenso sind Gerüchte, unvollständige Angaben sowie verspätete und teilweise auch verfrühte Veröffentlichungen als Zuwiderhandlungen gegen den Grundsatz der exakten, präzisen und wahrheitsgemäßen Kapitalmarktinformation anzusehen.[438] Ob die Falschinformation geeignet war, den Börsenkurs des Wertpapiers zu beeinflussen, spielt keine Rolle.[439] Bezieht sich die Mitteilung allerdings nur auf eine fehlerhafte Erwartung (*information prévisionnelle*), liegt mangels Eignung zur Irreführung kein Verstoß vor.[440]

In subjektiver Hinsicht differenziert Art. 632-1 règl. gén. danach, ob es sich um die Mitteilung *(communication)* einer fehlerhaften Information durch eine publizitätspflichtige Person *(personne qui est à l'origine de l'information)* oder um deren Verbreitung *(diffusion)* durch Dritte handelt.[441] Während im Hinblick auf den Straftatbestand der *communication* ein fahrlässiges Handeln genügt, setzt die *diffusion* einer Falschinformation durch Dritte Vorsatz voraus.

Der Einwand, gutgläubig gehandelt zu haben, ist im Rahmen der Entscheidung über die Verhängung von Sanktionen irrelevant und wird nur bei der Auswahl der Sanktion und bei der Bestimmung der Höhe einer eventuellen Geldbuße berücksichtigt.[442] Im Gegensatz zur zivilrechtlichen Schadensersatzhaftung ist

---

[438] Noch zu Art. 3 règl. n° 98-07: *Cour d'appel de Paris*, 26.09.2004, JCP éd. E 2004, 769 m. krit. Anm. de Vries; de Vauplane/Bornet, *Marchés financiers,* n° 1052; Maréchal, *Droit des Sociétés, Août-Sept.* 2001, 4, 8.

[439] Fleischer/Jänig, RIW 2002, 729, 734.

[440] De Vauplane/Bornet, *Marchés financiers,* n° 1052-1; de Vauplane/Daigre, *Banque & Droit, Jan.-Fev.* 2004, 37 noch zu Art. 3 règl. n° 98-07. Erweist sich die veröffentlichte Erwartung allerdings nachträglich als unwahr, ist dies unverzüglich mitzuteilen, da das Unterlassen der Richtigstellung einen Verstoß darstellen kann.

[441] Thin, *Rev. de Jur. com.* 2005, 71, 77 f. m.w.N.

[442] De Vauplane/Bornet, *Marchés financiers,* n° 1052-1 noch zu Art. 3 règl. n° 98-07.

die Verhängung einer aufsichtsbehördlichen Maßnahme gegen ein Organmitglied nicht an den Nachweis einer *faute séparable de ses fonctions* (siehe hierzu unten C. III. 5. c) (i)) geknüpft, so dass auch leichte und fahrlässig begangene Informationsverstöße Sanktionen auf dem Gebiet des Ordnungswidrigkeitenrechts sowohl gegen den Emittenten als auch gegen die Mitglieder der Unternehmensleitung nach sich ziehen können.[443]

(ii) Sanktionsmöglichkeiten

Der *Code monétaire et financier* eröffnet der AMF ein ganzes Spektrum möglicher Sanktionsmaßnahmen. Die AMF kann den Emittenten bzw. die der Publizitätspflicht unterliegende Person auffordern, eine ordnungsgemäße Veröffentlichung innerhalb einer angemessenen Frist vorzunehmen oder gemäß Art. L621-14 II. C mon. et fin. bei Gericht den Erlass einer Untersagungsverfügung *(injonction)* beantragen.[444] Ebenso ist sie nach Art. L621-14 I. C. mon. et fin. i.V.m. Art. 17 décret 2003 nach vorheriger Anhörung selbst zur Verhängung einer Untersagungsverfügung befugt, sofern die Falschinformation das Funktionieren des Marktes beeinträchtigt, Marktteilnehmern einen ungerechtfertigten Vorteil verschafft, den Grundsatz der Anlegergleichbehandlung verletzt oder die Emittenten oder Finanzintermediäre entgegen ihren Wohlverhaltenspflichten begünstigt.[445] Die AMF kann von dem Adressaten zudem gemäß Art. L621-18 al. 3 C. mon. et. fin. eine Richtigstellung seiner fehlerhaften Mitteilung verlangen. Kommt der Emittent dieser Aufforderung nicht nach, ist die AMF berechtigt, die Veröffentlichung im Wege der Ersatzvornahme selbst vorzunehmen und gegebenenfalls sogar die Aussetzung des Handels mit den betreffenden Wertpapieren anzuordnen.[446]

Des Weiteren kann die AMF gemäß Art. L621-15 III. C. mon. et fin. gegen den Emittenten sowie gegen das pflichtwidrig handelnde Organmitglied[447] Geldbußen *(sanctions administratives)* bis zu 1,5 Mio. Euro verhängen. Hat der Pflichtverletzer durch die Zuwiderhandlung einen Gewinn erzielt, gestattet Art. L621-15 III. C. mon. et fin. der AMF im Gegensatz zum deutschen Recht sogar, Bußgelder bis zum Zehnfachen des erzielten Gewinns auszusprechen.[448]

---

[443] *Cour de Cassation*, 31.03.2004, *Droit des Sociétés, Juillet* 2004, 28 m. Anm. Bonneau; Rontchevsky, RTD com. 2003, 776, 778; de Vauplane/Daigre, *Banque et Droit, Juillet-Août* 2004, 38 f. ; Le Nabasque, Rev. dr. banc. et fin. 2004, 268; Mattout, Rev. dr. banc. et fin. 2004, 454, 457 f.

[444] *Cour d'appel de Paris*, 17.09.2004, RTD. com. 2005, 142 m. Anm. Rontchevsky.

[445] Pezard, *Code monétaire et financier*, n° 1128 ff.

[446] *Cour d'appel de Paris*, 23.01.1996, Gaz. Pal. 1996, 1, 200 m. Anm. Jobard; *Cour d'appel de Paris*, 25.01.2000, Bull. Joly 2000, 263 m. Anm. Rontchevsky.

[447] Kritisch zur Inanspruchnahme der Emittenten: Delga, *Droit des Sociétés Mars* 2004, 4.

[448] Bonneau/Drummond, *Marchés financiers*, n° 507; Pezard, *Code monétaire et financier*, n° 1131 ff.

Bei der Verhängung der Geldbußen ist der Grundsatz der Verhältnismäßigkeit zu beachten, insbesondere sind gemäß Art. L621-15 III. C. mon. et fin. die Schwere der Pflichtverletzung sowie eventuelle Vorteile und Profite der Pflichtverletzer zu berücksichtigen.[449] Zudem sehen die Art. L621-15 C. mon. et fin. i.V.m. Art. 18 ff. décret 2003 detaillierte Verfahrensvorgaben und Regelungen zur Höhe der Geldbuße hinsichtlich der einzelnen Pflichtverletzer vor. Schließlich ist die AMF nach Art. L621-15 V. C. mon. et fin. befugt, die verhängten Sanktionen der Öffentlichkeit unter Nennung der Namen der jeweiligen Pflichtverletzer mitzuteilen.[450]

b) Strafrechtliche Sanktionen, Art. L465-1 ff. C. mon. et fin.

Das französische Recht regelt Verstöße gegen kapitalmarktrechtliche Transparenzvorschriften in den Art. L465-1 ff. C. mon. et fin.; die Verbreitung fehlerhafter Kapitalmarktinformation ist in Art. L465-2 al. 2 C. mon. et fin. normiert. Der Straftatbestand der fehlerhaften Kapitalmarktinformation ist teils enger, in wesentlichen Punkten jedoch weiter gefasst als der deutsche Tatbestand der strafbaren Marktmanipulation.

(i) Anwendungsbereich

(a) Adressatenkreis und sachlicher Schutzbereich

Der Straftatbestand des Art. L465-2 al. 2 C. mon. et fin. richtet sich ebenso wie das Verbot der Marktmanipulation gemäß § 20a WpHG an jedermann (*toute personne*); auch juristische Personen können sich hiernach strafbar machen.[451] In sachlicher Hinsicht erfasst Art. L465-2 al. 2 C. mon. et fin. alle Wertpapiere, die an einem geregelten Markt gehandelt werden.[452] Im Gegensatz zu den §§ 20a, 38 WpHG sind daher Falschinformationen im Freiverkehr nicht nach Art. L465-2 al. 2 C. mon. et fin. strafbar.

(b) Art der Falschinformation und subjektive Voraussetzungen

Art. L465-2 al. 2 C. mon. et fin. pönalisiert sämtliche Formen des Verbreitens falscher oder irreführender kapitalmarktbezogener Informationen *(informations fausses ou trompeuses)* gegenüber der Öffentlichkeit *(dans le public)*, sofern diese geeignet sind, den Kurs eines Wertpapiers zu beeinflussen *(de nature à*

---

[449] Maréchal, *Droit des Sociétés, Août-Sept.* 2001, 4, 10 ; Bonneau, *Droit des Sociétés, Jan.* 2005, 35 f. m.w.N.
[450] *AMF*, 18.11.2004, Bull. Joly 2005, 768 m. Anm. Daigre.
[451] *Tribunal de Grande Instance de Paris*, 09.01.2004, *Droit des Ssociétés, Avril* 2004, 40 m. Anm. Salomon; Fleischer/Jänig, RIW 2002, 729, 734.
[452] Fleischer/Jänig, RIW 2002, 729, 733.

agir sur les cours). Die einzelnen Tatbestandsmerkmale werden von der Rechtsprechung[453] weit ausgelegt.

Voraussetzung ist, dass es sich um Informationen handelt, die die Geschäftsaussichten oder die Lage des Emittenten betreffen. Form und zeitlicher Bezugspunkt der Daten sind wie auch im Rahmen der Art. 632-1 règl. gén. unbeachtlich. Ebenso unterfallen sämtliche fehlerhaften Pflichtveröffentlichungen und unzutreffende oder irreführende freiwillige Angaben dem Straftatbestand der falschen Kapitalmarktinformation.[454] Anders als das deutsche Recht, das Falschangaben und sonstige Täuschungshandlungen unabhängig von ihrem Öffentlichkeitsbezug zur Begehung einer Marktmanipulation ausreichen lässt, erfordert Art. L465-2 al. 2 C. mon. et fin. ein Verbreiten der fehlerhaften Informationen in der Öffentlichkeit. Diese Voraussetzung ist erfüllt, wenn die Informationen gegenüber einer größeren Anzahl von Personen abgegeben werden.[455]

Des Weiteren verzichtet der französische Gesetzgeber entgegen der bis 1988 geltenden Rechtslage und im Gegensatz zu dem deutschen Straftatbestand, der gemäß §§ 20a, 38 Abs. 2 WpHG in objektiver wie auch in subjektiver Hinsicht eine manipulationsbedingte Kursbeeinflussung voraussetzt, auf den Nachweis eines Kausalzusammenhangs zwischen der verbreiteten Information und der tatsächlich erfolgten Kursbewegung, um komplizierte Beweisproblematiken zu vermeiden und den Missbrauchstatbestand zu einem effizienten Sanktionsinstrument auszugestalten.[456] Es reicht daher aus, dass die fehlerhafte Information – neben anderen Faktoren wie etwa der allgemeinen Börsenstimmung oder sonstigen Ereignissen – geeignet ist, den Börsenkurs zu beeinflussen.[457] Subjektiv erfordert Art. L465-2 al. 2 C. mon. et fin. nach allgemeiner Ansicht[458] bezüglich aller Merkmale des objektiven Tatbestands ein vorsätzliches Handeln, auch wenn der Begriff des *sciemment* nicht mehr ausdrücklich verwandt wird.

---

[453] Ducouloux-Favard, Jur.-Class., *Sociétés Traité*, Fasc. 1600, n° 107 ff. m.w.N.

[454] Eine Pflicht zur Beobachtung und Korrektur falscher Presseveröffentlichungen besteht dagegen nicht; Bonneau/Drummond, *Marchés financiers,* n° 505; Maréchal, *Droit des Sociétés, Août-Sept.* 2001, 4, 8; Fleischer/Jänig, RIW 2002, 729, 733; Ducouloux-Favard, Jur.-Cl., *Sociétés Traité*, Fasc. 1600, n° 103.

[455] *Cour de Cassation crim.*, 15.05.1997, Rev. soc. 1998, 135 m. zust. Anm. Bouloc. Die rechtliche Bewertung der Informationsverbreitung bei eingeschränkter Öffentlichkeit, insbesondere auf Analystenveranstaltungen, ist dagegen umstritten; siehe Bonneau/Drummond, *Marchés financiers,* n° 505; Ohl, *Sociétés cotées,* 2003, n° 430.

[456] De Vauplane/Bornet, *Marchés financiers,* n° 1043-1: *„Ceci alourdissait la tâche probatoire des tribunaux et expliquait sans doute le vide jurisprudentiel de l'époque."*

[457] *Tribunal de Grande Instance de Paris*, 09.01.2004, *Droit des Sociétés, Avril* 2004, 40 m. Anm. Salomon; de Vauplane/Bornet, *Marchés financiers,* n° 1043-1.

[458] Bonneau/Drummond, *Marchés financiers,* n° 506; Ohl, *Sociétés cotées,* 2003, n° 432 f.; de Vauplane/Simart, Rev. dr. banc. et bours. 1997, 85, 88.

(ii) Sanktionen

Verstöße gegen den Tatbestand des Art. L465-2 al. 2 C. mon. et fin. können zusätzlich zu etwaigen aufsichtsrechtlichen Sanktionen mit Freiheitsstrafe bis zu zwei Jahren oder mit einer Geldstrafe bis zu 1,5 Mio. Euro geahndet werden. Erfolgte der Informationsverstoß zu Gewinnerzielungszwecken, sind die französischen Strafverfolgungsbehörden entsprechend der Regelung des Art. L621-15 III. C. mon. et fin. zudem befugt, die zu verhängende Geldstrafe bis zum zehnfachen des erzielten Gewinns zu erhöhen. Dabei kann eine von der AMF angeordnete Geldbuße gemäß Art. L621-16 C. mon. et fin. auf die gerichtliche Geldstrafe angerechnet werden.

Darüber hinaus können gemäß Art. L465-3 al. 2 C. mon. et fin. i.V.m. Art. 131-39 *Code pénale* Nebenstrafen gegen die Gesellschaft verhängt werden. Hierunter fällt insbesondere das Verbot der weiteren Betätigung der Gesellschaft in dem jeweiligen Geschäftsbereich, das endgültig oder für einen Zeitraum bis zu maximal fünf Jahren erteilt werden kann. Daneben kommen eine zwangsweise Beaufsichtigung der Gesellschaftstätigkeit oder ein Verbot der Kapitalaufnahme an einem geregelten Markt in Betracht. Alle verhängten Sanktionen können veröffentlicht werden.[459]

c) Schadensersatzhaftung

Auch in der französischen forensischen Praxis sind Schadensersatzklagen wegen fehlerhafter Kapitalmarktinformation zunehmend von Bedeutung.[460] Zwar hat der Gesetzgeber keine bereichsspezifische Anspruchsgrundlage normiert, doch kommt ein Ersatzanspruch nach der großen deliktischen Generalklausel des Art. 1382 *Code civil*, die im Gegensatz zum deutschen § 823 Abs. 1 BGB auch reine Vermögensschäden umfasst, in Betracht.

(i) Anwendungsbereich und prozessuale Geltendmachung

(a) Anspruchsvoraussetzungen

Der Ersatzanspruch setzt gemäß Art. 1382 *Code civil* voraus, dass ein Anleger durch einen Verstoß (*faute*) gegen eine kapitalmarktbezogene Publizitätsvorschrift einen Schaden (*préjudice*) erlitten hat und dass zwischen der Pflichtverletzung und dem eingetretenen Schaden ein Kausalzusammenhang besteht (*rapport de causalité*).[461]

Im Hinblick auf den Emittenten kann bereits eine fahrlässige Pflichtverletzung die Schadensersatzhaftung auslösen, wobei unerheblich ist, ob die verletzte

---

[459] Ducouloux-Favard, Jur.-Cl., *Sociétés Traité*, Fasc. 1600, n° 95.
[460] Vgl. de Mahenge, Rev. de dr. banc. et fin. 2002, 107.
[461] S. Mattout, *Droit des Sociétés, Déc.* 2004, 11, 13; Dalloz, *Code civil*, 104. Aufl. 2005, Art. 1382.

Norm einen Schutzgesetzcharakter i.S.d. § 823 Abs. 2 BGB aufweist.[462] Eine Eingrenzung der Verantwortlichkeit des Emittenten wird bislang nicht diskutiert.

Eine persönliche Außenhaftung der einzelnen Organmitglieder, die gemäß Art. L225-251 C. com. ausdrücklich zulässig ist, kommt nach Auffassung der Rechtsprechung[463] allerdings nur dann in Betracht, wenn der Publizitätsverstoß eine *faute séparable des fonctions* darstellt. Danach rechtfertigt nur eine vorsätzlich begangene und schwerwiegende Informationspflichtverletzung, die mit den regulären Aufgaben und Befugnissen des jeweiligen Organmitglieds unvereinbar ist (*faute intentionnelle d'une particulière gravité incompatible avec l'exercice normal des fonctions sociales*), die Inanspruchnahme des jeweiligen Organmitglieds, so dass eine persönliche Haftung bei nur fahrlässigem Handeln oder bei fehlendem Bezug zu dem jeweiligen Aufgabengebiet der in Anspruch genommenen Person ausscheidet.[464] Mithin kommt im Falle eines fahrlässigen Publizitätsverstoßes im französischen Recht nur der Emittent als Anspruchsverpflichteter in Betracht.

Hinsichtlich des erforderlichen Kausalzusammenhangs ist die französische Rechtsprechung noch uneinheitlich. Zunächst ist allgemein anerkannt, dass Neuanlegern, die auf Grund einer fehlerhaften Information Wertpapiere erworben haben, ein Schadensersatzanspruch zusteht, auch wenn eine zeitliche Grenze zwischen der Falschmitteilung und der jeweiligen Kaufentscheidung bislang noch nicht konkretisiert wurde.[465] Demgegenüber wurde ein Ersatzanspruch von Altaktionären, die sich durch geschönte Kapitalmarktinformationen davon abhalten ließen, ihre Wertpapiere zu verkaufen, zunächst von der *Cour de Cassation*[466] verneint, da nicht hinreichend sicher festgestellt werden könne, ob der Schaden gerade auf dem Informationsverstoß beruht. Allerdings sind nach nunmehr herrschender Meinung[467] auch Altaktionäre unter dem Gesichtspunkt

---

[462] *Cour d'appel de Paris*, 26.09.2003, Bull. Joly 2004, 85 m. Anm. Daigre; *Cour d'appel de Colmar*, 14.10.2003, Bull. Joly bourse 2004, 467 m. Anm. Dolidon; siehe auch Letréguilly, Rev. dr. banc. et fin. 2004, 448, 452 ff.

[463] *Cour de Cassation com.*, 20.10.1998, Bull. civ. IV, n° 254; *Cour de Cassation com.*, 20.05.2003, Bull. Joly 2003, 786 m. Anm. Le Nabasque; *Cour de Cassation com.*, 31.03.2004, *Droit des Sociétés, Juillet* 2004, 28 m. Anm. Bonneau; *Cour d'appel de Paris*, 26.09.2003, JCP éd. E 2004, 769 m. Anm. de Vries; Rontchevsky, RTD com. 2003, 776, 778; kritisch de Vauplane/Daigre, *Banque et Droit, Juillet-Août* 2004, 38 f.; Letréguilly, Rev. dr. banc. et fin. 2004, 448, 451; Mattout, Rev. dr. banc. et fin. 2004, 454, 456 ff.

[464] Zustimmend Mattout, *Droit des Sociétés, Déc.* 2004, 11, 13.

[465] *Cour de Cassation crim.*, 15.03.1993, Rev. soc. 1993, 847, 855; *Tribunal de Grande Instance de Paris*, 17.12.1997, Bull. Joly 1998, 485 m. Anm. Rontchevsky.

[466] *Cour de Cassation crim.*, 15.03.1993, Rev. soc. 1993, 847, 855 m. Anm. Bouloc.

[467] *Cour d'appel de Paris*, 26.09.2003, JCP éd. E 2004, 769 m. Anm. de Vries; *Cour d'appel de Colmar*, 14.10.2003, Bull. Joly bourse 2004, 467 m. Anm. Dolidon; *Tribunal de Grande Instance de Paris*, 27.02.1998, Bull. Joly 1998, 925 m. zust. Anm. Rontchevsky; siehe auch Letréguilly, Rev. dr. banc. et fin. 2004, 448, 452 f.; Rontchevsky, RTD com. 1998, 640, 643; de Vauplane/Simart, Rev. dr. banc. et bours. 1997, 85, 96; a.A. Dezeuze, Rev. soc. 2003, 261,

der *perte de chance*-Doktrin des allgemeinen französischen Schadensersatzrechts anspruchsberechtigt.

(b) prozessuale Geltendmachung

In prozessualer Hinsicht kann der Anspruch auf zwei verschiedenen Wegen durchgesetzt werden: Zunächst wurden Ersatzansprüche geschädigter Aktionäre gemäß Art. 2 C. proc. pén. nur im Rahmen von Strafverfahren im Wege einer *action civile* geltend gemacht.[468] Danach sind Zivilpersonen im Strafverfahren berechtigt, als Zivilkläger *(parties civiles)* aufzutreten und im Anschluss an die Beweisaufnahme vorzutragen, dass ihnen aufgrund des Verstoßes unmittelbar ein persönlicher Schaden (*dommage direct et personnel*) entstanden ist.[469] Diese Befugnis besteht nach allgemeiner Auffassung auch schon im Ermittlungsverfahren, sofern das Vorliegen eines durch den Publizitätsverstoß bedingen Schadens hinreichend wahrscheinlich ist.[470] Durch diese Vorgehensweise, die mit dem deutschen Adhäsionsprozess gemäß §§ 403 ff. StPO vergleichbar ist, profitieren die Anleger unmittelbar von den im strafrechtlichen Verfahren gewonnenen Erkenntnissen und Beweisen, sind allerdings an den dort vorgegebenen Verfahrensablauf gebunden.[471] Gemäß Art. L621-16-1 C. mon. et fin. ist auch die AMF befugt, im Strafprozess die Rechte der Zivilpartei wahrzunehmen, es sei denn, sie übt zugleich als Exekutivorgan die ihr nach dem *Code monétaire et financier* bestehenden Sanktionsbefugnisse aus.[472]

Materiell erfordert die Anerkennung eines gemäß Art. 2 C. proc. pén. geltend gemachten Ersatzanspruchs, dass der Pflichtverstoß zu einer strafrechtlichen Verurteilung, insbesondere wegen eines Verstoßes gegen den Straftatbestand der falschen Kapitalmarktinformation gemäß Art. L465-2 al. 2 C. mon. et fin., führt und dass der geschädigte Aktionär darlegen und beweisen kann, dass ihm aufgrund der strafbaren Pflichtverletzung ein Schaden entstanden ist.[473]

---

281. Nach der Entscheidung der *Cour de Cassation crim.* v. 29.01.2000 (Rev. soc. 2001, 380 m. Anm. Bouloc) obliegt die Beurteilung der Aktivlegitimation von Altaktionären dem jeweiligen Tatrichter.

[468] Bislang wurden Anlegern u.a. in folgenden Strafverfahren Schadensersatzansprüche zuerkannt: *Cour de Cassation crim.*, 15.03.1993, Rev. soc. 1993, 847 m. Anm. Bouloc; *Cour d'appel de Paris*, 18.12.1995, *Banque & Droit, Juillet-Août* 1996, 34 m. Anm. Peltier/de Vauplane; *Tribunal de Grande Instance de Paris*, 17.12.1997, Bull. Joly Soc. 1998, 485 m. Anm. Rontchevsky; *Tribunal de Grande Instance de Paris*, 27.02.1998, Bull. Joly 1998, 925 m. Anm. Rontchevsky; *Cour de Cassation crim.*, 29.01.2000, Rev. soc. 2001, 380 m. Anm. Bouloc.

[469] Rontchevsky, RTD com. 2003, 336 m.w.N.

[470] *Cour de cassation crim.*, 11.12.2002, Rev. soc. 2003, 145 m. Anm. Bouloc; Rontchevsky, RTD com. 2003, 336 m.w.N. Hierdurch können die Anleger insbesondere eine drohende Verjährung ihrer Ansprüche vermeiden.

[471] Vgl. Ohl, *Sociétés cotées*, 2003, n° 434; Dezeuze, Rev. soc. 2003, 261 m.w.N.

[472] Puttfarken/Schrader in: Hopt/Voigt, Kapitalmarktinformationshaftung, 2005, S. 595, 612.

[473] Scheidet eine strafrechtliche Verurteilung etwa wegen eingetretener Verjährung aus, ist auch die *action civile* ausgeschlossen; s. Stefani/Levasseur/Bouloc, *Procédure pénale*, n° 231, 901 ff.

In der Entscheidung der *Cour d'appel de Paris* vom 26.09.2003[474] wurden geschädigten Aktionären darüber hinaus im Rahmen eines rein zivilrechtlichen Schadensersatzverfahrens Ersatzansprüche gegen den Emittenten wegen einer fahrlässigen Verletzung der ad hoc-Publizitätspflicht zugebilligt.

(ii) Rechtsfolgen

Im Rahmen der deliktischen Haftung nach Art. 1382 C. civ. Ist der gesamte Schaden ersatzfähig, sofern er *direct, certain* und *légitime* ist.[475] Das erkennende Gericht ist befugt, die Höhe des entstandenen Schadens nach freiem Ermessen zu schätzen. Es bestehen unterschiedliche Ansichten darüber, wie der zu ersetzende Schaden bemessen werden soll. Die *Cour d'appel de Paris* nahm in einem 1995 geführten Verfahren[476] eine pauschalierte Bestimmung des zu ersetzenden Schadens vor, ohne auf die erfolgte Kursentwicklung Bezug zu nehmen oder die Gründe für ihre Schadensbestimmung näher zu erläutern. Die *Cour de Cassation*[477] und andere Strafgerichte[478] haben demgegenüber die Differenz zwischen dem „normalen" Börsenkurs und dem nach der fehlerhaften Information festgestellten Wertpapierkurs als Schaden in Ansatz gebracht. Diese Entscheidungen enthielten jedoch ebenso wenig eine nähere Begründung oder eine Erläuterung, wie der erstgenannte Kurs zu ermitteln ist. Das *Tribunal de Grande Instance de Paris*[479] schließlich erkannte den Klägern einen Anspruch auf Rückerstattung des Kaufpreises gegen Rückgabe der erworbenen Aktien zu.

Im Hinblick auf Altaktionäre, die unter dem Gesichtspunkt der *perte de chance*-Doktrin Schadensersatz verlangen, sind die Kriterien der Rechtsprechung zur Bemessung des ersatzfähigen Schadens ebenfalls uneinheitlich.[480]

---

[474] JCP éd. E 2004, 769 m. Anm. de Vries; insoweit unzutreffend Schwark in: Festschrift Hadding, 2004, S. 1117, 1120.

[475] Puttfarken/Schrader in: Hopt/Voigt, Kapitalmarktinformationshaftung, 2005, S. 595, 610.

[476] *Cour d'appel de Paris*, 18.12.1995, JCP 1996, éd. E, 482; kritisch Peltier/de Vauplane, *Banque & Droit, Juillet-Août* 1996, 34; Bonneau/Drummond, *Marchés financiers*, n° 515.

[477] *Cour de Cassation crim.*, 15.03.1993, Rev. soc. 1993, 847, 855 m. Anm. Bouloc, *Banque & Droit, Nov.-Déc.* 1993 m. Anm. Peltier; siehe Bonneau/Drummond, *Marchés financiers*, n° 515.

[478] Siehe Maréchal, *Droit des Sociétés, Août – Sept.* 2001, 4, 11 unter Hinweis auf Entscheidungen der *Cour d'appel de Paris* v. 15.01.1992 und des *Tribunal de Grande Instance de Lille* v. 15.07.1993.

[479] *Tribunal de Grande Instance de Paris*, 17.12.1997, Bull. Joly 1998, 485 m. zust. Anm. Rontchevsky; siehe auch Rontchevsky, RTD com. 1998, 640 unter Hinweis auf *Tribunal correctionel de Paris*, 17.12.1997; Fleischer/Jänig, RIW 2002, 729, 735; anders offenbar Schulte in: Möllers/Rotter, Ad-hoc-Publizität, 2003, § 5 Rn. 102.

[480] *Cour d'appel de Paris*, 26.09.2003, JCP éd. E 2004, 769 m. Anm. de Vries; *Cour d'appel de Colmar*, 14.10.2003, Bull. Joly bourse 2004, 467 m. Anm. Dolidon; s. auch Letréguilly, Rev. dr. banc. et fin. 2004, 448, 452 f.

D. Rechtslage in England

I. Allgemeines

In England stellt die *company* im Gegensatz zu den nicht rechtsfähigen Gesellschaften (*partnerships*) das Äquivalent zur deutschen Kapitalgesellschaft dar. Die Rechtsform der *company* ist sehr flexibel und kann in zahlreichen Ausgestaltungen gebildet werden, die keine unterschiedlichen Gesellschaftsarten, sondern Varianten ein und derselben Gesellschaftsform sind. Gemäß s. 1 (2) *Companies Act 1985* (CA 1985) lässt sich jede *company* zum einen in drei Unterarten errichten, nämlich der *company limited by shares*, der *company limited by guarantee* und der *unlimited company*. In der Praxis hat nur die *company limited by shares* größere Bedeutung erlangt. Die *company* kann zum anderen in *private company* und *public company* (s. 1 (3) CA 1985) unterteilt werden, wobei die *private company* der deutschen GmbH und die *public company* der deutschen Aktiengesellschaft funktional vergleichbar sind.[481] Die nachfolgenden Betrachtungen beziehen sich daher allein auf die *public company limited by shares* (*public limited company*, plc).

Die gesellschaftsrechtliche Ausgestaltung der *public limited company* ist im *Companies Act 1985* und in den *Companies (Tables A to F) Regulations 1985* geregelt.[482] Anders als im deutschen und französischen Aktienrecht ist das Grundverständnis der *company* aus historischen Gründen durch die Grundsätze der Vertragsfreiheit, der Satzungsautonomie und des Mehrheitsprinzips (*majority rule*) geprägt.[483] Nicht zwingende gesetzliche Vorschriften, sondern die weitgehend frei gestaltbaren Gesellschaftsverträge, bestehend aus dem *memorandum of association*, das insbesondere das Verhältnis der Gesellschaft zu Dritten normiert, und den *articles of association*, die das Innenverhältnis in der Gesellschaft regeln, bestimmen primär die Rechtsbeziehungen in der Gesellschaft.[484] Dem Gesellschaftsrecht kommt vor allem die Aufgabe zu, einen

---

[481] Nur die *public company* wendet sich zur Kapitalaufbringung an die Öffentlichkeit, während die *private company* in der Regel das Gesellschaftskapital selbst aufbringt; siehe Graf von Bernstorff, Einführung in das englische Recht, § 15 I 2. b).

[482] Der *Companies Act 1985* und die hierzu erlassenen Ergänzungsgesetze und Ausführungsverordnungen gelten nur für in England, Schottland und Wales gegründete *companies*. Auf das nordirische Recht der Kapitalgesellschaften, das weitgehend gleichlautende Regelungen enthält, und auf Sonderbestimmungen für Schottland, die Isle of Man und die Channel Islands soll hier nicht näher eingegangen werden.

[483] Davies, ZGR 2001, 268, 278; Tolley's, *Articles of association*, A7008; Triebel, Englisches Handels- und Wirtschaftsrecht, Rn. 604; Graf von Bernstorff, Einführung in das englische Recht, § 15 I 2. b).

[484] Während das englische Gesellschaftrecht im 19. Jahrhundert noch die Hauptversammlung *(general meeting)* als oberstes Gesellschaftsorgan und den Vorstand *(board of directors)* nur als deren Vertreter ansah, gilt seit der Leitentscheidung *Automatic Self-Cleansing Filter*

reibungslosen Ablauf der Geschäftstätigkeit der Gesellschaft zu gewährleisten. Entscheidungen, die von der Aktionärsmehrheit selbst oder von den mit ihren Stimmen bestimmten Leitungsorganen getroffen werden, können nur in eng umrissenen Ausnahmefällen von Minderheitsaktionären angegriffen werden. Jedenfalls soll vermieden werden, dass streitsüchtige Kleinaktionäre die Entscheidungen der Aktionärsmehrheit mit gerichtlichen Klagen angreifen, um ausschließlich bzw. vorrangig persönliche Interessen zu befriedigen.[485] Der Minderheitenschutz ist im englischen *company law* anstelle von individuellen Informations- und Kontrollrechten der einzelnen Aktionäre vorwiegend durch organschaftliche Publizitätspflichten der Gesellschaftsleitung und durch Einsichtnahmerechte der Aktionäre in gesellschaftliche oder behördliche Register verankert.

Das Kapitalmarktrecht, das u.a. den effizienten Schutz der Anteilseigner aufgrund ihrer Funktion als Investoren der Gesellschaft zur Aufgabe hat, ging zunächst ebenfalls von den Prinzipien der Handlungsfreiheit und der Selbstregulierung aus. Es erkannte gesetzlichen Normen nur subsidiäre Bedeutung zu (*self-regulation in a statutory framework*), wies aber bereits seit langem ein engmaschiges, flexibles Netz an Publizitätsvorschriften auf.[486] Seit Inkrafttreten des *Financial Services and Markets Act 2000* (FSMA 2000) im Jahre 2001, der die geschäftlichen Aktivitäten der britischen Wertpapierbörse, die Rechte und Pflichten der Marktteilnehmer sowie Stellung und Aufsichtsbefugnisse der Börsenaufsichtsbehörde *Financial Services Authority* (FSA) detailliert regelt, sind die Rahmenbedingungen des englischen Börsenrechts erstmals umfassend gesetzlich normiert.

Der FSMA 2000 hat als *enabling statute* die im Einzelfall erforderliche Feinsteuerung der FSA übertragen. Die FSA nimmt in England zentral die Kapitalmarktaufsicht wahr und kann weitgehend nach eigenem Ermessen agieren.[487] Entsprechend dieser Delegation hat die FSA die Umsetzung und Ausgestaltung der einzelnen Publizitätspflichten übernommen.[488] Sie kontrolliert ebenfalls die praktische Einhaltung ihrer Normen und ist im Falle von Informationsverstößen

Syndicate Co. v Cunninghame (1906) (2 Ch 34) das Primat der *articles of association*. Danach basiert die Gesellschaft auf einem Vertragsschluss aller Aktionäre. Haben die Aktionäre in den *articles* die Alleinentscheidungsbefugnis über Gesellschaftsgeschäfte dem Vorstand zugewiesen, darf die Hauptversammlung aufgrund dieser Aufgabenzuweisung an den Vorstand bei Entscheidungen über solche Geschäfte nicht eingreifen, siehe Tolley's, *Company Law Handbook*, Rn. 11.5 ff.

485 Tolley's, *Shareholders*, S4027.

486 Siehe *Palmer's Company Law*, Rn. 11.001.

487 Der FSMA 2000 hat zu einem enormen Kompetenz- und Bedeutungszuwachs der FSA geführt, vgl. Alcock, *Financial Services and Markets Act*, S. 51 ff.; *Palmer's Company Law*, Rn. 11.002.

488 Gemäß s. 138 FSMA 2000 kann die FSA in ihrem Zuständigkeitsbereich alle Regeln treffen, die ihr für einen Schutz der Anleger notwendig und förderlich erscheinen.

zum Erlass von Sanktionen berufen.[489] Im Vorfeld der Disziplinarmaßnahmen verfügt die FSA zudem über weitgehende Informations- und Untersuchungsbefugnisse, die von einem allgemeinen Informations- und Fragerecht gemäß s. 165 FSMA 2000 über das Recht zur Anforderung von Berichten seitens des Unternehmens[490] gemäß s. 166 FSMA 2000 bis hin zur Befugnis auf Einsetzung von Prüfern zur Durchführung einer allgemeinen Unternehmensprüfung (s. 167 FSMA 2000) oder zur Prüfung einzelner Verdachtsfälle (s. 168 FSMA 2000) reichen.[491] Auch nach der Einführung des FSMA 2000 ist die englische Kapitalmarktpublizität von einem hohen Maß an Flexibilität geprägt. Die FSA ist befugt, bestimmte Publizitätsvorgaben im Einzelfall zu modifizieren oder einen Emittenten ausnahmsweise von einzelnen Offenlegungspflichten zu befreien.[492]

II. Aktionärsinformation in nicht börsennotierten Gesellschaften

Die gesellschaftsrechtlichen Informationsmöglichkeiten der Aktionäre englischer *companies* basieren primär auf zwingenden Vorschriften des *Companies Act 1985*. Zwar können sich Informationsbefugnisse auch aus den gesellschaftsvertraglichen Regelungen, den *articles of association* ergeben, denen nach Eintragung in das Gesellschaftsregister (*register of companies*) gemäß s. 14 CA 1985 bindende Wirkung zukommt. Doch enthalten die gesellschaftsvertraglichen Normen in der Praxis kaum Vorgaben zur Information der Aktionäre, da englische *companies* gemäß ss. 7 ff. CA 1985 – im Gegensatz zur Satzungsstrenge des deutschen Aktienrechts – den Inhalt ihrer *articles of association* weitestgehend frei bestimmen können. Ebenso wenig schreiben die in der *Table A* CA 1985 festgelegten Muster-*articles*, die gemäß s. 8 (2) CA 1985 bei *companies limited by shares* ohnehin nur dann Anwendung finden, wenn die Gesellschafter keine anderweitigen Regelungen vereinbart und ins Gesellschaftsregister eingetragen haben, weder organschaftliche Informationspflichten der Leitungsorgane noch individuelle Informationsrechte der Aktionäre vor.[493]

Im Übrigen verfügen mit Ausnahme der Informationsmöglichkeiten, die allen Personen offen stehen, lediglich die im Aktionärsregister (siehe unten D. II. 3. a)) eingetragenen Anteilseigner über Informationsbefugnisse, nicht

---

[489] Ungeachtet dieser hoheitlichen Aufgaben und Befugnisse wurde die FSA gemäß s. 1 FSMA 2000 als *private company limited by guarantee*, also als Privatgesellschaft, die dem CA 1985 unterliegt, ausgestaltet.

[490] Die Verpflichtung zur Erstellung eines Unternehmensberichts kann gemäß s. 166 (5) FSMA 2000 durch Erlass einer gerichtlichen Verfügung *(injunction)* zwangsweise durchgesetzt werden.

[491] *Palmer's Company Law*, Rn. 11.030 m.w.N. Widersetzen sich die Verpflichteten den Anordnungen, ist die FSA sogar zur Anwendung von polizeilichen Zwangsmitteln berechtigt; siehe auch FAZ Nr. 177 v. 02.08.2003, S. 19.

[492] Vgl. s. 101 (2) FSMA 2000; Sheikh, I.C.C.L.R. 2001, 222, 225 m.w.N.

[493] Tolley's, *Articles of association*, A7005 m.w.N.

dagegen Personen, die ihre Aktienbeteiligung über eine Investmentgesellschaft oder einen sonstigen Treuhänder halten (*beneficial owners*), da gemäß s. 22 CA 1985 nur im Register erfasste Personen als Aktionäre gelten.[494] Da zahlreiche Kleininvestoren ihre Aktienbeteiligung aus wirtschaftlichen Gründen über einen Treuhänder halten,[495] ist der Kreis der informations- und anfechtungsberechtigten Personen in England mithin deutlich kleiner als in Deutschland und Frankreich.

Derzeit wird eine Reform des englischen Gesellschaftsrechts (*Company Law Review*) vorbereitet. Nach Ausarbeitung mehrerer Einzelvorschläge und der Vorlage des *Final Report*[496] der *Company Law Review Steering Group*, der durch das Wirtschaftsministerium (*Department of Trade and Industrie*, DTI) in Auftrag gegeben und am 26.07.2001 bekannt gegeben wurde, sowie der Abschlussberichte der britischen Regierung *White Paper „Modernising Company Law"* von Juli 2002 und *White Paper „Company Law Reform"* von März 2005 wurde dem *House of Lords* am 01.11.2005 ein Gesetzentwurf (*Company Law Reform Bill*, Regierungsentwurf, RegE) mit dem Ziel einer umfassenden Reform des Gesellschaftsrechts vorgelegt.[497] Neben einer Erweiterung bestimmter Informationspflichten der Gesellschaft haben die Reformvorschläge eine Verbesserung der Informationsübermittlung, insbesondere durch Veröffentlichung auf der Website der Gesellschaft, zum Gegenstand, um eine rechtzeitige und allgemein zugängliche Informationsbereitstellung zu gewährleisten.[498] Eine Gesetzesänderung steht noch aus.

Neben den gesetzlichen Bestimmungen existieren wichtige verbandsrechtliche Regelungen, insbesondere die des *Institute of Chartered Secretaries and Administrators* (ICSA). Diese stellen jedoch nur unverbindliche Leitlinien ohne rechtliche Durchsetzungsmöglichkeit dar.[499]

---

494 Entsprechendes gilt für Stimm- und sonstige Aktionärsrechte; vgl. s. 22 CA 1985; Tolley's, *Shareholders*, S4003, 4013, S4056/7; *Palmer's Company Law*, Rn. 7.106 f. Gemäß Ziff. 2.40 RegE ist geplant, allen *companies* die Möglichkeit zu geben, weitergehende Rechte der *beneficial owners* in ihren *articles of association* festzuschreiben. Die Einführung einer entsprechenden gesetzlichen Verpflichtung im *Companies Act 1985* wurde dagegen abgelehnt.

495 Vgl. Tolley's, *Shareholders*, S4010.

496 Abrufbar unter *www.dti.gov.uk/cld/review.htm*; siehe Sheikh, I.C.C.L.R. 2001, 311; 2002, 89.

497 Die Entwürfe sind abrufbar unter *www.dti.gov.uk/cld/review.htm*.

498 Siehe Ziff. 3.47, 8.86 *Final Report*.

499 Die ICSA hat zahlreiche *Best Practice Guides*, u.a. den *Guide to Best Practice for Annual General Meetings* zur Verbesserung des Ablaufs von Hauptversammlungen veröffentlicht; vgl. *www.icsa.org.uk*.

1. Organschaftliche Informationspflichten im Vorfeld der Hauptversammlung

Anders als das deutsche Recht enthält das englische Gesellschaftsrecht kaum hauptversammlungsbezogene Informationsrechte und –pflichten. Die ss. 366 – 383 CA 1985 sehen lediglich vor, dass eine ordentliche Hauptversammlung grundsätzlich einmal jährlich abgehalten werden sollte, und regeln die Voraussetzungen der Einberufung sowie die Modalitäten der Beschlussfassung. Entsprechend dieser Flexibilität im Hinblick auf die Hauptversammlung selbst billigt das Gesellschaftsrecht *companies* einen weitreichenden Gestaltungsspielraum bezüglich des Inhalts ihrer Aktionärstreffen zu.[500]

a) Allgemeine Informationspflichten im Rahmen der Einberufungsmitteilung

(i) Inhalt

Nach der zwingenden Vorschrift der s. 369 CA 1985 sind alle im Aktionärsregister eingetragenen Personen vor dem Stattfinden einer Hauptversammlung zu benachrichtigen. In der Einberufungsmitteilung (*notice*) sind Zeit und Ort der Versammlung, die Feststellung, ob es sich um eine ordentliche (*annual general meeting*, AGM) oder eine außerordentliche Hauptversammlung (*extraordinary general meeting*, EGM) handelt, Informationen über die Möglichkeit einer Bevollmächtigung zur Stimmrechtsausübung (*proxy*), Ausführungen zu den einzelnen Tagesordnungspunkten und sämtliche Beschlussentwürfe von Minderheitsaktionären, die diese nach Maßgabe der ss. 376, 377 CA 1985 bei der Gesellschaft eingebracht haben, bekannt zu machen.[501] Ferner sind alle Rechte und wirtschaftlichen Belange der Vorstandsmitglieder (*directors*), die durch einen geplanten Hauptversammlungsbeschluss tangiert werden, in der Einberufungsmitteilung offen zu legen.[502] In dem gemäß s. 234 (1) CA 1985 zu erstellenden Bericht des Vorstands sind neben einer Beurteilung der Geschäftsentwicklung im vergangenen Geschäftsjahr u.a. Ausführungen zu den derzeitigen und geplanten Aktivitäten der Gesellschaft, zum Verhältnis zwischen Markt- und Bilanzwert des Unternehmens und zu Spenden an politische Organisationen zu machen.[503]

Das *common law* sieht hinsichtlich der Angaben zu den auf der Tagesordnung stehenden Beschlussvorschlägen der Gesellschaftsleitung zusätzliche Anforde-

---

[500] Auch eine audio-visuelle Durchführung der Hauptversammlung ist grundsätzlich zulässig; siehe Tolley's, *General Meetings*, G2002.

[501] Der Mitteilung sind gemäß s. 238 CA 1985 zudem eine Kopie der letzten Jahresbilanz, der Gewinn- und Verlustrechnung sowie der Berichte der Abschlussprüfer und des Vorstands beizufügen; Tolley's, *General Meetings*, G2012.

[502] *Normandy v Ind Coope & Co Ltd* (1908) 1 Ch 84; Davies, *Company Law*, S. 357 f.; Tolley's, *General Meetings*, G2014.

[503] Siehe *Sched.* 7 CA 1985; Tolley's, *Directors' Report*, D4501 m.w.N.

rungen vor. Danach sind die Mitteilungen in möglichst einfacher Sprache zu verfassen. Sie dürfen nicht missverständlich sein und müssen eine wahrheitsgemäße, vollständige und leicht verständliche Erklärung über den Zweck des jeweiligen Beschlussentwurfs beinhalten, so dass ein durchschnittlicher Aktionär nach schnellem Lesen der Mitteilung weiß, über welchen Sachverhalt er auf der Hauptversammlung abstimmen soll.[504] Grundsätzlich sind alle Informationen bekannt zu machen, die nach allgemeinem kaufmännischem Verständnis für die einzelnen Aktionäre von Bedeutung sind; sowohl ein Übermaß an Informationen, das den wahren Zweck des Beschlussentwurfs verschleiert, als auch ein Informationsdefizit kann dem entgegenstehen.[505] Je nach Art und Inhalt des Hauptversammlungsbeschlusses bestehen unterschiedlich hohe inhaltliche Anforderungen an die Ausführungen zu den einzelnen Tagesordnungspunkten.

Im Rahmen von Beschlussvorschlägen, die mit einfacher Stimmenmehrheit angenommen werden können, ist zwischen gewöhnlichen und besonderen Tagesordnungspunkten zu unterscheiden. Hat die Gesellschaft in ihren *articles of association* aufgelistet, welche Tagesordnungspunkte zu dem gewöhnlichen Geschäftsverlauf (*ordinary business*) der Hauptversammlung zählen, genügt der allgemeine Hinweis auf den regulären Inhalt der Tagesordnung (*indication of the general nature of the business to be conducted*) in der Einberufungsmitteilung. Ist dies entsprechend Art. 38 *Table A* CA 1985 nicht der Fall oder soll die Hauptversammlung über besondere Tagesordnungspunkte (*special business*)[506] entscheiden, sind nach den Vorgaben des *common law* nähere Ausführungen zu allen Tagesordnungspunkten zu machen. Hierbei genügen zusammenfassende Angaben zu den einzelnen Abstimmungspunkten, sofern diese hinreichend präzise sind, um den Aktionären eine Entscheidung darüber zu ermöglichen, ob ihre persönliche Anwesenheit auf der Hauptversammlung erforderlich ist oder eine Stimmrechtsbevollmächtigung zur Wahrung ihrer Interessen ausreicht.[507]

---

[504] *Kaye v Croydon Tramways Co* (1898) 1 Ch 358; *Baillie v Oriental Telephone and Electric Co Ltd* (1915) 1 Ch 503; *Rothmans Industries Ltd v Floral Holdings Ltd* (1986) 2 NZLR 480, CA (NZ); *Deveraux Holdings Pty Ltd v Pelsart Holdings NL* (No 2) (1985) 9 ACLR 956, SC (NSW); Boyle in: Boyle/Potts/Sealy, *Gore-Browne on Companies*, § 21.9.3 m.w.N.; *Palmer's Company Law*, Rn. 7.511.1.

[505] *Buttonwood Nominees Pty Ltd v Sundowner Minerals NL* (1986) 10 SVLT 360, SC (NSW): *the information must be information which it is obvious to the average commercial man in the street that the members should have*; siehe *Palmer's Company Law*, Rn. 7.511.1; Boyle in: Boyle/Potts/Sealy, *Gore-Browne on Companies*, § 21.9.3 m.w.N.

[506] Ein *special business* liegt beispielsweise vor, wenn die Hauptversammlung aufgrund des an sich gemäß s. 320 CA 1985 bestehenden Verbots der Übertragung wesentlicher Vermögensteile der Gesellschaft *(substantial property transfer)* an ein Vorstandsmitglied einem solchen Geschäft durch einfachen Mehrheitsbeschluss zustimmen soll; siehe Tolley's, *Directors' Duties*, D3016.

[507] *Choppington Collieries Ltd v Johnson* (1944) 1 All ER 762; Pennington, *Company Law*, S. 836; *Palmer's Company Law*, Rn. 7.508; Tolley's, *General Meetings*, G2013.

Vor der Beratung und Abstimmung über Maßnahmen, die gemäß s. 378 (1), (2) CA 1985 eine qualifizierte Mehrheit von ¾ der Aktionärsstimmen erfordern (*extraordinary and special resolutions*), sind demgegenüber sämtliche Beschlussentwürfe mit vollem Wortlaut oder einer Zusammenfassung aller inhaltlichen Punkte bekannt zu machen. Vor der Beschlussfassung über eine Kapitalerhöhung ist den Aktionären daher gemäß ss. 121 ff. CA 1985[508] insbesondere die geplante Anzahl der neuen Aktien mitzuteilen, damit sie über die neuen Liquiditätsverhältnisse und die Fremdkapitalquote der Gesellschaft, ihre Expansionsmöglichkeiten und die Verteilung der Aktionärsstimmen auf künftigen Hauptversammlungen informiert sind.

Alle Änderungsvorbehalte und inhaltlichen Änderungen der Resolutionsentwürfe in der späteren Beschlussfassung führen zur Anfechtbarkeit des Hauptversammlungsbeschlusses.[509]

(ii) Bekanntgabemodalitäten

Die Einberufungsmitteilung ist den Aktionären gemäß s. 369 CA 1985 mindestens 21 Tage vor der ordentlichen Hauptversammlung zuzusenden.[510] Handelt es sich um eine außerordentliche Hauptversammlung oder stehen *special resolutions* auf der Tagesordnung, sind diese binnen 14 Tagen bekannt zu geben.[511] Während die Mitteilung den Aktionären früher zwingend schriftlich bekannt zu geben war, sind die Gesellschaften nun gemäß s. 369 (4E) CA 1985[512] befugt, in ihren *articles of association* eine elektronische Übermittlung, z.B. durch Veröffentlichung auf der Website der Gesellschaft, vorzusehen.

---

[508] Jede *public company* muss gemäß s. 118 CA 1985 mindestens 50.000 GBP autorisiertes Kapital aufweisen; eine Mindestzeichnung oder Mindesteinzahlung gibt es jedoch nicht. Unter dem Begriff der Kapitalerhöhung (*increase of capital*) ist daher lediglich eine Erhöhung des autorisierten Kapitals zu verstehen, nicht aber die tatsächliche Ausgabe bzw. Zeichnung von Aktien. Die Erhöhung des autorisierten Kapitals kann gemäß s. 121 CA 1985 i.V.m. Art. 32 *Table A* CA 1985 grundsätzlich durch einfachen Mehrheitsbeschluss der Hauptversammlung erfolgen. Sehen die *articles* keine derartige Befugnis vor, bedarf es vor jeder Kapitalerhöhung einer *special resolution*, die die vorgenannten besonderen Informationspflichten auslöst; *MacConnel v E Prill & Co Ltd* (1916) 2 Ch 57; *Palmer's Company Law*, Rn. 4.202 f.; 7.511; Tolley's, *Shares*, S5009.

[509] *MacConnell v E Prill & Co Ltd* (1916) 2 Ch 57; *Re Moorgate Mercantile Holdings Ltd* (1980) 1 WLR 227; *Palmer's Company Law*, Rn. 7.511 f.

[510] Entsprechendes gilt gemäß s. 238 CA 1985 für die Übersendung des Jahresabschlusses und der Berichte des Vorstands und der Abschlussprüfer.

[511] Diese verkürzte Frist soll gemäß s. 283 (1) RegE auf alle Benachrichtigungen im Vorfeld einer Hauptversammlung ausgedehnt werden.

[512] Geändert durch ss. 8, 15 (1) *Electronic Communications Act 2000* i.V.m. Art. 18 *Electronic Communications Order 2000* (SI 2000 No 3373); Tolley's, *Articles of association*, A7006/1; *Palmer's Company Law*, Rn. 7.5001 ff. m.w.N.

b) Berichtspflichten bei Grundlagen- und Strukturmaßnahmen

(i) Kapitalerhöhungen unter Bezugsrechtsausschluss

Sollen im Rahmen des autorisierten Kapitals der Gesellschaft gemäß ss. 80, 95 CA 1985 neue Aktien unter Ausschluss des in s. 89 (1) CA 1985 normierten Bezugsrechts der Altaktionäre ausgegeben bzw. gezeichnet werden, hat der Vorstand gemäß s. 95 (5) CA 1985 entsprechend den europarechtlichen Vorgaben einen Bericht zu erstellen, in dem der geplante Ausgabekurs der neuen Aktien sowie die Gründe für den von ihm empfohlenen Bezugsrechtsausschluss und den vorgeschlagenen Ausgabekurs zu erläutern sind. Dieser Bericht ist den Aktionären zusammen mit der Einberufungsmitteilung zuzusenden.[513]

(ii) Umwandlungsmaßnahmen

Ähnliche Informationspflichten treffen den Vorstand im Rahmen einer Umwandlung durch gerichtliche Übertragungsverfügung gemäß ss. 425 ff. CA 1985.[514] Neben der Übersendung einer Einberufungsmitteilung an die Aktionäre[515] spätestens 21 Tage vor dem Stattfinden der Hauptversammlung, die über die Umstrukturierung der Gesellschaft entscheidet, hat der Vorstand gemäß s. 426 CA 1985 einen Bericht (*explanatory statement*) zu erstellen, in dem er die Auswirkungen der geplanten Umwandlung auf die Gesellschaft und die Aktionäre sowie alle wesentlichen Unternehmensbeteiligungen (*material interests*), die den einzelnen Vorstandsmitgliedern nach dem Umwandlungsplan (*scheme*) zustehen,[516] darlegt. Der Bericht darf nicht missverständlich sein und muss die tatsächliche Bedeutung aller Vertragsklauseln hinreichend erklären.[517] Darüber hinaus sind den Anteilseignern alle neuen Umstände, die aus der Sicht eines vernünftigen Aktionärs für die Beurteilung des Umwandlungsvorhabens von wesentlicher Bedeutung sein können (*all changes which are material to a reasonable*

---

[513] Tolley's, *Shares*, S5031; *Palmer's Company Law*, Rn. 5.714 ff. m.w.N.

[514] Die Umwandlung durch gerichtliche Übertragungsverfügung gemäß ss. 425 ff. CA 1985 ist die praktisch am häufigsten gewählte Form der Umstrukturierung. Darüber hinaus ist gemäß s. 110 *Insolvency Act 1986* eine Umwandlung durch Auflösung der Gesellschaft möglich, die jedoch häufig als zu kosten- und zeitintensiv empfunden wird; vgl. Tolley's, *Reconstructions and Amalgamations*, R2008 ff. Auf das letztgenannte Verfahren soll hier nicht näher eingegangen werden.

[515] Die Einberufungsmitteilung ist lediglich an die Aktionäre zu senden, die von der Umstrukturierung betroffen sind; vgl. *Re Oceanic Steam Navigation Company Limited* (1939) 1 Ch 41; Tolley's, *Reconstruction and Amalgamations*, R2019.

[516] Insoweit sind entsprechend der allgemeinen Grundsätze (s. 312 CA 1985, siehe D. II. 2.d)(ii)) auch die geplanten Abfindungszahlungen an Vorstandsmitglieder aufzuführen.

[517] *Re Dorman Long & Co Limited* (1934) 1 Ch 635; vgl. Tolley's, *Reconstruction and Amalgamations*, R2019; *Palmer's Company Law*, Rn. 12.020 ff.

shareholder), noch vor der Beschlussfassung mitzuteilen.[518] Demgegenüber können die Aktionäre nicht verlangen, dass ihnen in dem Bericht Informationen zu sämtlichen Detailpunkten, die möglicherweise Auswirkungen auf ihr Stimmverhalten auf der Hauptversammlung haben, bekannt gegeben werden.[519]

c) Offenlegung von Vertragsbeziehungen mit Vorstandsmitgliedern

(i) Allgemeines

Nach Maßgabe des *common law* können grundsätzlich alle Verträge zwischen einem Vorstandsmitglied und der Gesellschaft, die nicht von der Hauptversammlung gebilligt werden, von der Gesellschaft gerichtlich angefochten werden.[520] Allerdings sind die Gesellschafter befugt, in den *articles* eine Befreiung von der generellen Zustimmungspflicht festzuschreiben, da eine Einberufung der Hauptversammlung vor bzw. nach jedem Vertragsabschluss mit Mitgliedern des Vorstands zu umständlich, zeit- und kostenintensiv wäre. Will ein Mitglied des Vorstands (*director*) danach einen Vertrag mit der Gesellschaft eingehen, genügt grundsätzlich eine allgemeine Mitteilung über die daraus für ihn entstehenden Rechte und sonstigen Rechtspositionen (*interests or potential interests*) an den Vorstand.[521] In bestimmten Fällen allerdings ist zusätzlich eine Offenlegung gegenüber den Aktionären erforderlich; teilweise besteht unabhängig von den Bestimmungen der *articles* zusätzlich eine Zustimmungspflicht der Hauptversammlung, um einem Rechtsmissbrauch der Vorstandsmitglieder zu Lasten der Gesellschaft und der Aktionäre vorzubeugen.[522]

(ii) Vertragsbeziehungen im Einzelnen

Gemäß s. 318 CA 1985 sind alle Aktionäre berechtigt, Einsicht in die Anstellungsverträge der einzelnen Vorstandsmitglieder sowie in Vereinbarungen, die diese modifizieren, zu nehmen und Kopien hiervon zu fertigen.[523] Sollen weitergehende Vereinbarungen geschlossen werden, die einen langfristigen Arbeitsvertrag (*long-term service contract*) mit einem Vorstandsmitglied mit einer Laufzeit von fünf oder mehr Jahren zum Gegenstand haben und daher gemäß

---

[518] *Re Minster Assets plc* (1985) BCLC 200; *Re MB Group plc* (1989) 6 BCC 684; Tolley's, *Reconstruction and Amalgamations*, R2019; *Palmer's Company Law*, Rn. 12.020.1 m.w.N.

[519] *„But it is unnecessary for the directors to give to shareholders in a notice convening a meeting of this kind every piece of information which might conceivably affect their voting"*; *Re RAC Motoring Services Ltd* (2000) 1 BCLC 307; *Residues Treatment & Trading Co Ltd v Southern Resources Ltd* (1988) 14 ACLR 375; *Palmer's Company Law*, Rn. 12.020.2 m.w.N.

[520] *Aberdeen Rail Co v Blaikie Brothers* (1854) 1 Macq 461; Tolley's, *Disclosure of Directors's Interests*, D6019.

[521] Siehe Art. 85 *Table A* CA 1985.

[522] Tolley's, *Disclosure of Directors's Interests*, D6020.

[523] Insofern handelt es sich um eine nicht hauptversammlungsbezogene Informationspflicht.

s. 319 CA 1985 einer Zustimmung durch einfachen Mehrheitsbeschluss der Hauptversammlung unterliegen, sind die Vertragsentwürfe spätestens 15 Tage vor der Hauptversammlung am Sitz der Gesellschaft und während des Aktionärstreffens selbst zur Einsichtnahme der Aktionäre auszulegen.[524] Ferner sind Vereinbarungen zwischen der Gesellschaft und einem Vorstandsmitglied, die Abfindungszahlungen oder sonstige Leistungen im Zusammenhang mit seinem Ausscheiden aus der Gesellschaft vorsehen und deshalb gemäß s. 312 CA 1985 von der Zustimmung der Aktionärsmehrheit in der Hauptversammlung abhängig sind, den Aktionären im Vorfeld der Beschlussfassung offen zu legen.[525]

d) Sanktionen

Die Verletzung hauptversammlungsbezogener Informationspflichten eröffnet Aktionären nicht grundsätzlich die Befugnis zur Anfechtung der auf der Versammlung gefassten Beschlüsse, sondern hat sehr unterschiedliche Sanktionen zur Folge.

(i) Nichtigkeits- und Anfechtungsklage

Beratungen und Abstimmungen über Tagesordnungspunkte, über die die Aktionäre nicht oder nicht rechtzeitig gemäß s. 369 (1) CA 1985 unterrichtet worden sind, sind grundsätzlich nichtig. Allerdings ist die Nichteinhaltung der Mitteilungsfrist gemäß s. 369 (3), (4) CA 1985 unbeachtlich, wenn im Rahmen von ordentlichen Hauptversammlungen alle und bei sonstigen Hauptversammlungen mindestens 95 % der anwesenheits- und stimmberechtigten Aktionäre dies genehmigen.[526] Ebenso kann die Gesellschaft entsprechend Art. 39 *Table A* CA 1985 bestimmen, dass eine versehentliche Nichtbenachrichtigung einzelner anwesenheitsberechtigter Aktionäre unbeachtlich ist.[527]

Fehlerhafte Einberufungsmitteilungen führen nach Maßgabe des *common law* zur Anfechtbarkeit der jeweiligen Hauptversammlungsbeschlüsse.[528] Grundsätzlich ist jeder im Aktionärsregister eingetragene Aktionär befugt, bei Gericht eine Anfechtungsklage zu erheben, um alle Hauptversammlungsbeschlüsse, die auf der fehlerhaften Einberufungsmitteilung basieren, für nichtig erklären zu lassen.[529]

---

[524] Tolley's, *Directors' Service Contracts*, D5008.

[525] Die Offenlegungspflicht umfasst insbesondere die Höhe der Abfindunsgzahlung und die sonstigen Zahlungsmodalitäten; Tolley's, *Directors' Service Contracts*, D5022.

[526] Siehe Tolley's, *General Meetings*, G2011; Boyle in: Boyle/Potts/Sealy, *Gore-Browne on Companies*, § 21.9.2 m.w.N. Ist die Gesellschaft zur Bekanntgabe der Informationen auf ihrer Website befugt, gelten alle Aktionäre als informiert.

[527] Boyle in: Boyle/Potts/Sealy, *Gore-Browne on Companies*, § 21.9; Tolley's, *General Meetings*, G2009.

[528] Tolley's, *General Meetings*, G2013.

[529] *Re Blue Arrow plc* (1987) BCLC 585; *Bradman v Trinity Estates plc* (1989) 5 BCC 33; Tolley's, *General Meetings*, G2009.

Eine Anfechtungsklage unterliegt jedoch strengen prozessualen Anforderungen und erfordert zudem den Nachweis, dass die fehlerhafte Einberufungsmitteilung zu schwerwiegenden Missverständnissen der Aktionärsmehrheit geführt hat und der den Resolutionsentwurf billigende Beschluss hierdurch beeinflusst wurde. Kann nicht nachgewiesen werden, dass ein Aktionär durch die fehlerhafte Einberufungsmitteilung in wesentlichen Punkten inhaltlich getäuscht wurde, hat die Klage keine Erfolgsaussichten,[530] siehe hierzu im Einzelnen unten D. II. 4.

(ii) Sonstiges

(a) Zivilrechtliche Sanktionen

Des Weiteren steht den Aktionären das Recht zu, einen Antrag auf Erlass einer einstweiligen Verfügung (*injunction*) zu stellen, um eine Vertagung der Hauptversammlung zu erreichen[531] oder um Handlungen der Gesellschaft, die auf nichtigen oder fehlerhaften Hauptversammlungsbeschlüssen beruhen, zu unterbinden.[532] Im Falle einer Verletzung des Einsichtnahmerechts in die Anstellungsverträge der Vorstandsmitglieder kann gemäß s. 318 (9) CA 1985 die unverzügliche Einsichtnahme gerichtlich angeordnet werden. Zudem können die begünstigten Personen zur Rückerstattung der ihnen gezahlten Abfindung und die für die Zahlung verantwortlichen Organmitglieder zum Schadensersatz verpflichtet werden.[533]

Eine Besonderheit gilt im Rahmen der Umstrukturierung einer Gesellschaft. Wurden die Einberufungsmitteilung oder der Vorstandsbericht gemäß s. 426 CA 1985 fehlerhaft erstellt, ist das über die Umwandlung entscheidende Gericht befugt, den Umwandlungsantrag zurückzuweisen. Zwar setzt die Rechtsprechung bei der Beurteilung der *explanatory statements* strenge Maßstäbe an, doch sind auch hier kleinere Unrichtigkeiten unschädlich, wenn der Bericht im Übrigen alle wesentlichen Punkte so klar und verständlich darstellt, dass die Aktionäre auf hinreichend informierter Grundlage eine Abstimmung auf der Hauptversammlung vornehmen können.[534]

---

[530] *CAS (Nominees) Ltd v Nottingham Forest FC plc* (2002) 1 BCLC 613; *Re Imperial Chemical Industries Ltd* (1936) 1 Ch 587; *Carruth v Imperial Chemical Industries Ltd* (1937) AC 707; *Palmer's Company Law*, Rn. 7.511.1; Hollington, *Shareholders' Rights*, S. 140 ff.

[531] *Agbi v Geosimm Integrated Technologies Corp* (1999) 7 WWR 398, CA (Alta); Boyle in: Boyle/Potts/Sealy, *Gore-Browne on Companies*, § 21.9.3.

[532] *MacConnell v E Prill & Co Ltd* (1916) 2 Ch 57; Tolley's, *General Meetings*, G2013; *Palmer's Company Law*, Rn. 7.508.

[533] *Re Duomatic* (1969) 2 Ch 365; Tolley's, *Directors' Service Contracts*, D5022.

[534] *Re RAC Motoring Services Ltd* (2000) 1 BCLC 307; *Residues Treatment & Trading Co Ltd v Southern Resources Ltd* (1988) 14 ACLR 375; *Palmer's Company Law*, Rn. 12.020.2 m.w.N.; Tolley's, *Reconstructions and Amalgamations*, R2019.

(b) Öffentlich-rechtliche Sanktionen

Verletzungen der allgemeinen Bekanntmachungspflichten im Vorfeld einer Hauptversammlung haben keine öffentlich-rechtlichen Sanktionen zur Folge. Etwas anderes gilt im Rahmen von besonderen Beschlussgegenständen und im Hinblick auf die Vergütung der Vorstandsmitglieder.

Gemäß s. 95 (6) CA 1985 können vorsätzliche oder leichtfertige Verletzungen der Berichtspflicht vor Kapitalerhöhungen unter Bezugsrechtsausschluss alternativ oder kumulativ eine Geld- und/oder eine Freiheitsstrafe gegen die Vorstandsmitglieder sowie alle anderen pflichtwidrig handelnden Personen, denen die fehlerhafte Angabe zugerechnet werden kann, zur Folge haben.[535] Informationsverstöße im Rahmen von Umwandlungsmaßnahmen stellen gemäß s. 426 (6, 7) i.V.m. Sched. 24 CA 1985 ebenfalls einen Straftatbestand dar, der mit einer Geldstrafe gegen die Gesellschaft selbst sowie die Vorstandsmitglieder und leitenden Angestellten (*officer*) geahndet werden kann. Entsprechendes gilt gemäß s. 318 (8) CA 1985 für Rechtsverstöße im Rahmen der Offenlegung von Anstellungsverträgen der Vorstandsmitglieder. Verstöße gegen die pflichtgemäße Erstellung und Veröffentlichung des Vergütungsberichts werden ebenfalls mit strafrechtlichen Sanktionen geahndet. Erstellt der Vorstand den Bericht nicht pflichtgemäß oder legt er ihn der Hauptversammlung nicht zur Abstimmung vor, kann sich jedes Vorstandsmitglied gemäß ss. 234B (3), 241A (10) CA 1985 unabhängig von seinem konkreten Aufgabenbereich innerhalb der Gesellschaft strafbar machen. Gleiches gilt gemäß s. 241A (9) CA 1985 bei Verletzung der Pflicht zur Bekanntgabe des Vergütungsberichts an die Aktionäre im Vorfeld der Hauptversammlung hinsichtlich der jeweils verantwortlichen Vorstandsmitglieder.

Die Voraussetzungen und die Höhe der Sanktionen, die u.a. davon abhängen, ob eine Bestrafung im summarischen Verfahren oder eine Verurteilung nach Anklageerhebung erfolgt, sind in der Sched. 24 CA 1985 übersichtlich in tabellarischer Form aufgelistet.[536] Den Organmitgliedern und sonstigen pflichtwidrig handelnden Personen steht gemäß ss. 234B (4), 241A (11), 426 (6) CA 1985 der Nachweis offen, alles zur Beachtung der jeweiligen Informationsvorschrift Erforderliche getan zu haben, um einer Bestrafung entgehen.

(c) *Directors Disqualification*

Zusätzlich zu der Verhängung von Geld- und Freiheitsstrafen sieht das englische Recht im *Company Directors Disqualification Act 1986* (CDDA 1986) vor, dass einem Vorstandsmitglied durch gerichtliche Anordnung (*disqualification order*) untersagt werden kann, seine Vorstandstätigkeit für einen bestimmten Zeitraum

---

[535] *Palmer's Company Law*, Rn. 5.716.

[536] Maßgebliche Bezugsgröße für Geldstrafen ist das *statutory maximum*, das sich nach s. 32 *Magistrates Courts Act 1980* bestimmt, und derzeit 5.000,00 GBP beträgt; siehe Tolley's, *Reconstructions and Amalgamations*, R2020.

weiter auszuüben. Neben Pflichtverletzungen im Vorfeld einer Insolvenz der Gesellschaft (s. 6 CDDA 1986)[537] rechtfertigen auch (wiederholte) Verstöße gegen gesetzliche Informationspflichten die gerichtliche Anordnung eines zeitlich begrenzten Bestellungsverbots.

Gemäß ss. 2, 5 CDDA 1986 können Rechtsverstöße, also auch die Verletzung von Informationspflichten, die bereits zu einer strafrechtlichen Verurteilung geführt haben, abhängig davon, ob die Verurteilung nach Anklageerhebung oder im summarischen Verfahren erfolgte, die Anordnung eines Bestellungsverbots von bis zu fünfzehn (*disqualification on conviction of indictable offense,* s. 2 CDDA 1986) oder fünf Jahren (*disqualification on summary conviction,* s. 5 CDDA) nach sich ziehen.[538] Darüber hinaus sieht s. 3 CDDA 1986 vor, dass ein Bestellungsverbot auch ohne vorherige strafrechtliche Verurteilung für maximal fünf Jahre angeordnet werden kann, wenn das jeweilige Organmitglied innerhalb der letzten fünf Jahre in mindestens drei Fällen seiner Pflicht zur Erstellung des Jahresberichts gemäß s. 707B CA 1985 (*annual return*), des Jahresabschlusses oder sonstiger Unterlagen, die dem *Registrar of Companies* vorzulegen sind (vgl. D. II. 3 d)), nicht ordnungsgemäß nachgekommen ist (*disqualification for persistent breaches of companies legislation*).[539]

Das Bestellungsverbot wird der zentralen britischen Registerbehörde (*Register of Companies*) mitgeteilt und sodann im *Register of Disqualified Directors*, das von jedermann eingesehen werden kann, eingetragen.[540] In der Praxis wird insbesondere Vorstandsmitgliedern kleinerer Unternehmen wegen Pflichtverletzungen im Vorfeld einer Insolvenz der Gesellschaft die Ausübung ihrer Organtätigkeit untersagt.[541]

2. Sonstige hauptversammlungsbezogene Informationsbefugnisse

a) Informationsrechte der Aktionäre während der Hauptversammlung

Gemäß s. 234A (2) CA 1985 ist der Bericht des Vorstands, der den Aktionären bereits im Vorfeld des Aktionärstreffens bekannt zu geben war (siehe oben D. II. 1. a) (i)), während jeder ordentlichen Hauptversammlung zur Einsichtnahme auszulegen. Im Übrigen bestehen weder nach dem englischen kodifizierten Gesellschaftsrecht noch nach Maßgabe des *common law* rechtlich durch-

---

537 Siehe *Palmer's Company Law*, Rn. 8.106 ff. m.w.N. Sehr kritisch zur Reichweite dieses praktisch bedeutsamsten Bestellungsverbotstatbestands: Hicks (2001) J.B.L. 433.

538 Lowry in: Boyle/Potts/Sealy, *Gore-Browne on Companies*, § 25.7.4A; *Palmer's Company Law*, Rn. 8.115 f.

539 Davies, *Company Law*, S. 222 f.; Hannigan in: *Farrar's Company Law*, S. 346; Lowry in: Boyle/Potts/Sealy, *Gore-Browne on Companies*, § 25.7.5; *Palmer's Company Law*, Rn. 8.119.

540 Lowry in: Boyle/Potts/Sealy, *Gore-Browne on Companies*, § 25.7.4C; *Palmer's Company Law*, Rn. 8.121.

541 Kritisch Hicks (2001) J.B.L. 433, 434 ff.

setzbare Informationsmöglichkeiten der Aktionäre während einer Hauptversammlung; insbesondere existiert kein gesetzlich verankertes Auskunftsrecht.[542] Die Muster-*articles* der *Table A* CA 1985 normieren ebenfalls kein Informationsrecht der Aktionäre gegenüber der Gesellschaftsleitung. Auch die geplanten Änderungen des Gesellschaftsrechts sehen eine Neuschaffung von hauptversammlungsspezifischen Informationsrechten nicht vor. Ein verbindliches Auskunftsrecht ist daher nur denkbar, wenn die jeweilige Satzung einer *company* dies – ausnahmsweise – ausdrücklich festlegt.

In der Literatur findet sich hinsichtlich von Auskunftsansprüchen der Aktionäre lediglich die knappe Feststellung, dass Anteilseigner in der Hauptversammlung neben der Möglichkeit zur Erörterung der einzelnen Beschlussvorschläge ausreichend Gelegenheit haben müssen, Fragen an den Vorstand zu stellen, soweit diese mit dem jeweiligen Beschlussgegenstand in Zusammenhang stehen.[543] In der Praxis wird Aktionären zwar das Recht zur Stellung von Fragen im Anschluss an die Rede des Vorstandsvorsitzenden zugebilligt. Auch befürworten verschiedene gesellschaftsrechtliche Institutionen eine offene Kommunikation zwischen Aktionären und der Unternehmensleitung auf der Hauptversammlung. Beispielsweise enthalten die vom *Institute of Chartered Secretaries and Administrators* (ICSA) veröffentlichten Leitlinien (*Guide to Best Practice for Annual General Meetings*) zahlreiche Anregungen zum Umgang mit Aktionärsfragen auf Hauptversammlungen.[544] Doch haben diese unverbindlichen Vorgaben nicht zu einem durchsetzbaren Auskunftsrecht der Aktionäre führen können, da die Gesellschaftsleitung nicht verpflichtet ist, über den Vorstandsbericht hinausgehende Angaben zu machen.[545] Mangels rechtlicher Handhabe kann der Leiter der Hauptversammlung (*chairman*) Fragen ohne weiteres fehlerhaft oder unvollständig beantworten oder sogar ohne Grund ignorieren. Vielfach verweigert der Vorstand die Beantwortung unangenehmer Fragen mit dem Hinweis, dass die Offenlegung der jeweiligen Umstände vertrauliche Informationen preisgeben würde und dass die Hauptversammlung nicht das geeignete Diskussionsforum bezüglich dieser Themenkomplexe sei.[546]

---

[542] Shearman in: *Shackleton on the Law and Practice of Meetings*, Rn. 19-23.
[543] Furey in: *Farrar's Company Law*, S. 310, Davies, *Company Law*, S. 583.
[544] Nach den Empfehlungen der ICSA sollten Aktionärsfragen bereits im Vorfeld der Hauptversammlung zugelassen werden. Der Vorstand sollte eine angemessene Zeit für Auskunftsbegehren zur Verfügung stellen und Fragen zur Geschäftsentwicklung und zu den Zukunftsperspektiven zulassen. Auskunftsbegehren, die im Hinblick auf die Geschäftstätigkeit der Gesellschaft irrelevant sind oder deren Beantwortung sensible Informationen offenlegen würde, sollen hingegen zurückzuweisen sein; vgl. Shearman in: *Shackleton on the Law and Practice of Meetings*, Rn. 19 - 23; Davies, *Company Law*, S. 583; Pelzer, Auskunftsrecht, 2004, S. 42.
[545] Boyle in: Boyle/Potts/Sealy, *Gore-Browne on Companies*, § 21.11.
[546] Hannigan in: *Farrar's Company Law*, S. 429; Pelzer, Auskunftsrecht, 2004, S. 44 m.w.N.

b) Informationspflichten im Anschluss an die Hauptversammlung

Nach derzeit geltendem Recht sind die Aktionäre befugt, den Inhalt der Hauptversammlungsbeschlüsse und die Erklärungen und Stellungnahmen der Anteilseigner im Hinblick auf diese Beschlüsse auf eigene Kosten zu veröffentlichen. Diese Offenlegungsbefugnis soll gemäß ss. 313, 314 RegE nach entsprechendem Antrag der Anteilseigner zu einer Mitteilungspflicht der Gesellschaft ausgestaltet werden. In börsennotierten Gesellschaften sind die Mitteilungen gemäß s. 315 RegE auf der Website der Gesellschaft zu veröffentlichen.

3. Informations- und Publizitätspflichten außerhalb der Hauptversammlung

Das englische Gesellschaftsrecht normiert anders als das deutsche Recht umfangreiche hauptversammlungsunabhängige Publizitätspflichten. Die Offenlegung der Informationen erfolgt vorwiegend durch Einstellung der Daten in bestimmte Unternehmensregister, die nicht nur Aktionären, sondern allen interessierten Personen zur Einsichtnahme zur Verfügung stehen. Ziel der allgemeinen Einsichtnahmebefugnis ist neben der Information derzeitiger und potentieller Aktionäre insbesondere der Schutz der Gesellschaftsgläubiger und sonstiger Personen, die mit der Gesellschaft in Geschäftsverbindung stehen.[547] Die Unternehmensregister sind am Sitz der jeweiligen Gesellschaft in schriftlicher oder elektronischer Form zu führen (ss. 722, 723 CA 1985). Bestimmte Informationen sind zusätzlich der zentralen britischen Registerbehörde (*Register of Companies*) zu melden, die ein eigenes zentrales Unternehmensregister führt, das auch über die Website des *Companies House*[548] eingesehen werden kann.

a) Offenlegung personenbezogener Daten der Aktionäre

(i) Umfang und Bekanntgabe der Informationen

Gemäß ss. 352 ff. i.V.m. Sched. 14 CA 1985 sind alle *companies* verpflichtet, ein Register zu erstellen, in dem die Namen und Anschriften der Aktionäre, die Anzahl der jeweils gehaltenen Aktien und der hierfür gezahlte Preis anzugeben sind. Ferner sind das Eintragungsdatum im Register und bei ehemaligen Aktionären das Datum ihres Ausscheidens aus der Gesellschaft zu vermerken.[549] Eine Ausnahme von der Eintragungspflicht gilt gemäß s. 360 CA 1985 für Treuhandvermögen (*trusts*), so dass sowohl Investmentgesellschaften oder sonstige Treuhänder als auch Anleger, die nur mittelbar über diese an der Gesellschaft

---

[547] Tolley's, *Companies Searches*, C7001, C7012 f.

[548] Das *Companies House* ist eine Art Handelsregisteramt, das über verschiedene *Information Centres* in England, Wales und Schottland verfügt; vgl. *www.companieshouse.gov.uk*; Tolley's, *Companies Searches*, C7009.

[549] Änderungen der Aktionärsliste sind unverzüglich *(without reasonable delay)* einzutragen. Eine bestimmte Eintragungsfrist ist nicht vorgesehen; Tolley's, *Shareholders*, S4017.

beteiligt sind, nicht im Aktionärsregister eingetragen werden. Das Register ist am Sitz der Gesellschaft zu führen und gemäß ss. 356, 723A CA 1985 allen interessierten Personen zur Einsichtnahme zur Verfügung zu stellen.[550] Der Darlegung eines berechtigten Interesses bedarf es nicht. In der Literatur wird die informationelle Bedeutung des Aktionärsregisters insbesondere aufgrund der fehlenden Offenlegung der Treuhandverhältnisse als zweifelhaft angesehen.[551]

(ii) Sanktionen

Enthält das Aktionärsregister fehlerhafte Eintragungen, kann gemäß s. 359 CA 1985 nach entsprechendem Antrag eine unverzügliche Berichtigung gerichtlich angeordnet werden.[552] Die Einsichtnahme selbst kann ebenfalls gerichtlich durchgesetzt und eine Nichtbeachtung der richterlichen Anordnung gemäß s. 356 (5) CA 1985 wegen Ungebühr vor Gericht (*contempt of court*) zusätzlich mit einer Geld- oder Freiheitsstrafe gegen die Gesellschaft selbst sowie alle pflichtwidrig handelnden leitenden Angestellten belegt werden.[553] Darüber hinaus sind Verstöße gegen die Eintragungspflicht strafbar und können gemäß ss. 352 (5), 352A (3), 353 (4), 354 (4) CA 1985 mit Geldstrafen gegen die Gesellschaft, die Vorstandsmitglieder und die für die Eintragung verantwortlichen Angestellten geahndet werden.[554]

b) Offenlegung personenbezogener Daten der Vorstandsmitglieder und Verwaltungsdirektoren

(i) Umfang und Bekanntgabe der Informationen

Entsprechend dem Aktionärsregister haben *companies* gemäß s. 288 CA 1985 unabhängig von Größe und Kapitalmarktaktivität bestimmte personenbezogene Daten der Vorstandsmitglieder, der Verwaltungsdirektoren (*company secretaries*) und aller *shadow directors*, d.h. Personen, die nicht offiziell als Vorstandsmitglieder fungieren, aber faktisch Leitungsfunktionen wahrnehmen,[555] an ihrem Geschäftssitz offen zu legen. Nach der in s. 289 (1) CA 1985 erfolgten Auflis-

---

[550] Neben der persönlichen Einsichtnahme am Gesellschaftssitz und der Übersendung von Abschriften können die *articles of association* gemäß Art. 111 *Electronic Communications Order 2000* auch eine elektronische Übersendung von Registerauszügen vorsehen; Tolley's, *Articles of association*, A7006/1; *Shareholders*, S4016/2.

[551] *Palmer's Company Law*, Rn. 7.106.

[552] Tolley's, *Shareholders*, S4017/3; antragsberechtigt sind nicht nur Aktionäre, sondern auch die Gesellschaft selbst und sonstige Personen.

[553] *Palmer's Company Law*, Rn. 7.111.

[554] Die Voraussetzungen und die Höhe der einzelnen Sanktionen sind in der Sched. 24 CA 1985 in tabellarischer Form aufgelistet; siehe auch Tolley's, *Shareholders*, S4018.

[555] Siehe die Definition des s. 741 CA 1985; *Secretary of State for Trade and Industry v Deverell and another* (2000) 2 All ER 365; Tolley's, *Directors' Duties*, D3002.

tung sind die derzeitigen und früheren Namen, die Nationalität, die Anschrift sowie die aktuelle berufliche Tätigkeit (*business occupation*) jedes Vorstandsmitglieds in das Register einzustellen.[556] Die Offenlegung der Informationen erfolgt entsprechend der Bekanntgabe des Aktionärsregisters (siehe oben D. II. 2.a)).

(ii) Sanktionen

Die Einsichtnahme kann gemäß s. 288 (4) CA 1985 entsprechend der Regelung des s. 356 CA 1985 durch gerichtliche Eilverfügung zwangsweise durchgesetzt werden. Die Nichtbeachtung der gerichtlichen Anordnung sowie fehlerhafte Eintragungen können ebenfalls Geld- oder Freiheitsstrafen nach sich ziehen (siehe oben D. II. 3. a) (ii)).

c) Offenlegung von Wertpapierbeteiligungen der Vorstandsmitglieder

Der Besitz von Aktien (*shares*) und besicherten Schuldtiteln (*debentures*) der eigenen Gesellschaft und Konzerngesellschaften sowie Geschäfte der Organmitglieder mit diesen Wertpapieren unterliegen in England bereits seit langem einer gesetzlichen Offenlegungspflicht.[557] Im Gegensatz zum deutschen und französischen Recht sind diesbezügliche Regelungen primär im Gesellschaftsrecht angesiedelt.[558] Die Mitteilungspflichten der ss. 324 ff. CA 1985 erstrecken sich auf alle *companies*. Meldepflichtig sind gemäß ss. 324 (1), (6), 328 (1) CA 1985 die tatsächlichen und faktischen Organmitglieder der Gesellschaft (*directors and shadow directors*), deren Ehegatten sowie deren minderjährige Kinder und Stiefkinder. Gemäß s. 325, Sched. 13 CA 1985 sind die Informationen in ein gesondertes Verzeichnis, das am Sitz der Gesellschaft zu führen ist, einzustellen.

(i) Pflichten auslösende Ereignisse

Die Meldepflichten knüpfen zum einen an den Eintritt eines Organmitglieds in die Gesellschaft und zum anderen an zeitlich nachfolgende Transaktionen mit Aktien oder besicherten Schuldtiteln an. Gemäß s. 324 (1) CA 1985 haben die meldepflichtigen Personen zum Zeitpunkt des Eintritts des Organmitglieds in die Gesellschaft den Gesamtbestand ihrer Aktienbeteiligung und ihrer besicherten Schuldtitel an der Gesellschaft sowie deren Konzerngesellschaften offen zu legen. Im Anschluss daran unterliegen gemäß s. 324 (2) (a), (b) CA 1985 der

---

[556] Die weitergehende Verpflichtung zur Offenlegung aller anderweitigen Leitungsaufgaben der Vorstandsmitglieder wurde 1999 aufgehoben. Gemäß s. 45 *Criminal Justice and Police Act 2001* kann zudem die Offenlegung der Wohnanschriften der Vorstandsmitglieder u.a. bei Gefahr von Gewalttaten unterbleiben; Tolley's, *Companies Searches*, C7020.

[557] Schon die *Companies Acts* von 1947 und 1967 enthielten die Pflicht zur Registrierung von Geschäften der Organmitglieder mit Wertpapieren ihrer Gesellschaft.

[558] Die *Listing Rules* enthalten insoweit lediglich ergänzende Vorschriften für an der *London Stock Exchange* notierte Gesellschaften, siehe i.E. unten D. III. 3.

Kauf der vorgenannten Wertpapiere sowie der Abschluss eines Vertrages, der einen Verkauf dieser Wertpapiere zum Gegenstand hat, der Offenlegungspflicht. Gleiches gilt gemäß s. 324 (2) (c), (d) CA 1985 hinsichtlich aller Transaktionen, die die Abtretung von Rechten auf Zeichnung neuer Aktien oder besicherter Schuldtitel der Gesellschaft durch das Organmitglied oder die Übertragung derartiger Bezugsrechte an das Organmitglied vorsehen.[559]

(ii) Inhalt der Mitteilung

Die nach s. 324 (1) CA 1985 erforderliche Mitteilung des Gesamtbestandes der gehaltenen Wertpapiere muss die Anzahl bzw. den Gesamtbetrag, die Wertpapiergattung und die Bezeichnung der jeweiligen Gesellschaften enthalten. Entsprechendes gilt gemäß s. 324 (2) CA 1985 für alle Wertpapiertransaktionen während der Tätigkeit der meldepflichtigen Person als Organmitglied. Im Falle eines Wertpapierkaufs oder -verkaufs ist zusätzlich der Kauf- bzw. Verkaufspreis anzugeben, bei der Abtretung von Bezugsrechten die erlangte Gegenleistung (para. 17, 18 Sched. 13 CA 1985). Werden einem Organmitglied Bezugsrechte übertragen, sind gemäß para. 19 (1) Sched. 13 CA 1985 das Datum der Bezugsrechtsgewährung, der Ausübungszeitraum, der zu zahlende Preis sowie die von dem Organmitglied zu erbringende Gegenleistung mitzuteilen.

(iii) Bekanntgabemodalitäten

Die Bekanntmachung der Mitteilungen erfolgt zweistufig. Zunächst sind die Informationen gemäß ss. 14 (1), 15 (1) Sched. 13 CA 1985 von den meldepflichtigen Personen binnen fünf Tagen nach Eintritt in die Gesellschaft bzw. nach Kenntnis der mitteilungspflichtigen Transaktion gegenüber der Gesellschaft offen zu legen. Diese stellt die Meldungen sodann unter Angabe des Eintragungsdatums und des Namens des jeweiligen Vorstandsmitglieds in chronologischer Reihenfolge binnen maximal drei Tagen in ein zuvor am Geschäftssitz der Gesellschaft errichtetes spezielles Unternehmensregister ein, das zur allgemeinen Einsichtnahme bereit zu halten ist (s. 325 para. 22, 25 Sched. 13 CA 1985).[560] Die Aktionäre sind nach para. 29 Sched. 13 CA 1985 zudem während der Hauptversammlung zur Einsichtnahme befugt.

(iv) Sanktionen

Entsprechend der vorgenannten Regelungen (D. II. 3. a) (ii) und b) (ii)) kann die Einsichtnahme in das Unternehmensregister gemäß s. 326 (6) CA 1985 durch gerichtliche Eilverfügung zwangsweise durchgesetzt werden. Die Verletzung

---

[559] Die Meldepflicht gilt nicht nur bezüglich der im Aktionärsregister eingetragenen Aktien, sondern auch im Hinblick auf Wertpapiere, die die meldepflichtige Person über einen Treuhänder hält; siehe *Palmer's Company Law*, Rn. 7.107.

[560] Tolley's, *Disclosure of Directors's Interests*, D6013.

der Offenlegungspflicht ist zudem gemäß ss. 324 (7), (8) CA 1985 strafbar und kann mit Freiheits- oder Geldstrafe sanktioniert werden. Allerdings ist die Verhängung dieser Sanktionen gemäß s. 732 (1), (2) (a) CA 1985 von der vorherigen Zustimmung des Wirtschaftsministers oder des Generalstaatsanwalts (*Director of Public Prosecutions*) abhängig. Schließlich ist das Wirtschaftsministerium gemäß s. 446 (1) CA 1985 berechtigt, eine Sonderprüfung einzuleiten.[561]

d) Veröffentlichungen im Handelsregister

Neben der Offenlegung von Informationen in Registern, die am Sitz der Gesellschaft zu führen sind, sind bestimmte Daten zusätzlich an die zentrale britische Registerbehörde (*Register of Companies*), die im *Companies House* angesiedelt ist, zu melden.[562]

(i) Umfang der registrierungspflichtigen Informationen

Die meldepflichtigen Informationen lassen sich in die drei Kategorien allgemeine Daten über die Gesellschaftsverfassung, Finanzdaten der Gesellschaft und Verzeichnis der Belastungen des Gesellschaftsvermögens untergliedern. Sie sind von allen Gesellschaften an einer der Zweigstellen (*Informations Centres*) des *Companies House* zu hinterlegen und können dort oder über die Website der Behörde von der Öffentlichkeit eingesehen werden, ss. 709 (1), (2), 710A CA 1985.

(a) Allgemeine Daten über die Gesellschaftsverfassung

Gemäß ss. 10, 12, 13 i.V.m. Forms 10, 12 CA 1985 sind allgemeine Informationen betreffend die Gesellschaftsverfassung sowie die Namen und Wohnanschriften aller Vorstandsmitglieder und Verwaltungsdirektoren in das Melderegister einzustellen.[563] Die Daten sind um Angaben zur Höhe des autorisierten Gesellschaftskapitals (s. 117 CA 1985), zu allen Hauptversammlungsbeschlüssen, die eine Änderung des *memorandum* oder der *articles of association* zum Gegenstand hatten (ss. 4, 18, 380 (1) CA 1985), zu den bislang erfolgten Kapitalveränderungen (ss. 122, 123 CA 1985 i.V.m. Forms 122, 123) und gemäß ss. 88, 111 CA 1985 um eine Aufstellung aller gezeichneten Aktien einschließlich der Vereinbarungen über Zuteilungen gegen Sachleistungen zu ergänzen.[564] Kapital-

---

[561] Siehe hierzu Tolley's, *Investigations by the DTI*, I8008 ff.

[562] Die Registerbehörde ist zudem gemäß s. 711 (1) CA 1985 verpflichtet, alle Änderungen der Gesellschaftsverträge, der Zusammensetzung des Vorstandes, alle Hauptversammlungsbeschlüsse, die eine Zuteilung von Aktien unter Ausschluss des Bezugsrechts zum Gegenstand haben, und den Jahresabschluss im Staatsanzeiger (*London Gazette)* zu veröffentlichen.

[563] Die Offenlegung der Wohnanschriften kann bei Gefahr von Gewalttaten etc. gemäß s. 45 *Criminal Justice and Police Act 2001* unterbleiben; Tolley's, *Companies Searches*, C7020.

[564] Darüber hinaus sind die Namen der Abschlussprüfer, das Datum des Bilanzstichtags und Angaben zur einer etwaigen Insolvenzverwaltung oder Liquidation der Gesellschaft dem *Registrar of Companies* mitzuteilen, Tolley's, *Companies Searches*, C7011.

marktaktive Gesellschaften haben zudem gemäß s. 83 (1) FSMA 2000 eine Kopie ihres Börsenzulassungsprospekts inklusive aller ergänzenden Bekanntmachungen im *Register of Companies* zu veröffentlichen.

(b) Finanzdaten der Gesellschaft

Darüber hinaus sind gemäß ss. 241, 242 CA 1985 der Jahresabschluss, d.h. die testierte Bilanz der Gesellschaft inklusive der Gewinn- und Verlustrechnung und den Berichten des Vorstands und der Abschlussprüfer, sowie der gemäß s. 707B CA 1985 zu erstellende Jahresbericht (*annual return*)[565] offen zu legen. Der Jahresbericht kann wahlweise in einer von zwei gesetzlich vorgeschriebenen Formen[566] abgefasst werden und muss Angaben zur Finanzverfassung, zum Management und zur Struktur der Gesellschaft enthalten. Gemäß s. 364A CA 1985 sind die Anzahl und der Gesamtnennwert aller Aktien, aufgeteilt nach Aktiengattungen, sowie die Namen und Adressen aller eingetragenen Aktionäre und der Personen, die im Berichtszeitraum ihre Aktien veräußert haben, mitzuteilen. Die Angaben zur Gesellschaftsleitung umfassen die Personalien sämtlicher Vorstandsmitglieder und Verwaltungsdirektoren und eine Beschreibung ihrer konkreten Tätigkeit in der Gesellschaft.[567] Zudem sind u.a. die wesentlichen Geschäftsaktivitäten der Gesellschaft mitzuteilen.[568]

(c) Verzeichnis der Belastungen des Gesellschaftsvermögens

Schließlich ist ein Verzeichnis aller Belastungen der beweglichen und unbeweglichen Vermögenswerte der Gesellschaft (*register of charges*) zu erstellen, in dem alle Grundstücksbelastungen *(charges on land),* die Belastungen des Firmenwertes und des geistigen Eigentums der Gesellschaft *(charges on goodwill and intellectual property)* sowie alle schwebenden Sicherungsrechte am Vermögen der Gesellschaft (*floating charges on the company's untertaking or property*) aufzuführen sind, ss. 395 – 409 CA 1985.[569] Die Belastungen sowie alle Änderungen bestehender Einträge sind binnen 21 Tagen nach ihrem Entstehen mitzuteilen.

---

[565] Die Mitteilung hat gemäß s. 363 CA 1985 grundsätzlich binnen einer Frist von 28 Tagen ab dem jeweiligen Jahrestag der Gründung der Gesellschaft (*return date*) zu erfolgen; Tolley's, *Annual Return*, A5004/1.

[566] Forms 363a und 363s, abgedruckt in Appendix 7 CA 1985.

[567] Tolley's, *Annual Return*, A5005.

[568] Vgl. s. 364 CA 1985 i.V.m. *Companies Regulations 1990* (SI 1990/1766); Konzerngesellschaften müssen gemäß s. 231 (5, 6) CA 1985 zudem alle in Sched. 5 CA 1985 aufgeführten vertraglichen Verpflichtungen der Gesellschaft innerhalb des Konzernverbundes, die nicht im Jahresabschluss selbst bekannt gemacht wurden, im *annual return* offen legen; Tolley's, *Annual Return*, A5005 f.

[569] näher dazu Pennington, *Company Law*, S. 635 ff., 661 f., 696; Tolley's, *Companies Searches*, C7017. Derzeit ist die Schaffung eines neuen Registrierungssystems geplant, vgl. *www.lawcom.gov.uk: „Registration of Security Interests: Company Charges and Property other than Land"*.

(ii) Sanktionen

Kommt eine Gesellschaft ihrer Meldepflicht trotz einer entsprechenden Aufforderung durch die Meldebehörde nicht binnen einer Frist von 14 Tagen nach, kann gemäß s. 713 (1) CA 1985 auf Antrag der Aktionäre sowie der Gläubiger der Gesellschaft eine gerichtliche Verfügung erlassen werden, die die Gesellschaft – gegebenenfalls unter zusätzlicher Auferlegung einer Geldstrafe – verpflichtet, die Meldung binnen einer vom Gericht zu bestimmenden Frist vorzunehmen bzw. die fehlerhafte Meldung zu korrigieren. Die Nichtbefolgung der gerichtlichen Anordnung kann wegen Ungebühr vor Gericht zusätzlich mit einer Geld- oder Freiheitsstrafe belegt werden.[570] Auch unabhängig von einer gerichtlichen Verfügung können bei Verstößen gegen die Registerpublizität gemäß ss. 18 (3), 122 (2), 123 (4), 399 (3), 400 (4), 713 (3) etc. i.V.m. Sched. 24 CA 1985 Geldstrafen gegen die Gesellschaft, die Vorstandsmitglieder und leitenden Angestellten verhängt werden. Des Weiteren kommt die gerichtliche Anordnung eines Bestellungshindernisses nach den Vorgaben des *Company Directors Disqualification Act 1986* gegen das pflichtwidrig handelnde Organmitglied in Betracht (vgl. hierzu im Einzelnen oben D. II 1. d) (ii)(c)).

Schließlich ist die Registerbehörde gemäß s. 652 CA 1985 befugt, die Gesellschaft aus dem Melderegister zu streichen. Da diese Maßnahme jedoch keine Auswirkungen auf die Ausübung der unternehmerischen Tätigkeit der Gesellschaft hat, wird die Sanktion vielfach als unzureichend angesehen.[571]

4. Aktionärsklagen wegen Informationspflichtverletzungen im Einzelnen

Das englische Gesellschaftsrecht lässt ebenso wie das deutsche und französische Recht Aktionärsklagen wegen Verletzung von gesetzlichen oder satzungsrechtlichen Pflichten der Unternehmensleitung zu. Diese Klagen können sowohl die Geltendmachung von Schadensersatzansprüchen, die Beanstandung von Handlungen der Gesellschaftsleitung oder einzelner Organmitglieder als auch die Anfechtung und Nichtigerklärung bestimmter Beschlüsse der Hauptversammlung zum Ziel haben.[572] Allerdings ist im Rahmen jeder Klage zu prüfen, ob die Durchführung eines Rechtsstreits trotz etwaiger Pflichtverstöße der Verwaltung im konkreten Einzelfall dem Wohl der Gesellschaft als Gesamtheit dient. Persönlich motivierte Klagen einzelner Aktionäre sollen jedenfalls ausgeschlossen werden.[573]

---

[570] Bei andauernder Zuwiderhandlung ist die Auferlegung einer täglichen Verzugsgeldstrafe (*daily default fine*) möglich, vgl. ss. 123 (4), 231(7), 363 (3), 427 (5) i.V.m. Sched. 24 CA 1985.

[571] Bezüglich der Erfassung der Belastungen des Gesellschaftsvermögens wurde im Jahr 1989 eine Reform beschlossen, letztlich aber nicht umgesetzt, Tolley's, *Companies Searches*, C7013, C7025.

[572] Siehe Tolley's, *Shareholders*, S4029 ff.; S4037 ff. m.w.N.

[573] Davies, *Company Law*, S. 443 f.

a) Aktionärsklagen nach *common law*

(i) Allgemeines

Beschlüsse der Hauptversammlung und Maßnahmen der Unternehmensleitung, die auf rechtswidrigen Hauptversammlungsbeschlüssen beruhen, können gerichtlich für nichtig erklärt oder angefochten werden und Schadensersatzansprüche auslösen.[574] Auch Informationspflichtverletzungen der Gesellschaft oder einzelner Mitglieder der Unternehmensleitung sind mit gerichtlichen Klagen angreifbar. Verletzen die beanstandeten Beschlüsse der Hauptversammlung bzw. die Handlungen der Gesellschaftsleitung eigene subjektive Rechte der Aktionäre, sind die Anteilseigner befugt, den Rechtsverstoß im Wege einer *personal action* oder *representative action* gerichtlich anzufechten und für nichtig erklären zu lassen. Verstößt die Maßnahme lediglich gegen Rechte der Gesellschaft, können einzelne Aktionäre die Rechtsverletzung ebenfalls gerichtlich angreifen (*derivative action*).[575] Allerdings bestehen vor allem in der letztgenannten Fallkonstellation strenge prozessuale Voraussetzungen bei der Rechtsdurchsetzung, da vermieden werden soll, dass streitsüchtige Kleinaktionäre die Entscheidungen der Aktionärsmehrheit mit gerichtlichen Klagen angreifen, um ausschließlich bzw. vorrangig eigene persönliche Interessen zu befriedigen.[576]

(ii) Grundsatz: *The rule Foss v Harbottle*

Nach dem Grundsatzurteil *Foss v Harbottle*,[577] das durch die Entscheidung *Edwards v Halliwell*[578] bestätigt wurde, obliegen alle Klagen, die aufgrund von Pflichtverletzungen gegenüber einer rechtsfähigen Gesellschaft angestrengt werden können, zuvörderst der Gesellschaft selbst (*proper plaintiff*). Die einzelnen Aktionäre sind so lange nicht klageberechtigt, als die in Rede stehenden Pflichten gegenüber der *company* von dieser selbst oder durch einfachen Mehrheitsbeschluss der Hauptversammlung durchgesetzt werden können, so dass natürlichen Personen in der Regel keine Klagebefugnis zusteht (*principle of corporate personality*). Entsprechendes gilt nach der Entscheidung *Prudential Assurance Co Ltd v Newman Industries Ltd*[579] für Schadensersatzklagen gegen Mitglieder der Gesellschaftsleitung. Schadensersatzansprüche der Aktionäre wegen einer

---

[574] Anknüpfungspunkte der Klagen sind Verstöße gegen Verhaltenspflichten des Managements, das als Treuhänder der Gesellschaft *(directors as fiduciaries)* fungiert, beispielsweise Verletzungen der *duty to act bona fide in the interests of the company, duty of care and skill.*

[575] Die *derivative action* ist vom Ansatz her mit der *actio pro socio* vergleichbar; siehe *Spokes v Grosvenor Hotel* (1897) 2 QB 124; Tolley's, *Shareholders*, S4041 f. m.w.N.

[576] Tolley's, *Shareholders*, S4027; Hannigan in: *Farrar's Company Law*, S. 431.

[577] *Foss v Harbottle* (1843) 2 Hare 461.

[578] *Edwards v Halliwell* (1950) 2 All ER 1064.

[579] *Prudential Assurance Co Ltd v Newman Industries Ltd* (No 2) (1982) Ch 204.

Wertminderung ihrer Anteile auf Grund einer unrechtmäßigen Handlung gegenüber der Gesellschaft sind ausgeschlossen, wenn die Gesellschaft selbst einen Klagegrund hat.

Nach der zweiten Grundaussage der Entscheidung *Foss v Harbottle* sind die Gerichte zudem nicht befugt, sich in die gesellschaftsinternen Managemententscheidungen der Unternehmensleitung einzumischen.[580] Ergänzt wird dieses Prinzip der *internal management rule* durch den allgemein anerkannten Grundsatz, dass es nicht Aufgabe der Gerichte ist, sinnlose oder rein akademische Streitigkeiten zu entscheiden.[581] Danach sind bloße Form- oder Verfahrensfehler, die keine unmittelbaren inhaltlichen Auswirkungen auf die gefassten Beschlüsse haben, nicht zur Begründung einer Klage gegen die Gesellschaftsleitung geeignet, da der Rechtsverstoß bei erneuter Durchführung der Hauptversammlung ohne weiteres behoben werden könnte.[582]

Dogmatisch wird der hieraus resultierende weitgehende Klageausschluss von (Minderheits-)Aktionären mit der Rechtsfähigkeit der *company* und dem Prinzip der *majority rule*, wonach sich jeder Aktionär mit dem Kauf von Aktien einem bindenden Vertrag mit der Gesellschaft unterwirft, begründet. Da der Wille der Gesellschaft – nach streng demokratischem Verständnis – durch Entscheidungen der Mehrheit zum Ausdruck kommt, steht dem einzelnen Aktionär grundsätzlich kein Recht zu, diesen Mehrheitswillen gerichtlich zu Fall zu bringen.[583]

(iii) Ausnahmen

In eng auszulegenden Ausnahmefällen sind Aktionäre trotz der *Foss v Harbottle*-Grundsätze klageberechtigt. Sämtliche dieser Fallgruppen beruhen auf der Erwägung, dass die beanstandeten Handlungen der Gesellschaftsleitung nicht mit einfacher Stimmenmehrheit auf einer Hauptversammlung genehmigt werden können und eine indirekte „Ratifizierung“ durch Nichteinreichung einer Klage vermieden werden soll.[584]

(a) Verletzung subjektiver Aktionärsrechte

Aktionärsklagen gegen Beschlüsse der Hauptversammlung oder einzelne Maßnahmen der Gesellschaftsleitung sind als *personal action* zulässig, wenn der Pflichtverstoß der Gesellschaftsleitung zu einer Verletzung persönlicher Rechte

---

[580] Siehe Tolley's, *Shareholders*, S4027; Sheikh, I.C.C.L.R. 1997, 47.

[581] *MacDougall v Gardiner* (1875) 1 Ch 13; *Bentley-Stevens v Jones* (1974) 2 All ER 653; Hollington, *Shareholders' Rights*, S. 140 ff.

[582] *Prudential Assurance Co Ltd v Newman Industries Ltd* (No 2) (1982) Ch 204; Davies, *Company Law*, S. 450, 459 ff.

[583] Siehe *Re Espuela Land and Cattle Co* (1900) 48 WR 684; *Palmer's Company Law*, Rn. 7.511; Hannigan in: *Farrar's Company Law*, S. 431; Davies, *Company Law*, S. 450.

[584] *Edwards v Halliwell* (1950) 2 All ER 1064; Tolley's, *Shareholders*, S4028.

des Anteilseigners[585] oder zu einem eigenen Schaden des Anspruchstellers geführt hat, der sich von dem Schaden der Gesellschaft unterscheidet und von diesem unabhängig ist.[586] Die fehlerhafte Information von Aktionären im Vorfeld einer Hauptversammlung, insbesondere im Rahmen der Einberufungsmitteilung, stellt eine Verletzung persönlicher Aktionärsrechte dar, so dass Minderheitsaktionären bei Informationsverstößen der Gesellschaftsleitung auch in England der Klageweg eröffnet ist.[587]

Da sich die Gerichte nach Maßgabe der *internal management rule* allerdings grundsätzlich nicht in die internen Geschäftsabläufe der Gesellschaft einmischen dürfen, genügen nur gravierende Verletzungen von Rechten der Aktionäre, um eine Klage gegen die Unternehmensleitung zu begründen. Bloße Verfahrensfehler im Rahmen einer Hauptversammlung reichen zur Bejahung der Klagebefugnis eines einzelnen Aktionärs nicht aus.[588] So wurde die fehlerhafte Information über Eventualverbindlichkeiten der Gesellschaft in deren Jahresabschluss nicht als hinreichend gewichtige Verletzung subjektiver Aktionärsrechte gewertet und eine hierauf begründete Klage mangels Klagebefugnis abgewiesen. Ebenso wenig können Hauptversammlungsbeschlüsse, die eine Änderung der *articles of association* zum Nachteil der Aktionärsminderheit oder die Enteignung von Minderheitsaktionären (*expropriation of shares*) zum Gegenstand haben, von den betroffenen Aktionären mit Erfolg angegriffen werden, wenn die Gesellschaftsleitung darlegen kann, dass die beschlossenen Maßnahmen dem Wohle der Gesellschaft als Gesamtheit dienen.[589]

Eine Anfechtungsklage erfordert daher den Nachweis, dass der Informationsverstoß zu schwerwiegenden Missverständnissen der Aktionärsmehrheit geführt hat und der hierauf beruhende Beschluss dadurch beeinflusst wurde. Kann der Kläger nicht nachweisen, dass er durch den Informationsfehler in wesentlichen Punkten inhaltlich getäuscht wurde, hat das Rechtsmittel keine Aussicht auf Erfolg.[590]

---

585 *Palmer's Company Law*, Rn. 7.907; Hollington, *Shareholders' Rights*, S. 138 ff.

586 Schäden, die lediglich in einer Minderung des Aktienwertes liegen, genügen demgegenüber nicht, da in diesem Fall die Gesellschaft selbst einen Schaden erlitten hat, der mit dem der Gesamtheit der Aktionäre identisch ist; *Prudential Assurance Co Ltd v Newman Industries Ltd* (No 2) 1982, Ch 204; Tolley's, *Shareholders*, 4037/5; Vorpeil, RIW 2001, 449 f.

587 *Bancorp Investments Ltd v Primac Hildings Ltd* (1984) 9 ACLR 263, SC (Qld); *Young Ladies' Imperial Club* (1920) 2 KB 523 CA; *Deveraux Holdings Pty Ltd v Pelsart Resources NL* (No 2) (1985) 9 ACLR 956, SC (NSW) (Australian Company Law Reports); Boyle in: Boyle/Potts/Sealy, *Gore-Browne on Companies*, § 21.9.3.

588 *MacDougal v Gardiner* (1875) 1 Ch 13; Tolley's, *Shareholders*, S4037/2; Hollington, *Shareholders' Rights*, S. 140 ff.

589 Siehe Tolley's, *Shareholders*, S4037/1 ff. m.w.N.; *Palmer's Company Law*, Rn. 7.911.

590 *CAS (Nominees) Ltd v Nottingham Forest FC plc* (2002) 1 BCLC 613; *Re Imperial Chemical Industries Ltd* (1936) 1 Ch 587; *Carruth v Imperial Chemical Industries Ltd* (1937) AC 707; *Palmer's Company Law*, Rn. 7.511.1.

(b) Qualifizierte Mehrheitsbeschlüsse der Hauptversammlung

Ferner sind Aktionäre klagebefugt, wenn der angegriffene Hauptversammlungsbeschluss oder die beanstandete Maßnahme der Gesellschaftsleitung aufgrund gesetzlicher Regelungen oder der Bestimmungen der Gesellschaftssatzung einen qualifizierten Mehrheitsbeschluss der Hauptversammlung (*extraordinary or special resolution*) erfordert, da in diesen Fällen eine Ratifizierung der fehlerhaften Maßnahme der Gesellschaftsleitung durch einfachen Mehrheitsbeschluss der Hauptversammlung ausscheidet. Auch im Rahmen dieser Fallgruppe sind jedoch die zuvor erläuterten Anforderungen der *internal management rule* zu beachten.[591]

(c) Fraud on the minority

Eine weitere Ausnahme vom Grundsatz der *Rule Foss v Harbottle* ist schließlich gegeben, wenn die Gesellschaftsleitung betrügerische Manipulationen zu Lasten der Aktionärsminderheit vorgenommen hat (*fraud on the minority*)[592] und die handelnde Person einen so kontrollierenden Einfluss auf die Gesellschaft ausübt (*wrongdoer control*),[593] dass die *company* aufgrund der Machtverhältnisse in der Gesellschaft nicht in der Lage ist eine eigene Klage zu erheben.[594] Dies bedeutet, dass der Aktionär erst dann eine Klage (*derivative action*) mit Aussicht auf Erfolg einreichen kann, wenn er zuvor vergeblich versucht hat, die Gesellschaft selbst zu einer Klage zu bewegen. Bislang wurde ein Betrug zu Lasten der Aktionärsminderheit beispielsweise bei Vermögensverschiebungen zugunsten der Mehrheitsaktionäre[595] bejaht, nicht jedoch bei Informationspflichtverletzungen des Vorstands.

b) Klagemöglichkeiten nach kodifiziertem Recht

Im Hinblick auf die Schutzlücken der nach Maßgabe des *common law* eröffneten Klagemöglichkeiten hat der englische Gesetzgeber zusätzliche Rechtsbehelfe geschaffen, die nicht nur Aktionären, sondern auch Gläubigern, Vorstandsmitgliedern, der Gesellschaft selbst und dem Wirtschaftsministerium

---

591 *Edwards v Halliwell* (1950) 2 All ER 1064; Tolley's, *Shareholders*, S4030; Hollington, *Shareholders' Rights*, S. 142 f.; *Palmer's Company Law*, Rn. 7.909; 7.911.

592 Der Begriff des Betruges durch Maßnahmen der Gesellschaftsleitung geht über strafrechtlich relevante Betrugsfälle hinaus; doch genügt bloße Nachlässigkeit *(negligence)* nicht, wohl aber grobe Fahrlässigkeit *(gross negligence)*; Tolley's, *Shareholders*, S4032.

593 *Russel v Wakefield Waterworks Co* (1875) LR 20 Eq 474; Tolley's, *Shareholders*, S4036.

594 Hiermit hängen die Fälle der *ultra vires*-Handlungen eines Organmitglieds eng zusammen, die wegen Überschreitens der durch die Gesellschaftsverträge eingeräumten Befugnisse unwirksam sind. Da eine Aktionärsklage nach Vollzug der beanstandeten Handlung nur unter den zusätzlichen Voraussetzungen der *fraud on the minority*-Fälle zulässig ist (*Smith v Croft (No 3)* (1987) 3 BCC 218; Tolley's, *Shareholders*, S4029/1), soll auf diese Fallgruppe nicht näher eingegangen werden.

595 *Cook v Deeks* (1916) 1 AC 544; Tolley's, *Shareholders*, S4033.

zustehen. In der Praxis werden sie überwiegend von Minderheitsaktionären in Anspruch genommen.[596]

(i) Klage auf Auflösung der Gesellschaft, s. 122 (1) (g) *Insolvency Act 1986*

S. 122 (1) (g) *Insolvency Act 1986* berechtigt die Zivilgerichte, nach entsprechendem Antrag die zwangsweise Auflösung und Liquidation einer Gesellschaft anzuordnen. Wegen der Schärfe der Rechtsfolgen ist die Klagebefugnis jedoch nur gegeben, wenn der Kläger nachweisen kann, dass er – beispielsweise aufgrund der anzuordnenden Verteilung des Gesellschaftsvermögens – ein hinreichend gewichtiges Interesse an der Auflösung der Gesellschaft hat.[597] In materieller Hinsicht setzt die Klage voraus, dass die Auflösung der Gesellschaft recht und billig (*just and equitable*) ist.[598] Auch unter Beachtung des weitreichenden Ermessensspielraums der Gerichte ist eine Auflösung der Gesellschaft nur dann gerechtfertigt, wenn aufgrund der konkreten Umstände offensichtlich ist, dass das gegenseitige Vertrauen der Gesellschaftsmitglieder zerstört oder grundlegend beeinträchtigt wurde, die Klage im konkreten Fall angemessen ist und gemäß s. 125 *Insolvency Act 1986* keine andere Lösung des Interessenkonfliktes ersichtlich ist, wobei bereits die Möglichkeit der Veräußerung der Aktien zu einem angemessenen Marktpreis als ausreichend angesehen wird.[599] Informationspflichtverletzungen wurden – soweit ersichtlich – bislang noch nicht als hinreichend gewichtiger Auflösungsgrund angesehen.[600]

(ii) Billigkeitsklage, ss. 459, 461 (2) CA 1985

Des Weiteren eröffnen die ss. 459, 461 (2) CA 1985 Gerichten die Möglichkeit, nach Antrag in Fällen, in denen die Geschäfte der Gesellschaft missbräuchlich zum Nachteil aller oder bestimmter Gesellschaftsmitglieder (*unfairly prejudicial*) geführt worden sind oder dies beabsichtigt ist, Abhilfemaßnahmen nach eigenem Ermessen anzuordnen.[601] Auch diese Klage unterliegt strengen Voraussetzungen.

---

[596] Tolley's, *Shareholders*, S4043.

[597] *Ebrahimi v Westbourne Galleries Ltd* (1973) AC 360; *Re Expanded Plugs Ltd* (1966) 1 WLR 514; Tolley's, *Shareholders*, S4045 m.w.N.

[598] Ob das zugrunde liegende Verhalten rechtmäßig ist oder einen Gesetzes- oder Satzungsverstoß beinhaltet, ist dagegen unerheblich; *Re Zinotty Properties Ltd* (1984) 3 All ER 754.

[599] *Re Zinotty Properties Ltd* (1984) 3 All ER 754; *Vujnovich v Vujnovich* (1989) 5 BCC 740; *Re a company No 002567 of 1982* (1983) 2 All ER 854; Tolley's, *Shareholders*, S4046 ff.

[600] Bejaht wurde ein hinreichender Vertrauensbruch etwa bei der Verdrängung eines Vorstandsmitglieds aus der Gesellschaftsleitung oder im Falle eines Aktionärs, der trotz berechtigter Erwartung nicht in den Vorstand berufen wurde; *Ebrahimi v Westbourne Galleries Ltd* (1973) AC 360; *Re Zinotty Properties Ltd* (1984) 3 All ER 754.

[601] Die Befugnisse des Gerichts reichen von der Verpflichtung des treuwidrig handelnden Vorstandsmitglieds zum Schadensersatz bis zur Bestellung eines Zwangsverwalters, der das Gesellschaftsvermögen zugunsten der Aktionäre sichern soll; Tolley's *Shareholders*, S4054; Sheikh, I.C.C.L.R. 1997, 47, 48 f.

Zwar bestehen keine subjektiven Anforderungen an die beanstandete Maßnahme, doch rechtfertigen nur bedeutende und schwerwiegende Fehlentscheidungen die Annahme eines missbräuchlichen und benachteiligenden Verhaltens der Gesellschaftsleitung.[602] Ein Rechtsverstoß allein genügt danach nicht, um eine Billigkeitsklage zu begründen.[603] Bislang wurden beispielsweise die fehlende Veröffentlichung des Jahresabschlusses oder die rechtswidrige Nichteinberufung einer Hauptversammlung als hinreichend gewichtiger Rechtsverstoß angesehen.[604] Fehlerhafte Einberufungsmitteilungen im Vorfeld einer Hauptversammlung, die über die Ausgabe neuer Aktien entscheiden soll, können ebenfalls eine Billigkeitsklage gemäß s. 459 CA 1985 begründen.[605] Voraussetzung ist allerdings, dass der (Informations-)Verstoß so gravierend war, dass er zu einer erheblichen Verringerung des Werts der Aktienbeteiligung geführt oder den Werterhalt massiv gefährdet hat.[606]

Grundsätzlich steht die Billigkeitsklage Aktionären aller *public limited companies* offen. In börsennotierten Gesellschaften werden die Anforderungen allerdings besonders restriktiv gehandhabt.[607] Insbesondere Verstöße gegen Bestimmungen der *Listing Rules* rechtfertigen allein noch keine Klage gemäß ss. 459, 461 CA 1985.[608]

c) Praktische Bedeutung von Aktionärsklagen

Auch in England ist Minderheitsaktionären bei Informationsverstößen der Gesellschaftsleitung der Klageweg grundsätzlich eröffnet. Sowohl die Anforderungen des *common law* als auch die restriktiven Voraussetzungen der gesetzlich normierten Klagen schränken die Möglichkeit einer gerichtlichen Überprüfung von Handlungen der Gesellschaftsleitung jedoch erheblich ein. Insbesondere die Anfechtung von Hauptversammlungsbeschlüssen mit der Begründung, die Aktionärsversammlung sei wegen Informationsverstößen nicht ordnungsgemäß durchgeführt worden, hat kaum Aussicht auf Erfolg.[609] Auch die im Hinblick auf diese Schwierigkeiten geplante Kodifizierung der Klagegründe des *common law*

---

[602] *CAS (Nominees) Ltd v Nottingham Forest FC plc* (2002) 1 BCLC 613; Tolley's, *Shareholders*, S4049/2.

[603] *Palmer's Company Law*, Rn. 8.904.2.

[604] *Re a company No 00789 of 1987 (Nuneaton Borough AFC Ltd)* (1989) 5 BCC 792; siehe Tolley's, *Shareholders*, S4049/7, S4049/12 m.w.N.

[605] *Re a company (No 00789 of 1987), ex parte Shooter, Re a company (No 3017 of 1987), ex parte Broadhurst and others* (1990) BCLC 385; Boyle in: Boyle/Potts/Sealy, *Gore-Browne on Companies*, § 21.9.3.

[606] Boyle in: Boyle/Potts/Sealy, *Gore-Browne on Companies*, § 28.13.1.

[607] Boyle in: Boyle/Potts/Sealy, *Gore-Browne on Companies*, § 28.13.9 m.w.N.

[608] *Jonathon Parker J* (1998) 2 BCLC 590; Boyle in: Boyle/Potts/Sealy, *Gore-Browne on Companies*, § 28.13.9.

[609] *MacDougal v Gardiner* (1875) 1 ChD 13; Tolley's, *Shareholders*, Rn. S4026.

(vgl. s. 239 RegE) lässt eine wesentliche Ausdehnung der Klagebefugnis nicht erwarten.[610] Da die Geltendmachung von bloßen Informationsverstößen der Organmitglieder in der Regel nicht ausreicht, um eine Klage zu begründen, ist die praktische Bedeutung von Aktionärsklagen äußerst gering. Probleme der Gesellschaftsleitungen mit erpresserischen Klagen von Minderheitsaktionären sind nicht bekannt, zumal diese – soweit ersichtlich – keinen Suspensiveffekt bezüglich etwaiger Registereintragungen haben. Dies gilt insbesondere für Kapitalmaßnahmen. Die Erhebung einer Anfechtungsklage hindert weder die Eintragung der Erhöhung des autorisierten Gesellschaftskapitals im *Register of Companies* gemäß s. 117 CA 1985 noch die tatsächliche Ausgabe neuer Aktien im Rahmen des autorisierten Kapitals gemäß den ss. 80 ff. CA 1985.[611] Zwar hängt die Wirksamkeit von Umwandlungsmaßnahmen auch im englischen Recht von der Eintragung im Handelsregister ab.[612] Doch führt die Eintragungspflicht in der Praxis nicht zu einer Verzögerung der Umsetzung des beschlossenen Vorhabens, da Informationsverstöße im Vorfeld strukturändernder Hauptversammlungsbeschlüsse aufgrund der umfassenden gerichtlichen Vorabprüfung des Umwandlungsantrags gemäß ss. 425 – 427 CA 1985 faktisch kaum mit einer Anfechtungsklage angegriffen werden dürften.

5. Sonderprüfung

a) Allgemeines

Das Institut der Sonderprüfung (*investigations by the Department of Trade and Industry*)[613] dient zum einen der Sicherung von Beweismaterial als Grundlage einer möglichen strafrechtlichen Verfolgung von Gesellschaftsorganen, zum anderen der Sammlung von Informationen und Beweisen für spätere Klagen von Aktionären und sonstigen Personen gegen die Gesellschaft bzw. deren Organmitglieder. Damit trägt der Gesetzgeber dem Umstand Rechnung, dass das größte Hindernis bei der Erlangung von Rechtsschutz gegen unrechtmäßige Geschäftsführung in der Gesellschaft oftmals in der Schwierigkeit der Beschaffung von zureichendem Beweismaterial besteht.[614] Anders als im französischen und deutschen Recht obliegt die Benennung und Einsetzung von Sonderprüfern (*inspectors*) nicht der Gesellschaft selbst bzw. den angerufenen Gerichten,

[610] Vgl. Sheikh, I.C.C.L.R. 1997, 47 m.w.N.
[611] Tolley's, *Shares*, S5009, S5031; *Palmer's Company Law*, Rn. 4.202 f., 5.714 ff.
[612] Tolley's, *Reconstructions and Amalgamations*, R2019.
[613] Rechtsvergleichend zu französischem und englischem Recht: Poisson Schödermeier, Rev. int. dr. comp. 1987, 913 ff. Derzeit ist eine Überarbeitung des Sonderprüfungsrechts geplant, vgl. *http://www.ecdti.co.uk*, *„Company Investigations: Powers for the 21st Century"*; siehe Sheikh, I.C.C.L.R. 2002, 228 m.w.N.
[614] Pennington, Jura Europae, IV, 90.10, S. 197 f.

sondern dem Wirtschaftsministerium (*Department of Trade and Industrie*, DTI), das selbst nähere Vorgaben zu den einzelnen Prüfungsmodalitäten erlassen hat.[615]

b) Prüfungsumfang

Die Sonderprüfung ermöglicht gemäß ss. 431, 432 CA 1985 eine gezielte Prüfung der geschäftlichen Angelegenheiten der Gesellschaft. Der Prüfungsumfang wird von der Rechtsprechung sehr weit ausgelegt und ist im Gegensatz zum deutschen und französischen Recht nicht auf einzelne Maßnahmen der Geschäftsführung beschränkt, auch wenn das Wirtschaftsministerium gehalten ist, den Prüfungsgegenstand zu präzisieren und somit einzugrenzen.[616]

c) Voraussetzungen der Einsetzung von Sonderprüfern

Eine Sonderprüfung soll nach der Vorstellung des Gesetzgebers nur in Ausnahmefällen angeordnet werden, um das Funktionieren der unternehmerischen Tätigkeit der Gesellschaft nicht zu gefährden. Das Wirtschaftsministerium kann nach eigenem Ermessen Prüfer ernennen, wenn ein hinreichender Verdacht besteht, dass Geschäfte der Gesellschaft auf betrügerische oder rechtswidrige Weise geführt und hierdurch die Rechte der Anteilseigner auf unzumutbare Weise beeinträchtigt worden sind oder eine solche Beeinträchtigung droht. Die Befugnis besteht ebenfalls, wenn sich Organmitglieder oder Angehörige der Unternehmensleitung eines Betruges oder eines Verstoßes gegen das Gebot ordnungsgemäßer Geschäftsführung schuldig gemacht haben, sowie bei unzureichender Information der Aktionäre über die geschäftlichen Angelegenheiten der Gesellschaft (ss. 431 (1), 432 (2) CA 1985). Hierunter fallen auch Informationsverstöße im Rahmen einer Hauptversammlung.[617] Eine Ernennung von Sonderprüfern hat des Weiteren gemäß s. 431 (2) CA 1985 auf Antrag der Gesellschaft selbst sowie auf Antrag einer qualifizierten Aktionärsminderheit von mindestens zweihundert Personen oder einem Kapitalanteil von mindestens 10 % zu erfolgen. Schließlich ist das Wirtschaftsministerium gemäß s. 432 (1) CA 1985 nach entsprechender gerichtlicher Anordnung zur Einsetzung von Sonderprüfern verpflichtet. Diese setzt allerdings voraus, dass das Ministerium zuvor zu Unrecht einen Antrag auf Durchführung einer Sonderprüfung abgelehnt hat.

---

[615] Das Wirtschaftsministerium kann sich gemäß s. 447 CA 1985 schon im Vorfeld einer Sonderprüfung sämtliche Geschäftsbücher und Unterlagen vorlegen und erläutern lassen, um zu untersuchen, ob eine förmliche Sonderprüfung durchgeführt werden soll; Tolley's, *Investigations by the DTI*, I8038 ff.; Davies, *Company Law*, S. 468 ff.; Poisson Schödermeier, Rev. int. dr. comp. 1987, 913, 939.
[616] *R v Board of Trade ex parte Saint Martin Preserving Co ltd* (1965) 1 QB 603; Poisson Schödermeier, Rev. int. dr. comp. 1987, 913, 933 f.; Davies, *Company Law*, S. 470 ff.
[617] Boyle in: Boyle/Potts/Sealy, *Gore-Browne on Companies*, § 21.11.

d) Prüfungsdurchführung und Prüfungsbericht

Wird eine Sonderprüfung angeordnet, ist das Wirtschaftsministerium nicht verpflichtet, die Gründe oder die Informationen, die zur Einleitung der Prüfung geführt haben, gegenüber der betroffenen Gesellschaft anzugeben.[618]

(i) Rechte der Sonderprüfer

Das englische Recht gibt den Sonderprüfern, die zwar eine administrative Stellung haben, aber unabhängig von Weisungen des Wirtschaftsministeriums agieren können, umfangreiche Befugnisse.[619] Ihnen steht ein uneingeschränktes Einsichtsrecht in die Geschäftsbücher und sonstigen Unterlagen der Gesellschaft zu. Darüber hinaus sind sie berechtigt, von allen Angestellten, derzeitigen und früheren Organmitgliedern der Gesellschaft die Beantwortung sachdienlicher Fragen zu verlangen. Diese können Antworten nicht mit dem Hinweis auf eine möglicherweise bestehende strafrechtliche Selbstbelastung verweigern.[620] Darüber hinaus trifft die betroffenen Personen gemäß s. 434 (1), (2) CA 1985 eine Pflicht zur größtmöglichen Unterstützung der Prüfer. In Konzernverhältnissen erstreckt sich die Untersuchungsbefugnis gemäß s. 433 CA 1985 auf die gesamte Unternehmensgruppe.

(ii) Inhalt und Publizität des Sonderprüfungsberichts

Nach Abschluss der Untersuchungen sind die Sonderprüfer gemäß s. 437 CA 1985 verpflichtet, ihre Ergebnisse in einem Prüfungsbericht zusammenzufassen, der dem Wirtschaftsministerium vorzulegen ist und gemäß s. 441 CA 1985 als Beweismittel in jedes gerichtliche Zivil- oder Strafverfahren eingebracht werden kann.[621] Entsprechend dem deutschen und französischen Recht hat der englische Gesetzgeber keine Vorgaben bezüglich Inhalt und Umfang des Prüfungsberichts getroffen.

Ist die Sonderprüfung auf Anordnung eines Gerichts erfolgt, hat das Ministerium dem anordnenden Gericht gemäß s. 437 (2) CA 1985 eine Kopie des Berichts zu übersenden. Im Übrigen ist es gemäß s. 437 (3) CA 1985 berechtigt, aber nicht verpflichtet, Kopien des Berichts der Gesellschaft selbst sowie nach entspre-

---

[618] *Norwest Holst Ltd. v Secretary of State for Trade* (1978) Ch 201; Pennington, Jura Europae, IV, 90.10, S. 198.

[619] Allerdings hat das Wirtschaftsministerium Ausführungsleitlinien herausgegeben, die von den Sonderprüfern beachtet werden sollen; siehe Tolley's, *Investigations by the DTI*, I8014.

[620] *Re Pergamon Press Ltd.* (1970) Ch 385; *Maxwell v Department of Trade* (1974) QB 523; *Re London United Investments plc* (1992) Ch 578. Etwas anderes gilt im Hinblick auf den *nemo tenetur*-Grundsatz dagegen in einem etwaigen Strafverfahren; vgl. Tolley's, *Investigations by the DTI*, I8015.

[621] Die Sonderprüfer können bestimmte Untersuchungsergebnisse bereits vorab in sog. *interim reports* an das Wirtschaftsministerium weiterleiten; Tolley's, *Investigations by the DTI*, I8014.

chendem Antrag den Anteilseignern, Abschlussprüfern, Gesellschaftsgläubigern und sonstigen betroffenen Personen zuzusenden. Das Ministerium kann den Prüfungsbericht auch allgemein veröffentlichen; eine entsprechende Verpflichtung besteht jedoch nicht.

e) Praktische Bedeutung der Sonderprüfung

Das Rechtsinstitut der Sonderprüfung, das im Gegensatz zum französischen oder deutschen Recht nicht notwendigerweise zu einer Information der Aktionäre führt, hat in England keine nennenswerte Bedeutung erlangt.[622] Die praktischen Folgen der Untersuchungen sind gemäß ss. 431 ff. CA 1985 sehr unterschiedlich, da das Wirtschaftsministerium in der Regel die Art und Weise der Bekanntgabe der Prüfungsergebnisse frei wählen kann. Werden durch die Prüfung Rechtsverstöße aufgedeckt, stehen dem Ministerium verschiedene Anschlussmaßnahmen zur Verfügung. Ergibt der Bericht etwa, dass der Gesellschaft Ersatzansprüche gegen eine Person zustehen, ist das Ministerium nach s. 438 (1) CA 1985 befugt, im Namen der Gesellschaft Zivilklage mit dem Ziel der Zahlung von Schadensersatz oder der Gewährung anderweitigen Rechtsschutzes zu erheben. Ferner kann das Ministerium gemäß ss. 460 (1), 459 CA 1985 eine Billigkeitsklage zugunsten der benachteiligten Anteilseigner anstrengen, wenn sich herausstellt, dass bestimmte Aktionäre auf unzumutbare Weise in ihren Rechten eingeschränkt wurden. Einklagbare Rechtsschutzmöglichkeiten der betroffenen Aktionäre ergeben sich hieraus jedoch nicht.

---

[622] In den letzten Jahren wurden nur wenige Sonderprüfungen angeordnet; vgl. Davies, *Company Law*, S. 471; „*Company Investigations: Powers for the 21st Century*“; abrufbar unter *http://www.ecdti.co.uk*.

III. Zusätzliche Informationspflichten kapitalmarktaktiver Gesellschaften

In England gelten für Gesellschaften, deren Aktien an der *London Stock Exchange* (LSE) zugelassen sind, deutlich strengere Informationsanforderungen als sie das Gesellschaftsrecht vorsieht.[623] Entsprechend der gemeinschaftsrechtlichen Vorgaben sind englische börsennotierte Aktiengesellschaften zu einer umfassenden periodischen und anlassbezogenen Berichterstattung verpflichtet, individuelle Informationsrechte der Aktionäre sind dagegen nicht vorgesehen. Kernstück der kapitalmarktrechtlichen Publizitätsnormen bilden die Börsenzulassungsregeln (*Listing Rules, Prospectus Rules* und *Disclosure Rules*), die die Voraussetzungen der Zulassung zum Börsenhandel regeln und neben Vorschriften zur Gewährleistung eines ordnungsgemäßen Börsenhandels sekundärmarktbezogene Publizitätspflichten enthalten.[624] Die Kompetenz zur Ausarbeitung dieser Regelungen ist von der *London Stock Exchange*, die vormals das bekannte *Yellow Book* herausgab, mit Inkrafttreten des *Financial Services and Markets Act 2000* (FSMA 2000) auf die *Financial Services Authority* (FSA) übergegangen,[625] die auch als Börsenzulassungsbehörde (*U.K. Listing Authority*, UKLA) fungiert.

Die FSA hat ein Handbuch (*FSA Handbook of Rules and Guidance*) erarbeitet, in dem die *Listing Rules, Prospectus Rules* und *Disclosure Rules*, sonstige Bestimmungen zur Konkretisierung des FSMA 2000 sowie verschiedene Leitlinien enthalten sind.[626] Hierbei sind insbesondere der *Continuing Obligations Guide* sowie der ebenfalls im Handbuch der FSA enthaltene *Code of Market Conduct* (MAR 1) und der *Enforcement Manual* (ENF) von Bedeutung. Zu den Grundprinzipien der Primär- und Sekundärmarktpublizität zählen gemäß para. 2.1.3 *Disclosure Rules* die zeitnahe und vollständige Offenlegung relevanter Informationen (*prompt and fair disclosure of relevant information*) sowie die Gleichbehandlung aller Aktionäre. Nach para. 1.3.3 *Listing Rules* hat jeder Emittent dafür Sorge zu tragen, dass keine irreführenden, falschen oder unvollständigen Informationen veröffentlicht werden. Grundsätzlich erfolgt die Offenlegung der Informationen durch Mitteilung an eine der in App. 3.1.1 *Listing Rules* bezeich-

---

[623] Die Londoner Aktienbörse hat im Jahre 1995 neben dem Hauptsegment (*Main Market*) ein Spezialsegment für kleine Aktiengesellschaften (*Alternative Investment Market*, AIM) gegründet, das u.a. im Rahmen der Kapitalmarktinformation gelockerte Informationspflichten vorsieht; siehe Hindmarsh in: Boyle/Potts/Sealy, *Gore-Browne on Companies* § 10.18 m.w.N. Hierauf soll vorliegend nicht näher eingegangen werden.

[624] Die *Listing Rules, Prospectus Rules* und *Disclosure Rules* sind nach deutschem Rechtsverständnis als materiell-rechtliche Gesetze anzusehen.

[625] Ss. 72, 74 (4) FSMA 2000; Alcock, *Financial Services and Markets Act*, S. 200; Walker in: Blair, *Blackstone's Guide*, S. 97, 107; Fleischer, RIW 2001, 817, 820.

[626] Das *FSA Handbook* ist abrufbar unter *www.fsa.gov.uk*. Die einzelnen Ausführungsleitlinien stellen nicht nur unverbindliche Anhaltspunkte dar, sondern haben zum Teil auch für die FSA bindende Wirkung; vgl. Davies, *Company Law*, S. 784 f. zum *Code of Market Conduct*.

neten Nachrichtendienste (*Regulatory Information Services*), die für die unverzügliche Veröffentlichung Sorge tragen.

Die Verletzung von kapitalmarktrechtlichen Publizitätspflichten zieht primär Sanktionen auf dem Gebiet des Straf- und des Ordnungswidrigkeitenrechts nach sich. Eine Schadensersatzhaftung kommt vor allem im Rahmen des offiziellen Restitutionsverfahrens unter Leitung und Aufsicht der FSA in Betracht. Schadensersatzansprüche von Anlegern wegen fehlerhafter Kapitalmarktpublizität bestehen lediglich nach Maßgabe des *common law*.

1. Zwischenberichterstattung

Das englische Recht regelt die Pflicht zur Erstellung von Halbjahresberichten in Kapitel 9 der *Listing Rules* (*continuing obligations*).

a) Adressatenkreis

An der *London Stock Exchange* zugelassene Gesellschaften sind entsprechend der europarechtlichen Vorgaben gemäß para. 9.9.1 – 9.9.11 *Listing Rules* verpflichtet, einen Bericht über ihre Tätigkeit und ihre Geschäftsergebnisse in den ersten sechs Monaten jedes Geschäftsjahres zu erstellen. Dieser Bericht ist gegebenenfalls um einen entsprechenden Konzernbericht zu ergänzen.[627]

b) Inhalt und Bekanntmachung der Zwischenberichte

(i) Inhalt

Para. 9.9.8 *Listing Rules* sieht vor, dass die Gewinn- und Verlustrechnung, die Bilanz und der Cash-flow von den berichtspflichtigen Emittenten in den Interimsberichten offenzulegen sind. Die Gewinn- und Verlustrechnung muss wesentliche unterjährige Ergebniskategorien wie etwa die Netto-Umsatzerlöse (*net turnover*), das Ergebnis vor Steuern und außerordentlichen Positionen (*profit or loss before taxation and extraordinary items*) und das Ergebnis je Aktie (*earnings per share*) enthalten. Alle Zahlenangaben sind um die Vergleichszahlen des vorangegangenen Geschäftsjahres zu ergänzen (para. 9.9.8 (4) *Listing Rules*). Um Investoren eine Einschätzung der Unternehmensentwicklung zu erleichtern, sind die Emittenten gemäß para. 9.9.8.(6) *Listing Rules* zusätzlich verpflichtet, eine Erklärung (*explanatory statement*) über die Entwicklung der Geschäftsaktivitäten und –ergebnisse der Gesellschaft und gegebenenfalls der Konzerngesellschaften einschließlich etwaiger Sonderfaktoren abzugeben und Angaben über die Geschäftsaussichten des laufenden Geschäftsjahres zu machen. Diese Informationen müssen von den Emittenten gemäß para. 9.9.8 (6) (c) *Listing Rules* so dargestellt werden, dass ein Vergleich zwischen den Angaben

---

[627] Leyens in: Hopt/Voigt, Kapitalmarktinformationshaftung, 2005, S. 525 f. m.w.N.

des Berichtszeitraums und denen des vorangegangenen Geschäftsjahres leicht möglich ist. Eine Pflicht zur Prüfung der Zwischenberichte durch einen Wirtschaftsprüfer besteht nicht; ist jedoch eine entsprechende Prüfung erfolgt, muss der Bericht der Wirtschaftsprüfer gemäß para. 9.9.9 *Listing Rules* ebenfalls vollständig veröffentlicht werden.

Die FSA ist gemäß s. 101 (2) FSMA 2000, para. 9.9.10 *Listing Rules* befugt, die Publizitätsvorgaben der Zwischenberichtsvorschriften im Einzelfall zu modifizieren, wenn die besondere Situation der Gesellschaft dies erfordert. Ausnahmsweise kann sie den jeweiligen Emittenten sogar ganz oder teilweise von einzelnen Offenlegungsvorgaben befreien.

(ii) Bekanntmachung

Die Interimsberichte sind gemäß para. 9.9.3 *Listing Rules* unverzüglich, spätestens jedoch binnen 90 Tagen nach Ende des Berichtszeitraums, durch Bekanntgabe bei einem der in App. 3.1.1 *Listing Rules* bezeichneten Nachrichtendienste (*Regulatory Information Services*) sowie gemäß para 9.9.5 *Listing Rules* in einer überregionalen Tageszeitung zu veröffentlichen oder allen Aktionären zuzusenden. Nach para. 1.4.9 *Listing Rules* können die Informationen bei entsprechender Übereinkunft zwischen Emittenten und Aktionären auch elektronisch via E-Mail oder durch Veröffentlichung auf der Website der Gesellschaft bekannt gegeben werden.

c) Sanktionen

Fehlerhafte Informationen in Zwischenberichten können gemäß s. 397 FSMA 2000 als Marktpreismanipulation strafbar sein oder den Ordnungswidrigkeitentatbestand des Marktmissbrauchs (ss. 118 ff. FSMA 2000) erfüllen, wenn sie gegenüber der Öffentlichkeit abgegeben wurden und geeignet sind, den Kurs des Wertpapiers zu beeinflussen. Daneben können Verletzungen der Zwischenberichtspflicht gemäß ss. 205 f. FSMA 2000 die Verhängung von Geldbußen gegen die Gesellschaft selbst und die verantwortlich handelnden Personen zur Folge haben. Die FSA ist ebenfalls befugt, die Publizitätsverstöße und die Höhe einer verhängten Geldstrafe zu veröffentlichen. Schließlich kann die FSA gemäß s. 45 FSMA 2000 i.V.m. para. 5.1.1 ff., 5.2.1 ff. *Listing Rules* die Börsennotierung vorübergehend aussetzen, die Börsenzulassung der Gesellschaft widerrufen oder auf bestimmte Marktsegmente beschränken, wenn diese trotz eines entsprechenden Hinweises keinen fehlerfreien Zwischenbericht vorlegt.

Des Weiteren ist die FSA gemäß ss. 382, 383 FSMA 2000 bei Verstößen gegen die Interimspublizität befugt, beim *High Court* eine Schadensersatzanordnung gegen den jeweiligen Pflichtverletzer zu beantragen. Zudem kommen nach Maßgabe des *common law* auch Schadensersatzansprüche geschädigter Anleger gegen die Gesellschaft sowie gegen die jeweils handelnden Organmitglieder in

Betracht. Ein spezialgesetzlicher Ersatzanspruch von Kapitalanlegern, der auch bei fehlerhaften Informationen in Zwischenberichten eingreifen würde, besteht dagegen nicht (siehe im Einzelnen unten D. III. 5.).

2. Ad hoc-Publizität

a) Inhalt und Bekanntmachung

(i) Inhalt

Das englische Recht regelt die ad hoc-Publizität in Kapitel 2 der *Disclosure Rules*.[628] Gemäß para. 2.2.1, 2.2.3 *Disclosure Rules* sind sämtliche der an der *London Stock Exchange* zugelassenen Gesellschaften verpflichtet, alle neuen Insiderinformationen (*inside information*), die den Emittenten unmittelbar betreffen und die möglicherweise zu einer wesentlichen Kursveränderung der Wertpapiere des Emittenten führen können, unverzüglich offenzulegen.[629] Para. 2.1.3 *Disclosure Rules* stellt klar, dass die ad hoc-Mitteilungen nicht irreführend, inhaltlich falsch oder unvollständig sein dürfen.

Unabhängig von ihrer potentiellen Eignung zur Kursbeeinflussung müssen die Emittenten darüber hinaus gemäß para. 9.6.4 *Listing Rules* weitere Umstände wie etwa geplante Änderungen in der Kapitalstruktur der Gesellschaft, Neuemissionen von Schuldverschreibungen oder Änderungen in der Ausstattung der Wertpapiere ebenfalls unverzüglich offen legen (*notifications relating to capital*).

(ii) Bekanntmachung

Die Veröffentlichung der ad hoc-Informationen hat entsprechend der Bekanntgabe der Interimsberichte durch Mitteilung an einen der in App. 3.1.1 *Listing Rules* bezeichneten Nachrichtendienste (*Regulatory Information Services*) und gemäß para 2.3.1 ff. *Disclosure Rules* durch Veröffentlichung auf der Website des Emittenten zu erfolgen.

Gemäß para 2.5.1 ff. *Disclosure Rules* ist bei Vorliegen berechtigter Interessen auch eine spätere Offenlegung zulässig. Zu diesen berechtigten Belangen zählen nach Maßgabe der 2.5.3 ff. *Disclosure Rules* insbesondere alle bevorstehenden Änderungen oder Umstände, die noch Gegenstand vertraulicher Verhandlungen sind, sowie mehraktige Entscheidungen der Unternehmensleitung. Hat der Emittent jedoch Anhaltspunkte dafür, dass vertrauliche Informationen an unbefugte

---

[628] Vor der Neufassung der Börsenzulassungsregeln im Handbuch der FSA war die ad hoc-Publizität in Kapitel 9 der *Listing Rules* geregelt.

[629] Zur Auslegung der einzelnen Tatbestandsmerkmale Leyens in: Hopt/Voigt, Kapitalmarktinformationshaftung, 2005, S. 496, 502 f.

Personen weitergegeben wurden, ist gemäß para 2.6.2 ff. *Disclosure Rules* auch die Öffentlichkeit hierüber unverzüglich zu informieren.

b) Sanktionen

Ebenso wie bei der Verletzung der Zwischenberichtspflicht kommen bei Verstößen gegen die ad hoc-Publizität gemäß para. 1.4.1 – 1.4.5 und para. 1.5.3 *Disclosure Rules* Maßnahmen auf dem Gebiet des Straf- und des Ordnungswidrigkeitenrechts in Betracht. Des Weiteren besteht nach den offiziellen Restitutionsverfahren der ss. 382, 282 FSMA 2000 eine Schadensersatzhaftung der jeweiligen Pflichtverletzer. Daneben können grundsätzlich auch Anleger nach Maßgabe des *common law* Schadensersatzansprüche geltend machen (vgl. im Einzelnen unten D. III. 5.).

3. Offenlegung von Transaktionen mit Finanzinstrumenten

An der *London Stock Exchange* notierte Gesellschaften unterliegen gemäß para. 3.1.1 ff. *Disclosure Rules* im Hinblick auf Transaktionen ihrer Organmitglieder mit Finanzinstrumenten über die gesellschaftsrechtlichen Regelungen der ss. 324 – 328 CA 1985 hinaus (vgl. oben D. II. 3. c)) weitergehenden Publizitätsanforderungen. Die Vorgaben der para. 3.1.1 ff. *Disclosure Rules* knüpfen an die in s. 324 (1) und (2) CA 1985 genannten Mitteilungspflichten an, erweitern jedoch den Kreis der meldepflichtigen Personen und dehnen die Meldepflichten in inhaltlicher Hinsicht in wesentlichen Punkten aus. Zudem sind die Gesellschaften verpflichtet, ihre Vorstandsmitglieder zur fristgerechten Offenlegung der publizitätspflichtigen Geschäfte anzuhalten und ihnen entsprechende Nachfragen bei den sekundär meldepflichtigen Personen aufzuerlegen, wenn dies aus ihrer Sicht notwendig erscheint.

a) Adressatenkreis

Während nach Maßgabe der gesellschaftsrechtlichen Informationsvorschriften nur die Organmitglieder selbst sowie deren Ehegatten und minderjährige (Stief-) Kinder verpflichtet sind, die Gesellschaft über ihre Wertpapierbeteiligungen und –transaktionen zu informieren, erstreckt sich die Meldepflicht bei börsennotierten Gesellschaften gemäß para. 3.1.1 *Disclosure Rules* auch auf alle nahe stehenden Personen (*connected persons*) im Sinne des s. 346 CA 1985, so dass alle juristischen Personen, in denen das jeweilige Vorstandsmitglied, sein Ehegatte oder eines seiner minderjährigen Kinder einen Anteil von mindestens 20 % des Gesellschaftskapitals halten oder über mehr als 20 % der Stimmrechte verfügen, ebenfalls den Offenlegungspflichten der para. 3.1.1 ff. *Disclosure Rules* unterliegen. Gleiches gilt für die Leitungsorgane (*trustee*) von Investment- oder sonstigen Treuhandgesellschaften, deren Anteilseigner ein Vorstandsmitglied oder eine der zuvor genannten Personen ist, sowie für deren Teilhaber (*partner*).

b) Inhalt und Bekanntmachung der Mitteilung

(i) Inhalt

Ergänzend zu den Vorschriften der ss. 324 ff. CA 1985 haben die mitteilungspflichtigen Personen der an der *London Stock Exchange* notierten Gesellschaften gemäß para. 3.1.3 *Disclosure Rules* zusätzlich Angaben über die Art, die Konditionen und das Gesamtvolumen der Transaktion zu machen, das Finanzinstrument genau zu bezeichnen sowie den Ort und das Datum der Ausführung des Geschäfts gegenüber der Gesellschaft mitzuteilen. Gemäß para. 3.1.3 *Disclosure Rules* unterliegen alle Finanzinstrumente, also auch die Gewährung und Annahme von sämtlichen Kauf- und Verkaufsoptionen und sonstigen Derivaten, die sich auf Aktien und sonstige Rechte an der Gesellschaft beziehen, der Offenlegungspflicht. Gemäß para. 3.1.7 *Disclosure Rules* können die Emittenten ein Musterformular der FSA benutzen, in dem alle geforderten Angaben eingetragen werden können.

(ii) Bekanntmachung

Die Informationen sind von den meldepflichtigen Personen ebenso wie die nach Maßgabe der ss. 324 ff. CA 1985 offen zu legenden Informationen gemäß para. 3.1.2 *Disclosure Rules* binnen maximal vier Werktagen nach Eintritt der Meldepflicht gegenüber der Gesellschaft bekannt zu geben. Die Gesellschaft ist sodann ihrerseits gemäß para. 3.1.4 *Disclosure Rules* verpflichtet, die Daten unverzüglich, spätestens jedoch an dem der Mitteilung nachfolgenden Werktag, an einen der in App. 3.1.1 *Listing Rules* bezeichneten Nachrichtendienste (*Regulatory Information Services*) weiterzuleiten.

c) Sanktionen

Fehlerhafte Angaben können ebenso wie Verletzungen der Interims- und der ad hoc-Publizität Maßnahmen auf dem Gebiet des Straf- und Ordnungswidrigkeitenrechts nach sich ziehen. Im Rahmen der Schadensersatzhaftung kommen das offizielle Restitutionsverfahren der FSA gemäß ss. 382, 383 FSMA 2000 sowie Indiviualansprüche geschädigter Kapitalanleger nach Grundsätzen des *common law* in Betracht (vgl. im Einzelnen unter D. III. 5.).

d) Annex: Wertpapierverkäufe auf der Grundlage von Insiderinformationen

Um Insiderhandel vorzubeugen, ist es Organmitgliedern, ihnen nahe stehenden Personen im Sinne der s. 96B (2) FSMA 2000 (*connected persons*) nach Maßgabe des *Model Code*, der im Anhang zu Kapitel 9 *Listing Rules* enthalten ist, grundsätzlich untersagt, kurzfristige Wertpapiergeschäfte unter Ausnutzung vertraulicher kurssensibler Informationen durchzuführen (para. 9.2.7 *Listing Rules*). Weitere Transaktionsbeschränkungen gelten in sogenannten *close periods*, also u.a. im Vorfeld der Veröffentlichung des Jahresabschlusses sowie vor Bekanntgabe der Interimsberichte.[630] Eine Ausnahme von diesen Beschränkungen gilt gemäß s. 10 *Model Code* jedoch für Verkaufsgeschäfte der Organmitglieder und sonstigen meldepflichtigen Personen, wenn besondere persönliche Umstände wie etwa dringend zu erfüllende finanzielle Verpflichtungen, die anderweitig nicht befriedigt werden können, vorliegen. Diese Transaktionen sind sodann gemäß s. 11 *Model Code* möglichst frühzeitig unter Angabe der Umstände, die die Anwendung des Ausnahmetatbestands rechtfertigen, gegenüber der FSA offen zu legen.

4. Sonstige Mitteilungspflichten

a) Bericht über die Vergütung der Vorstandsmitglieder

Zusätzlich zu den vorgenannten Informationspflichten ist der Vorstand börsennotierter Gesellschaften seit der Einführung der *Directors' Remuneration Report Regulations 2002*, einem Ergänzungsgesetz zum *Companies Act 1985*, verpflichtet, für alle Geschäftsjahre, die nach dem 31. Dezember 2002 abgeschlossen wurden, Details über Jahresbezüge und Tantiemen der einzelnen Vorstandsmitglieder in einem Bericht (*directors' remuneration report*) zu veröffentlichen. Dieser Bericht ist den Aktionären gemäß s. 241A CA 1985 in der ordentlichen Hauptversammlung zur Abstimmung über die Entlohnung des Vorstands vorzulegen. Zwar ist die Entscheidung der Aktionäre für den Vorstand rechtlich nicht bindend, doch stellen die Abstimmung sowie die vorherige Hauptversammlungsdiskussion faktisch ein wirkungsvolles Druckmittel dar.[631]

(i) Inhalt

Der nach s. 234B i.V.m. Sched. 7A CA 1985 zu erstellende Vergütungsbericht bezieht sich auf das abgeschlossene Geschäftsjahr und gliedert sich in Informationen, die der Jahresabschlussprüfung unterliegen (*information subject to audit*), und solche, die nicht gesondert geprüft werden (*information not subject to audit*).

Zu den letztgenannten Informationen zählt gemäß para. 2 Sched. 7A CA 1985 zunächst die Mitteilung, ob in der Gesellschaft ein Ausschuss (*committee*) eingerichtet wurde, der über die Entlohnung des Vorstands beraten hat. Wurde ein solcher Ausschluss gebildet, ist u.a. offen zu legen, welche Mitglieder des Vorstands daran teilnahmen, welche sonstige Personen dem Gremium Empfeh-

---

[630] Siehe i.E. s. 1 Annex zu Kapitel 9 *Listing Rules (The Model Code)*.
[631] Vorpeil, RIW 2002, 630, 635; zu den Diskussionen um die geplanten Gehaltserhöhungen des Vorstandsvorsitzenden von *Glaxo Smith Kline* siehe FAZ Nr. 117 v. 21.05.2003, S. 11, 15.

lungen erteilt oder sonstige Leistungen erbracht haben sowie um welche Leistungen es sich handelt. Gemäß para. 3 Sched. 7A 1985 ist darüber hinaus die Vergütungspolitik der Gesellschaft in einer gesonderten Erklärung (*policy statement*) zu erläutern. In dieser Erklärung sind bezüglich jedes Vorstandsmitglieds die Leistungsbedingungen (*performance conditions*), die an die Gewährung von Aktienoptionen und sonstiger langfristiger Anreizprogramme (*long-term incentive schemes*) geknüpft werden, und die Gründe, die für die Auswahl gerade dieser Kriterien sprachen, anzugeben.[632] Werden einem Vorstandsmitglied unabhängig von der Geschäftsentwicklung der Gesellschaft Aktienoptionen oder Zusagen im Rahmen eines sogenannten Anreizprogramms zugebilligt, ist der Verzicht auf leistungsabhängige Kriterien ebenfalls zu begründen.

Zu den der Jahresabschlussprüfung unterliegenden Informationen zählen u.a. Angaben über die individuelle Höhe des Jahressalärs sowie alle tatsächlich an die Vorstandsmitglieder erbrachten Sachleistungen und Zahlungen einschließlich etwaiger Aktienoptions-, Renten- oder sonstiger Anreizprogramme im abgelaufenen und im vorangegangenen Geschäftsjahr. Ferner ist der Vorstand gemäß para. 7 ff. Sched. 7A CA 1985 verpflichtet, Aktienoptionen und langfristige Anreizprogramme bezüglich jedes Vorstandsmitglieds zu beziffern und die Bestandteile des Jahresgehalts aufzuschlüsseln, die unmittelbar mit der Entwicklung des Aktienkurses der Gesellschaft verknüpft sind. Leistungen an betriebsinterne Pensionskassen, die die Gesellschaft für die Vorstandsmitglieder erbracht hat, sind gemäß para. 12 Sched. 7A CA 1985 ebenfalls im Vergütungsbericht offen zu legen. Sämtliche Angaben müssen gemäß para. 6 (4), 7 (3) Sched. 7A CA 1985 übersichtlich in tabellarischer Form dargestellt werden.

(ii) Bekanntmachung

Nach erfolgter Billigung durch den Vorstand ist der Bericht gemäß s. 234C CA 1985 der ordentlichen Hauptversammlung zur Beschlussfassung über die Vergütung der Vorstandsmitglieder vorzulegen.[633] Zu diesem Zweck muss er den Aktionären gemäß s. 241A (4) CA 1985 im Vorfeld der Hauptversammlung zusammen mit der Einberufungsmitteilung entsprechend den zu Punkt D. II. 1. a) (i) gemachten Ausführungen bekannt gegeben werden.

b) Sonstige hauptversammlungsbezogene Mitteilungspflichten

Nach para. 9.3.3 *Listing Rules* sind die an der *London Stock Exchange* notierten Gesellschaften verpflichtet, ihre Aktionäre zu anstehenden Hauptversammlungen einzuladen und Mitteilungen über anstehende Dividendenzahlungen, die Ausgabe

---

[632] Siehe Dignam in: Boyle/Potts/Sealy, *Gore-Browne on Companies*, § 22.11.2 m.w.N.

[633] Die geplante Gehaltserhöhung des Vorstandsvorsitzenden von *Glaxo Smith Kline* wurde von der Hauptversammlung nicht gebilligt, vgl. Dignam in: Boyle/Potts/Sealy, *Gore-Browne on Companies*, § 22.11.6.

neuer Aktien und den Rückerwerb eigener Wertpapiere zu veröffentlichen. Die Mitteilungen sind durch Übersendung an die einzelnen Aktionäre oder gemäß para. 9.3.8 *Listing Rules* durch Anzeige in einer überregionalen Tageszeitung vorzunehmen. Nach Maßgabe des para. 1.4.9 *Listing Rules* können sie auch auf elektronischem Wege erfolgen. Darüber hinaus müssen die Emittenten der FSA gemäß para. 9.6.1 *Listing Rules* zwei Abschriften sämtlicher auf der Grundlage der *Listing Rules* vorgenommenen Aktionärsmitteilungen übersenden, die diese anschließend zur Einsichtnahme bei einer zentralen Einsichtnahmestelle der *City of London* (*Document Viewing Facility*) bereithält.

c) Offenlegung personenbezogener Informationen der Vorstandsmitglieder

Im Hinblick auf die personenbezogenen Informationen der Organmitglieder sehen die *Listing Rules* über die gemäß s. 288 CA 1985 (vgl. D. II. 2. b)) der Registerpublizität unterliegenden Informationen hinaus zusätzliche detaillierte Offenlegungspflichten an einen der *Regulatory Information Services* vor. Gemäß para. 9.6.13 *Listing Rules* sind alle strafrechtlichen Verurteilungen der Vorstandsmitglieder sowie alle Insolvenzen von Firmen, in denen das jeweilige Organmitglied bereits im Vorstand tätig war, offen zu legen. Zudem sind börsennotierte Gesellschaften nach den para. 9.6.11 f. *Listing Rules* verpflichtet, jeden Wechsel der Vorstandsmitglieder und alle bedeutenden Änderungen der den einzelnen Vorstandsmitgliedern zugewiesenen Verantwortungsbereiche inklusive des Datums des Inkrafttretens mitzuteilen. Die Meldung hat nach para. 9.6.11 *Listing Rules* unverzüglich, spätestens jedoch an dem der Personalentscheidung folgenden Werktag zu erfolgen. Wird ein Vorstandsmitglied neu ernannt, ist gemäß para. 9.6.11 (1) *Listing Rules* in der Mitteilung aufzuführen, ob ihm eine führende oder eine sonstige Position übertragen wurde. Zudem sind alle besonderen Funktionen und Aufgabenbereiche des neuen Vorstandsmitglieds zu benennen.[634]

d) Offenlegung von Vertragsbeziehungen mit der Gesellschaft

Darüber hinaus bestehen nach Kapitel 10 und 11 *Listing Rules* Mitteilungspflichten im Hinblick auf den Abschluss bestimmter Verträge der Gesellschaft.

(i) Wesentliche Kapitaltransaktionen der Gesellschaft

Gemäß Kapitel 10 *Listing Rules* sind der Erwerb und die Veräußerung von wesentlichen Vermögensteilen der Gesellschaft, die außerhalb des gewöhnlichen Geschäftsgangs erfolgen, unabhängig von der jeweiligen Satzung und allgemeinen gesellschaftsrechtlichen Regeln an bestimmte Voraussetzungen geknüpft. Die einschlägigen Transaktionen sind in drei Klassen unterteilt, an die unter-

---

[634] Siehe Tolley's, *Disclosure of Directors' Interests*, Rn. D6006 m.w.N.

schiedlich hohe Publizitäts- und sonstige Anforderungen gestellt werden. Diese reichen von bestimmten Melde- und Anzeigepflichten an einen der Nachrichtendienste (*Regulatory Information Services*) für *Class 3*- und *Class 2 transactions* bis hin zu einer Zustimmungspflicht der Aktionäre in einer Hauptversammlung für *Class 1 transactions*.[635]

Gemäß para. 10.3.1 *Listing Rules* haben die Gesellschaften bei *Class 3 transactions* u.a. die Anzahl der infolge der Vereinbarung neu ausgegebenen Aktien, Einzelheiten des Vertrages inklusive der Namen der beteiligten Gesellschaften und die Höhe der erbrachten Gegenleistung unverzüglich gegenüber einem der *Regulatory Information Services* anzugeben. Bei *Class 2 transactions* ist gemäß para. 10.4.1 – 10.4.2 *Listing Rules* darüber hinaus unverzüglich mitzuteilen, wie die vereinbarte Gegenleistung von der Gesellschaft aufgebracht wurde, wie hoch der erworbene bzw. veräußerte Eigenkapitalanteil ist und welche Eigenkapitalrendite diesbezüglich zu erwarten ist. Zudem sind die erwarteten Gewinne, sonstige Auswirkungen auf die Gesellschaft und Einzelheiten der Anstellungsverträge neuer Vorstandsmitglieder darzulegen.

Über die in den para. 10.4.1 – 10.4.2 Listing Rules normierten Anforderungen hinaus ist den Aktionären vor der Beschlussfassung der Hauptversammlung über eine *Class 1 transaction* gemäß para. 10.5.1 *Listing Rules* i.V.m. para. 13.2 ff., 13.3 ff. und 13.4 ff. *Listing Rules* ein gesonderter Bericht (*explanatory circular*) zu übersenden, der gemäß para. 13.2.1 *Listing Rules* vor seiner Veröffentlichung von der FSA zu genehmigen ist. In diesem Bericht sind zusätzlich zu den bereits nach para. 10.4.1 – 10.4.2 *Listing Rules* bekannt zu gebenden Informationen u.a. Mitteilungen über größere Aktienbeteiligungen (*major interests in shares*), anhängige Rechtsstreitigkeiten, das Geschäftskapital bzw. Umlaufvermögen der Gesellschaft (*working capital*) und alle vertraglichen Vereinbarungen, die über den gewöhnlichen Geschäftsgang der Gesellschaft hinausgehen (*material contracts*), sowie aus der Transaktion erwachsende Ansprüche der Vorstandsmitglieder vorzunehmen. Der Inhalt des Berichts und die Art der Informationsdarstellung, insbesondere die Zuordnung der Daten zu den einzelnen Gesellschaften in Konzernverhältnissen, sind in Kapitel 13 *Listing Rules* detailliert geregelt, wobei die FSA im Einzelfall zum Erlass von Ausnahmen befugt ist.

---

[635] Gemäß para. 10.4 *Listing Rules* ist eine Transaktion als *Class 3 transaction* zu qualifizieren, wenn sich der Erwerb bzw. die Veräußerung auf Vermögensteile – mit Ausnahme einer Beteiligung an einem anderen Unternehmen – bezieht, deren Buchwerte weniger als 5 % des gesamten Anlage- und Umlaufvermögens der Gesellschaft betragen. Eine *Class 2 transaction* liegt vor, wenn der Vertragsgegenstand zwischen 5 und 24,99 % des Gesellschaftsvermögens entspricht. Eine *Class 1 transaction* ist schließlich gegeben, wenn der erworbene oder veräußerte Gegenstand 25% des Gesamtvermögens der Gesellschaft übersteigt.

(ii) Vertragsbeziehungen mit *related parties*

Nach Kapitel 11 *Listing Rules* gelten bei Geschäften der Gesellschaft mit verbundenen Unternehmen, Vorstandsmitgliedern und sonstigen Personen, die über mindestens 10 % der Stimmrechte der Hauptversammlung verfügen (*transactions with related parties*), ebenfalls besondere Publizitätspflichten. Nach para. 11.1.7 (1) i.V.m. para. 10.4.1 *Listing Rules* ist die Gesellschaft verpflichtet, u.a. die Höhe der vereinbarten Gegenleistung der Gesellschaft und der erworbenen bzw. veräußerten Eigenkapitalanteile mitzuteilen. Zusätzlich ist den Aktionären gemäß para. 11.1.7 (2) *Listing Rules* i.V.m. para 13.3.1 ff. *Listing Rules* vorbehaltlich bestimmter Ausnahmefälle ein gesonderter Bericht (*circular*) zu übersenden, in dem Namen und Adressen aller Vertragsparteien und entsprechend den nach Kapitel 10 *Listing Rules* offenlegungspflichtigen Informationen Angaben über größere Aktienbeteiligungen, anhängige Rechtsstreitigkeiten, das Geschäftskapital bzw. Umlaufvermögen der Gesellschaft und alle vertraglichen Vereinbarungen, die über den gewöhnlichen Geschäftsgang der Gesellschaft hinausgehen, vorzunehmen sind. Handelt es sich bei dem Vertragspartner um ein Vorstandsmitglied, sind zusätzlich dessen Aktienbeteiligung und Anstellungsvertrag bekannt zu geben.

e) Sanktionen

Verstöße gegen die vorgenannten Mitteilungspflichten können wiederum aufsichtsbehördliche Maßnahmen der FSA nach sich ziehen und als Marktmanipulation strafbar sein. Darüber hinaus kommt eine Schadensersatzhaftung im Rahmen des Restitutionsverfahrens der FSA sowie nach Maßgabe des *common law* in Betracht (siehe unten D. III. 5. d)).

5. Sanktionen im Einzelnen

Ähnlich dem französischen Rechtssystem ahndete das englische Kapitalmarktrecht Publizitätsverstöße zunächst nur mit strafrechtlichen Maßnahmen. Das Delikt der Marktmanipulation, das mit dem *Financial Services Act 1986* erstmals eingeführt wurde, stellte bis zum Jahre 2001 die einzige spezialgesetzliche Sanktion kapitalmarktbezogener Informationsverstöße dar.[636] Seit Inkrafttreten des FSMA 2000 verfügt die FSA über umfassende Sanktionsbefugnisse, die nach deutschem Rechtsverständnis Maßnahmen des Ordnungswidrigkeitenrechts entsprechen[637] und von denen die FSA umfassenden Gebrauch gemacht hat. Darüber hinaus sieht das englische Kapitalmarktrecht in Fällen der Markt-

---

[636] Alcock/Rider in: Boyle/Potts/Sealy, *Gore-Browne on Companies*, § 12.18.

[637] Nach englischem Rechtsverständnis handelt es sich bei den aus ss. 45, 205, 206 FSMA 2000 folgenden Sanktionsbefugnissen der FSA um Maßnahmen mit zivilrechtlichem Charakter, auf die Art. 6 Abs. 1 EMRK anwendbar ist, vgl. Alcock/Rider in: Boyle/Potts/Sealy, *Gore-Browne on Companies*, § 12.12.

manipulation Sanktionen vor. Hierzu zählt zum einen die Strafnorm der Vornahme irreführender Angaben oder sonstiger irreführender Verhaltensweisen (*misleading statements and practices*), zum anderen der Ordnungswidrigkeitentatbestand des Marktmissbrauchs (*market abuse*).[638] Sämtlichen Maßnahmen der FSA ist gemein, dass sie keine Auswirkungen auf die Durchsetzbarkeit von vertraglichen Ansprüchen haben, die auf der Grundlage der Informationsverstöße begründet wurden.[639]

a) Allgemeine Sanktionsbefugnisse der FSA

Der FSA steht im Falle von Publizitätspflichtverletzungen der Emittenten oder ihrer Organmitglieder ein ganzes Spektrum von Sanktionsbefugnissen zu. Die Maßnahmen dürfen gemäß s. 92 FSMA 2000 erst verhängt werden, nachdem die FSA den betroffenen Personen eine Mitteilung (*warning notice*) hat zukommen lassen, so dass sie Gelegenheit zur Stellungnahme und zur Behebung ihres Verstoßes hatten.[640]

(i) Anwendungsbereich

Die Maßnahmen der FSA können sich sowohl gegen den Emittenten als auch gegen die Organmitglieder und bestimmte Angestellte der Gesellschaft richten. Da zur Verhängung einer Sanktion gegen den Emittenten gemäß s. 91 (1) FSMA 2000 schon das Vorliegen eines Verstoßes gegen eine Publizitätsvorschrift der *Listing Rules* genügt, haben Informationspflichtverletzungen in erster Linie Sanktionen gegen die betroffenen Gesellschaften zur Folge. Die akzessorische Haftung der Vorstandsmitglieder, Verwaltungsdirektoren und aller sonstigen Personen, die für die fehlerhafte Information verantwortlich waren, setzt gemäß s. 91 (2) FSMA 2000 zusätzlich voraus, dass diese eine bedeutende Position innerhalb der Geschäftsführung besitzen oder eine gewisse Kontrolle auf diese ausüben, dass sie ihre Funktion bereits zur Zeit des Verstoßes innehatten und dass sie wissentlich an der Rechtsverletzung beteiligt waren.[641]

In sachlicher Hinsicht sind alle Arten von Verstößen gegen Publizitätsvorschriften der *Listing Rules* und alle Wertpapiere erfasst, die an einem geregelten

---

[638] Auf den Straftatbestand des Insiderhandels, der aus englischer Sicht ebenfalls einen Fall des Marktmissbrauchs darstellt, soll nicht näher eingegangen werden; siehe hierzu *Palmer's Company Law*, Rn. 11.102 ff. m.w.N.; Alcock/Rider in: Boyle/Potts/Sealy, *Gore-Browne on Companies*, § 12.18 m.w.N.

[639] Siehe s. 131 FSMA 2000; *Palmer's Company Law*, Rn. 11.031; Alcock/Rider in: Boyle/Potts/Sealy, *Gore-Browne on Companies*, § 12.13.2.

[640] *Palmer's Company Law*, Rn. 11.032.

[641] Alcock/Rider in: Boyle/Potts/Sealy, *Gore-Browne on Companies*, § 12.11.1.

Markt (*regulated market*) gehandelt werden.[642] Zur Vermeidung von Konflikten mit kapitalmarktrechtlichen Publizitätsvorgaben sehen s. 118 (5) FSMA 2000 i.V.m. para. 1.4.7 und 1.5.2 *Disclosure Rules* vor, dass die Befolgung der in Annex 1 zu Kapitel 1 *Listing Rules* und in para 1.5.2 *Disclosure Rules* aufgeführten Bekanntmachungspflichten keinen Verstoß gegen das Verbot des Marktmissbrauchs darstellt.

(ii) Sanktionsmöglichkeiten im Einzelnen

Nach der gesetzlichen Ermächtigung des s. 91 (3) FSMA 2000 ist die FSA berechtigt, alle Verstöße gegen Vorschriften der *Listing Rules* zu veröffentlichen. Hierbei kann die FSA gemäß para. 1.9 *Listing Rules* auch die Namen der Personen, die wissentlich pflichtwidrig gehandelt haben, bekannt geben (*public censure*).[643] Die FSA kann den Emittenten ferner gemäß para. 1.3.2 *Listing Rules* zur Veröffentlichung der Informationen anweisen, die sie selbst zum Schutz der Aktionäre für erforderlich hält.[644] Die Veröffentlichung der nicht oder fehlerhaft bekannt gemachten Information kann gemäß para. 1.3.2 (2) *Listing Rules* auch durch die FSA selbst erfolgen, wenn der betroffenen Gesellschaft zuvor Gelegenheit zur Stellungnahme gegeben wurde.

Neben oder anstelle der Veröffentlichung von Verhaltensverstößen ist die FSA gemäß s. 91 (1), (2) FSMA 2000 i.V.m. para. 1.5.3 *Disclosure Rules* befugt, den publizitätspflichtigen Gesellschaften bzw. deren Organmitgliedern Geldbußen (*financial penalties*) in unbeschränkter Höhe aufzuerlegen. Die FSA ist nach Kapitel 12.3 des in ihrem Handbuch enthaltenen *Enforcement Manual* (ENF) lediglich verpflichtet, die aus ihrer Sicht für die Bemessung der Sanktion wichtigen Faktoren offenzulegen.[645] Die Höhe der verhängten Geldbußen kann ebenfalls veröffentlicht werden.

Ferner ist die FSA gemäß s. 45 FSMA 2000 i.V.m. para. 5.11 ff. *Listing Rules* zur vorübergehenden Aussetzung der Börsenzulassung bzw. zu einer Beschränkung auf bestimmte Marktsegmente berechtigt, wenn der reibungslose Ablauf des Börsenhandels gefährdet ist oder der Schutz der Anlegerinteressen dies erfordert. Ein Widerruf ist nach den para. 5.2.1 ff. *Listing Rules* grundsätzlich erst dann möglich, wenn besondere Umstände gegeben sind, die einen regulären Börsenhandel als nicht mehr gewährleistet erscheinen lassen. Das Verfahren der Aussetzung oder eines Widerrufs der Börsenzulassung durch die FSA ist gemäß para. 5.5.1 *Listing Rules* in dem *Decision Making manual* (DEC), der ebenfalls im Handbuch der FSA enthalten ist, geregelt.

---

[642] Informationsverstöße, die im Rahmen des *Alternative Investment Market* (AIM) erfolgen, können daher ebenfalls mit Sanktionen der FSA geahndet werden; Hindmarsh in: Boyle/Potts/Sealy, *Gore-Browne on Companies*, § 10.18.

[643] Lomnicka in: Morse, *Palmer's Company Law*, Rn. 11.151.

[644] Alcock/Rider in: Boyle/Potts/Sealy, *Gore-Browne on Companies*, § 12.12.

[645] Kritisch Leyens in: Hopt/Voigt, Kapitalmarktinformationshaftung, 2005, S. 556 f.

Die kumulative Verhängung von Geldstrafen und Widerruf bzw. Beschränkung der Börsenzulassung ist gemäß s. 206 (2) FSMA 2000 unzulässig.

b) Strafrechtliche Sanktionen, s. 397 FSMA 2000

Der Straftatbestand der Marktmanipulation pönalisiert gemäß s. 397 FSMA 2000 neben der Vornahme irreführender Angaben (*misleading statements*) auch sonstige manipulative Verhaltensweisen (*misleading practices*). Auf Letztere soll vorliegend jedoch nicht näher eingegangen werden.

(i) Anwendungsbereich

(a) Adressatenkreis und sachlicher Schutzbereich

S. 397 FSMA 2000 richtet sich ebenso wie die deutsche und die französische Strafnorm an jedermann und geht damit über den persönlichen Anwendungsbereich der allgemeinen Ordnungswidrigkeitenbefugnisse der FSA hinaus.[646] In sachlicher Hinsicht sind alle *relevant investments* erfasst, also Wertpapieranlagen, die an einem geregelten Markt gehandelt werden und die gemäß s. 397 (10), (14) FSMA 2000 i.V.m. einer Ausführungsverordnung des Finanzministeriums (*Treasury Order*) als ausdrücklich schutzbedürftig bestimmt worden sind.[647] Hierzu zählen insbesondere alle Aktien von in- oder ausländischen Kapitalgesellschaften.

(b) Art der Falschinformation

Die Strafbarkeit irreführender Angaben setzt objektiv voraus, dass Informationen in einem wesentlichen Detailpunkt falsch oder irreführend mitgeteilt wurden. Ob es sich dabei um eine Pflichtveröffentlichung oder um eine freiwillige Mitteilung handelt, ist nicht von Bedeutung. Ein strafbares Handeln liegt zudem vor, wenn falsche Versprechungen oder Prognosen abgegeben werden oder wenn eine offenlegungspflichtige Tatsache (*material fact*) bewusst verschwiegen wird.[648] Eine Tatsache ist nicht nur bei Bestehen einer ausdrücklichen Publizitätspflicht, etwa in den *Listing Rules*, als offenlegungspflichtig anzusehen, sondern auch, wenn ein Verschweigen nach den Grundsätzen vernünftiger und ehrlicher Marktteilnehmer als unehrlich anzusehen wäre.[649]

---

[646] Minghella in: Blair, *Blackstone's Guide*, S. 277.

[647] *The Financial Services and Markets Act 2000 (Misleading Statements and Practices) Order 2001*, SI 2001/3645 i.V.m. SI 2003/1474 i.V.m. *The Financial Services and Markets Act 2000 (Financial Promotion) Order 2001*, SI 2001/1335; *Palmer's Company Law*, Rn. 11.143.

[648] Davies, *Company Law*, S. 780 m.w.N.

[649] *R v Ghosh* (1982) QB 1053; *R v Spens* (1991) 4 All ER 421; Alcock/Rider in: Boyle/Potts/Sealy, *Gore-Browne on Companies*, § 12.19.2.

In subjektiver Hinsicht ist ähnlich dem deutschen und französischen Recht, die beide ein vorsätzliches Handeln voraussetzen, gemäß s. 397 (1) (c) FSMA 2000 erforderlich, dass der Pflichtverletzer trotz objektiver Vorhersehbarkeit der möglicherweise kursbeeinflussenden Auswirkungen seines Handelns die fehlerhafte Mitteilung in rücksichtsloser Weise (*reckless*) vorgenommen hat.[650] Im Falle des Verschweigens kursrelevanter und offenlegungspflichtiger Tatsachen ist ein bewusstes vorsätzliches Handeln erforderlich.[651] Darüber hinaus setzt der Straftatbestand gemäß s. 397 (2) FSMA 2000 voraus, dass der Pflichtverletzer durch die Mitteilung bzw. ihr Unterlassen bestimmte Wertpapiertransaktionen oder die Ausübung bestimmter Wertpapierrechte begünstigen oder unterbinden will oder dieser Folge jedenfalls gleichgültig gegenübersteht. Anders als in Deutschland, wo die manipulationsbedingte Kursbeeinflussung nachgewiesen werden muss, ist für die Frage der Strafbarkeit unerheblich, ob die Konsequenzen tatsächlich eingetreten sind.[652]

Der Pflichtverletzer kann gemäß s. 397 (4) FSMA 2000 strafbefreiend einwenden, er habe die fehlerhafte Angabe in Übereinstimmung mit den gemäß s. 144 FSMA 2000 zulässigen Preisstabilisierungsvorschriften oder aufgrund der gemäß s. 147 FSMA 2000 zulässigen unternehmensinternen Kontrollvorkehrungen (*Chinese walls* etc.) vorgenommen.[653]

(ii) Sanktionen

Verstöße gegen den Straftatbestand der Marktmanipulation können den gesamten Katalog der zuvor beschriebenen aufsichtsrechtlichen Maßnahmen der FSA (siehe oben D. III. 5. a)) nach sich ziehen und gemäß s. 397 (8) FSMA 2000 mit Geldstrafe und alternativ oder kumulativ mit Freiheitsstrafe von bis zu sieben Jahren geahndet werden.

Zudem sind die FSA oder der *Secretary of State* gemäß s. 380 FSMA 2000 befugt, eine gerichtliche Anordnung (*injunction*) zu beantragen, durch die dem jeweiligen Pflichtverletzer auferlegt wird, einen drohenden oder bereits erfolgten Publizitätsverstoß zu unterlassen oder nicht zu wiederholen (*restraining order*) oder Abhilfemaßnahmen zu treffen (*remedial order*). Darüber hinaus können die Gerichte nach entsprechendem Antrag der FSA oder des *Secretary of State*

---

650 *Palmer's Company Law*, Rn. 11.139; *R v Caldwell* (1982) AC 341. Der Begriff der *recklessness* wird definiert als „*act of taking risks without caring if other people may be harmed*"; siehe Pons, Fachwörterbuch Recht, S. 297. Er entspricht im Wesentlichen dem deutschen Begriff des dolus eventualis; König/Devlin in: Börsen-Zeitung Nr. 243 v. 15.12.2004, S. 2. Nach anderer Ansicht umfasst er auch fahrlässiges Handeln, wenn sich der Täter des erhöhten Risikos bewusst war, siehe Dietl/Lorenz, S. 686; Romain/Bader/Byrd, S. 666.

651 *Palmer's Company Law*, Rn. 11.139.

652 Siehe *Palmer's Company Law*, Rn. 11.139 m.w.N.

653 Es obliegt dem Pflichtverletzer, das Vorliegen dieser Ausnahmevoraussetzungen darzulegen und nachzuweisen; *Palmer's Company Law*, Rn. 11.139.

erlangte Vermögenswerte einfrieren (*asset-freezing order*) oder den Pflichtverletzern gemäß s. 382 FSMA 2000 Restitutionszahlungen in unbeschränkter Höhe auferlegen (*restitution order*), wenn diese aufgrund des Informationsverstoßes Gewinne erzielt haben oder andere Personen hierdurch geschädigt wurden.[654] Die Zahlung hat gemäß s. 382 (3) FSMA 2000 an die FSA zu erfolgen, die nach entsprechender gerichtlicher Anweisung für die Weiterleitung an die einzelnen Geschädigten Sorge trägt.[655]

Gemäß s. 382 (7) FSMA 2000 bleiben individuelle Schadensersatzklagen von Anlegern, die insbesondere nach Maßgabe des *common law* geltend gemacht werden können, neben der behördlichen Rechtsdurchsetzung möglich.[656] Die Erhebung solcher Klagen kann bei der Entscheidung über die Durchführung des gerichtlichen Restitutionsverfahrens der FSA einen wesentlichen Anhaltspunkt darstellen.[657] Demgegenüber besteht kein spezieller gesetzlicher Schadensersatzanspruch, der geschädigte Anleger in Fällen einer strafbaren Marktmanipulation zur Erhebung von Klagen berechtigen würde.[658]

c) Marktmissbrauch (*market abuse*)

Der englische Gesetzgeber hat mit Erlass des FSMA 2000 erstmals den Tatbestand des *market abuse* eingeführt, um eine angemessene Ahndung von Pflichtverletzungen durch die häufig sachnähere FSA zu ermöglichen und zugleich Konflikte der weitreichenden strafrechtlichen Sanktionen mit den Art. 6, 7 EMRK zu vermeiden.[659] Der Tatbestand des Marktmissbrauchs wird durch den gemäß s. 119 (1) FSMA 2000 von der FSA erlassenen *Code of Market Conduct* konkretisiert.[660]

(i) Anwendungsbereich

(a) Adressatenkreis und sachlicher Schutzbereich

Der Tatbestand des *market abuse* richtet sich gemäß s. 118 (1) (c) FSMA 2000 an alle natürlichen und juristischen Personen und erweitert insoweit die all-

---

[654] *Palmer's Company Law*, Rn. 11.144, 11.016; Minghella in: Blair, *Blackstone's Guide*, S. 262 f.

[655] Minghella in: Blair, *Blackstone's Guide*, S. 264; kritisch Davies, *Company Law*, S. 788 ff. unter Hinweis auf die schwierige Ermittlung und Verteilung der Restitutionsbeträge.

[656] Siehe Minghella in: Blair, *Blackstone's Guide*, S. 264: „*Victims of breaches of relevant requirements may have their own rights to bring proceedings (for example, rights in contract or tort) and nothing in s. 382 affects those rights (s. 382 (7)).*"

[657] Minghella in: Blair, *Blackstone's Guide*, S. 264.

[658] Davies, *Company Law*, S. 788, 790.

[659] Vgl. Walker in: Blair, *Blackstone's Guide*, S. 114 ff.; *Palmer's Company Law*, Rn. 11.146.

[660] Leyens in: Hopt/Voigt, Kapitalmarktinformationshaftung, 2005, S. 529 ff. m.w.N.

gemeinen Sanktionsbefugnisse der FSA.[661] In sachlicher Hinsicht sind alle *qualifying investments* erfasst, also Wertpapieranlagen, die an einem geregelten Markt in Großbritannien gehandelt werden und die durch eine Ausführungsverordnung des Finanzministeriums als schutzbedürftig bestimmt worden sind. Hierunter fallen alle Wertpapiere, die an einer britischen Börse zugelassen sind.[662]

(b) Sachliche Voraussetzungen

Nach s. 118 (2) FSMA 2000 kann der Tatbestand des *market abuse* in objektiver Hinsicht durch drei Handlungsformen verwirklicht werden. Hierzu zählen entsprechend dem Verbot des Insiderhandels der Informationsmissbrauch, also die missbräuchliche Nutzung von (noch) nicht allgemein zugänglichen Informationen (s. 118 (2) (a) FSMA 2000) sowie ähnlich dem Straftatbestand des s. 397 FSMA 2000 alle Verhaltensweisen, die geeignet sind, gegenüber anderen Marktteilnehmern einen falschen oder irreführenden Eindruck hinsichtlich Angebot, Nachfrage, Preis oder Wert eines der *qualifying investments* zu vermitteln (s. 118 (2) (b) FSMA 2000), oder zu einer Marktverzerrung zu führen (s. 118 (2) (c) FSMA 2000).[663] Wie auch im Rahmen der Marktmanipulation sind hiervon sowohl falsche oder irreführende Angaben als auch alle sonstigen manipulativen Verhaltensweisen erfasst.[664] Gemäß s. 118 (1) (c) i.V.m. (10) FSMA 2000 ist die Perspektive eines vernünftigen durchschnittlichen Marktteilnehmers (*regular user of the market*) maßgeblich.[665]

Diese strenge objektive Betrachtungsweise wird auf der Rechtsfolgenseite durch die möglichen Einwände des gutgläubigen Handelns (*defence of reasonable belief*, s. 123 (2) (a) FSMA 2000) sowie des Ergreifens aller gebotenen Vorsichtsmaßnahmen (*defence of reasonable care*, s. 123 (2) (b) FSMA 2000) abgemildert. Kann der betroffene Adressat diese Ausnahmevoraussetzungen nachweisen, ist die FSA nicht zur Verhängung von Sanktionen befugt. Zudem sind alle durch Forschung oder sonstige Studien erlangten und allgemein zugänglichen Informationen sowie alle Verhaltensweisen, die mit einer anderen Vorschrift des FSMA 2000 in Einklang stehen, gemäß s. 118 (7) und (8) FSMA 2000 nicht offen zu legen. Ferner wurden durch den *Code of Market Conduct*

---

[661] *Palmer's Company Law*, Rn. 11.148.

[662] Vgl. *Financial Services and Markets Act 2000 (Market Abuse) (Prescribed Markets and Qualifying Investments) Order* 2001, SI 2001/996, SI 2001/3681; siehe *Palmer's Company Law*, Rn. 11.149 m.w.N.

[663] Siehe Walker in: Blair, *Blackstone's Guide*, S. 118 f.; *Palmer's Company Law*, Rn. 11.149; Leyens in: Hopt/Voigt, Kapitalmarktinformationshaftung, 2005, S. 536 f. m.w.N.

[664] In dem *Code of Market Conduct* (MAR 1) ist näher bestimmt, welche Verhaltensweisen geeignet sind, Anlegern einen falschen oder marktverzerrenden Eindruck zu vermitteln; siehe Walker in: Blair, *Blackstone's Guide*, S. 119 f. m.w.N.

[665] Leyens in: Hopt/Voigt, Kapitalmarktinformationshaftung, 2005, S. 533 f. m.w.N.

zahlreiche *safe harbour*-Tatbestände definiert, deren Nichtveröffentlichung gemäß s. 122 (1) FSMA 2000 keinen Marktmissbrauch darstellt.[666]

In subjektiver Hinsicht setzt der Tatbestand des *market abuse* im Gegensatz zum Straftatbestand der Marktmanipulation kein bestimmtes Verschuldenserfordernis (*intern requirement*) voraus, so dass weder ein vorsätzliches noch ein fahrlässiges Handeln nachgewiesen werden müssen. Allerdings wird die hierdurch bedingte Reichweite der Verbotsnorm durch die subjektiven Einwände des *reasonable belief* und des *reasonable care*, für die dem jeweiligen Pflichtverletzer die gesamte Darlegungs- und Beweislast obliegt, abmildert.[667] Zudem sieht der *Code of Market Conduct* (MAR 1) im Hinblick auf Art. 6 EMRK in bestimmten Fällen auf untergesetzlicher Ebene subjektive Tatbestandsvoraussetzungen vor. Beispielsweise ist danach zu differenzieren, ob die fehlerhafte Information über einen *accepted channel*, also auf einem Kommunikationsweg, der von Seiten des Marktes offiziell zur Verbreitung von kapitalmarktrelevanten Informationen vorgesehen ist,[668] oder auf sonstige Weise veröffentlicht wurde. Während fehlerhafte Veröffentlichungen über sogenannte *accepted channels* gemäß MAR 1.5.18 – abgesehen von den *reasonable belief*- und *reasonable care*-Einwänden – unabhängig von der Motivation des Pflichtverletzers einen Verstoß gegen den Tatbestand des *market abuse* darstellen können, ist im Übrigen gemäß MAR 1.5.15 erforderlich, dass der Pflichtverletzer die Information zu dem Zweck verbreitet hat, hierdurch bei den anderen Marktteilnehmern eine falsche oder irreführende Vorstellung hervorzurufen (*in order to create a false or misleading impression*). Diese Irreführungsabsicht muss nicht die einzige, aber eine wesentliche Motivation des Handelnden darstellen.[669]

(ii) Sanktionen

Marktmissbräuchliche Verhaltensweisen können Sanktionen der FSA (ss. 123 – 125 FSMA 2000) oder gerichtliche Maßnahmen auf Antrag der FSA auslösen. Entsprechend den unter D. III. 5. a) erläuterten allgemeinen Sanktionsbefugnissen ist die FSA vor Erlass ihrer Maßnahmen verpflichtet, den betroffenen Personen eine Mitteilung (*warning notice*) zukommen zu lassen, um ihnen die Gelegenheit zur Stellungnahme und zur Behebung ihres Verstoßes zu geben.[670]

Zu den *administrative sanctions* der FSA zählen die Veröffentlichung des missbräuchlichen Verhaltens (*public censure*, s. 123 (3) FSMA 2000) und die Verhängung von Geldbußen in unbegrenzter Höhe gegen die Rechtsverletzer

[666] Leyens in: Hopt/Voigt, Kapitalmarktinformationshaftung, 2005, S. 539 f. m.w.N.
[667] Leyens in: Hopt/Voigt, Kapitalmarktinformationshaftung, 2005, S. 546.
[668] *„A channel of communication, formally approved by a market, for the dissemination of information to market participants"*, siehe Davies, *Company Law*, S. 783.
[669] Siehe Davies, *Company Law*, S. 783 m.w.N.
[670] Minghella in: Blair, *Blackstone's Guide*, S. 267; Davies, *Company Law*, S. 786 f.

sowie gegen deren Anstifter und Gehilfen (*penalty*, s. 123 (1) FSMA 2000). Die FSA ist gemäß ss. 124, 125 FSMA i.V.m. ENF 14.5.1 – 14.5.2 lediglich verpflichtet, die Gründe für die Art der gewählten Sanktionsmaßnahme und ggf. die Höhe der Geldbuße schriftlich darzulegen.[671] Als gerichtliche Sanktionsmaßnahmen auf Antrag der FSA kommen ebenfalls die Verhängung von Geldbußen (s. 129 FSMA 2000) sowie die Verpflichtung zu Restitutionszahlungen an die geschädigten Anleger (*restitution orders*, s. 383 FSMA 2000), zur Rückerstattung erzielter Gewinne und das Einfrieren erlangter Vermögenswerte (*remedial orders, asset-freezing orders*, s. 381 FSMA 2000) in Betracht, die auch kumulativ verhängt werden können.[672]

Gemäß s. 383 (9) FSMA 2000 sind individuelle Schadensersatzklagen von Anlegern entsprechend der im Rahmen des Straftatbestands der Marktmanipulation nach s. 382 (7) FSMA 2000 geltenden Regelung (vgl. oben D. III. 5. b) (ii)) neben der behördlichen Rechtsdurchsetzung zulässig.[673] Ein spezialgesetzlicher Schadensersatzanspruch geschädigter Anleger, der in allen Fällen des Marktmissbrauchs gegeben wäre, besteht dagegen nicht.[674]

d) Schadensersatzhaftung

Während straf- und ordnungsbehördliche Sanktionen bei kapitalmarktrechtlichem Fehlverhalten in England eine lange Tradition haben, kommt zivilrechtlichen Ausgleichsansprüchen kaum Bedeutung zu.

(i) Restitutionsverfahren, ss. 382, 383 FSMA 2000

Das englische Kapitalmarktrecht sieht in Fällen der Marktmanipulation oder des Marktmissbrauchs, also auch bei fehlerhaften Kapitalmarktinformationen, gemäß ss. 382, 383 FSMA 2000 ein gerichtliches Restitutionsverfahren vor. Daneben kann die FSA gemäß s. 384 FSMA 2000 nach ihrem Ermessen auch

---

[671] Gemäß ss. 123 f. FSMA 2000 hat die FSA in Kapitel 14 des in ihrem Handbuch enthaltenen *Enforcement Manual* (*FSA Handbook, Enforcement, Sanctions for market abuse*, ENF 14) detaillierte Regelungen bezüglich der einzelnen Sanktionen getroffen. Bei der Auswahl der Sanktion sowie bei der Bestimmung der Höhe einer Geldbuße ist insbesondere die Motivation des Pflichtverletzers von Bedeutung; Davies, *Company Law*, S. 786 f.; kritisch Leyens in: Hopt/Voigt, Kapitalmarktinformationshaftung, 2005, S. 556 f.

[672] Die gerichtlichen Maßnahmen können nur gegen die Pflichtverletzer selbst, nicht aber gegen Anstifter oder Gehilfen verhängt werden; *Palmer's Company Law*, Rn. 11.152.

[673] Minghella in: Blair, *Blackstone's Guide*, S. 264.

[674] Siehe Davies, *Company Law*, S. 788: *„However, the statute creates no private right of action in the civil courts in cases of market abuse"*.

ein behördliches Restitiutionsverfahren anordnen.[675] Die beiden Verfahren richten sich nur gegen die eigentlichen Pflichtverletzer, nicht gegen die Gesellschaft.

(a) Anwendungsbereich

Gemäß ss. 382, 383 FSMA 2000 ist die FSA, im Falle einer strafbaren Marktmanipulation auch der *Secretary of State*, berechtigt, vor dem *High Court* die Durchführung eines Restitutionsverfahrens zu beantragen. Voraussetzung hierfür ist, dass der Pflichtverletzer einen Verstoß gegen ein *relevant requirement* i.S.d. s. 380 (6) FSMA 2000[676] begangen und er aufgrund dessen einen unrechtmäßigen Gewinn erlangt hat oder andere Personen durch dieses Verhalten einen Schaden erlitten haben.[677]

(b) Rechtsfolgen

Ordnet das Gericht entsprechend dem Antrag der FSA bzw. des *Secretary of State* die Abschöpfung der rechtswidrig erlangten Gewinne bzw. die Zahlung von Schadensersatz an (*restitution order*), hat der jeweilige Pflichtverletzer gemäß ss. 382 (3), 383 (5) FSMA 2000 den Wiedergutmachungsbetrag an die FSA zu zahlen, die nach entsprechender gerichtlicher Anweisung für die Weiterleitung an die einzelnen Anleger Sorge zu tragen hat.[678] Bei der Bestimmung der Zahlungsempfänger sowie der zu zahlenden Geldsumme, die der Höhe nach nicht begrenzt ist, verfügen die Gerichte gemäß ss. 382 (2, 3), 383 (3, 4) FSMA 2000 über einen breiten Ermessensspielraum, an den die FSA gebunden ist.[679]

Begünstigte der gerichtlich angeordneten Zahlungen können gemäß ss. 382 (8), 383 (10) FSMA 2000 alle Personen sein, denen die rechtswidrig erlangten Gewinne zustehen, sowie Personen, die durch die Rechtsverstöße geschädigt wurden. Entgegen der früheren Rechtslage ist eine Vertragsbeziehung zwischen dem Schädiger und dem potentiellen Begünstigten nicht mehr erforderlich. In der Literatur wird das gerichtliche Wiedergutmachungsverfahren teilweise kritisiert, da sich die Höhe der erzielten rechtswidrigen Gewinne, die

---

[675] Dieses behördliche Verfahren richtet sich grundsätzlich nur gegen *authorised persons* i.S.d. ss. 31 ff. FSMA 2000, in Fällen des Marktmissbrauchs aber auch gegen sonstige Personen; s. Leyens in: Hopt/Voigt, Kapitalmarktinformationshaftung, 2005, S. 558 ff. m.w.N.

[676] Hierzu zählen u.a. alle Vorschriften des FSMA 2000 sowie alle von der FSA erlassenen Normen.

[677] *Palmer's Company Law*, Rn. 11.144, 11.016; Minghella in: Blair, *Blackstone's Guide*, S. 262 ff. Die FSA hat in Kapitel 9 ihres *Enforcement Manual* (*FSA Handbook, Enforcement, Restitution and Redress*, ENF 9) nähere Bestimmungen und Leitlinien zu den Modalitäten der Geltendmachung von Restitutionsansprüchen niedergelegt.

[678] Kritisch Davies, *Company Law*, S. 788.

[679] Minghella in: Blair, *Blackstone's Guide*, S. 264.

Identität der Geschädigten sowie die Summe der jeweils zu erstattenden Schadensersatzbeträge kaum zuverlässig ermitteln lässt.[680]

(ii) Schadensersatzansprüche gegen *authorised persons*, s. 150 FSMA 2000

S. 150 (1) FSMA 2000 sieht darüber hinaus vor, dass alle Verstöße gegen Vorschriften des FSMA 2000 oder gegen Bestimmungen der FSA, die von *authorised persons* begangen werden, grundsätzlich Schadensersatzansprüche von Privatpersonen begründen können.[681] Zu den *authorised persons* zählen alle natürlichen oder juristischen Personen, die gemäß ss. 31 ff. FSMA 2000 über eine Berechtigung zum Führen von Bank- oder Investmentgeschäften etc. verfügen, also Finanzdienstleistungsunternehmen und Finanzintermediäre, jedoch nicht Emittenten und deren Organmitglieder.[682] Zudem sind gemäß s. 150 (4) (a) FSMA 2000 alle Verletzungen der *Listing Rules* ausdrücklich von der Haftung ausgenommen. Individuelle Schadensersatzansprüche von Anlegern wegen mangelhafter Information des Sekundärmarktpublikums können daher nicht auf s. 150 FSMA 2000 gestützt werden.[683]

(iii) Schadensersatzansprüche nach *common law*

Der FSMA 2000 gewährt privaten Anlegern keine sonstigen Klagerechte oder Schadensersatzansprüche.[684] Gemäß ss. 382 (7), 383 (9) FSMA 2000 bleibt jedoch das Recht zur Erhebung einer individuellen Schadensersatzklage von dem Erlass einer gerichtlichen *restitution order* unberührt, so dass Anlegern, die durch fehlerhafte Sekundärmarktinformationen einen Schaden erlitten haben, grundsätzlich auch in England der Klageweg offen steht.[685]

Mangels gesetzlicher Haftungsvorschriften[686] kommen Schadensersatzansprüche einzelner Anleger wegen mangelhafter Information des Sekundärmarktes lediglich auf der Grundlage von allgemeinen deliktsrechtlichen Ansprüchen in Betracht. Hierzu zählen das Delikt der arglistigen Täuschung (*tort of deceit*, *fraudulent misrepresentation*) und der fahrlässigen Schädigung (*tort of negligence*, *negligent*

---

680 Davies, *Company Law*, S. 788 f.

681 Siehe *Palmer's Company Law*, Rn. 11.033 f. m.w.N.; Alcock/Rider in: Boyle/Potts/Sealy, *Gore-Browne on Companies*, § 12.13.2; Davies, *Company Law*, S. 788.

682 Schwark in: Festschrift Hadding, 2004, S. 1117, 1118.

683 *Palmer's Company Law*, Rn. 11.034; Alcock/Rider in: Boyle/Potts/Sealy, *Gore-Browne on Companies*, § 12.13.2. Zusätzlich kann die FSA eine Haftung gemäß s. 150 (2) FSMA 2000 bei Verstößen gegen bestimmte Börsenregeln ausschließen.

684 Davies, *Company Law*, S. 788; Minghella in: Blair, *Blackstone's Guide*, S. 264.

685 Threipland in: Blair, *Blackstone's Guide*, S. 149; Minghella in: Blair, *Blackstone's Guide*, S. 264; siehe auch *FSA Handbook*, ENF 9.6.8.

686 Insbesondere die Haftungsvorschrift des s. 2 (1) *Misrepresentation Act 1967* begründet keinen Schadensersatzanspruch wegen fehlerhafter Sekundärmarktpublizität, da sie nur bei vertraglichen Beziehungen zwischen dem Geschädigten und dem Anspruchsgegner anwendbar ist; siehe *Palmer's Company Law*, Rn. 5.536 m.w.N.; Schulte in: Möllers/Rotter, Ad-hoc-Publizität, 2003, § 5 Rn. 30.

misrepresentation).[687] Diese Haftungsansprüche, die insbesondere auf den Leitentscheidungen *Derry v Peek*[688] und *Hedley Byrne & Co Ltd v Heller & Partners Ltd*[689] basieren, wurden zunächst nur im Rahmen fehlerhafter Primärmarktinformation herangezogen.[690] Sie finden aber auch als Grundlage für eine allgemeine Haftung wegen mangelhafter Information des Sekundärmarktes Anwendung.[691] Allerdings sind die tatbestandlichen Voraussetzungen, für deren Vorliegen die geschädigten Anleger die volle Darlegungs- und Beweislast tragen, sehr hoch.[692]

Die deliktische Haftung nach *common law* richtet sich primär gegen die jeweiligen Schädiger, also die Organmitglieder oder sonstige Personen, die eine fehlerhafte sekundärmarktbezogene Mitteilung abgegeben haben. Daneben ist auch der Emittent für Falschangaben verantwortlich, die Mitglieder des Vorstands oder Angestellte im Rahmen ihrer Tätigkeit für die Gesellschaft gemacht haben.[693]

(a) Arglistige Täuschung (*tort of deceit*)

Das Delikt der arglistigen Täuschung (*tort of deceit*) setzt zunächst voraus, dass eine objektiv fehlerhafte Mitteilung über eine Tatsache erfolgte. In subjektiver Hinsicht ist erforderlich, dass der Schädiger betrügerisch handelte, die fehlerhafte Angabe also absichtlich (*intentionally*) oder ohne Rücksicht auf den Wahrheitsgehalt der Information (*reckless as to whether or not the statement was true*) abgegeben hat. Grobe Fahrlässigkeit (*gross negligence*) genügt demgegenüber nicht.[694] Für die Beurteilung der subjektiven Tatbestandsseite ist grundsätzlich die Perspektive des Schädigers zur Zeit der Mitteilung, also seine Einschätzung des Wahrheitsgehalts der Angabe, maßgeblich. Dies gilt lediglich dann nicht, wenn die Behauptung des Schädigers, er sei von der Richtigkeit seiner Mitteilung ausgegangen, nach der Einschätzung eines verständigen Dritten (*any reasonable person*) offensichtlich nicht glaubhaft ist.[695] Insoweit obliegt den geschädigten

---

[687] Nach *common law* ist unter dem Begriff der *misrepresentation* die falsche Darstellung einer Tatsache im Gegensatz zu fehlerhaften Prognosen, Versprechungen oder Meinungsäußerungen zu verstehen; Davies, *Company Law*, S. 675.

[688] *Derry v Peek* (1889), HL 114 App. Cas. 337.

[689] *Hedley Byrne & Co Ltd v Heller & Partners Ltd* (1963) 2 All ER 771.

[690] Aufgrund der weitergehenden gesetzlichen Regelungen der Prospekthaftung haben die Ansprüche nach *common law* heute im Rahmen der Primärmarktpublizität nur noch wenig praktische Bedeutung, vgl. Davies, *Company Law*, S. 672.

[691] Minghella in: Blair, *Blackstone's Guide*, S. 264; Alcock in: Boyle/Potts/Sealy, *Gore-Browne on Companies*, § 11.15 f.; unzutreffend insoweit Schwark in: Festschrift Hadding, 2004, S. 1117, 1119.

[692] Alcock in: Boyle/Potts/Sealy, *Gore-Browne on Companies*, § 11.15 f.

[693] Davies, *Company Law*, S. 676; Alcock in: Boyle/Potts/Sealy, *Gore-Browne on Companies*, § 11.15 f.; *Palmer's Company Law*, Rn. 5.538, 5.540, 2.622.

[694] *Akerhielm v De Mare* (1959) AC 789, 805; Alcock in: Boyle/Potts/Sealy, *Gore-Browne on Companies*, § 11.15.1; *Palmer's Company Law*, Rn. 5.538.1 m.w.N.

[695] *Akerhielm v De Mare* (1959) AC 789, 805; *Palmer's Company Law*, Rn. 5.538.1 m.w.N.

Anlegern die volle Darlegungs- und Beweislast.[696] Zudem steht dem Schädiger selbst im Falle einer offensichtlich unzutreffenden Angabe der Einwand offen, er habe die Mitteilung in redlicher Absicht abgegeben.[697] Ebenso ist die Klage erfolglos, wenn der Pflichtverletzer nachweisen kann, dass der Anleger nicht irregeführt wurde, also die Kapitalanlage nicht aufgrund seiner Falschmitteilung getätigt hat.[698]

Sind die tatbestandlichen Voraussetzungen erfüllt, steht den geschädigten Anlegern ein Schadensersatzanspruch gegen die handelnden Personen und gegen die Gesellschaft zu, sofern ein direkter Kausalzusammenhang zwischen der Falschangabe und der Kapitalanlage gegeben ist.[699] Die Höhe des Ersatzanspruchs bestimmt sich grundsätzlich nach der Differenz zwischen dem gezahlten Preis und dem Wert der Papiere nach Bekanntwerden der fehlerhaften Mitteilung.[700] Hinsichtlich der Berechnung des Differenzschadens hat die Rechtsprechung in der Leitentscheidung *Smith New Court Securities Ltd v Scrimgeour Vickers (Asset Management) Ltd*[701] detaillierte Kriterien aufgestellt. Danach sind im Falle eines Wertpapierkaufs alle Vorteile (*benefits*), die der Anleger aufgrund der Transaktion erzielt hat, vom Kaufpreis abzuziehen. Die Höhe dieser Vorteile bemisst sich im Wesentlichen nach dem tatsächlichen Wert (*actual value*) zum Zeitpunkt des Kaufs, wobei alle (kurs-)relevanten Umstände zu berücksichtigen sind. Wie dieser (fiktive) Wert genau bestimmt werden soll, lässt die Rechtsprechung allerdings offen. Sie gibt lediglich vor, dass eine Einzelfallbetrachtung maßgeblich sei, um flexibel auf alle Fallgestaltungen reagieren zu können. Ferner hält die Rechtsprechung auch Folgeschäden für ersatzfähig, ohne diese jedoch nach Art oder Umfang näher zu konkretisieren.[702]

(b) Fahrlässige Schädigung (*tort of negligence*)

Neben einer Haftung wegen arglistiger Täuschung lassen sich Schadensersatzansprüche grundsätzlich auch aus dem deliktischen Prinzip der Haftung wegen fahrlässiger Schädigung herleiten.[703] Der Ersatzanspruch setzt nach Maßgabe

---

[696] Davies, *Company Law*, S. 673; *Palmer's Company Law*, Rn. 5.538 m.w.N.

[697] *Derry v Peek* (1889), HL 114 App. Cas. 337; *Akerhielm v De Mare* (1959) AC 789, 805; *Palmer's Company Law*, Rn. 5.538.1 m.w.N.

[698] Siehe *Palmer's Company Law*, Rn. 5.538.1 m.w.N.

[699] *Doyle v Olby (Ironmongers) Ltd* (1969) 2 QB 158; *Smith New Court Securities Ltd v Scrimgeour Vickers (Asset Management) Ltd* (1996) 4 All ER 769; *Palmer's Company Law*, Rn. 5.539.

[700] *Smith New Court Securities Ltd v Scrimgeour Vickers (Asset Management) Ltd* (1996) 4 All ER 769; Davies, *Company Law*, S. 676.

[701] (1996) 4 All ER 769; siehe Alcock in: Boyle/Potts/Sealy, *Gore-Browne on Companies*, § 11.15.1; *Palmer's Company Law*, Rn. 5.539 ff. m.w.N.

[702] *Doyle v Olby (Ironmongers) Ltd* (1969) 2 QB 158; *Smith New Court Securities Ltd v Scrimgeour Vickers (Asset Management) Ltd* (1996) 4 All ER 769; siehe *Palmer's Company Law*, Rn. 5.539 ff. m.w.N.

[703] *Hedley Byrne & Co Ltd v Heller & Partners Ltd* (1963) 2 All ER 771.

der Entscheidung *Caparo Plc v Dickman*[704] voraus, dass der Anspruchsgegner durch die fehlerhafte Mitteilung eine ihm gegenüber dem Geschädigten obliegende besondere Sorgfaltspflicht (*duty of care*) verletzt hat. Diese besondere Sorgfaltspflicht ist nur dann gegeben, wenn der Schaden vorhersehbar war und wenn zwischen dem Geschädigten und dem Pflichtverletzer ein Näheverhältnis (*proximity of relationship*) bestand.[705] Entscheidende Kriterien für das Bestehen des Näheverhältnisses sind der Zweck der fehlerhaften Mitteilung sowie die Kenntnis des Schädigers, dass die Angabe an den oder die Geschädigten weitergeleitet wurde und dass diese(r) auf die Richtigkeit der Mitteilung vertraute(n).

Insoweit stellt sich die Frage, ob eine an die Öffentlichkeit gerichtete Mitteilung genügt oder ob sich die Kenntnis des Pflichtverletzers auf einen bestimmten abgrenzbaren Personenkreis beziehen musste. Zunächst ging die Rechtsprechung in den Entscheidungen *Caparo Plc v Dickman* und *Al-Nakib Investments Ltd v Longcroft*[706] davon aus, dass das erforderliche Näheverhältnis nur bezüglich der Anleger besteht, die aufgrund fehlerhafter Prospekt- oder sonstiger Angaben Aktien am Primärmarkt gezeichnet hatten, und verneinte mangels Abgrenzbarkeit des Personenkreises einen Ersatzanspruch hinsichtlich der Anleger, die die Transaktionen unmittelbar nach Ablauf der Zeichnungsfrist (*after-market*) wegen unrichtiger Angaben in Zwischenberichten getätigt hatten. In der Sache *Possfund Custodian Trustees Ltd v Diamond*[707] hingegen bejahte die Rechtsprechung auch zwischen Pflichtverletzern und Anlegern, die aufgrund fehlerhafter Prospektangaben im *after-market* Aktien erworben hatten, das Bestehen des erforderlichen Näheverhältnisses. Da diese Entscheidung jedoch ausschließlich die Phase unmittelbar im Anschluss an den Primärmarkt betraf und zudem lediglich fehlerhafte Informationen im Emissionsprospekt zum Gegenstand hatte,[708] kann hieraus nicht zugleich auf eine allgemeine Fahrlässigkeitshaftung wegen mangelhafter Sekundärmarktinformationen geschlossen werden.[709]

In den Entscheidungen *Williams v Natural Life Health Foods Ltd*[710] und *Partco Group Ltd v Wragg*[711] lehnte die Rechtsprechung eine Schadensersatzhaftung von Vorstandsmitgliedern und sonstigen Personen gegenüber individuellen Anlegern wegen mangelhafter sekundärmarkbezogener Pflichtmitteilungen auf der Grundlage des *common law* ausdrücklich ab und führte zur Begründung an, dass

---

704 *Caparo Plc v Dickman* (1990) 2 AC 605. Die Entscheidung selbst betrifft einen Fall der Haftung von Wirtschaftsprüfern.

705 *Caparo Plc v Dickman* (1990) 2 AC 605; *Palmer's Company Law*, Rn. 5.540.

706 *Al-Nakib Investments Ltd v Longcroft* (1990) 1 WLR 1390.

707 *Possfund Custodian Trustees Ltd v Diamond* (1996) 2 BCLC 665, 672 ff.

708 Davies, *Company Law*, S. 677.

709 So aber wohl Schulte in: Möllers/Rotter, Ad-hoc-Publizität, 2003, § 5 Rn. 44 f.

710 *Williams v Natural Life Health Foods Ltd* (1998) 1 WLR 830.

711 *Partco Group Ltd v Wragg* (2002) 2 BCLC 323.

weder den *Listing Rules* noch sonstigen gesetzlichen Informationsvorschriften die Aufgabe zukomme, eine persönliche Verantwortlichkeit für fahrlässige Falschangaben festzulegen. Dies gelte nur dann nicht, wenn zusätzliche Anhaltspunkte für das Vorliegen einer besonderen Verantwortungsübernahme ersichtlich seien.[712] Sind diese Ausnahmevoraussetzungen nicht gegeben, kommt ebenso wenig eine zivilrechtliche Verantwortlichkeit der Gesellschaft für fahrlässig begangene Publizitätsverstöße auf dem Sekundärmarkt in Betracht, zumal durch eine Schadensersatzklage einzelner Aktionäre die übrigen Anteilseigner indirekt geschädigt würden.[713]

6. Annex: Publizitätspflichten bei Anerkennung des *Combined Code*

Der *Combined Code on Corporate Governance*, das Vorbild des *Deutsche(n) Corporate Governance Kodex*, ist eine private satzungsmäßige Regelung, die einen Annex zu den *Listing Rules* bildet und nur für in England eingetragene und börsennotierte *public limited companies* gilt, die sich für seine Anwendung entschieden haben. Er enthält neben allgemeinen Prinzipien guter Unternehmensführung (*principles of good governance*), die durch den *Code of Best Practice* konkretisiert werden, weitergehende Publizitätspflichten.

Ähnlich dem *Deutsche Corporate Governance Kodex* können die Gesellschaften flexibel entscheiden, ob und inwieweit sie die Regeln des *Combined Code* beachten. Sie müssen jedoch gemäß para. 9.8.6 (5) *Listing Rules* in ihrem Jahresabschluss angeben, ob und in welchem Umfang sie die Vorgaben des *Code* in den letzten zwölf Monaten erfüllt haben. Wird der *Combined Code* teilweise oder gar nicht beachtet, muss die jeweilige Gesellschaft gemäß para. 9.8.6 (6) *Listing Rules* nach dem Prinzip des *comply or explain* die Gründe für die grundsätzliche Ablehnung darlegen, will sie nicht Gefahr laufen, ihre Börsenzulassung zu verlieren. Der *Code* hat als Zulassungsfolgepflicht insofern eine über eine bloße Empfehlung hinausgehende Wirkung. In der Praxis ist der Grad der Beachtung der Vorgaben des *Combined Code* jedenfalls unter großen und mittelgroßen Unternehmen hoch, da es für die Gesellschaften schwierig ist, Jahr für Jahr zu erklären, warum sie bestimmte Punkte nicht beachtet haben.[714]

Inhaltlich schreibt der *Combined Code* u.a. als übergeordnetes Prinzip eine konstruktive Nutzung jeder ordentlichen Hauptversammlung vor (*Section* 1, D. 2). Der Vorstand sollte die Hauptversammlung als Kommunikationsforum

---

[712] *Williams v Natural Life Health Foods Ltd* (1998) 1 WLR 830; *Partco Group Ltd v Wragg* (2002) 2 BCLC 323; siehe Alcock in: Boyle/Potts/Sealy, *Gore-Browne on Companies*, § 11.15; *Palmer's Company Law*, Rn. 8.605 ff., 12.201 ff.; 12.236.
[713] Alcock in: Boyle/Potts/Sealy, *Gore-Browne on Companies*, § 11.15 m.w.N.
[714] Vgl. Davies, ZGR 2001, 268, 278.

mit privaten Investoren nutzen und ihre Partizipation fördern.[715] Ergänzt wird diese allgemeine Anregung durch die in *Section* 1, D. 2. 4 des *Combined Code* normierte Pflicht, die Einberufungsmitteilung und die damit zusammenhängenden Schreiben den Aktionären mindestens 20 Werktage vor der Hauptversammlung bekannt zu machen. Des Weiteren wird dem Versammlungsleiter gemäß *Section* 1, D.2.3. des *Combined Code* empfohlen, für eine Beantwortung von Aktionärsfragen während der Hauptversammlung zu sorgen.

Allerdings sind diese Vorgaben zu allgemein gehalten, um ein durchsetzbares Frage- oder Informationsrecht der Aktionäre zu begründen, zumal der Gesellschaft oder ihren Organmitgliedern im Falle einer unberechtigten Auskunftsverweigerung oder fehlerhaften Beantwortung von Fragen keine Sanktionen drohen. Da der *Combined Code* von den Gesellschaften am Ende des Geschäftsjahres lediglich die Veröffentlichung einer Stellungnahme zur Frage der Einhaltung seiner Vorschriften verlangt, ist die Prüfung, ob die Vorgaben tatsächlich im Einzelfall befolgt wurden, nicht gewährleistet.[716]

---

[715] Dagegen wird in *Section* 1 D.1 und *Section* 2 E.1 des *Combined Code* ein ständiger Dialog mit institutionellen Anlegern angeregt.

[716] Die Möglichkeit der Veräußerung von Aktien wegen unzureichender Beantwortung von Aktionärsfragen kann entgegen der Ansicht von Pelzer (Auskunftsrecht, 2004, S. 34 ff.) wohl nicht als indirekte Sanktion gerade in Bezug auf den *Combined Code* angesehen werden, da ein Austritt aus der Gesellschaft auch aus sonstigen Gründen, etwa wegen anderweitiger Transparenzdefizite, in Betracht kommt.

E. Rechtsvergleichende Betrachtung und Reformvorschläge

Die rechtsvergleichende Untersuchung zeigt, dass die nationalen Rechtsordnungen trotz der in vielen Punkten bestehenden europarechtlich bedingten Rechtsangleichung große Unterschiede aufweisen. Die französischen und insbesondere die englischen gesellschaftsrechtlichen Informationspflichten sind weniger stark hauptversammlungsbezogen als die entsprechenen deutschen Bestimmungen. Aktionärsklagen wegen Informationspflichtverletzungen sind in Frankreich und England zwar möglich, werden aber restriktiv gehandhabt. Im Gegensatz zur Rechtslage in Deutschland sind dort ebenso wenig Beeinträchtigungen der unternehmerischen Handlungsfähigkeit durch gerichtliche Klagen von Aktionären bekannt.

Hinsichtlich kapitalmarktaktiver Gesellschaften haben sich in den letzten Jahren nicht nur in Deutschland, sondern auch in Frankreich und England zahlreiche Börsenskandale ereignet, da viele Gesellschaften öffentliche Mitteilungen weniger zur Unterrichtung der Anleger als vielmehr zu Zwecken der Selbstdarstellung und der Werbung eingesetzt haben.[717] Obwohl viele der sekundärmarktbezogenen Publizitätsvorschriften auf europarechtlichen Vorgaben basieren und auch in Frankreich und England Börsenskandale bekannt wurden, liegt angesichts der im internationalen Vergleich schlechteren Kursentwicklung von Aktien deutscher Gesellschaften, die in sämtlichen Marktsegmenten zu beobachten ist,[718] ein Defizit des deutschen Rechts nahe.

Im Folgenden soll daher der Frage nachgegangen werden, ob und in welcher Hinsicht die französischen und englischen Informationsvorschriften eine quantitativ und qualitativ bessere Unterrichtung der Aktionäre gewährleisten. Die anschließende Darstellung analysiert die deutsche Anfechtungsklage und die deutschen kapitalmarktrechtlichen Sanktionen im Vergleich zu den entsprechenden französischen und englischen Sanktionsinstrumenten und untersucht die hieraus resultierenden Auswirkungen auf die Aktionärsinformation auf der einen und die unternehmerische Tätigkeit der Gesellschaften auf der anderen Seite.

---

[717] Gerade die Mitteilungen von Unternehmen, die eine schlechte Aktienkursentwicklung zu verzeichnen hatten, waren nicht nur besonders häufig, sondern auch besonders häufig fehlerhaft, vgl. Neuer-Markt-Report, Deutsche Börse AG (Hrsg.), 2001, S. 34, abrufbar über *www.deutsche-boerse.com*; dazu Schmolke, Organwalterhaftung, 2004, S. 345; siehe auch Möllers/Leisch, WM 2001, 1648, 1650; Körner, NJW 2004, 3386.

[718] Vgl. FAZ Nr. 74 v. 28.03.2003, S. 13. Auch die Zahl der Börseneinführungen ist in Deutschland im internationalen Vergleich sehr niedrig, vgl. DAI-Factbook 2003, 03-3-3a, 03-3-3b.

I. Umfang und Qualität der Aktionärsinformation

In Deutschland hat grundsätzlich jeder Aktionär unabhängig von einer Eintragung im Aktionärsregister alle aus dem Aktiengesetz folgenden Aktionärsrechte.[719] Entsprechendes gilt für die Anteilseigner französischer Aktiengesellschaften, zumal das französische Recht kein Aktionärsregister oder Aktienregister i.S.d. § 67 AktG kennt. Demgegenüber billigt das englische Gesellschaftsrecht lediglich solchen Personen den Status eines Aktionärs zu, die in das Aktionärsregister der Gesellschaft eingetragen sind, so dass zahlreiche Kleininvestoren, die ihre Aktienbeteiligung als *beneficial owners* aus wirtschaftlichen Gründen über einen Treuhänder halten, nicht als Aktionär gelten und der Kreis der informations- und anfechtungsberechtigten Personen deutlich kleiner als in Deutschland und Frankreich ist.

1. Funktion der Informationsübermittlung

a) Funktion der gesellschaftsrechtlichen Aktionärsinformation

Das Ziel, jedenfalls der hauptversammlungsbezogenen Information der Aktionäre, ist in Deutschland, Frankreich und England identisch: Die Anteilseigner sollen durch die übermittelten Informationen vor der Abstimmung auf der Hauptversammlung in die Lage versetzt werden, eine sachgerechte Entscheidung auf informierter Grundlage treffen zu können. Dabei gehen die einzelnen Rechtsordnungen allerdings von divergierenden Ansatzpunkten aus und nehmen verschiedene Gewichtungen vor, die sich insbesondere im Rahmen von Konflikten innerhalb des Aktionärskreises widerspiegeln. Das kontinentaleuropäische Recht betrachtet die Informationsrechte und –pflichten primär vor dem Hintergrund von Konflikten zwischen Mehrheits– und Minderheitsaktionären, während in England, wo Publikumsgesellschaften mit hohem Streubesitzanteil stärker verbreitet sind, eher der Antagonismus zwischen Management und Anlegern im Blickfeld steht.[720]

Nach der in Deutschland herrschenden verbandsrechtlichen Theorie stellen die gesellschaftsrechtlichen Informationsrechte sowie die Anfechtungsbefugnis Ausprägungen der aus Art. 14 GG folgenden eigennützigen Verwaltungsrechte eines jeden Anteilseigners dar. Ihre Ausübung unterliegt keiner mitgliedschaftlichen Treubindung, die den einzelnen Aktionär zur Beachtung der Gesell-

---

[719] Ein Abschneiden von Aktionärsrechten ist im deutschen Recht lediglich im Rahmen der Legitimationszession gegeben, da hier nicht der ermächtigende Aktionär, sondern der Legitimationsaktionär gemäß §§ 129 Abs. 3, 67 Abs. 2 AktG alle Aktionärsrechte und –pflichten wahrnimmt. Dies gilt hingegen nicht bei Inhaberaktien; siehe Hüffer, AktG, § 67 Rn. 13, § 129 Rn. 12.

[720] Vgl. Baums, Gutachten F zum 63. DJT, F 14; Guyon, *Droit des Affaires I*, n° 443 „*Conflits entre actionnaires*".

schaftsbelange verpflichten würde. Ausübungsschranken bestehen lediglich im Falle eines rechtsmissbräuchlichen Handelns.

Im Gegensatz zu diesem aktionärsbezogenen Ansatzpunkt stehen nach englischem und französischem Rechtsverständnis eher die unternehmerischen Belange im Vordergrund. Die gesellschaftsrechtlichen Informationsrechte und -pflichten dienen danach weniger dem Minderheitenschutz im Sinne eines Schutzes der individuellen Mitgliedschaftsrechte der Anteilseigner als vielmehr dem Schutz der Aktionäre in ihrer Funktion als Kapitalgeber und Mitglieder der Gesellschaft.

Nach französischer Rechtsauffassung, nach der das Gesellschaftsrecht vor allem die berechtigten Interessen der Gesellschaft (*intérêt social*) schützt, nehmen die Individualinteressen der Minderheitsaktionäre im Rahmen der Ausübung der Informations- und Klagerechte nur eine untergeordnete Stellung ein, um den Fortbestand, die Stetigkeit und die Prosperität der Gesellschaft sicherzustellen (*suprématie de l'intérêt général sur les intérêts particuliers*). Die Informations- und Klagebefugnisse der Aktionäre haben die Funktion, eine sachgemäße Unterrichtung über die Geschäftsführung und die Geschäftstätigkeit der Gesellschaft zu gewährleisten sowie einen eventuellen Machtmissbrauch der Aktionärsmehrheit oder der Leitungsorgane offenzulegen und gegebenenfalls zu verhindern. Dabei soll vermieden werden, dass einzelne Anteilseigner ihre Minderheitenrechte missbräuchlich nutzen, um Obstruktion zu betreiben und Entscheidungen der Aktionärsmehrheit bzw. der Leitungsorgane zu blockieren.

Nach englischem Rechtsverständnis soll das *company law* ebenfalls primär die Funktionsfähigkeit der Gesellschaft sichern und (nur) im Rahmen dieser Maxime die Interessen der Anteilseigner berücksichtigen. Dementsprechend ist sowohl bei der Frage des Umfangs der Informationsübermittlung als auch hinsichtlich der Zulässigkeit von Klagen einzelner Aktionäre das Wohl der Gesellschaft entscheidend. Die Aktionäre sind weniger aufgrund ihrer Position als individuelle Rechtsinhaber, sondern wegen ihrer Funktion als Kapitalgeber der Gesellschaft über gesellschaftsinterne Zusammenhänge zu informieren. Beeinträchtigungen der Gesellschaftstätigkeit oder bestimmter Entscheidungen der Gesellschaftermehrheit durch Klagen von Minderheitsaktionären sind jedenfalls zu vermeiden.

Das französische und englische Gesellschaftsrecht messen mithin den subjektiven Interessen von Klein- und Minderheitsaktionären weit weniger Bedeutung bei als das deutsche Recht.

b) Funktion der kapitalmarktrechtlichen Publizitätspflichten

Die kapitalmarktrechtliche Sekundärmarktpublizität hat in allen der drei untersuchten Rechtsordnungen dasselbe Ziel: Durch eine Stärkung der Transparenz in der Gesellschaft sollen mehr Anreize für Kapitalinvestitionen geschaffen, die Leistungsfähigkeit des Unternehmens gesteigert und so letztlich die Wettbewerbsfähigkeit der gesamten Volkswirtschaft verbessert werden. Divergenzen bestehen jedoch bei der Frage, ob und inwieweit kapitalmarktrechtliche Publizitätspflichten dem Schutz der individuellen Anleger dienen.

2. Defizite des deutschen Rechts im Vergleich zum französischen und zum englischen Informationssystem?

a) Aktionärsinformation in nicht börsennotierten Gesellschaften

(i) Informationsbefugnisse im Vorfeld der Hauptversammlung

Die gesellschaftsrechtlichen Informationsmöglichkeiten der Aktionäre im Vorfeld einer Hauptversammlung sind in Deutschland, Frankreich und England im Grundsatz gleich.

In allen der drei untersuchten Rechtsordnungen sind die Aktionäre über Zeit, Ort, Teilnahmebedingungen, Stimmrechtsausübung und die jeweilige Tagesordnung zu informieren. Zudem haben die Gesellschaftsleitungen – zumeist aufgrund europarechtlicher Vorgaben – vor der Beschlussfassung über bestimmte Grundlagen- und Strukturmaßnahmen ausführliche Berichte zu erstellen und den Aktionären bekannt zu geben. Weder das deutsche noch das französische oder englische Recht sehen konkrete Bestimmungen zum Mindestinhalt dieser Berichte vor, so dass Inhalt und Umfang der Berichte sehr unterschiedlich sein können.

Dies kann sich in Deutschland sowohl für die Aktionäre, aber auch für die Gesellschaften nachteilig auswirken. Denn auf der einen Seite besteht die Gefahr, dass die Berichte zu oberflächlich gefasst sind, um eine effektive Information der Anteilseigner sicherzustellen.[721] Auf der anderen Seite erhöht das Fehlen konkreter gesetzlicher Vorgaben die Anfechtungsrisiken für die Gesellschaft. Da die Berichte in vollem Umfang der gerichtlichen Kontrolle unterliegen, ist es möglich, dass das – etwa im Rahmen eines Anfechtungsverfahrens – angerufene Gericht bei der Frage des erforderlichen Berichtsinhalts zu einer anderen Beurteilung als die Gesellschaftsleitung gelangt und den angegriffenen Strukturbeschluss wegen eines Informationsmangels für rechtswidrig erklärt.[722] Daher kann sich die Gesellschaftsleitung trotz aller Bemühungen vielfach nicht sicher sein, den gesetzlichen Anforderungen an den Berichtsinhalt entsprochen zu haben. Diese Unsicherheit ist in den Fällen, in denen Berichts- und Auslegungspflichten zwar nicht gesetzlich vorgeschrieben sind, aber in Rechtsprechung und Literatur diskutiert werden, besonders groß.

---

[721] Heidel, DB 2003, 548, 549.

[722] Eine Ausnahme besteht insoweit lediglich in den Fällen abfindungswertbezogener Informationsmängel.

Im französischen und englischen Recht, wo der Inhalt der organschaftlichen Berichte ebenfalls nur allgemein umschrieben ist, bestehen lediglich die allgemeinen Vorgaben, die Berichte nicht missverständlich zu verfassen und die Aktionäre über die Bedeutung der geplanten Maßnahmen sowie der einzelnen Vertragsklauseln aufzuklären. Insbesondere das englische Recht legt keinen Wert auf eine minutiöse Erfassung aller Details, sondern misst vor allem im Rahmen von Umwandlungen einer leicht verständlichen Darstellung der für die Aktionäre wesentlichen Vertragsbestandteile entscheidende Bedeutung zu. Die sich daraus ergebenden Anwendungsspielräume führen jedoch nicht zu einer Rechtsunsicherheit für die betroffenen Gesellschaften. Dies beruht vor allem darauf, dass Anfechtungsrisiken wegen einer Verletzung von Berichtspflichten in Frankreich oder England aufgrund des gesellschaftsfreundlicheren Sanktionensystems deutlich entschärft sind (siehe hierzu unten E. II. 1.).

Neben den Berichtspflichten sieht das französische Gesellschaftsrecht im Gegensatz zur deutschen und englischen Rechtsordnung weitere hauptversammlungsbezogene Informationsrechte und -pflichten vor. Hierzu zählen die Verpflichtung zur Übersendung bestimmter Rechnungslegungsunterlagen und die Gewährung umfangreicher Einsichtnahmerechte in sonstige Rechnungslegungsdokumente und in die Aktionärsliste, ebenso wie die Pflicht zur Erstellung von Berichten über Sponsoren- und Mäzenatentumsaktivitäten der Gesellschaft. Ferner sind alle Verträge zwischen der Gesellschaft sowie Organmitgliedern, Aktionären oder Konzerngesellschaften zur Einsichtnahme der Aktionäre auszulegen und alle Personen, die von einem Bezugsrechtsausschluss profitieren, namentlich zu nennen.

Das französische Gesellschaftsrecht gewährt Aktionären im Vorfeld einer Hauptversammlung mithin die meisten Informationsmöglichkeiten. Im Übrigen sind die deutschen aktienrechtlichen Berichts- und sonstigen Informationspflichten vom Grundsatz her mit den entsprechenden Vorgaben in Frankreich und England vergleichbar. Die konkrete Ausgestaltung der Informationspflichten gibt den Anteilseignern deutscher Aktiengesellschaften jedoch das größte Angriffspotential, so dass deutsche Gesellschaften im internationalen Vergleich die meisten Sanktionen wegen fehlerhafter Aktionärsinformationen zu befürchten haben.

(ii) Auskunfts- und Fragerechte im Rahmen der Hauptversammlung

Nur das deutsche und das französische Gesellschaftsrecht gewähren Aktionären ein sanktionsbewährtes Auskunfts- bzw. Fragerecht im Rahmen der Hauptversammlung. In England dagegen ist weder im *Companies Act 1985* noch im *common law* ein entsprechendes Aktionärsrecht verankert. Zwischen dem deutschen und dem französischen Fragerecht bestehen erhebliche Unterschiede. Hierzu zählt zum einen der Umstand, dass das deutsche Auskunftsrecht während, das französische Fragerecht hingegen nur im Vorfeld der Hauptversammlung ausgeübt werden kann. Zum anderen weichen der Umfang der beiden Rechte sowie die Sanktionen im Falle einer fehlerhaften Auskunftserteilung voneinander ab.

In Deutschland kann das Auskunftsrecht ohne vorherige Ankündigung der Fragen grundsätzlich uneingeschränkt ausgeübt werden, da lediglich eine Obliegenheit besteht, dem Vorstand die Beantwortung von Fragen zu erleichtern. Die Gesellschaftsleitung ist verpflichtet, sich auf alle erdenklichen Fragen angemessen vorzubereiten. Sie muss vor allem im Hinblick auf die Anfechtungsrisiken bei jeder Hauptversammlung umfangreiche Personal- und Hilfsmittel vorhalten, um sich kurzfristig sachkundig machen zu können, weil der Auskunftsanspruch erst entfällt, wenn das zumutbare Maß an Vorbereitung und Vorkehrung überschritten ist und die nötigen Informationen nicht in angemessener Zeit während der Hauptversammlung beschafft werden können.[723] Die Aktionäre hingegen können zwischen einer Ankündigung von Fragen und spontanen Auskunftsbegehren auf der Hauptversammlung wählen, selbst wenn ihnen eine frühzeitige Einreichung ihrer Fragen ohne weiteres möglich wäre. Das Fragerecht wird daher vielfach als eine der Hauptursachen für überlange Hauptversammlungen angesehen und als reformbedürftig erachtet.[724] Die durch das UMAG eingeführten Änderungen des § 131 AktG, insbesondere die Möglichkeit der Vorabveröffentlichung von Informationen im Internet, können dieses Problem allenfalls entschärfen, aber nicht beheben, da die Aktionäre auch hiernach nicht zu einer möglichst frühzeitigen Stellung ihrer Fragen verpflichtet sind.[725] Französische Aktiengesellschaften dagegen sind diesem Kosten- und Zeitaufwand nicht ausgesetzt, da sie die im Vorfeld eingereichten Aktionärsfragen in Ruhe prüfen und beantworten können.

In tatbestandlicher Hinsicht ist das deutsche Auskunftsrecht durch die Beschränkung auf den Inhalt der Tagesordnung der Hauptversammlung und das Merkmal der Erforderlichkeit auf den ersten Blick enger gefasst als das französische Recht, das keine formalen Begrenzungen vorsieht. Allerdings bezieht sich der deutsche Auskunftsanspruch im Rahmen der Tagesordnungspunkte „Vorlage des Jahresabschlusses“ und „Entlastung von Vorstand und Aufsichtsrat“ auch auf die Ereignisse der vergangenen Geschäftsjahre und die Zukunftsperspektiven

---

[723] Nitschke/Bartsch, AG 1969, 95, 99; Grüner, NZG 2000, 770, 771; Pelzer, Auskunftsrecht, 2004, S. 139 f. Im Hinblick auf diese Folgen hat das Reichsgericht die richterrechtliche Einführung eines Auskunftsrechts am 22.04.1913 mit der Begründung abgelehnt, hierdurch werde dem Aktionär „ein Mittel gegeben, die Verwaltung der Gesellschaft lahmzulegen. Ein Konkurrent der Aktiengesellschaft, der eine Aktie erwürbe, könnte die verfänglichsten Fragen stellen und durch die Drohung mit der Anfechtungsklage eine Antwort erzwingen“; RGZ 82, 182, 188.

[724] Siehe Begr. RegE UMAG, BT-Drucks. 15/5092, S. 17 f.; zuvor schon Lutter in: Festschrift 40 Jahre „Der Betrieb“, 1988, 193, 194; Zöllner, AG 2000, 145, 147, 152; Schiessl in: VGR, Bd. 2, 2000, S. 57, 67 f.; Joussen, AG 2000, 241, 249.

[725] Insoweit ebenfalls kritisch Kuthe, BB 2004, 449, 450.

der Gesellschaft,[726] so dass beide Fragerechte letztlich ähnlich weit reichen. Im Rahmen des französischen Fragerechts bestehen aber im Gegensatz zum deutschen Auskunftsanspruch ungeschriebene Ausübungsschranken. Danach sind nur solche Aktionärsfragen zulässig, die das Gesellschaftsinteresse (*intérêt social*), also die Belange der Gesellschaft, hinreichend berücksichtigen, während nach deutschem Recht auch solche Fragen zu beantworten sind, die zwar nicht die Nachteilsschwelle des § 131 Abs. 3 Nr. 1 AktG überschreiten, aber aus rein persönlichen Motiven und ohne Rücksicht auf die Belange der übrigen Aktionäre oder der Gesellschaft gestellt werden.

Das deutsche Auskunftsrecht kann jedoch nicht nur wegen seiner tatbestandlichen Reichweite, sondern auch aufgrund der mit einer fehlerhaften Auskunftserteilung verbundenen Sanktionen für die betroffenen Gesellschaften von Nachteil sein. Während eine fehlerhafte Auskunft in Deutschland unabhängig von der Schwere des Rechtsverstoßes die Anfechtung eines Hauptversammlungsbeschlusses zur Folge haben kann, ist eine entsprechende Beschlussanfechtung in Frankreich nicht vorgesehen. In Betracht kommen lediglich Schadensersatzansprüche gegen die Gesellschaft oder die jeweiligen Organmitglieder, die jedoch ein rechtsmissbräuchliches Handeln der Gesellschaftsleitung voraussetzen und daher nur in Ausnahmefällen eingreifen.

Aus Aktionärssicht ist ein sanktionsbewährtes Auskunfsrecht, das mündlich während des Aktionärstreffens ausgeübt werden kann, durchaus sinnvoll, da mögliche Lücken oder Unklarheiten in den Berichten der Gesellschaftsleitung oder aktuelle Probleme der Gesellschaft, die in den bereits übermittelten Informationen noch nicht erwähnt wurden, auf der Hauptversammlung hierdurch ohne weiteres angesprochen und erläutert werden können. Daher besteht insoweit ein Informationsvorsprung des deutschen Aktienrechts. Von der Perspektive der Gesellschaft aus betrachtet weist das deutsche Recht jedoch den Nachteil auf, dass die Belange der Gesellschaft bei der Beurteilung der Zulässigkeit von Auskunftsbegehren allenfalls von untergeordneter Bedeutung sind. Zudem sind die deutschen Sanktionen fehlerhafter Auskünfte aufgrund der drohenden Beschlussanfechtbarkeit im internationalen Vergleich wesentlich schärfer ausgeprägt.

(iii) Ereignisunabhängige Informationsmöglichkeiten der Aktionäre

Während Aktionäre deutscher nicht börsennotierter Gesellschaften – mit Ausnahme von freiwilligen Mitteilungen der Gesellschaft – zwischen den Hauptversammlungsterminen nur die Möglichkeit haben, die fragmentarischen Informationen des Handelsregisters einzusehen, sieht das englische *company law* umfangreiche Einsichtnahmerechte in unternehmensinterne Register vor, durch die

---

[726] Hüffer, AktG, § 131 Rn. 12; Decher in: Großkommentar AktG, § 131 Rn. 133.

sich die Aktionäre, aber auch sonstige Personen Einblick in die Unternehmensstruktur, die Personalien, die unternehmerische Tätigkeit und die Anstellungsverträge der Organmitglieder sowie in deren Wertpapierbeteiligungen und –transaktionen verschaffen können.

Flankiert wird diese weitreichende Registerpublizität durch die gegenüber dem zentralen britischen Unternehmensregister (*Companies House*) bestehenden Mitteilungspflichten. Neben allgemeinen Daten zur Gesellschaftsverfassung, die im Grundsatz denen des deutschen Handelsregisters vergleichbar sind, aber beispielsweise mit der Pflicht zur Offenlegung des autorisierten und des tatsächlich gezeichneten Gesellschaftskapitals einschließlich der gesonderten Ausweisung aller gegen Sachleistungen erfolgten Aktienausgaben deutlich weiter reichen als die deutsche Registerpublizität, sind zusätzliche Informationen über die Finanzverfassung dauerhaft offen zu legen. Hierzu zählen insbesondere der Jahresabschluss, Angaben zur Gesellschaftsleitung, zu den wesentlichen Geschäftstätigkeiten der Gesellschaft und zu den Belastungen des Gesellschaftsvermögens. Anders als das deutsche Handelsregister, das zwar ebenso wie das *Register of Companies* von jedermann eingesehen werden kann, bietet Letzteres durch seine zentrale elektronische Speicherung zudem den Vorteil, dass über die Website der Behörde Daten zu allen Gesellschaften von jedem Ort aus abgerufen werden können, während es in Deutschland in vielen Bundesländern immer noch aufwendiger Anfragen bei den einzelnen Amtsgerichten bedarf.[727]

Die im französischen Handelsregister (*registre du commerce et des sociétés*) bekannt zu gebenden Angaben reichen zwar nur unwesentlich über die deutsche Registerpublizität hinaus. Doch gewährt das französische Gesellschaftsrecht Aktionären im Übrigen weitergehende hauptversammlungsunabhängige Informationsbefugnisse. Hierzu zählen insbesondere das ständige Einsichtnahmerecht in alle im Vorfeld der Hauptversammlung auszulegenden Unterlagen der letzten drei Geschäftsjahre und das einer Sonderprüfung vorgeschaltete, qualifizierten Aktionärsminderheiten und institutionalisierten Aktionärsvereinigungen zustehende Enquêterecht zu Geschäftsführungsangelegenheiten der Gesellschaft.

Das deutsche Recht weist mithin die wenigsten ereignisunabhängigen Informationsmöglichkeiten der Aktionäre auf.

---

[727] Mit dem *Registerverfahrensbeschleunigungsgesetz* vom 20.12.1993 (BGBl. I S. 2182) wurde in Deutschland die Möglichkeit geschaffen, u.a. das Handelsregister in elektronischer Form zu führen. Die Landesjustizverwaltungen haben hiervon bisher in unterschiedlichem Umfang Gebrauch gemacht; vgl. zum gegenwärtigen Stand in den einzelnen Bundesländern *www.bnotk.de*. Am 07.04.2005 hat die Bundesregierung zudem den RefE eines *Gesetzes über elektronische Handelsregister und Genossenschaftsregister sowie das Unternehmensregister* (EHUG) vorgelegt, wonach ab dem 01.07.2007 sämtliche im Handelsregister geführten Unternehmensdaten im Internet abrufbar sein sollen.

(iv) Sonderprüfung

In Deutschland und Frankreich kommt der Sonderprüfung nach der gesetzgeberischen Zielsetzung eine Schlüsselrolle beim Aufspüren von Unregelmäßigkeiten zu, auch wenn die praktische Bedeutung des Rechtsinstituts gerade in Deutschland (noch) äußerst gering ist. Demgegenüber hat das englische Gesellschaftsrecht die Sonderprüfung lediglich als besonderes Kontrollinstrument des Wirtschaftsministeriums ausgestaltet, das nicht notwendigerweise zu einer Information der Aktionäre führt.[728]

Während der französische Gesetzgeber die Sonderprüfung als hauptversammlungsunabhängiges Kontrollrecht qualifizierter Aktionärsminderheiten ansieht und lediglich die mangelhafte Beantwortung einer Aktionärsfrage durch die Gesellschaftsleitung voraussetzt, differenziert das deutsche Recht danach, ob die Einsetzung von Sonderprüfern von der Aktionärsmehrheit oder von Minderheitsaktionären beantragt wird. Es knüpft die Bestellung der Prüfer aber in beiden Fällen an einen vorherigen Hauptversammlungsbeschluss.

Dies stellt bei Prüfungsanträgen der Aktionärsmehrheit kein gravierendes Hindernis dar, da Groß- und Mehrheitsaktionäre häufig schon aufgrund ihres Stimmpotentials die Verabschiedung von Hauptversammlungsbeschlüssen verhindern, Einfluss auf die Unternehmensleitung ausüben und informell Informationen über interne Geschäftsvorfälle erlangen können. Für Minderheitsaktionäre hingegen, die insbesondere dann eine Sonderprüfung anstrengen, wenn die Aktionärsmehrheit die Geschäftspraktiken der Verwaltungsmitglieder (aus eigennützigen Interessen) billigt, hat die Koppelung der Einsetzung von Sonderprüfern an einen ablehnenden Hauptversammlungsbeschluss zur Folge, dass nach dem Entdecken von Verdachtsmomenten zunächst der nächste Hauptversammlungstermin abgewartet werden muss. Selbst wenn die erforderlichen Quoren für eine Einberufung der Hauptversammlung durch eine Aktionärsminderheit erreicht werden, vergehen in der Regel mehrere Monate bis zum Stattfinden der Hauptversammlung. Eine weitere Verzögerung kann dadurch eintreten, dass nach der Stellung des gerichtlichen Prüfungsantrags eine zwingende Anhörung aller Beteiligten sowie des Aufsichtsrats stattfinden muss, bevor die Sonderprüfer tatsächlich eingesetzt werden können.[729]

Während der Kreis der antragsberechtigten Personen in Frankreich bislang deutlich größer war, ist durch die Absenkung der Quoren auf 1 % des Grundkapitals bzw. einen anteiligen Betrag von 100.000,00 Euro nun auch in Deutschland gewährleistet, dass neben Aktionärszusammenschlüssen auch Aktionäre, die nicht schon aufgrund ihrer Kapitalinvestition über großen Einfluss auf die

---

[728] Aus diesem Grund bezieht sich die nachfolgende Rechtsvergleichung vor allem auf das deutsche und französische Recht.

[729] Wird gegen den gerichtlichen Beschluss gemäß § 142 Abs. 5 S. 2 AktG sofortige Beschwerde eingelegt, so verzögert sich der Prüfungsbeginn nochmals um unbestimmte Zeit.

Gesellschaftsleitung verfügen, eine Sonderprüfung anstrengen können. Die französische *expertise de gestion* ist dennoch wesentlich flexibler als die deutsche Sonderprüfung, die aufgrund der Bindung an einen Hauptversammlungsbeschluss zu schwerfällig sein kann, um Missstände rechtzeitig offenzulegen.

Werden Sonderprüfer eingesetzt, haben diese in Deutschland, Frankreich und England vergleichbare Untersuchungsbefugnisse. Die Prüfungsergebnisse sind nach französischem Recht im Prüfungsbericht in vollem Umfang bekannt zu geben, während in Deutschland durch die im Rahmen des UMAG eingeführte Möglichkeit einer eingeschränkten Veröffentlichung des Prüfungsberichts Vertraulichkeitsgesichtspunkten im Interesse der Gesellschaft nunmehr verstärkt Rechnung getragen werden kann.[730]

b) Zusätzliche Publizitätspflichten kapitalmarktaktiver Gesellschaften

(i) Zwischenberichterstattung

Die Pflicht zur Zwischenberichterstattung beruht in Deutschland, Frankreich und England auf denselben europarechtlichen Bestimmungen. Während der deutsche Gesetzgeber jedoch mit Ausnahme der Veröffentlichungsfrist nur die europäischen Mindestvorgaben umgesetzt und den Inhalt der zu veröffentlichenden Zahlenangaben und Erläuterungen nicht näher konkretisiert hat, enthalten das französische und das englische Recht umfangreiche und detaillierte Vorgaben.

In Deutschland bestehen – beispielsweise mit der Verpflichtung zur Offenlegung der Umsatzerlöse sowie wahlweise des Ergebnisses vor oder nach Steuern – nur grobe Rahmenbestimmungen. Dies hat in der Praxis jedenfalls für die Gesellschaften, deren Aktien im *General Standard* der Frankfurter Wertpapierbörse notiert sind, zur Folge, dass die publizierten Interimsberichte in Inhalt und Aussagekraft stark voneinander abweichen. Aber auch die Zwischenberichtspflichten, die für die zum *Prime Standard* zugelassenen Gesellschaften gelten, können dem Anleger einen schnellen Überblick nicht gewährleisten, da weder gesetzlich noch in der Börsenordnung der Frankfurter Wertpapierbörse geregelt ist, in welcher Form die Berichte darzustellen sind. Emittenten hingegen können negative Geschäftsergebnisse durch eine andere Darstellung des Zwischenberichts leicht kaschieren. Diese Mängel dürften auch im Rahmen der Umsetzung der europäischen Transparenzrichtlinie nur teilweise behoben werden.

Demgegenüber sind die gesetzlichen Vorgaben zur Zwischenberichterstattung in Frankreich und England deutlich detaillierter. Inhaltlich sind in beiden Rechtsordnungen weit über die deutschen Anforderungen hinausgehende Anga-

---

[730] Auch das englische Recht misst den Geheimhaltungsinteressen der betroffenen Gesellschaft durch die nur fakultative Veröffentlichung des Sonderprüfungsberichts größere Bedeutung zu.

ben zu publizieren, die in Konzernverhältnissen sowohl für die jeweiligen Gesellschaften als auch in konsolidierter Form mitzuteilen sind. Zudem ist in Frankreich audrücklich eine tabellarische Darstellung in konkret vorgegebenen Spalten vorgeschrieben, die Vergleiche und Ergebnisanalysen wesentlich erleichtert.

Die französische und englische Interimspublizität gewährleistet mithin ein wesentlich höheres Informations- und damit Anlegerschutzniveau als das deutsche Recht, ohne dass die Gesellschaften hierdurch unzumutbar belastet würden.

(ii) Ad hoc-Publizität

Auch hinsichtlich der ad hoc-Publizität sehen das deutsche, französische und englische Kapitalmarktrecht aufgrund der europäischen Rechtsangleichung ähnliche Vorgaben vor. Die zuletzt erfolgte Konkretisierung der ad hoc-Publizität in Deutschland dürfte den Anlegerschutz verbessert haben, auch wenn angesichts der Vielzahl von national und international akzeptierten Kennzahlenstandards fraglich ist, ob das Kriterium der Üblichkeit, das trotz der in der Begründung zum Regierungsentwurf erfolgten beispielhaften Auflistung von relevanten Kennzahlen den Gesellschaften sehr viel Auslegungsspielraum belässt, geeignet ist, die Markttransparenz zu stärken.

Die Konkretisierung der ad hoc-Publizität ist im deutschen, französischen und englischen Kapitalmarktrecht ähnlich. Allerdings gehen die englischen *Listing Rules* über die französischen und deutschen Regeln hinaus, indem sie die Emittenten unabhängig von einer potentiellen Eignung zur Kursbeeinflussung zusätzlich verpflichten, geplante Änderungen in der Kapitalstruktur der Gesellschaft sowie Neuemissionen von Schuldverschreibungen etc. offen zu legen.

(iii) Sonstiges

Im Übrigen bleibt das deutsche Kapitalmarktrecht ebenfalls hinter den französischen und insbesondere den englischen Bestimmungen der Sekundärmarktpublizität zurück. Dies gilt sowohl für die Pflicht zur Offenlegung der Wertpapiertransaktionen der Organmitglieder als auch hinsichtlich sonstiger Punkte. Zwar hat der deutsche – wie auch der französische – Gesetzgeber in den letzten Jahren eine Pflicht zur Publizität der sog. *Directors' Dealings*, die im englischen Recht bereits seit langem besteht, eingeführt, so dass insoweit Schutzlücken geschlossen wurden.

Das deutsche Recht hat damit allerdings noch nicht das Transparenzniveau des englischen Rechts erreicht. Dort sind die Pflichten zur Veröffentlichung aller Vertragsbeziehungen der Organmitglieder mit der Gesellschaft und zur Erstellung eines Berichts über sämtliche Bezüge der Vorstandsmitglieder sowie über die Vergütungspolitik der Gesellschaft, der sogar der Abstimmung durch die

Hauptversammlung unterliegt, bereits fester Bestandteil des Kapitalmarktrechts. Demgegenüber werden entsprechende Publizitätspflichten in Deutschland zum Teil noch gar nicht diskutiert und auch das *Vorstandsvergütungs-Offenlegungsgesetz* (VorstOG) ist erst am 11.08.2005 in Kraft getreten.[731]

II. Effizienz der Sanktionen von Informationspflichtverletzungen

In Deutschland, Frankreich und England können Informationspflichtverletzungen sowohl mit Maßnahmen auf dem Gebiet des Straf- und Ordnungswidrigkeitenrechts als auch mit Aktionärsklagen, insbesondere mit der Anfechtungsklage und mit Schadensersatzklagen, sanktioniert werden.

1. Benachteiligung deutscher Aktiengesellschaften durch Anfechtungsklagen?

Während die Anfechtungsklage in der deutschen Rechtspraxis hinsichtlich der gesellschaftsrechtlichen Informationsverstöße das dominierende Sanktionsinstrument darstellt, sind in Frankreich und England nur wenige Konflikte zwischen Minderheitsaktionären und der Aktionärsmehrheit bekannt, die über eine Anfechtungs- bzw. Nichtigkeitsklage ausgetragen werden. Angesichts der unternehmerischen Risiken und Kosten, die mit einer Beschlussanfechtung gemäß §§ 243 ff. AktG verbunden sind, erscheint eine Untersuchung der Voraussetzungen, Rechtsfolgen und Effizienz der deutschen Anfechtungsklage im internationalen Vergleich geboten.

a) Klageberechtigung und sachlicher Anwendungsbereich

Nach deutschem und französischem Aktienrecht kann grundsätzlich jeder Aktionär einen Anfechtungsprozess anstrengen. In großen Publikumsgesellschaften mit kleiner Aktienstückelung gewährt daher oftmals schon ein Kapitaleinsatz von weniger als 100 Euro ein vollumfängliches Anfechtungsrecht, mit dem Beschlüsse von großen Aktiengesellschaften für unwirksam erklärt werden können. Demgegenüber ist der Kreis der anfechtungsberechtigten Personen in England aufgrund des Ausschlusses der *beneficial owners* deutlich kleiner als in Deutschland und Frankreich.

In sachlicher Hinsicht erstreckt sich die Anfechtungsklage in allen der drei untersuchten Rechtsordnungen auf die Verletzung hauptversammlungsbe-

---

[731] Kritisch noch zum Entwurf des Vorstandsvergütungs-Offenlegungsgesetzes: Augsberg, ZRP 2005, 105. Nach den Empfehlungen der EU-Kommission vom 06.10.2004, abrufbar unter *http://europa.eu.int/comm/internal_market/company/directors-remun/index_de.htm*, soll in allen Staaten der europäischen Union eine Pflicht zur Offenlegung von Bezügen der Organmitglieder sowie ein Zustimmungserfordernis der Hauptversammlung über die Vergütungspolitik der Gesellschaft eingeführt werden; siehe Maul/Lanfermann, DB 2004, 2407, 2408 f.; Menke/Porsch, BB 2004, 2533; Nieding/Sünner, ZRP 2005, 39.

zogener Informationsrechte und –pflichten. Während im deutschen Recht – mit Ausnahme der ohnehin wenig bedeutsamen Angaben im Handelsregister – sämtliche Informationsbefugnisse der Aktionäre hauptversammlungsbezogen sind, sehen das französische und insbesondere das englische Gesellschaftsrecht statt der hauptversammlungsbezogenen mehr anlassunabhängige Unterrichtungsmöglichkeiten der Anteilseigner vor, deren Verletzung andere Sanktionen zur Folge haben.[732] Daher ist der Anwendungsbereich der deutschen Anfechtungsklage, die die Verletzung nahezu aller gesellschaftsrechtlichen Informationsrechte und -pflichten umfasst, wesentlich weiter als der entsprechender Aktionärsklagen in Frankreich und England, mit denen nur ein Teil der Informationspflichtverletzungen sanktioniert werden kann. Dies gilt insbesondere für das englische Recht, das mangels Bestehens eines Auskunftsrechts der Aktionäre nur Informationsverletzungen im Rahmen der Einberufungsmitteilung zur Hauptversammlung der Beschlussanfechtung unterwirft.

Zudem sind alle Informationsverstöße im Vorfeld von strukturändernden Hauptversammlungsbeschlüssen faktisch von einer Aktionärsklage ausgenommen, da bereits vor der Beschlussfassung der Anteilseigner eine umfassende gerichtliche Prüfung des Umwandlungsantrags der Gesellschaft inklusive aller an die Aktionäre bekannt zu gebenden Informationen zu erfolgen hat, so dass eine nochmalige Kontrolle der mitgeteilten Tatsachen im Rahmen eines nachträglichen Anfechtungsverfahrens keinen Sinn mehr macht.

Der Kreis der Klageberechtigten sowie der sachliche Anwendungsbereich der Anfechtungsklage ist in Deutschland mithin am größten.

b) Formelle Klagevoraussetzungen

Auch in formeller Hinsicht ist die Beschlussanfechtung in Frankreich und England an wesentlich engere Voraussetzungen geknüpft als in Deutschland. Das deutsche Recht stellt auf der Ebene der Zulässigkeit keine besonderen Anforderungen an die Erhebung einer Anfechtungsklage; insbesondere sind weder eine besondere Klagebefugnis noch ein spezielles Rechtsschutzinteresse darzulegen. Im Rahmen der Begründetheit ist in formeller Hinsicht neben der Wahrung der einmonatigen Anfechtungsfrist grundsätzlich nur erforderlich, dass der klagende Aktionär auf der Hauptversammlung anwesend war und dort gegen die Beschlussfassung zu dem jeweiligen Tagesordnungspunkt Widerspruch zur Niederschrift erklärt hat.[733]

---

[732] Sollten die Bestimmungen des derzeitigen britischen Regierungsentwurfs Gesetzeskraft erlangen, dürfte sich der Anwendungsbereich von Anfechtungsklagen zusätzlich verringern, weil danach schon das Abhalten der Hauptversammlung dispositiv sein soll.

[733] Zudem muss der Aktionärskläger seine Aktien schon vor der Bekanntmachung der Tagesordnung der jeweiligen Hauptversammlung erworben haben; die Einführung eines Mindestquorums oder einer Mindestbesitzzeit im Rahmen des UMAG wurde hingegen abgelehnt; siehe Begr. RegE UMAG, BT-Drucks. 15/5092, S. 26 f.

Demgegenüber stellen das französische und insbesondere das englische Gesellschaftsrecht sehr viel höhere Anforderungen an die Zulässigkeit einer Anfechtungsklage. Das französische Recht setzt neben der Aktionärseigenschaft den Nachweis eines legitimen Interesses (*intérêt légitime*) des Aktionärs am Klageerfolg voraus und fordert schon im Rahmen der Klagebefugnis eine richterliche Abwägung zwischen den Zielen des klagenden Aktionärs und insbesondere den Konsequenzen einer möglichen Aufhebung des Hauptversammlungsbeschlusses, so dass sich schon vor Beginn der materiell-rechtlichen Prüfung zahlreiche missbräuchliche Klagen herausfiltern lassen.

Einen ähnlichen Ansatz sieht das englische Recht vor, das für die Zulässigkeit einer Anfechtungsklage nicht nur voraussetzt, dass die Klage vom richtigen Kläger (*proper plaintiff*) erhoben wurde,[734] sondern auch eine hinreichend gewichtige Rechtsverletzung fordert. Ähnlich dem französischen Recht ist schon im Rahmen der Klagebefugnis eine Abwägung zwischen den widerstreitenden Interessen des Aktionärsklägers und der Unternehmensleitung vorzunehmen. Dabei bestimmt die *internal management rule*, dass die Belange der Unternehmensleitung als Vertreterin der Aktionärsmehrheit grundsätzlich gegenüber den Interessen einzelner Anteilseigner überwiegen, so dass der behauptete Rechtsverstoß eine besondere Qualifikation aufweisen muss, um diese Vorrangstellung zu durchbrechen. Hierdurch sind alle Verstöße, die sich nicht oder nur unwesentlich auf die Information der Aktionäre auswirken, sowie Rechtsverletzungen, die nur für eine Minderheit von Aktionären nachteilige Auswirkungen haben, aber dem Wohle der Aktionärsmehrheit – und damit der Gesellschaft als solcher – dienen, von vorneherein von der materiellen gerichtlichen Prüfung ausgeschlossen. Daher ist der Anwendungsbereich der Anfechtungsklage nur noch marginal. Nur in wenigen Fällen wird der Nachweis erbracht werden können, dass die Aktionärsmehrheit durch den Informationsverstoß derart schwerwiegend getäuscht wurde, dass sie auf der Hauptversammlung Beschlüsse gefasst hat, die ihren berechtigten Interessen entgegenstehen.

c) Materiell-rechtliche Klagevoraussetzungen

Im Rahmen der materiell-rechtlichen Klagevoraussetzungen ist das deutsche Recht der Beschlussanfechtung im internationalen Vergleich ebenfalls sehr weitreichend. Nach deutschem Recht unterliegt die Verletzung sämtlicher Auskunftsrechte und organschaftlicher Berichtspflichten unabhängig von der Intensität des Verstoßes und sonstiger Umstände der Beschlussanfechtung.[735]

---

[734] Diese Klagevoraussetzung ist hinsichtlich der hauptversammlungsbezogenen Informationsbefugnisse der Aktionäre unproblematisch erfüllt; siehe oben D. II. 4. a) (iii).

[735] Zudem sind die Prozesskosten eines Anfechtungsverfahrens angesichts der Möglichkeit der Streitwertspaltung gemäß § 247 Abs. 2 AktG nicht so hoch, als dass sie einen Anfechtungskläger abschrecken könnten; vgl. Hüffer in: Münchener Kommentar AktG, § 247 Rn. 12, 17 f., 22 ff. m.w.N.

Zudem kann das Auskunftsrecht, das nach herrschender Ansicht ein eigennütziges mitgliedschaftliches Recht der Aktionäre darstellt, ohne weiteres aus rein persönlichen Motiven ausgeübt und eine entsprechende Rechtsverletzung mittels einer Anfechtungsklage angegriffen werden. Dies hat insbesondere im Rahmen von komplizierten Strukturmaßnahmen sowie in den Fällen, in denen ein Aktionär schon auf der Hauptversammlung selbst Detailfragen gestellt hat, deren korrekte Beantwortung besondere Schwierigkeiten aufwirft, zur Folge, dass die Behauptung eines Informationsverstoßes verhältnismäßig einfach aufgestellt werden kann, ohne dass sie offensichtlich unbegründet wäre.[736] Ob der Aktionär dabei im Interesse der Gesellschaft oder aus sonstigen Beweggründen heraus handelt, spielt keine Rolle. Das UMAG hat insoweit nur unwesentliche Änderungen bewirkt. Zwar gilt nunmehr bei allen bewertungsspezifischen Informationsverstößen gemäß § 243 Abs. 4 S. 2 AktG ein genereller Vorrang des Spruchverfahrens vor der Anfechtungsklage. Doch gilt diese Regelung nur bezüglich Informationen, die in einer Hauptversammlung mitgeteilt werden. Zudem läuft die Änderung Gefahr, durch die ausgenommenen Fälle einer Totalverweigerung von Informationen oder weitreichender Fehlangaben faktisch ausgehöhlt zu werden. Im Übrigen wurde durch die Normierung des Relevanzgedankens in § 243 Abs. 4 S. 1 AktG nur geltendes Recht kodifiziert.

Dagegen kann die französische Anfechtungsklage gemäß Art. L235-1 C. com. nur im Falle solcher Informationspflichtverletzungen Erfolg haben, die nach Ansicht des Gesetzgebers als hinreichend gewichtig angesehen wurden, um eine Aufhebung von mehrheitlich gefassten Hauptversammlungsbeschlüssen zu begründen. Dies ist zum einen durch den allgemein geltenden Vorrang des berechtigten Interesses der Gesellschaft (*intérêt social*), der den Individualinteressen der Minderheitsgesellschafter nur eine untergeordnete Stellung zubilligt, gewährleistet. Zum anderen hat der französische Gesetzgeber eine klare Abstufung zwischen Normen, deren Verletzung zwingend zur Nichtigerklärung der Hauptversammlungsbeschlüsse führt, Vorschriften, die nur fakultativ nach dem Ermessen des Tatrichters eine Aufhebung der Hauptversammlungsbeschlüsse nach sich ziehen, und Informationsvorgaben, die gar nicht sanktionsbewährt sind, vorgenommen.

Zusätzlich unterscheidet er nach den Beschlussgegenständen der Hauptversammlung. Während eine Anfechtungsklage im Rahmen von außerordentlichen Hauptversammlungen lediglich in den gesetzlich ausdrücklich genannten Fällen zulässig ist, können grundsätzlich alle Informationsverstöße die Nichtigkeit von Beschlüssen einer ordentlichen Hauptversammlung nach sich ziehen, sofern der vermeintlich verletzten Vorschrift nach Auffassung des erkennenden Gerichts ein zwingender Charakter (*caractère impératif*) zukommt. Da der Begriff des *caractère impératif* sehr restriktiv ausgelegt wird und nur dann zu bejahen ist,

---

[736] Vgl. Baums, Gutachten F zum 63. DJT, F 129; Schiessl in: VGR, Bd. 2, 2000, S. 57, 67.

wenn das durch die in Rede stehende Norm im konkreten Fall geschützte Aktionärsinteresse gegenüber dem Gesellschaftsinteresse überwiegt, ist die Anfechtungsklage in der Regel trotz Vorliegens einer Rechtsverletzung nicht begründet. Dies gilt insbesondere für die fehlerhafte Beantwortung von Aktionärsfragen. Im Gegensatz zum deutschen Aktienrecht, wo grundsätzlich jeder Rechtsverstoß zum Erfolg der Anfechtungsklage führen kann, ist das französische Gesellschaftsrecht bei der Anerkennung von anfechtungstauglichen Vorschriften also sehr restriktiv.

Das englische Recht schränkt den Anwendungsbereich der Aktionärsklage auf materiell-rechtlicher Ebene nicht ein. Dies wirkt sich jedoch aufgrund des engen sachlichen Anwendungsbereichs einer Beschlussanfechtung wegen Informationsmängeln sowie aufgrund der strengen formellen Klagevoraussetzungen nicht aus.

d) Rechtsfolgen

In Deutschland sind aber nicht nur die Voraussetzungen einer Anfechtungsklage weiter gefasst als in England und Frankreich; auch die Rechtsfolgen einer Beschlussanfechtung sind sehr viel weitreichender und tiefgreifender.

Nach deutschem Aktienrecht hat die Erhebung einer Anfechtungsklage zwar keinen Einfluss auf die Wirksamkeit des angegriffenen Beschlusses; sie zieht aber je nach Art der registerrechtlichen Behandlung des Beschlusses unterschiedliche Rechtsfolgen nach sich. Lediglich Hauptversammlungsbeschlüsse, die nicht in das Handelsregister eingetragen werden müssen, und solche, deren Eintragung in das Handelsregister bloß deklaratorisch ist,[737] können unabhängig von einer Klageerhebung umgesetzt werden. Alle übrigen Beschlüsse der Aktionärsversammlung hingegen unterliegen einer faktischen oder förmlichen Registersperre, die eine baldige Umsetzung – die insbesondere bei Kapital- oder Umstrukturierungsmaßnahmen angezeigt ist – auf nicht absehbare Zeit hindert und somit der Gesellschaft in wirtschaftlich bedeutsamen Situationen ihre Handlungsfähigkeit nimmt.[738]

Ein Ausweg aus dieser registerrechtlich bedingten Blockade ist bislang nur in bestimmten Umstrukturierungsfällen vorgesehen, so dass der beklagten Gesellschaft im Übrigen lediglich die Möglichkeit verbleibt, sich mit dem klagenden Aktionär zu einigen, um sich der Klage zu entledigen. Allerdings haben auch die Freigabeverfahren gemäß § 319 Abs. 6 AktG bzw. § 16 Abs. 3 UmwG (i.V.m. §§ 125, 198 Abs. 3 UmwG) bislang keine nennenswerten Vorteile bewirken kön-

---

[737] Lediglich die Eintragung der Auflösung einer Aktiengesellschaft (§§ 262 Abs. 1 Nr. 2, 263 S. 1 AktG) und der Beendigung der Eingliederung (§ 327 Abs. 1 Nr. 1, Abs. 3 AktG) sind deklaratorischer Natur.

[738] Plastisch Kerbusk/Schmitt in: Der Spiegel Nr. 49 v. 29.11.2004, S. 108 ff. u.a. zur zeitweiligen Blockade der Sanierungsbemühungen der Karstadt Quelle AG durch drohende Anfechtungsklagen von Kleinaktionären; siehe auch Jahn, BB 2005, 5 f.

nen, da dort ebenso wie im Hauptsacheverfahren eine vollumfängliche Rechtsprüfung vorzunehmen ist.[739] Die oftmals schwierigen Freigabeverfahren sind ebenfalls zeitaufwendig und werden häufig nur kurz vor oder gar zusammen mit der eigentlichen Anfechtungsklage entschieden.[740] Vielfach setzt das Erfordernis einer Glaubhaftmachung der offensichtlichen Unbegründetheit der Anfechtungsklage oder des überwiegenden Vollzugsinteresses einen erheblichen Darlegungs- und Begründungsaufwand für die beklagte Gesellschaft voraus.[741]

Daher sind die Vorteile des im Rahmen des UMAG gemäß § 246a AktG eingeführten Freigabeverfahrens, das ohnehin nur für Hauptversammlungsbeschlüsse über Kapitalmaßnahmen sowie über Unternehmensverträge gilt,[742] begrenzt. Das Verfahren führt für die Gesellschaft zu einem zusätzlichen Arbeits- und Kostenaufwand, schafft ein neues prozessuales Risiko und damit weitere Rechtsunsicherheit für alle Beteiligten sowie für die Gläubiger.[743] Denn angesichts der möglichen Zeitspanne zwischen Beschlussfassung auf der Hauptversammlung und Erlass einer rechtskräftigen Freigabeentscheidung von bis zu mehr als sieben Monaten[744] kann das Freigabeverfahren gerade nicht sicherstellen, dass Kapitalmaßnahmen oder andere strukturändernde eintragungsbedürftige Hauptversammlungsbeschlüsse umgehend und verlässlich umgesetzt werden können. Die Vorschrift beinhaltet mithin eine rechtssystematische Relativierung des aktienrechtlichen Minderheitenschutzes,[745] ohne eine zügige Legalitätssicherung von Hauptversammlungsbeschlüssen zu gewährleisten.

Zudem beinhaltet ein erfolgreiches Freigabeverfahren ein zusätzliches finanzielles Risiko für die betroffene Gesellschaft, da § 246a Abs. 4 AktG für die gesamte Zeit ab Fassung des angefochtenen Hauptversammlungsbeschlusses die Möglichkeit eines Schadensersatzanspruchs offen hält. Dieser Anspruch der Anfechtungskläger wird sich zwar häufig auf den Ersatz der Prozesskosten beschränken, kann aber auch einen höheren Schaden wie etwa den Ersatz des Verwässerungsschadens bei einer Kapitalerhöhung umfassen.[746]

---

[739] Zur Pflicht einer umfassenden Rechtsprüfung: Begr. RegE UMAG, BT-Drucks. 15/5092, S. 29; Bungert in: VGR, Bd. 9, 2005, S. 59, 94. Zudem ist auch im Freigabeverfahren grundsätzlich eine mündliche Verhandlung durchzuführen; OLG München, ZIP 2004, 237; OLG Düsseldorf, ZIP 2004, 359; Merkner, EWiR § 327e AktG 2/04, 685 f.

[740] Siehe Kiethe, NZG 2004, 489, 490; Lutter, JZ 2000, 837, 840 m.w.N.; Baums, Gutachten F zum 63. DJT, F 157 f.; kritisch zum Fehlen eines gesetzgeberischen Gesamtkonzepts: Bungert in: VGR, Bd. 9, 2005, S. 59, 94 f.

[741] Vgl. Fuhrmann/Linnerz, ZIP 2004, 2306, 2310 f.; Buchta/Sasse, DStR 2004, 958 m.w.N.; LG Saarbrücken, NZG 2004, 1012, 1014.

[742] Insoweit zu Recht kritisch Veil, AG 2005, 567, 575.

[743] Kritisch Spindler, NZG 2005, 825, 830; Meilicke/Heidel, DB 2004, 1479, 1484.

[744] Siehe die Berechnungen von Diekmann/Leuering, NZG 2004, 249, 254 und Hirschberger/Weiler, DB 2004, 1137, 1139.

[745] Insoweit kritisch Spindler, NZG 2005, 825, 830; Meilicke/Heidel, DB 2004, 1479, 1484.

[746] S. Begr. RegE UMAG, BT-Drucks. 15/5092, S. 28; Bungert in: VGR, Bd. 9, 2005, S. 59, 95 ff.; Ihrig/Erwin, BB 2005, 1973, 1977; Spindler, NZG 2005, 825, 830.

Demgegenüber finden sich weder im französischen *Code de Commerce* oder im englischen *Companies Act 1985* noch in der jeweiligen Rechtsprechung oder der Gesellschaftsrechtsliteratur Ausführungen über rechtliche Folgen, die schon aufgrund der Erhebung einer Anfechtungsklage eintreten. Rechtliche Beschränkungen, insbesondere Eintragungshindernisse in unternehmerische oder behördliche Register, die einer Umsetzung des angegriffenen Hauptversammlungsbeschlusses entgegenstehen, sind nicht ersichtlich. Insbesondere im Rahmen von Kapitalmaßnahmen zieht die Erhebung einer Anfechtungsklage keinen Suspensiveffekt nach sich, da der Registereintrag im französischen Recht ohnehin erst nach Abschluss der Maßnahme und Zeichnung aller Aktien vorgenommen wird und im englischen Recht unabhängig von der Klageerhebung erfolgen kann.

Die Wirksamkeit von Umwandlungsmaßnahmen hängt zwar sowohl im englischen als teilweise auch im französischen Gesellschaftsrecht von der Eintragung im Handelsregister ab. Doch führt die Eintragungspflicht im englischen Recht aufgrund der umfassenden gerichtlichen Vorabprüfung des Umwandlungsantrags und der damit einhergehenden faktischen Bedeutungslosigkeit der Anfechtungsklage nicht zu einer Verzögerung der Umsetzung des beschlossenen Vorhabens. Entsprechendes gilt im französischen Recht, das bei zahlreichen Informationsverstößen vor strukturändernden Hauptversammlungsbeschlüssen generell eine Anfechtungsklage ausschließt und im Falle der Aufhebung eines strukturändernden Hauptversammlungsbeschlusses eine Ausnahme von der grundsätzlichen ex-tunc Wirkung der gerichtlichen Entscheidung macht. Dadurch sowie durch den Umstand, dass die Nichtigkeit einer Hauptversammlung gutgläubigen Dritten grundsätzlich nicht entgegengehalten werden kann, ist das Erpressungspotential missbräuchlicher Aktionärsklagen erheblich vermindert.

e) Wirtschaftliche Auswirkungen und hieraus resultierende Folgen

Die soeben dargestellten Voraussetzungen und Rechtsfolgen der Anfechtung von Hauptversammlungsbeschlüssen haben in Deutschland im Gegensatz zu Frankreich und England bedeutende wirtschaftliche, gesellschaftsinterne und sogar rechtspolitische Auswirkungen. Diese wurden bereits Anfang des 20. Jahrhunderts erkannt[747] und führten schon in der Weimarer Republik zu erheblichen Missständen im deutschen Aktienwesen.[748] Sie konnten jedoch durch die von der Rechtsprechung und vom Gesetzgeber vorgenommenen Korrekturen

---

[747] Bereits im Jahre 1913 hat *Flechtheim* darauf hingewiesen, dass die Zeitdifferenz zwischen angegriffenem Hauptversammlungsbeschluss und seiner Umsetzung zu einem hohen Schadenspotential führt; Flechtheim in: Festschrift Zitelmann, 1913, S. 1, 6. Siehe auch die Entscheidung des Reichsgerichts aus dem Jahre 1913 (RGZ 82, 182, 188), das die Einführung eines sanktionsbewährten Auskunftsrechts aus diesem Grund ablehnte.

[748] Vgl. Pinner in: Verhandlungen des 34. DJT, 1926, S. 629; Geiler, Aktienrecht, 1927, S. 31; Ludewig, Aktienrecht, 1929, S. 151 f.; Krieger, ZHR 163 (1999), 343, 359 f.

bislang nicht behoben oder abgemildert werden und sind bis heute Gegenstand kontroverser Diskussionen.[749]

(i) Folgen für die beschlossenen (Struktur-)Maßnahmen

Die Erhebung einer Anfechtungsklage führt in Deutschland dazu, dass die betroffene Aktiengesellschaft in der Zeit bis zum Erlass eines rechtskräftigen Urteils erheblichen Rechtsunsicherheiten gegenübersteht. Ihre besondere Brisanz erhält die Klage jedoch dadurch, dass sie die Umsetzung von Hauptversammlungsbeschlüssen, die Grundlagen- oder Strukturmaßnahmen zum Gegenstand haben, die sich unmittelbar auf die unternehmerische Tätigkeit der Gesellschaft auswirken und deren betriebswirtschaftliche Vorteile zeitbezogen sind, hindert.[750] Dies gilt insbesondere für Kapitalmaßnahmen, die typischerweise bei einem erhöhten Investitionsbedarf der Gesellschaft beschlossen werden und nur im Falle einer zügigen Umsetzung sinnvoll sind, sowie für alle Arten von Umstrukturierungen.

Wird die Durchführung einer Kapitalerhöhung durch eine anhängige Anfechtungsklage gehemmt, kann die Gesellschaft das benötigte Kapital im Vergleich zu den Kosten einer Kapitalerhöhung – etwa durch Aufnahme von Krediten oder durch Begebung von Unternehmensanleihen – nur teurer und/oder erst später beschaffen.[751] Abgesehen von dem Ausnahmefall, dass die Gesellschaft über ausreichende liquide Mittel verfügt, um unternehmerisch gebotene Investitionen – vorübergehend – aus laufenden Einnahmen zu finanzieren, können Investitionsvorhaben auf Grund der Klageerhebung nicht im geplanten Umfang oder zu dem vorgesehenen Zeitpunkt durchgeführt werden. Im Falle einer Umstrukturierung, beispielsweise einer Verschmelzung, treten durch die Anfechtungsklage statt der erhofften Synergieeffekte und steuerlichen Optimierungsmöglichkeiten Unsicherheiten über die künftige Organisationsstruktur und die Kompetenz- und Zuständigkeitsverteilung in der Gesellschaft ein. Es ist zweifelhaft, ob der von Teilen der Literatur[752] vorgebrachte Einwand, der durch Anfechtungsklagen bedingte Zeitverlust sei vom Gesetzgeber gewollt und daher hinzunehmen, diese Härten rechtfertigen kann.

---

[749] Siehe Baums, Gutachten F zum 63. DJT; Zöllner, AG 2000, 145; Lutter, JZ 2000, 837; Kiethe, NZG 2004, 489 ff. unter Hinweis auf die negative Standortwirkung eines transaktionshemmenden Rechts.

[750] Flechtheim in: Festschrift Zitelmann, 1913, S. 1, 6; Zöllner, AG 2000, 145, 149; Hirte, ZGR 1994, 645, 659; Lutter in: Festschrift 40 Jahre „Der Betrieb", 1988, 193, 194; Luttermann, BB 2001, 382, 383; Schwarz in: Widmann/Mayer, UmwG, § 16 Rn. 20, der beispielhaft auf die 33-monatige Prozessdauer im Verfahren *Kochs Adler* hinweist.

[751] Allein die Zinsverluste erreichen schnell Millionenbeträge, siehe Lutter in: Festschrift 40 Jahre „Der Betrieb", 1988, 193, 194 ff. m.w.N.

[752] So Lutter in: Festschrift 40 Jahre „Der Betrieb", 1988, 193, 209 f.

(ii) Gesellschaftsinterne Auswirkungen

Die allen Hauptversammlungsbeschlüssen, insbesondere aber beschlossenen Grundlagen- und Strukturmaßnahmen anhaftende Anfechtungsgefahr hemmt die unternehmerische Beweglichkeit und vermindert die Risikobereitschaft des Vorstands.[753] Die hieraus resultierenden gesellschaftsinternen Auswirkungen reichen von betriebswirtschaftlich nicht angezeigten Absicherungsstrategien über die nicht gesetzlich vorgesehene Bekanntgabe von Informationen, die Beschäftigung externer Berater und ganzer Mitarbeiterstäbe zur Vorbereitung auf potentielle Aktionärsfragen bis hin zu stundenlangen Hauptversammlungen mit endlosen Frage- und Antwortkaskaden, die eine kritische Aktionärsaussprache verhindern und viele Anteilseigner von dem jährlichen Aktionärstreffen fernhalten.[754]

Wird trotz aller Vorkehrungen dennoch eine Anfechtungsklage erhoben, bleibt der Gesellschaft oftmals nur die Möglichkeit, die Aktionäre (durch Vergleich) zu einer Rücknahme ihrer Klage zu bewegen, um die durch das Gerichtsverfahren bedingte Verzögerung der Umsetzung der beschlossenen Maßnahme zu vermeiden. Dass derartige Verfahrensbeendigungen die Gesellschaft häufig Millionenbeträge kosten, ist im Hinblick auf das Verbot der Einlagenrückgewähr gemäß § 57 AktG bedenklich und bereits ausführlich diskutiert worden, wird aber dennoch hingenommen, um den Weg für dringende Struktur- oder Kapitalmaßnahmen frei zu machen.[755]

Der Mittelabfluss an die Aktionärskläger belastet nur sekundär die Leitungsorgane der Gesellschaft, da sie den überwiegenden Teil ihrer Bezüge gemäß § 87 AktG als Festgehalt unabhängig vom erwirtschafteten Jahresgewinn erhalten und daher von Schäden, die der Gesellschaft durch laufende Anfechtungsprozesse entstehen, allenfalls mittelbar betroffen sind.[756] Ebenso wenig laufen sie Gefahr, durch Anfechtungsprozesse ihre Stellung als Organmitglied einzubüßen, da ja nicht sie die Schuld an den kostenträchtigen Vergleichsabschlüssen trifft, sondern die klagenden Aktionäre. Die eigentlich Geschädigten von Anfechtungsprozessen sind die übrigen Aktionäre der Gesellschaft sowie Gläubiger und Arbeitnehmer. Dies gilt vor allem, soweit die Verzögerung der geplanten unternehmerischen Maßnahmen einen Rückzug von Investoren, den Abfluss von

---

753 Baums, Gutachten F zum 63. DJT, F 23.

754 Jedenfalls bei den im DAX notierten Aktiengesellschaften ist die Anwesenheit der Aktionäre auf den Hauptversammlungen seit 1998 kontinuierlich gesunken, vgl. FAZ Nr. 201 v. 30.08.2003, S. 19.

755 Vgl. Hirte, BB 1988, 1469; Schiessl, AG 1999, 442, 445; Jahn, BB 2005, 5, 6 ff.

756 Siehe Noack, BB 2002, Heft 18, S. 1 („Die erste Seite"), der sogar von einer Begünstigung des Vorstands ausgeht. Es ist denkbar, dass beschlossene Aktienoptionspläne bei anfechtungsbedingten Kursabschlägen weniger lukrativ sind. Eine Herabsetzung der Vorstandsbezüge wegen wesentlicher Verschlechterung der Gesellschaftsverhältnisse i.S.d. § 87 Abs. 2 S. 1 AktG infolge von Anfechtungsklagen ist allerdings zweifelhaft; kritisch hierzu Adams, ZIP 2002, 1325.

Gesellschaftskapital, eine verschlechterte Bonität der Gesellschaft, Kursabschläge[757] oder Arbeitsplatzstreichungen etc. zur Folge hat.

(iii) Rechtspolitische Folgen

Der deutsche Gesetzgeber hat zuletzt sogar davon abgesehen, neue Informationsvorschriften einzuführen, da dies Anfechtungsrisiken und betriebswirtschaftliche Nachteile der Aktiengesellschaften erheblich steigern würde. Dies gilt beispielsweise für die Veröffentlichung des Wertes von Aktienoptionen, die trotz der wesentlichen Bedeutung der Information zur Beurteilung des Ausmaßes der Verwässerung der Altaktien u.a. deshalb nicht gesetzlich vorgeschrieben wurde, weil dies aufgrund der unterschiedlichen Bewertungsmöglichkeiten solcher Optionen ein beträchtliches Konflikt- und Anfechtungspotential beinhalten würde.[758]

f) Effizienz der Anfechtungsklage als Schutz- und Kontrollinstrument

Die zuvor erläuterten rechtlichen, gesellschaftsinternen und wirtschaftlichen Folgen, mit denen eine deutsche Aktiengesellschaft im Gegensatz zur französischen *société anonyme* oder englischen *public limited company* konfrontiert ist, wären möglicherweise gerechtfertigt, wenn hierdurch der der Anfechtungsklage zugrunde liegende Zweck, nämlich die Gewährleistung rechtmäßiger Hauptversammlungsbeschlüsse und eine angemessene Information der Aktionäre, besser erreicht würde. Zwar wird behauptet, die Präventivwirkung der Anfechtungsklage habe in Deutschland zu einer Verbesserung der Aktionärsinformation beigetragen.[759] Doch ist bei näherer Untersuchung zweifelhaft, wie weit der durch Anfechtungsklagen bewirkte Informationsgewinn tatsächlich reicht.

Die Effizienz der Anfechtungsklage ist schon deshalb begrenzt, weil sie eine Sanktion nur auf Initiative von Aktionären zulässt. Ein vernünftiger Aktionär wird den mit einem Prozess verbundenen zeitlichen und finanziellen Aufwand aber nur dann auf sich nehmen, wenn er ein eigenes Interesse am Ausgang des Verfahrens hat. Fehlt ein solches, wird er die ihm zugedachte Rolle als Funktionär der Aktienrechtsordnung nicht antreten, so dass eine Klageerhebung in zahlreichen Fällen trotz Vorliegens eines sanktionsbedürftigen Informationsverstoßes wegen fehlender Anreize für die Aktionäre unterbleiben dürfte.[760]

---

[757] Siehe hierzu Schiessl, AG 1999, 442, 444.

[758] Vgl. Drost in: Handelsblatt Nr. 190 v. 16./17.08.2002, S. K 2.

[759] Schiessl in: VGR, Bd. 2, 2000, S. 57, 61; Bayer in: VGR, Bd. 2, 2000, S. 35, 38 f. unter Hinweis auf Pinner in: Verhandlungen des 34. DJT, 1926, S. 630.

[760] So auch Mertens, AG 1990, 49, 54; Schiessl in: VGR, Bd. 2, 2000, S. 57, 61; Roth, ZIP 2003, 369, 376; siehe ebenfalls Hirte, BB 1988, 1469, 1473; Hopt in: Festschrift Wiedemann, 2002, S. 1013, 1026: „Die Rechtsdurchsetzung durch private Anleger kann wegen ihres rationalen Desinteresses an der Überwachung einer einzelnen Gesellschaft kaum funktionieren."

Die Möglichkeit der Beschlussanfechtung kann zudem nur indirekt zu einer Verbesserung der gesellschaftsinternen Informationsübermittlung führen, während eine Ausweitung insbesondere der hauptversammlungsunabhängigen Informationsrechte und –pflichten die Transparenz gegenüber Aktionären unmittelbar steigern würde.[761] Des Weiteren ist die gesetzgeberische Vorstellung, nach der eine als gesetzes- oder satzungswidrig gerügte Maßnahme alsbald umgesetzt werden kann, wenn sie sich im Rahmen der richterlichen Prüfung als rechtmäßig erweist, aufgrund des zur Verfügung stehenden Instanzenzuges und der hierdurch bedingten Verfahrensdauer unrealistisch. Zieht sich der Anfechtungsprozess nur lange genug hin, wird selbst ein positiver Verfahrensausgang für die beklagte Gesellschaft kaum noch von Nutzen sein, etwa weil die Jahre zuvor beschlossene Maßnahme zum Zeitpunkt des gerichtlichen Urteils aufgrund veränderter wirtschaftlicher Rahmenbedingungen nicht mehr sinnvoll ist oder weil zwischenzeitlich andere Möglichkeiten gefunden wurden, um das angestrebte Ziel zu erreichen.[762]

Ebensowenig bietet das deutsche Anfechtungsrecht im umgekehrten Fall eine Gewähr dafür, dass als rechtswidrig beanstandete Hauptversammlungsbeschlüsse tatsächlich aufgehoben werden. Denn der klagende Aktionär hat es allein in der Hand, den Anfechtungsprozess durch den gesamten Instanzenzug bis zum Erlass eines rechtskräftigen Urteils durchzuführen oder aber vorab durch Klagerücknahme gemäß § 269 ZPO zu beenden. Welchen Weg er wählt, steht in seinem Belieben; wesentliche Kostennachteile hat er im Hinblick auf die Streitwertbemessung und die Möglichkeit der Streitwertspaltung jedenfalls nicht zu befürchten.[763]

Aufgrund dieser Wahlmöglichkeiten des Aktionärsklägers über das Ende des Anfechtungsverfahrens erweist sich das Rechtsinstitut der Anfechtungsklage als doppelt negativ: Wird ein Anfechtungsverfahren nicht unmittelbar nach Prozessbeginn durch Klagerücknahme oder durch Vergleich beendet, so ist auf der einen Seite – jedenfalls bei eintragungsbedürftigen Hauptversammlungsbeschlüssen – schon das Verfahren selbst für die betroffene Gesellschaft und die nicht klagenden Aktionäre von Nachteil, da viele der zuvor erläuterten Auswirkungen unabhängig von den Erfolgsaussichten der Klage bereits aufgrund der Anhängigkeit des Verfahrens eintreten. Auf der anderen Seite wird das mit der Anfechtungsklage verbundene rechtspolitische Ziel, die gerichtliche Kontrolle

---

[761] So die zentrale Aussage des Forum Europaeum Konzernrecht, ZGR 1998, 672, 718.

[762] Obwohl der BGH die Anfechtungsklage etwa im Fall *DAT/Altana* (BGH, WM 1990, 140) wegen Rechtsmissbrauchs an das Oberlandesgericht zurückverwiesen hatte, hob die beklagte Gesellschaft den angegriffenen Verschmelzungsvertrag wieder auf und verfolgte das Projekt nicht weiter, da das angestrebte Ziel mittlerweile auf anderem Weg schneller erreicht werden konnte; siehe Boujong in: Festschrift Kellermann, 1990, S. 1, 12 m.w.N.; Schwarz in: Widmann/Mayer, UmwG, § 16 Rn. 20.

[763] Siehe Hüffer in: Münchener Kommentar AktG, § 247 Rn. 2, 8 f., 22 ff. m.w.N.

und gegebenenfalls Aufhebung rechtswidriger Mehrheitsentscheidungen, bei einer vorzeitigen Verfahrensbeendigung nicht erreicht.

Die Gefahr des Leerlaufens der Anfechtungsklage ist vor allem dann bedenklich, wenn sich das Informationsbegehren auf Fälle eines möglicherweise rechtswidrigen Verwaltungshandelns bezog. Denn hier dürfte die Gefahr einer Kollusion von Vorstand und Aufsichtsrat mit dem jeweiligen Anfechtungskläger, also die Bereitschaft zur schnellen Beendigung des Prozesses gegen Zahlung von Vergleichs- oder Abfindungssummen schon im eigenen Interesse der Leitungsorgane sehr groß sein, um ein etwaiges Fehlverhalten nicht publik zu machen.[764] Damit erweist sich das Rechtsinstitut der Anfechtungsklage gerade in besonders prüfungsbedürftigen Fällen als ineffizient.

Die Anfechtungsklage lässt mithin einerseits erhebliche Schutzlücken offen, während sie andererseits als „*heavy metal*"[765] über das Schutzziel hinausgeht.

2. Effizienz kapitalmarktbezogener Sanktionen

Auch bezüglich Verletzungen der Kapitalmarktpublizität stellt sich die Frage, ob die deutschen Sanktionsmöglichkeiten in internationaler Hinsicht angemessen und ausreichend sind. Insoweit sind insbesondere Voraussetzungen und Folgen von Maßnahmen auf dem Gebiet des Straf- und Ordnungswidrigkeitenrechts sowie die Schadensersatzhaftung der Gesellschaft und der Mitglieder der Verwaltungsorgane wegen fehlerhafter Angaben von Bedeutung.

a) Öffentlich-rechtliche Sanktionsmöglichkeiten

Das öffentlich-rechtliche Sanktionensystem setzt sich in Deutschland, Frankreich und England aus ähnlichen aufsichtsbehördlichen und strafrechtlichen Maßnahmen zusammen. Dennoch sind die deutschen Bestimmungen in zahlreichen Punkten restriktiver gefasst als die entsprechenden französischen und englischen Vorschriften.

(i) Strafrechtliche Sanktionen

Strafrechtliche Maßnahmen stellten zunächst in allen drei Rechtsordnungen das wichtigste Sanktionsinstrument bei mangelhafter Information des Sekundärmarktpublikums dar. Sowohl der deutsche als auch der französische und

---

[764] Bereits der Gesetzgeber des ADHGB 1884 erkannte diese Möglichkeit, sah dies jedoch nicht als eine dringliche Problematik an; vgl. die Allgemeine Begründung zur Novelle des ADHGB 1884, Verhandlungen des Deutschen Reichstages, V. Legislaturperiode – IV. Session 1884, Aktenstück Nr. 21, S. 297, abgedruckt in: Schubert/Hommelhoff, Hundert Jahre modernes Aktienrecht, S. 468; siehe auch Hirte, BB 1988, 1469, 1473; Lutter, ZGR 1978, 347, 357, die darauf hinweisen, dass der Vorstand in diesen Fällen als „Richter in eigener Sache" agiert.

[765] So die Bezeichnung von Zöllner, AG 2000, 145.

englische Gesetzgeber haben einen Straftatbestand der Marktmanipulation eingeführt, der sich an jedermann richtet und unter anderem sekundärmarktbezogene Falschinformationen an einem geregelten Markt erfasst.[766]

Im Übrigen stellt das deutsche Recht durch das Tatbestandsmerkmal der manipulationsbedingten Kursbeeinflussung aber in einem wesentlichen Punkt sehr viel höhere Anforderungen an ein strafbares Handeln als das französische und englische Recht. Da sich das Kursbeeinflussungspotential einer Tatsache angesichts der Vielzahl von bewertungserheblichen Faktoren und mangels wissenschaftlich anerkannter Theorie über den Zusammenhang zwischen Geschäftsverlauf des Unternehmens, publizierter Tatsache und Börsenkurs kaum empirisch gesichert beantworten lässt, kann ein kausaler Zusammenhang zwischen fehlerhafter Information und eingetretener Kursveränderung nur in wenigen Fällen nachgewiesen werden, so dass die Bedeutung der Vorschrift voraussichtlich rein theoretischer Natur bleiben wird.[767] Der deutsche Straftatbestand der Marktmanipulation ist im internationalen Vergleich mithin am engsten gefasst.

Die hieraus resultierenden Strafbarkeitslücken können durch die nicht rein kapitalmarktbezogenen Straftatbestände der §§ 400 Abs. 1 Nr. 1 AktG, 313 Abs. 1 Nr. 1 UmwG allenfalls in Einzelfällen geschlossen werden, da sich diese nur auf unrichtige Darstellungen oder Übersichten über den Vermögensstand der Gesellschaft beziehen und zudem ebenfalls eine vorsätzliche Pflichtverletzung voraussetzen.

(ii) Aufsichtsbehördliche Sanktionen

Das deutsche Kapitalmarktrecht ist auch im Rahmen der aufsichtsbehördlichen Sanktionen enger gefasst als die entsprechenden englischen und französischen Vorschriften. Zwar ist die BaFin in Deutschland ähnlich der französischen und britischen Börsenaufsichtsbehörden zentral für die Überwachung der Einhaltung der kapitalmarktrechtlichen Publizitätsvorschriften zuständig. Doch sind die Befugnisse der BaFin an strengere Voraussetzungen geknüpft als die Sanktionsmöglichkeiten der AMF und der FSA.

---

[766] Trotz der ähnlich offenen Fassung der Straftatbestände in Frankreich und in England werden verfassungsrechtliche Bedenken im Hinblick auf das Bestimmtheitsgebot dort nicht diskutiert.

[767] Siehe LG München I, BKR 2003, 681, 683 unter Hinweis auf das Sachverständigengutachten von Rudolph; Fürhoff/Wölk, WM 1997, 454 f. m.w.N.; Geibel in: Schaefer, § 15 WpHG Rn. 96; Rössner/Bolkart, ZIP 2002, 1471, 1474; Park, BB 2003, 1513 f.; Altenhain, BB 2002, 1873, 1876; Tripmaker, wistra 2002, 288, 292; Ziouvas/Walter, WM 2002, 1483, 1487 f. Aus diesem Grund hat der französische Gesetzgeber das Erfordernis einer manipulationsbedingten Kursbeeinflussung bewusst abgeschafft; siehe i.E. oben C. III. 5. b) (i).

Das französische und das englische Kapitalmarktrecht sehen für die Verhängung von aufsichtsbehördlichen Maßnahmen wegen Verletzungen der Sekundärmarktpublizität weder ein bestimmtes Verschuldenserfordernis noch eine Eignung zur Kursbeeinflussung vor.[768] Demgegenüber ist die BaFin nur bei wenigstens leichtfertig begangenen Publizitätspflichtverletzungen zur Verhängung von Geldbußen berechtigt. Die Behörde kann den Höchstbetrag einer Geldbuße zudem grundsätzlich nur dann verhängen, wenn der Nachweis gelingt, dass der Informationsverstoß geeignet war, auf den Börsen- oder Marktpreis einzuwirken. Anderenfalls sind lediglich deutlich niedrigere Bußgeldrahmen eröffnet.

Die aufsichtsbehördlichen Sanktionen sind in Frankreich und England jedoch nicht nur tatbestandlich weiter ausgestaltet, sondern stellen auch auf der Rechtsfolgenseite einen weit über das deutsche Kapitalmarktrecht hinausgehenden Maßnahmenkatalog zur Verfügung. Während die Sanktionsbefugnis der BaFin durch das Anlegerschutzverbesserungsgesetz von 1,5 Mio. auf 1 Mio. Euro herabgesetzt wurde, reicht die Berechtigung der AMF zur Verhängung von Geldbußen generell bis zu 1,5 Mio. Euro, im Falle einer nachweisbaren Gewinnerzielung bis zum zehnfachen des erlangten Gewinns. Die FSA ist sogar zur Auferlegung von Geldbußen in unbeschränkter Höhe berechtigt. Die nach deutschem Recht eröffneten Bußgeldrahmen sind im internationalen Vergleich also äußerst niedrig.[769] Zudem bestehen im französischen und englischen Recht im Gegensatz zum deutschen Recht weitere Sanktionsmöglichkeiten wie etwa das Einfrieren erlangter Vermögenswerte oder die Rückerstattung erzielter Gewinne.

Das deutsche Kapitalmarktrecht sieht also nicht nur weniger aufsichtsbehördliche Sanktionsmöglichkeiten wegen fehlerhafter Sekundärmarktpublizität vor, sondern knüpft die bestehenden Befugnisse in wesentlichen Punkten an strengere Voraussetzungen, so dass das Abschreckungspotential in Deutschland angesichts der Gewinne, die durch unterlassene oder falsche Informationen erzielt werden können, im internationalen Vergleich gering ist.

b) Zivilrechtliche Sanktionen

Hinsichtlich der zivilrechtlichen Sanktionen ist zwischen einer Schadensersatzverantwortlichkeit der jeweiligen Gesellschaft einerseits und der Außenhaftung der einzelnen Organmitglieder andererseits zu differenzieren.

---

[768] Lediglich der spezielle Ordnungswidrigkeitentatbestand des *market abuse* setzt ähnlich dem deutschen Recht eine entsprechende Eignung voraus.

[769] Im Jahr 2003 verhängte die BaFin wegen Verletzung der ad hoc-Publizität bzw. wegen Verstößen gegen die Pflicht zur Offenlegung der *Directors' Dealings* lediglich in elf bzw. vier Fällen Bußgelder. Nur in einem Fall wurde ein Bußgeld wegen Verletzung des § 20a WpHG auferlegt; vgl. BaFin, Jahresbericht 2003, S. 246, abrufbar unter *www.bafin.de*.

(i) Schadensersatzhaftung der Gesellschaft

Sowohl nach deutschem als auch nach französischem und englischem Recht ist eine Schadensersatzhaftung der Gesellschaft wegen mangelhafter Sekundärmarktpublizität möglich. Die Haftungsvoraussetzungen sind jedoch unterschiedlich ausgestaltet.

Zwar können in Deutschland, Frankreich und England alle Arten fehlerhafter Informationsübermittlung zivilrechtliche Sanktionen gegen die Gesellschaft zur Folge haben. Die einzelnen Tatbestandsvoraussetzungen weichen aber erheblich voneinander ab. Dies gilt insbesondere im Rahmen des Verschuldens. Insoweit stellt das französische Recht, das jede Form mangelhafter Sekundärmarktpublizität schon bei leicht fahrlässigem Handeln der Organmitglieder mit zivilrechtlichen Sanktionen belegt, die niedrigsten Anforderungen auf.[770] Das derzeitige deutsche Recht differenziert demgegenüber nach der Form der Informationsübermittlung und beschränkt die zivilrechtliche Verantwortlichkeit des Emittenten wegen grob fahrlässiger Informationsfehler (noch) auf den Bereich der ad hoc-Publizität, während alle übrigen Publizitätspflichtverstöße sowie freiwillige Falschmitteilungen nur bei vorsätzlichem (sittenwidrigen) Handeln eine Schadensersatzhaftung auslösen können. Noch enger fasst das englische Recht die Haftung des Emittenten. Mangels spezialgesetzlicher Regelung kommt eine zivilrechtliche Verantwortlichkeit nur in den Fällen eines *tort of deceit*, also nach den allgemeinen Grundsätzen des *common law*, in Betracht. Danach ist ein unredliches, also absichtliches oder bedingt vorsätzliches Vorgehen erforderlich, wobei dem Schädiger zudem zahlreiche Entlastungsmöglichkeiten offen stehen.

Die deutschen Voraussetzungen einer Emittentenhaftung wegen fehlerhafter Sekundärmarktinformation bewegen sich im Vergleich zum französischen und englischen Recht mithin im Mittelfeld. Die vielfach erhobene Behauptung, das deutsche Recht bleibe im Anlegerschutzniveau hinter den Vorgaben anderer entwickelter Rechtsordnungen zurück, ist daher jedenfalls in Bezug auf die Schadensersatzverantwortlichkeit der Gesellschaft unzutreffend.

(ii) Außenhaftung der Organmitglieder

Die Schadensersatzverantwortlichkeit der Organmitglieder wegen mangelhafter Sekundärmarktpublizität ist im deutschen, französischen und englischen Recht unterschiedlich ausgeprägt. Während in Deutschland und Frankreich lediglich eine zivilrechtliche Haftung gegenüber einzelnen Anlegern in Betracht kommt, dominiert in England das offizielle Restitutionsverfahren, das eine Schadensersatzverteilung über die FSA vorsieht.

---

[770] Die praktischen Erfahrungen mit zivilrechtlichen Schadensersatzklagen gegen Aktiengesellschaften sind in Frankreich aber noch gering; vgl. de Vries, JCP éd. E 2004, 769 f.

Hinsichtlich der unmittelbaren Schadensersatzhaftung gegenüber einzelnen Anlegern weisen die untersuchten Rechtsordnungen ähnliche tatbestandliche Anforderungen auf. Zwar wird in Frankreich die Frage der Transaktionskausalität bislang weniger streng gehandhabt als im deutschen Recht, doch sind Organmitglieder französischer Aktiengesellschaften im Gegensatz zur allgemeinen Fahrlässigkeitshaftung der Gesellschaft lediglich im Falle einer *faute séparable des fonctions*, also nur bei vorsätzlich begangenen und schwerwiegenden Publizitätsverstößen, persönlich verantwortlich. Dies entspricht weitgehend der Reichweite der deutschen Organaußenhaftung, die nur bei Vorliegen einer vorsätzlichen sittenwidrigen Schädigung gemäß § 826 BGB sowie bei einer vorsätzlichen Verletzung von Schutzgesetzen i.S.d. § 823 Abs. 2 BGB Ansprüche von Anlegern gegen die einzelnen Aufsichtsrats- und Vorstandsmitglieder zulässt.

Eine Erleichterung besteht dagegen in Frankreich insoweit, als die Anteilseigner dort anders als in Deutschland wählen können, ob sie den Anspruch als Nebenkläger im Wege einer *action civile* im Rahmen eines Strafverfahrens geltend machen oder eine Schadensersatzklage vor den Zivilgerichten erheben. Sie können also wahlweise unmittelbar von den erweiterten Untersuchungsbefugnissen und -ergebnissen der Verfolgungsbehörden profitieren oder den Vorwurf der Informationspflichtverletzung sowie den Umfang der Haftung vor den Zivilgerichten selbst bestimmen, ohne an den strafrechtlichen Untersuchungsumfang sowie den strafprozessualen Verfahrensablauf gebunden zu sein, während in Deutschland eine zivilrechtliche Klageerhebung erforderlich ist.[771]

Auch nach englischem Recht kommt eine unmittelbare Schadensersatzhaftung gegenüber einzelnen Anlegern lediglich im Falle einer arglistigen Täuschung (*tort of deceit*) in Betracht. Primär sieht das englische Gesetzesrecht allerdings eine behördliche Durchsetzung von Haftungsansprüchen wegen fehlerhafter Kapitalmarktinformation vor, indem es die FSA sowie den *Secretary of State* ermächtigt, schon bei fahrlässigen Verletzungen der Sekundärmarktpublizität einen Restitutionsantrag beim *High Court* zu stellen und etwaige Schadensersatz- bzw. Restitutionszahlungen später an die Geschädigten weiterzuleiten. Hierdurch profitieren die Anleger ähnlich der französischen *action civile* von behördlichen Sonderbefugnissen. Denn während der FSA umfangreiche Informations- und Untersuchungsrechte zustehen und sich das Wirtschaftsministerium im Wege einer Sonderprüfung ebenfalls Informationen über gesellschaftsinterne Vorgänge verschaffen kann, stehen Anlegern in der Regel nur wenige Daten zur Verfügung, die den Nachweis der Unwahrheit einer veröffentlichten Information bzw. der fehlenden Unverzüglichkeit der Veröffentlichung zulassen. Zudem ist die Problematik der Schadensberechnung, die in Deutschland zu

---

[771] Von der Möglichkeit eines Adhäsionsverfahrens gemäß §§ 403 ff. StPO wird in Deutschland bisher praktisch kaum Gebrauch gemacht.

einer umfangreichen Diskussion geführt hat,[772] entschärft, da die FSA bzw. der *Secretary of State* den Schadensersatzantrag auf bestimmte Schadensbeträge begrenzen und so Rechtsunsicherheiten umgehen kann.

Allerdings haben Aktionäre englischer Gesellschaften weder einen durchsetzbaren Anspruch auf Durchführung des Restitutionsverfahrens noch können sie während des Prozesses Einfluss auf den Verfahrensverlauf nehmen oder die Zuteilung bestimmter Ersatzbeträge verlangen. Kompensations- oder Schadensersatzzahlungen kommen nur dann in Betracht, wenn und soweit dies aus Sicht der Börsenaufsichtsbehörde bzw. des *Secretary of State* als erforderlich und angemessen erachtet und entsprechend beantragt wird. Dies verdeutlicht zum einen, dass die Aufgabe des Anlegerschutzes in England nicht darin gesehen wird, eine möglichst umfassende Absicherung der einzelnen Investoren zu schaffen. Solange öffentliche Institutionen die Beeinträchtigung der Anlegerinteressen nicht als hinreichend gravierend ansehen, haben Anleger die Verantwortung für ihre Investitionsentscheidung allein zu tragen. Zum anderen berücksichtigt das englische Recht stärker die wirtschaftlichen Auswirkungen von Individualschadensersatzprozessen.

Mithin gewähren weder das französische noch das englische Recht einzelnen Aktionären Schadensersatzansprüche gegen Organmitglieder wegen (grob) fahrlässiger mangelhafter Sekundärmarktpublizität. Die Feststellung, das deutsche Recht sei im Vergleich zu anderen entwickelten Rechtsordnungen rückständig, ist daher auch hinsichtlich der unmittelbaren Außenhaftung von Organmitgliedern nicht zutreffend.

3. Sonstiges

Zusätzlich zu den gesellschafts- und kapitalmarktrechtlichen Sanktionen wegen fehlerhafter Aktionärsinformation stellt die gerichtliche Anordnung eines Bestellungshindernisses (*disqualification order*) im englischen Recht eine insbesondere in kleinen und mittleren Gesellschaften bedeutsame Nebenstrafe dar. Auch in Frankreich kann im Falle von Verstößen gegen den Straftatbestand der Marktmanipulation ein Verbot der weiteren unternehmerischen Betätigung in dem jeweiligen Geschäftsbereich verhängt werden. Dieses Verbot richtet sich jedoch ausschließlich gegen die jeweilige Gesellschaft, nicht aber gegen die einzelnen pflichtwidrig handelnden Organmitglieder. Gesellschaften oder Organmitgliedern deutscher Aktiengesellschaften drohen bei mangelhafter Aktionärsinformation demgegenüber keine entsprechenden Nebenfolgen. Ob hieraus allerdings ein Sanktionsdefizit des deutschen Rechts hergeleitet werden kann, ist im Hinblick auf die zweifelhafte Wirkung solcher Maßnahmen fraglich.[773]

---

[772] Mülbert, JZ 2002, 826, 835; Fleischer, BB 2002, 1869; Veil, ZHR 167 (2003), 357, 386 ff.; Baums, ZHR 167 (2003), 139, 185 ff.; Möllers/Leisch, BKR 2002, 1071, 1072 ff.

[773] Vgl. oben D. II. 1. d) (ii)(c); Hicks (2001) J.B.L. 433, 434 ff.

III. Reformvorschläge

Die vorangegangene Untersuchung hat verdeutlicht, dass das deutsche aktien- und kapitalmarktrechtliche Informations- und Sanktionssystem im internationalen Vergleich Änderungsbedarf aufweist. Dies gilt insbesondere für börsennotierte Gesellschaften, da diese das benötigte Kapital statt der tradierten Fremd- und Innenfinanzierung über Hausbanken verstärkt über die Kapitalmärkte beschaffen, so dass der Einfluss der globalen Geld- und Wertpapiermärkte auf die einzelnen Gesellschaften steigt. Da gerade ausländische Anleger international übliche Publizitätsstandards erwarten und Kapitalmärkte Corporate-Governance-Systeme, die Defizite im Schutz der Investoren aufweisen, entsprechend mit Risikoabschlägen bewerten,[774] ist eine Angleichung der Transparenzvorschriften zur Verbesserung der Refinanzierungsmöglichkeiten der Unternehmen von essentieller Bedeutung.

Aber auch bezüglich nicht börsennotierter Aktiengesellschaften ist angesichts der im internationalen Vergleich bestehenden Defizite an hauptversammlungsunabhängigen Informationspflichten eine Reform der Aktionärsinformation zu empfehlen. Um den Aktionären die Möglichkeit zu geben, sich ein Gesamtbild von der Lage der Gesellschaft verschaffen, und um eine sachgerechte Aktienanalyse und Unternehmensbewertung zu gewährleisten, sollte eine zeitnahe, möglichst umfassende und verständliche Informationsübermittlung bei gleichzeitiger Berücksichtigung des Gesellschaftsinteresses an einer Vermeidung von missbräuchlichen Klagen, einem zu hohen Kostenaufwand sowie einer Preisgabe von Firmengeheimnissen angestrebt werden. Dabei ist zu berücksichtigen, dass Informationsrechte einen stärkeren Schutz als Klagerechte gewährleisten und dass das Schutzbedürfnis gegen Mehrheitsentscheidungen sinkt, je genauer und aktueller ein Aktionär über seine Gesellschaft informiert wird.[775]

1. Bestimmung der schutzbedürftigen Aktionärsinteressen

Die aktuelle Diskussion um die Reichweite aktienrechtlicher Informationsbefugnisse und Sanktionen sowie die gesetzgeberischen Reformbestrebungen zeichnen sich überwiegend durch den Versuch aus, die negativen Auswirkungen insbesondere der Anfechtungsklage möglichst zu beheben, gleichzeitig aber die verbandsrechtlich fundierten, allein auf die Hauptversammlung bezogenen Mitgliedschaftsrechte der Aktionäre weitestgehend zu erhalten und nur in die richtigen Bahnen zu lenken. Angesichts der Ergebnisse der vorangegangenen Untersuchung bestehen jedoch Zweifel, ob diese Ansätze den berechtigten

---

[774] Vgl. Baums, Gutachten F zum 63. DJT, F 15 Fn. 26 m.w.N.

[775] Siehe Forum Europaeum Konzernrecht, ZGR 1998, 672, 718; Schockenhoff, NZG 2001, 921, 924.

Interessen der Gesellschaft auf der einen und der Aktionäre auf der anderen Seite hinreichend Rechnung tragen.

Der Vergleich mit dem französischen und englischen Gesellschaftsrecht hat gezeigt, dass die dortigen Rechtsordnungen den subjektiven Interessen von Klein- und Minderheitsaktionären weit weniger Bedeutung beimessen als das deutsche Recht. Die stärkere Gewichtung der Gesellschaftsinteressen führt aber keineswegs zu einem Informationsdefizit der Aktionäre. Im Gegenteil, sowohl das französische als auch das englische Gesellschaftsrecht gewähren Aktionären überwiegend deutlich weiterreichende Informationsbefugnisse als das deutsche Aktienrecht. Die untergeordnete Bedeutung der Belange der individuellen Anteilseigner bewirkt lediglich, dass Informationsbegehren und Klagen einzelner Aktionäre, die durch egoistische Beweggründe motiviert sind und sich zu Lasten der Gesellschaft sowie der übrigen Aktionäre auswirken können, in Frankreich und England ohne weiteres abgewiesen werden können.

Dies wäre auch in Deutschland wünschenswert, doch könnten aufgrund der Eigentumsgarantie des Art. 14 GG Bedenken bestehen, die Ausübung der mitgliedschaftlichen Informations- und Klagerechte der Aktionäre im deutschen Recht im Interesse der Gesellschaft ebenfalls allgemeinen Grenzen zu unterwerfen. Während das Konzept der hybriden Aktionärsstellung im Hinblick auf die wirtschaftlichen Belange der Gesellschaft eine Beschränkung der Eigentumsstellung einzelner (Minderheits-)aktionäre bis hin zu einem bloßen Wertausgleich grundsätzlich anerkennt, verneint die im Gesellschaftsrecht herrschende verbandsrechtliche Theorie unter Hinweis auf Art. 14 GG im Grundsatz jede Begrenzung der mitgliedschaftlichen Verwaltungsrechte. Ob dieses weitreichende Verständnis der Aktionärsrechte durch die Eigentumsgarantie zwingend geboten ist, erscheint jedoch zweifelhaft. Selbst Vertreter des verbandsrechtlichen Ansatzes konzedieren vereinzelt, dass beispielsweise die mitgliedschaftliche Legitimation der Anfechtungsbefugnis nicht mehr in vollem Umfange der Wirtschaftsrealität entspricht.[776] Teilweise fordern sie sogar, bloße Anlegeraktionäre nur durch das Kapitalmarktrecht zu schützen, und aktienrechtliche Minderheitenbefugnisse lediglich solchen Aktionären zuzubilligen, die ein „unternehmerisches Interesse" an der Gesellschaft aufweisen.[777]

Nach der Rechtsprechung des Bundesverfassungsgerichts unterliegt das Eigentum, das das wichtigste Rechtsinstitut zur Abgrenzung privater Vermögensbereiche darstellt, im Gegensatz zu anderen Grundrechten in erhöhtem Maße der

---

[776] K. Schmidt in: Großkommentar AktG, § 245 Rn. 11; ähnlich Schiessl, AG 1999, 442, 443, der unter Hinweis auf das Erfordernis einer qualifizierten Mehrheit von 75 % im Rahmen von Strukturentscheidungen bezweifelt, ob jedem Kleinaktionär über die Anfechtungsklage ein zusätzliches Vetorecht zugebilligt werden soll. Im Hinblick auf Kleinstaktionäre ebenfalls zweifelnd Hüffer in: Münchener Kommentar AktG, § 245 Rn. 10 f.

[777] Seibt, WM 2004, 2137, 2139; in diese Richtung auch Semler, in: Gesellschaftsrecht 1995, S. 179, 230 f. im Hinblick auf Schadensersatzansprüche von Aktionären.

Ausgestaltung durch die Rechtsordnung.[778] Insbesondere die in Art. 14 Abs. 2 GG zum Ausdruck kommende Gemeinwohlverpflichtung ist Orientierungspunkt und Grenze aller Beschränkungen des Eigentums.[779] Das Wohl der Allgemeinheit ist umso stärker zu berücksichtigen, „je mehr das Eigentumsobjekt in einem sozialen Bezug oder einer sozialen Funktion steht",[780] so dass Eigentumsnutzungen und –verfügungen, die die Belange anderer Rechtssubjekte oder der Allgemeinheit tangieren, umso mehr gemäß Art. 14 Abs. 1 S. 2 GG beschränkt werden können, je elementarer Dritt- oder Allgemeininteressen betroffen sind.[781]

Auch das Anteilseigentum ist als gesellschaftsrechtlich vermitteltes Eigentum durch Art. 14 GG gewährleistet. Da es anders als das Sacheigentum von den Berechtigten aber nicht unmittelbar genutzt werden kann und die Verfügungsbefugnisse den Inhabern grundsätzlich nur mittelbar über die Gesellschaftsorgane zustehen, ist bei der Ausgestaltung seines Inhalts und seiner Schranken abhängig von der jeweiligen Gesellschaftsform und wegen des das Gesellschaftsrecht beherrschenden Mehrheitsprinzips eine besondere und differenzierte Betrachtung geboten.[782]

Die Bestimmung der Reichweite der Befugnisse eines Anteilseigners hängt maßgeblich davon ab, ob es sich eher um einen Anteilseigentümer, für den lediglich das Vermögensrecht von Bedeutung ist, oder um einen Unternehmer-Eigentümer, „der mit seinem Eigentum unmittelbar wirkt und die volle Verantwortung trägt",[783] handelt. Die durch das Mitgliedschaftsrecht vermittelte Verfügungsbefugnis eines Anteilseigners einer großen Aktiengesellschaft ist im Gegensatz zur Alleinentscheidungsbefugnis des Gesellschafter-Geschäftsführers einer Ein-Mann-GmbH praktisch unerheblich.[784] Aus diesen Besonderheiten folgt nach Auffassung des Bundesverfassungsgerichts zum einen, dass die Aktie insbesondere in großen börsennotierten Kapitalgesellschaften primär ein bloßes Vermögensrecht darstellt und das personale Element der Mitgliedschaft einen weithin formalen Charakter hat.[785] Zum anderen ist der soziale Bezug einer solchen Gesellschaft gegenüber Dritten, beispielsweise Arbeitnehmern, stärker ausgeprägt, so dass der Gesetzgeber diese Belange gemäß Art. 14 Abs. 1 S. 2

---

[778] BVErfGE 14, 263, 277; 50, 290, 339 f.

[779] BVerfGE 25, 112, 118; 50, 290, 340; 79, 174, 198. Dies gilt unabhängig davon, ob die in Art. 14 Abs. 2 GG verankerte Sozialbindung als Grundlage unmittelbarer Verfügungsbeschränkungen gegenüber dem jeweiligen Eigentümer oder lediglich als Richtlinie an den Gesetzgeber angesehen wird; Papier in: Maunz-Dürig, Grundgesetz, Art. 14 Rn. 305 ff.

[780] BVerfGE 50, 290, 340 f.; Papier in: Maunz-Dürig, Grundgesetz, Art. 14 Rn. 311 m.w.N.

[781] BVerfGE 79, 292, 302; Papier in: Maunz-Dürig, Grundgesetz, Art. 14 Rn. 312.

[782] BVerfGE 50, 290, 342; Papier in: Maunz-Dürig, Grundgesetz, Art. 14 Rn. 195; Waschull, Unternehmen, 1999, S. 229 f., 394 ff.; Leibholz/Rinck/Hesselberger, GG, Art. 14 Rn. 153.

[783] Vgl. BVerfGE 50, 290, 342; Papier in: Maunz-Dürig, Grundgesetz, Art. 14 Rn. 195 m.w.N.

[784] BVerfGE 50, 290, 342; 99, 367, 389 (Montan-Mitbestimmung); Leibholz/Rinck/Hesselberger, GG, Art. 14 Rn. 153.

[785] BVerfGE 50, 290, 355 f., 358; BVerfG, WM 2000, 1948, 1949 f. (Moto Meter).

(i.V.m. Abs. 2) GG stärker gewichten und die Rechte von Aktionären eher beschränken darf.[786] Darüber hinaus bedingt die Notwendigkeit, im Innenverhältnis zwischen den einzelnen Aktionären einen gerechten Ausgleich herzustellen, anders als bei sonstigen Eigentumspositionen zwingend eine Begrenzung der mit dem individuellen Anteilseigentum verbundenen aktienrechtlichen Befugnisse.[787] Daher gebietet die Eigentumsgarantie keineswegs eine extensive Auslegung der Aktionärsrechte, sondern lässt im Gegenteil weitreichende Beschränkungen der aus dem Aktienanteilseigentum folgenden Befugnisse zu.

Die Frage, wie weit eine Beschränkung der Aktionärsrechte zum Ausgleich der möglicherweise widerstreitenden Interessen der einzelnen Anteilseigner sowie der Belange der Gesellschaft zulässig ist, hat das Bundesverfassungsgericht dahingehend beantwortet, dass im Rahmen der Umstrukturierung von Gesellschaften ein Zwangsausschluss von Minderheitsaktionären und damit die vorrangige Berücksichtigung der Interessen eines Großaktionärs zulässig ist, sofern den betroffenen Anteilseignern ein hinreichender Vermögensausgleich für den Verlust ihrer Beteiligung gewährt wird.[788] Entsprechendes gilt nach ganz h.M.[789] für den squeeze-out, so dass Minderheitsaktionäre zur Durchsetzung bestimmter unternehmerischer Entscheidungen auch ohne besondere Rechtfertigung aus der Gesellschaft gedrängt werden können, wenn ein Eigentumswertausgleich sichergestellt ist.

Bei der Bestimmung der Grenzen der verfassungsrechtlich legitimierten Aktionärsbefugnisse lassen sich auch Kriterien heranziehen, die die Rechtsprechung des Bundesverfassungsgerichts in anderen Konfliktfällen zwischen Eigentümer- und sonstigen Interessen, unter anderem im Rahmen der Entscheidung zum Mitbestimmungsgesetz,[790] aufgestellt hat. Danach darf das Anteilseigentum am Unternehmen in dem Spannungsverhältnis zur Arbeitnehmermitbestimmung gerade aufgrund der gesellschaftsrechtlichen Besonderheiten durch Schutzvorschriften zugunsten der Arbeitnehmer beschränkt werden, solange die Verfahrens-, Organisations- und Mitbestimmungsvorschriften nicht derart tief in die unternehmerische Willensbildung eingreifen, dass dies zur Funktionsunfähigkeit des betroffenen Unternehmens führen kann. Letzteres ist nach Ansicht des Bundesverfassungsgerichts insbesondere dann der Fall, wenn die Willensbildung in dem Unternehmen durch die Schutzbestimmungen so

---

[786] BVerfGE 99, 367, 392; vgl. Papier in: Maunz-Dürig, Grundgesetz, Art. 14 Rn. 195 m.w.N.
[787] Papier in: Maunz-Dürig, Grundgesetz, Art. 14 Rn. 195; BVerfGE 14, 263, 278; BVerfG, WM 2000, 1948, 1949.
[788] BVerfG, WM 2000, 1948, 1949 (Moto Meter); BVerfGE 100, 289, 302 ff. (DAT/Altana); Leibholz/Rinck/Hesselberger, GG, Art. 14 Rn. 153; KG, DB 2005, 41 f.
[789] OLG Köln, ZIP 2004, 760, 762; OLG Stuttgart, NZG 2004, 146, 149; OLG Düsseldorf, ZIP 2004, 359 f.; Dißars, BKR 2004, 389, 393; Mülbert in: Festschrift Ulmer, 2003, S. 433, 438; Hüffer, AktG, § 327a Rn. 4; Vetter, AG 2002, 176 f.
[790] BVerfGE 50, 290, 352.

kompliziert gestaltet würde, dass Entscheidungen nicht oder nicht mehr mit vertretbarem Sach- und Zeitaufwand getroffen werden können.[791]

Ebenso wenig wie Interessen Dritter – wie sie beispielsweise in den Mitbestimmungsvorschriften zum Ausdruck kommen – das Eigentum am Unternehmen in wirtschaftlich nicht mehr tragbarer Weise beeinträchtigen dürfen, darf aber auch die Rechtsstellung einzelner (Minderheits-)Aktionäre nicht dazu führen, dass die Gesellschaft als solche handlungsunfähig wird. Diese Argumentationslinie liegt auch den Entscheidungen *Wenger/Daimler Benz*[792] und *Scheidemantel*[793] zugrunde, in denen das Bundesverfassungsgericht die Zulässigkeit von Redezeitbeschränkungen und den Wortentzug gegenüber Aktionären auf der Hauptversammlung sowie die Ablehnung einer Pflicht zur Offenlegung von stillen Reserven damit gerechtfertigt hat, dass die Informationsinteressen einzelner (Minderheits-)Aktionäre gegenüber den berechtigten Belangen der Gesellschaft und der übrigen Aktionäre zurücktreten müssen. In Übereinstimmung mit diesen Erwägungen hat auch der Bundesgerichtshof in der *Gelatine*-Entscheidung eine Ausweitung der unbeschriebenen Mitwirkungsbefugnisse der Anteilseigner im Rahmen der Hauptversammlung abgelehnt, da die damit verbundene enge Kopplung an die Entschließungen der Aktionärsmehrheit zu zeit- und kostenaufwendig sei und in Widerspruch zur heutigen global vernetzten Wirtschaftsordnung stehe, in der es für die einzelnen Unternehmen unverzichtbar sei, Chancen umgehend nutzen und aufkommenden Gefahren schnell begegnen zu können.[794]

Vor diesem Hintergrund rechtfertigt die Eigentumsgarantie des Grundgesetzes keineswegs die von der verbandsrechtlichen Theorie vertretene extensive Auslegung der individuellen Aktionärsrechte, sondern gebietet zum Schutz der ebenfalls grundrechtlich gewährleisteten Eigentumsrechte der übrigen Aktionäre jedenfalls dann eine besonders kritische Überprüfung der individuellen Aktionärsbefugnisse, wenn deren Ausübung die Funktionsfähigkeit des Unternehmens beeinträchtigen kann.[795] Die Rechtsprechung zum Zwangsausschluss von Minderheitsaktionären sowie die jüngsten Gesetzesreformen, die die Vereinbarkeit von Beschränkungen des Aktieneigentums zu Gunsten der Belange der Gesellschaft und der Interessen der Großaktionäre bestätigt haben, können daher nicht lediglich als besonders gerechtfertigte Ausnahmetatbestände angesehen werden, sondern zwingen dazu, die Frage der Schutzbedürftigkeit von Aktionärsinteressen generell zu überdenken. Wenn im Hinblick auf die Interessen eines Großaktionärs schon der Ausschluss von Minderheitsaktionären rechtlich unbe-

---

[791] BVerfGE 50, 290, 352; 14, 263, 277; Papier in: Maunz-Dürig, Grundgesetz, Art. 14 Rn. 186.
[792] BVerfG, ZIP 1999, 1798, 1800.
[793] BVerfG, ZIP 1999, 1801, 1803; dazu Weißhaupt, ZIP 2005, 1766, 1769.
[794] BGH, ZIP 2004, 993, 998; Fleischer, NJW 2004, 2335, 2338.
[795] So auch Saenger, AG 2002, 536, 541.

denklich ist, muss eine Verkürzung der aktienrechtlichen Mitgliedschaftsrechte erst recht zulässig sein.

Dieser (Neu-)Bestimmung der berechtigten Aktionärsinteressen stehen auch europarechtliche Informationsvorgaben nicht entgegen. Das europäische Recht gebietet keine bestimmte Auslegung der gesellschaftsrechtlichen Publizitätsvorschriften, so dass es den einzelnen Mitgliedstaaten überlassen bleibt, in welcher Weise sie die widerstreitenden Belange der Gesellschaft und der Aktionäre gewichten. Ebenso wenig ist europarechtlich vorgegeben, dass Informationspflichtverletzungen mit einer Anfechtungsklage, der überdies noch eine den angefochtenen Hauptversammlungsbeschluss aufschiebende Wirkung zukommen muss, zu sanktionieren sind.

Da es mithin weder rechtlich geboten noch unternehmerisch sinnvoll ist, die den individuellen Aktionären zugebilligten Informations- und Klagerechte als eigennützige Individualrechte anzusehen, kann der Ansatz des englischen und des französischen Rechts, wonach das Wohl der Gesellschaft im Vordergrund steht und das Interesse des Einzelnen in Konfliktfällen zurückzutreten hat, auch auf das deutsche Aktienrecht übertragen werden.

2. Reformen der Informationsrechte und -pflichten

a) Informationsvorgaben in nicht börsennotierten Aktiengesellschaften

(i) Stärkung hauptversammlungsunabhängiger Informationsbefugnisse

Entsprechend der Rechtslage in Frankreich und England sollten Aktionären deutscher nicht kapitalmarktaktiver Gesellschaften ebenfalls anlassunabhängige unterjährige Informationsmöglichkeiten offen stehen, damit sie im Zeitraum zwischen den jährlichen Hauptversammlungen den Wert ihrer Beteiligung einschätzen und eine Entscheidung über einen Zukauf von Anteilen oder einen Ausstieg aus der Gesellschaft auf informierter Grundlage treffen können.

Hierbei bietet sich zum einen eine Ausweitung der Registerpflichten an. Auch in nicht kapitalmarktaktiven Gesellschaften sollte in Erwägung gezogen werden, die Wertpapierbeteiligungen und -geschäfte der Organmitglieder beispielsweise durch Einführung eines gesellschaftsinternen Registers jedenfalls gegenüber den Aktionären offen zu legen. Ebenso wäre eine Bekanntgabe von personenbezogenen Daten der Mitglieder der Unternehmensleitung, insbesondere ihrer aktuellen berufliche Tätigkeit, sowie eine dauerhafte Einsichtnahmemöglichkeit in Unterlagen über den Jahresabschluss der vorangegangenen Geschäftsjahre, über die Bezüge der Leitungsorgane und über vertragliche Verflechtungen zwischen der Unternehmensleitung und der Gesellschaft in allen Aktiengesellschaften wünschenswert. Die in Kraft getretene Pflicht zur Offenlegung der

Bezüge der einzelnen Organmitglieder, die auch von der Europäischen Kommission empfohlen wird, ist insoweit zu begrüßen.

Zum anderen liegt es nahe, ein nicht hauptversammlungsbezogenes Auskunftsrecht zu schaffen, damit Aktionäre in bestimmten Fällen auch während des Geschäftsjahres Gelegenheit haben, Fragen an die Unternehmensleitung zu stellen. Um aber zu vermeiden, dass die Gesellschaft etwa in Krisensituationen mit einer übermäßigen Zahl von Anfragen überhäuft werden kann, sollte das unterjährige Fragerecht in Anlehnung an das einer Sonderprüfung vorgeschaltete französische Enquêterecht des Art. L225-231 al. 1 C. com. an das Erreichen eines bestimmten Quorums von beispielsweise 5 % des Grundkapitals geknüpft und auf eine bestimmte Höchstzahl von Fragen pro Geschäftsjahr begrenzt werden. Inhaltlich könnte sich das Auskunftsrecht auf bestimmte Geschäftsführungsmaßnahmen beziehen. Es sollte aber nur dann eröffnet sein, wenn der Fragesteller in der Lage ist, Verdachtsmomente für das Vorliegen von Unregelmäßigkeiten in der Gesellschaft darzulegen und gegebenenfalls nachzuweisen, um einem Ausufern von Fragen sowie einem Rechtsmissbrauch entgegenzutreten. Anders als im Rahmen des Art. L225-231 al. 1 C. com. sollten diese Anhaltspunkte schon bei der Stellung der Fragen und nicht erst bei einem Antrag auf Durchführung etwaiger Sanktionsmaßnahmen vorgetragen werden müssen.

(ii) Reform der Auskunftsmodalitäten

Am deutschen Auskunftsrecht sollte grundsätzlich festgehalten werden, da sich das aktien- und kapitalmarktrechtliche Kontrolldefizit, das durch die wechselseitige Verbundenheit von Aktionärsmehrheit und Verwaltung entstehen kann, durch ein Informationsrecht, das die Aktionäre selbst steuern können, also durch die Indienstnahme aufmerksamer Aktionäre, abmildern lässt. Durch das Auskunftsrecht können Aktionäre prekäre Punkte gezielt ansprechen und damit die Themenrichtung vorgeben, auf die der Vorstand reagieren muss. Zudem besteht bei einer rein organschaftlichen Informationsübermittlung eine höhere Gefahr unzureichender oder fehlerhafter Informationen als im Falle einer Kombination von Informationsrechten und -pflichten. Diese kann zwar durch eine möglichst präzise Fassung der Berichtspflichten verringert, aber nicht ganz behoben werden, da der Vorstand den Inhalt seiner Berichte jedenfalls teilweise so steuern kann, dass unangenehme oder brisante Themenkomplexe ausgelassen oder nur oberflächlich dargestellt werden.

Allerdings sollte die Ausübung des Auskunftsrechts primär im Vorfeld der Hauptversammlung erfolgen. Das dem Aktionärstreffen vorgelagerte französische Fragerecht des Art. L225-108 al. 3 C. com. ermöglicht der Gesellschaftsleitung mehr Vorbereitung, bessere Antwortmöglichkeiten und gewährleistet, dass missbräuchliche Aktionärsfragen zugunsten eines reibungslosen Ablaufs der Hauptversammlung schon im Vorfeld selektiert werden können. Für die

Aktionäre würde eine grundsätzlich bestehende Pflicht zur Vorabeinreichung von Fragen weder zu einem unverhältnismäßigen Aufwand noch zu einer inhaltlichen Einschränkung des Auskunftsrechts führen, da sie die Fragen vielfach ohnehin schon vor der Hauptversammlung ausarbeiten. Um allerdings auf nicht vorhersehbare Entwicklungen reagieren zu können, sollten Auskunftsbegehren, die sich aus Umständen ergeben, die erst in der Hauptversammlung selbst oder kurz zuvor bekannt werden, weiterhin unangekündigt gestellt werden dürfen.[796] Die Entscheidung über das Vorliegen dieser Voraussetzungen sollte dem Leiter der Hauptversammlung obliegen und gerichtlich überprüfbar sein.

Daher empfiehlt sich ähnlich dem Vorschlag der *Regierungskommission Corporate Governance*[797] die Einführung einer Regelung, wonach nach Maßgabe der jeweiligen Satzung oder der Geschäftsordnung der Gesellschaft Aktionärsfragen bis zu fünf Tage vor der Hauptversammlung bei der Gesellschaft einzureichen sind, außer wenn der Fragesteller darlegt und nachweist, dass ihm ein fristgerechtes Auskunftsbegehren objektiv nicht möglich bzw. nicht zumutbar war. Eine Auskunftspflicht in der Hauptversammlung sollte in Übereinstimmung mit der geplanten Gesetzesänderung nicht mehr bestehen, wenn der Vorstand die Information bereits im Vorfeld, beispielsweise im Internet allgemein zugänglich gemacht hat. Darüber hinaus sollte entsprechend einer Anregung der Literatur[798] erwogen werden, der Gesellschaft freizustellen, auf welche Weise sie den Aktionären die erst in der Hauptversammlung bekannt zu gebenden Informationen zugänglich macht.

(iii) Reform der Sonderprüfung

Im Rahmen der Sonderprüfung ist die Herabsetzung der erforderlichen Antragsquoren grundsätzlich zu begrüßen. Allerdings sollte dieses Kontrollinstrument vom Erlass eines ablehnenden Hauptversammlungsbeschlusses abgekoppelt und so flexibler ausgegestaltet werden. Statt der Bindung an die Hauptversammlung bietet sich ähnlich dem französischen Gesellschaftsrecht die Einführung eines sog. *demand*-Erfordernisses an, um eine zu weitgehende Ausdehnung von Sonderprüfungen zu vermeiden. Die gerichtliche Bestellung der Prüfer sollte daher nur zulässig sein, wenn der antragstellende Aktionär die Gesellschaftsleitung zuvor erfolglos zur eigenverantwortlichen Aufklärung und Prüfung des jeweiligen Sachverhaltes aufgefordert hat.[799]

---

[796] So auch Zöllner, AG 2000, 145, 153.

[797] Baums, Regierungskommission Corporate Governance, 2001, Rn. 105; Bungert in: VGR, Bd. 9, 2005, S. 59, 79 f.

[798] Martens, AG 2004, 238, 244, der neben dem bislang herrschenden Mündlichkeitsprinzip auch eine alternative Informationsübermittlung auf der Hauptversammlung, z.B. durch sog. Infoterminals, zulassen will.

[799] So ebenfalls Seibt, WM 2004, 2137, 2140 f. m.w.N.; Ulmer, ZHR 163 (1999), 290, 309 ff. bezüglich § 147 Abs. 3 AktG.

b) Zusätzliche Publizitätspflichten kapitalmarktaktiver Gesellschaften

(i) Präzisierung und Ausweitung der Zwischenberichterstattung

Unabhängig von den Vorgaben der Transparenzrichtlinie sollten die deutschen Zwischenberichtsvorschriften im Hinblick auf die detaillierten französischen und englischen Bestimmungen der Interimsberichterstattung konkretisiert und um die Pflicht zur Offenlegung zusätzlicher unterjähriger Ergebniskategorien erweitert werden. Im Einzelnen wäre erwägenswert, die Publizitätspflicht statt auf die Umsatzerlöse nur auf die Nettoumsatzerlöse der Gesellschaft und anstelle des bislang geltenden Wahlrechts zwischen Vor- oder Nachsteuerergebnis auf das Ergebnis vor Steuern oder auf beide Ergebniskategorien zu erstrecken. Weiterhin empfiehlt sich die Einführung einer Pflicht zur gesonderten Ausweisung der außerordentlichen Erträge und Aufwendungen, des Ergebnisses pro Aktie, des Personalaufwands, der Finanzerträge und –aufwendungen sowie eine Offenlegung aller Sonderfaktoren, die die bisherigen Geschäftsaktivitäten und –ergebnisse nicht nur unerheblich beeinflusst haben. Hat die Gesellschaft einen Konzernabschluss zu erstellen, sollte sie statt des derzeit geltenden Wahlrechts verpflichtet sein, einen Zwischenbericht sowohl für die jeweilige Gesellschaft als auch in konsolidierter Form vorzulegen.

In Anlehnung an das französische Recht kommt zudem eine obligatorische tabellarische Darstellung aller Angaben in den Spalten „Aktuelles Ergebnis/ Aktuelle Daten", „Vorjahreshalbjahr" und „Vorjahresabschluss" in Betracht, um die Unternehmensentwicklung übersichtlich wiederzugeben und Veränderungen deutlich zu machen.

(ii) Reform der Offenlegung der *Directors' Dealings*

Darüber hinaus sollte eine Konkretisierung und Ausweitung der Publizität der Wertpapiertransaktionen der Organmitglieder in Erwägung gezogen werden. Hierbei liegt es nahe, die Bekanntgabepflicht nicht nur auf einzelne Transaktionen, sondern auch auf den von den offenlegungspflichtigen Personen jeweils gehaltenen Gesamtbestand an Wertpapieren und Wertpapierderivaten zu erstrecken.

3. Reformen auf Sanktionsebene

a) Reform der aktienrechtlichen Anfechtungsklage

Eine Reform der Anfechtungsklage sollte deren Doppelfunktion als Mittel des individuellen Rechtsschutzes und der objektiven Rechtskontrolle nicht aufheben,[800] aber sicherstellen, dass Aktiengesellschaften unabhängig vom Verhalten

---

[800] So auch Beschluss des 63. DJT, abgedr. in DB 2000, 2108, der sich jedoch auf alle Aktiengesellschaften bezieht.

einzelner (Minderheits-)Aktionäre vor allem in betriebswirtschaftlich bedeutsamen Situationen flexibel und in vollem Umfange handlungsfähig bleiben. Die Geschäftsführung der Gesellschaft sowie die Entscheidung über Art und Umsetzung unternehmerischer Zielsetzungen muss in den Händen der Geschäftsleitung und unter der Kontrolle der Mehrheitsaktionäre, die die wesentlichen unternehmerischen Risiken tragen, verbleiben, damit die langfristige Ertragskraft der Gesellschaft gesichert ist.[801] Insbesondere die zeitnahe Umsetzung von mehrheitlich beschlossenen Kapitalprogrammen oder Strukturmaßnahmen sollte nicht durch eine extensive Beschlusskontrolle behindert werden können. Damit geht einher, dass „Berufskläger" mit wenigen Aktien, aber viel eigennütziger Streitlust zurückgedrängt und lukrative (Abfindungs-)Vergleiche mit einzelnen Klägern zu Lasten der Gesellschaft vermieden werden.

(i) Bisherige Vorschläge zur Reform der Beschlussanfechtung

(a) Einführung eines Quorums und einer Mindestbesitzzeit

Bereits seit langem wird die Forderung diskutiert, die Beschlussanfechtung durch die Einführung eines Quorums und einer Mindestbesitzzeit zu beschränken.[802] Dieser Vorschlag basiert auf dem Ansatz, dass einem Aktionär nur dann, wenn er primär als unternehmerisch denkender und längerfristig am Verbandszweck orientierter Anteilseigner der Gesellschaft agiert, mitgliedschaftliche Herrschaftsrechte wie das Anfechtungsrecht zustehen sollen. Der Vorteil des Konzepts liegt in der klaren Abgrenzung. Jedenfalls bei einem Unterschreiten des Mindestquorums bzw. der Mindestbesitzzeit ist ein unbedingter Vorrang des Interesses der Großaktionäre gegenüber den Minderheitsaktionären anzunehmen. Als mögliche Quoren wurden beispielsweise die Schwellenwerte von 5 % des Anteils am Grundkapital, ein Mindestanteilsbesitz von nominal 50.000,00 Euro oder in Anlehnung an § 147 Abs. 3 S. 1 AktG ein anteiliger Betrag von 500.000,00 Euro vorgeschlagen.[803]

---

[801] Poisson Schödermeier, Rev. int. dr. comp. 1987, 913, 943: „*la gestion des sociétés doit rester l'affaire des dirigeants sous le contrôle des majoritaires qui supportent les risques principaux*"; ähnlich Mülbert, Aktiengesellschaft, Unternehmensgruppe und Kapitalmarkt, 1996, S. 202 ff., 345 ff.

[802] Boujong in: Festschrift Kellermann, 1990, S. 1, 14; Hüffer in: Festschrift Brandner, 1996, S. 57, 67 f.; ders. in: Münchener Kommentar AktG, § 245 Rn. 12; Schlaus, AG 1988, 113, 117; Hirschberger/Weiler, DB 2004, 1137, 1139; Saenger, AG 2002, 536, 541 f.; Baums, Regierungskomission Corporate Governance, 2001, Rn. 139 für Anfechtungsklagen, die auf Informationspflichtverletzungen gestützt werden.

[803] Boujong in: Festschrift Kellermann, 1990, S. 1, 14; Schiessl in: VGR, Bd. 2, 2000, S. 57, 73; Hüffer in: Festschrift Brandner, 1996, S. 57, 67; weitergehend Mülbert, Aktiengesellschaft, Unternehmensgruppe und Kapitalmarkt, 1996, S. 347 ff. für ein Quorum von 25 % des Grundkapitals.

Dem Vorschlag ist jedoch entgegenzuhalten, dass ein genereller Ausschluss der Anfechtungsklage für alle unterhalb der Quoren liegenden Aktienbeteiligungen zu großen Sanktionslücken führen würde. Dies hätte bei nicht abfindungswertbezogenen Informationsverstößen darüber hinaus unabhängig von der Schwere des Rechtsverstoßes eine generelle Kompensationslosigkeit der Rechtsverletzung zur Folge.[804] Zudem kann auch ein bloßer Kapitalinvestor die gesetzten Schwellenwerte erreichen, ohne zugleich unternehmerische Interessen oder eine langfristige Anlagestrategie zu verfolgen. Der Vorschlag ist daher einerseits zu weitgehend, während er andererseits zu kurz greift.

(b) Schadensersatzpflicht bei unbegründeter Beschlussanfechtung?

Vereinzelt[805] wird in Anlehnung an § 200 Abs. 2 AktG 1937 bzw. § 945 ZPO vorgeschlagen, den Anfechtungskläger im Falle des Unterliegens zum Ersatz des der Gesellschaft infolge der unbegründeten Anfechtung entstandenen Schadens zu verpflichten. Dieser Ansatz würde jedoch bei Anfechtungsklagen gegen Strukturmaßnahmen großer Gesellschaften dazu führen, dass selbst vermögende Aktionäre im Unterliegensfalle vielfach mit einer Privatinsolvenz bedroht wären und dass zahlreiche Anteilseigner aus Angst vor dem Kostenrisiko von einer aussichtsreichen Klage abgeschreckt würden.[806] Wird eine Anfechtungsklage dagegen ungeachtet des drohenden Kostenrisikos erhoben, läuft der Reformvorschlag leer, da er an dem Kernproblem, nämlich der Sicherstellung einer zügigen Umsetzung von wichtigen Hauptversammlungsbeschlüssen, vorbeigeht.

(c) Differenzierung nach der Kapitalmarktaktität der Gesellschaft?

Teilweise[807] wird ferner gefordert, ein Sonderrecht für börsennotierte Aktiengesellschaften einzuführen und die aktienrechtlichen Informationsrechte und –pflichten dort stärker durch die teilweise überlappende Kapitalmarktpublizität zu begrenzen. Da in börsennotierten Gesellschaften typischerweise zahlreiche Kleinaktionäre nur als Kapitalanleger ohne reale Mitwirkungsmöglichkeiten an Entscheidungen der Unternehmensleitung beteiligt seien und sich eine Pflichtverletzung dort über den Kapitalmarkt auch auf außenstehende Personen auswirke, sei der Schutz der Aktionäre vorrangig mit Mitteln des Kapitalmarktrechts sicherzustellen.[808]

---

804 Tröger, NZG 2002, 211, 213; teilweise kritisch Krieger, ZHR 163 (1999), 343, 361.
805 Bayer in: VGR, Bd. 2, 2000, S. 35, 44 f. m.w.N.
806 Schiessl in: VGR, Bd. 2, 2000, S. 57, 78; Hüffer in: Festschrift Brandner, 1996, 57, 65.
807 Seibt in: VGR, Bd. 3, 2001, S. 37, 42 ff., 72; ders., WM 2004, 2137, 2139; ähnlich Hirte, ZHR 167 (2003), 8, 14 ff., der eine differenzierte Ausgestaltung des Auskunfts- und des Anfechtungsrechts in Abhängigkeit von der Kapitalmarktaktivität der Gesellschaft befürwortet.
808 Seibt in: VGR, Bd. 3, 2001, S. 37, 44.

Diesem Ansatz ist jedoch zu entgegnen, dass die aus Anfechtungsklagen resultierenden Problemkonstellationen unabhängig von einer Börsennotierung der Gesellschaft bestehen und dass etwaige Änderungen nur für einen Bruchteil aller deutschen Aktiengesellschaften greifen würden, während die überwiegende Zahl der Aktiengesellschaften weiterhin Blockadesituationen infolge von Anfechtungsklagen ausgesetzt wäre. Auch dieser Vorschlag ist daher abzulehnen.

(ii) Eigene Reformvorschläge

(a) Einführung einer besonderen Klagebefugnis

Ähnlich dem französischen und englischen Gesellschaftsrecht ist auch in Deutschland in Erwägung zu ziehen, die Anfechtungsklage durch die Einführung einer besonderen Klagebefugnis schon auf der Ebene der Zulässigkeit zu begrenzen.[809] Der französische und englische Ansatz, schon vor Beginn der eigentlichen materiell-rechtlichen Prüfung maßgeblich auf die Intensität der behaupteten Rechtsverletzung und die Auswirkungen einer Aufhebung des angegriffenen Hauptversammlungsbeschlusses auf unternehmerische Tätigkeit der Gesellschaft abzustellen, billigt den Gerichten einen großen Beurteilungsspielraum zu und ist sehr flexibel. Die damit im Vergleich zum deutschen Recht verbundene Beschränkung der Aktionärsklagebefugnisse wird durch die weiterreichenden unterjährigen Informationsmöglichkeiten der Aktionäre mehr als kompensiert. Zudem ermöglicht das Konzept insbesondere unter Berücksichtigung der Belange der Gesellschaft sachgerechte Einzelfallentscheidungen und stellt einen Filter gegen systemwidrige Klagen dar.

Im Rahmen der besonderen Klagebefugnis müsste der Anfechtungskläger vortragen, dass der behauptete Informationsverstoß erhebliche Auswirkungen auf seine Eigentumsposition hat. Hierbei könnte eine Beeinträchtigung der Mitentscheidungsbefugnisse, die vor allem bei Aktionären mit größeren Aktienbeteiligungen relevant sein dürfte, geltend gemacht werden. Ebenso ließe sich eine drohende erhebliche Verminderung des in der Aktie verkörperten Vermögenswerts anführen, die nicht anderweitig, etwa durch Inanspruchnahme eines Spruchverfahrens, ausgeglichen werden kann. Darüber hinaus müsste der Aktionär substantiiert vortragen, dass seine Klageerhebung jedenfalls auch dem Wohle der Gesellschaft als Gesamtheit dient. Er wäre danach gehalten, die wirtschaftlichen Vor- und Nachteile einer gerichtlichen Aufhebung des angegriffenen Hauptversammlungsbeschlusses und die Auswirkungen innerhalb der Gesellschaft zu präzisieren.

---

[809] In diese Richtung auch Hoffmann-Becking, ZHR 167 (2003), 357, 363 f., der im Rahmen von Abwehrklagen der Aktionäre die Einführung einer Klagebefugnis befürwortet, die nur bei Vorliegen eines spezifischen verbandsinternen Mitgliedschaftsrechts bejaht werden soll.

Hinsichtlich der einzelnen in der Klagebefugnis darzulegenden Punkte sollte dem Kläger die Darlegungs- und Beweislast obliegen, wobei in Anlehnung an allgemeine zivilprozessuale Grundsätze[810] ein schlüssiger Vortrag zur Zulässigkeit der Klage ausreichen dürfte. Danach wären alle Klagen, bei denen der Aktionärskläger nicht darlegen kann, dass sie jedenfalls auch vernünftigen wirtschaftlichen Zielsetzungen der Gesellschaft(–sleitung) dienen oder die ein Aktionär offensichtlich allein aus egoistischen oder sonstigen gesellschaftsfremden Motiven anstrengt, als unzulässig abzuweisen.

Dass die Einführung eines solchen Zulässigkeitserfordernisses in diametralem Gegensatz zu dem verbandsrechtlichen Ansatz steht, der sämtliche Informationsbefugnisse sowie das Anfechtungsrecht als reine Individualrechte, die jeder Aktionär aus rein egoistischen Beweggründen ohne Rücksicht auf die Belange der Gesellschaft oder der übrigen Anteilseigner ausüben darf, ansieht, ist hinzunehmen. Denn das von der herrschenden Ansicht vertretene extensive Verständnis der aus dem Aktienanteilseigentum folgenden Befugnisse ist, wie oben dargelegt, weder durch die Eigentumsgarantie des Art. 14 GG geboten noch entspricht es der Gemeinwohlverpflichtung des Eigentums.

In der Praxis dürften sich durch die Einführung der besonderen Klagebefugnis trotz der zusätzlichen Darlegungslast des Klägers allerdings nur evidente Fälle einer den Interessen der Gesellschaft entgegenstehenden Klageerhebung herausfiltern lassen. Denn vielfach kann die wirtschaftliche Sinnhaftigkeit – beispielsweise von Umwandlungsmaßnahmen – nicht ohne weiteres beurteilt werden, so dass die klägerische Behauptung, eine Aufhebung des angegriffenen Beschlusses diene dem Wohl der Gesellschaft, nicht als unschlüssig angesehen werden kann. Daher bedarf es einer weiteren Beschränkung der Anfechtungsklage.

(b) Abschaffung der Suspensivwirkung der Anfechtungsklage

Zusätzlich zur Einführung einer besonderen Klagebefugnis ist in Erwägung zu ziehen, die aufschiebende Wirkung der Anfechtungsklage abzuschaffen, um die Durchführung beschlossener unternehmerischer Maßnahmen nicht zu behindern. Dies gilt insbesondere, wenn der angegriffene Beschluss zu seiner Umsetzung der Eintragung in das Handelsregister bedarf, da bereits die faktische oder formelle Registersperre sowie die hieraus resultierende Rechtsunsicherheit für die betroffene Gesellschaft von Nachteil sind und die geltenden und ebenfalls zeitaufwendigen speziellen sowie das geplante allgemeine Freigabeverfahren die Dauer dieses Schwebezustands allenfalls verkürzen können.

Um zu gewährleisten, dass jedenfalls die Hauptversammlungsbeschlüsse, die Kapitalmaßnahmen oder Strukturänderungen der Gesellschaft zum Gegenstand haben, zeitnah umgesetzt werden können, sollte der registerrechtlich bedingte

---

[810] Putzo in: Thomas/Putzo, ZPO, § 23 Rn. 4; Vollkommer in: Zöller, ZPO, § 32 Rn. 19.

Suspensiveffekt der Anfechtungsklage aufgehoben werden, so dass die beantragte Eintragung eines Beschlusses in das Handelsregister unabhängig von der Anhängigkeit einer Klage durchgeführt werden kann. Aber auch im Übrigen empfiehlt sich eine Aufhebung der aufschiebenden Wirkung der Anfechtungsklage.

Zwar ist die aufschiebende Wirkung eines Rechtsmittels eine Ausprägung der verfassungsrechtlichen Rechtsschutzgarantie des Art. 19 Abs. 4 GG und deshalb im Grundsatz rechtsstaatlich geboten. Doch kann die aufschiebende Wirkung ausnahmsweise ausgeschlossen werden, wenn unaufschiebbare Maßnahmen im Interesse des Allgemeinwohls dies erfordern.[811] Dass der Erhebung einer Anfechtungsklage in bestimmten Fällen keine aufschiebende Wirkung zukommt, ist im öffentlichen Recht allgemein anerkannt und gängige Praxis. Der Suspensiveffekt einer verwaltungsrechtlichen Anfechtungsklage ist immer dann zu verneinen, wenn die umgehende Umsetzung der angegriffenen behördlichen Maßnahme als so bedeutsam angesehen wird, dass sie nicht schon durch einen klageweise behaupteten Rechtsverstoß aufgeschoben werden soll. Diese Wertung liegt beispielsweise der Vorschrift des § 212a BauGB zugrunde.[812] Aber auch in der kapitalmarktrechtlichen Regelung des § 38 Abs. 2 BörsG wird deutlich, dass die unmittelbare Umsetzung einer behördlich angeordneten Aussetzung oder Einstellung der amtlichen Börsennotierung unabhängig von einer hiergegen gerichteten Anfechtungsklage als unbedingt erforderlich angesehen wird, um Rechtssicherheit und die Funktionsfähigkeit des Kapitalmarktes im Interesse des Anlegerschutzes zu gewährleisten.[813]

Diese Wertung kann auf zivilrechtliche Anfechtungsklagen übertragen werden. Wie bereits ausgeführt, werden in Deutschland derzeit durch eine Klageerhebung gesellschaftsinterne Aktionärs-, Vorstands-, Aufsichtsrats- und Arbeitnehmerinteressen, aber auch gesellschaftsexterne Belange potentieller Anteilseigner, Gläubiger sowie gegebenenfalls des Kapitalmarktes tangiert. Die Belange dieser Interessengruppen wären bei einer zügigen und rechtlich gesicherten Umsetzung der von der Hauptversammlung beschlossenen Maßnahmen weniger beeinträchtigt. Dies gilt insbesondere vor dem Hintergrund, dass viele der in Frage stehenden Beschlussgegenstände, vor allem Kapital- und Umwandlungsmaßnahmen, zeitbezogen und nur bei einer umgehenden Ausführung wirtschaftlich sinnvoll sind. Mithin kann davon ausgegangen werden, dass unaufschiebbare Interessen des Allgemeinwohls eine unmittelbare Umsetzung der Hauptversammlungsbeschlüsse einer Aktiengesellschaft erfordern, so dass der grundsätzliche Ausschluss der aufschiebenden Wirkung der Anfechtungsklage auch im Hinblick auf die Rechtsschutzgarantie des Art. 19 Abs. 4 GG zulässig wäre.

---

[811] BVerfGE 35, 382, 402.
[812] Siehe Kalb in: Ernst/Zinkhahn/Bielenberg, BauGB, § 212a Rn. 1 ff. m.w.N.
[813] Schwark, BörsG, § 43 Rn. 11.

Dass der Suspensiveffekt einer Anfechtungsklage auch außerhalb des öffentlichen Rechts beschränkt werden darf, wird im Übrigen im italienischen Gesellschaftsrecht deutlich. Dort hat die Erhebung einer Anfechtungsklage ebenfalls grundsätzlich keine aufschiebende Wirkung. Die Aussetzung des Vollzugs eines angegriffenen Hauptversammlungsbeschlusses ist gemäß Art. 2378 Abs. 3, 4 *Codice civile* nur nach entsprechendem Aktionärsantrag, in dem die besondere Eilbedürftigkeit zu begründen ist, möglich.[814]

Daher sollte der Registerrichter grundsätzlich unabhängig von den Erfolgsaussichten einer anhängigen Anfechtungsklage zur umgehenden Eintragung des angegriffenen Hauptversammlungsbeschlusses im Handelsregister verpflichtet sein.

(c) Einführung eines Verfahrens zur Anordnung der Suspensivwirkung

Um die klagenden Anteilseigner jedoch vor der Umsetzung eines erheblich in ihre Rechte eingreifenden rechtswidrigen Hauptversammlungsbeschlusses zu schützen, sollte die Suspensivwirkung der Anfechtungsklage auf besonderen Antrag des jeweiligen Anfechtungsklägers in Anlehnung an die verwaltungsprozessrechtliche Regelung des § 80 Abs. 5 VwGO angeordnet und die Registereintragung gerichtlich untersagt werden können.[815]

Es ist zu erwägen, die Anordnung der aufschiebenden Wirkung entsprechend § 80 Abs. 5 VwGO im Rahmen eines einstweiligen summarischen Verfahrens vorzusehen. Im Gegensatz zu den geltenden speziellen sowie dem geplanten allgemeinen Freigabeverfahren sollte dabei nicht der beklagten Gesellschaft die Darlegungs- und Beweislast für die Notwendigkeit einer sofortigen Umsetzung des angegriffenen Mehrheitsbeschlusses obliegen, sondern den antragstellenden Aktionären.

Im Rahmen der Begründetheit des Antrags auf Anordnung der aufschiebenden Wirkung liegt es nahe, auf die den §§ 319 Abs. 6 AktG, 16 Abs. 3 UmWG zugrunde liegenden Wertungen zurückzugreifen. Der Erfolg des Antrags auf Anordnung der aufschiebenden Wirkung könnte daher zunächst an die Erfolgsaussichten des Hauptsacheverfahrens, also der Anfechtungsklage, geknüpft werden. Maßgeblich wäre insoweit, ob die Klage offensichtlich unzulässig oder unbegründet ist. Kann die Anfechtungsklage aufgrund von Anhaltspunkten für Informationsfehler nicht als offensichtlich unbegründet abgewiesen werden, sollte zusätzlich erforderlich sein, dass die Aktionäre durch den (behaupteten) Verstoß in wesentlichen Punkten inhaltlich getäuscht wurden.

---

814 Siehe Hirte, ZIP 2004, 1091, 1093 m.w.N.

815 Noch weitergehend Saenger, der die Einführung eines summarischen Vorverfahrens zur Entscheidung über die Zulassung einer Anfechtungsklage befürwortet, AG 2002, 536, 540 ff.

Im Übrigen sollte der Antrag auch dann begründet sein, wenn das Gericht aufgrund einer Abwägung zwischen dem Vollzugsinteresse der Gesellschaft und dem Aussetzungsinteresse des Anfechtungsklägers zu dem Ergebnis gelangt, dass die letztgenannten Belange deutlich überwiegen. Für eine Aussetzung des angegriffenen Hauptversammlungsbeschlusses wäre insoweit zunächst die Frage relevant, ob die Aktionäre durch den behaupteten Informationsfehler in einem wesentlichen Punkt inhaltlich getäuscht wurden. Ferner wäre entscheidend, ob hierdurch eine erhebliche Beeinträchtigung mitgliedschaftlicher Befugnisse erfolgt ist. Zudem könnte für das Aussetzungsinteresse der Aktionärskläger angeführt werden, dass der Informationsverstoß zu erheblichen Nachteilen für die Vermögensposition der Aktionäre geführt hat, wobei berücksichtigt werden sollte, ob ein etwaiger vermögenswerter Verlust im Wege eines Spruchverfahrens überprüft und unter Umständen ausgeglichen werden kann. Indizien, die für das Vorliegen einer rechtsmissbräuchlichen Klageerhebung sprechen, sollten im Rahmen der Abwägung ebenfalls von Bedeutung sein.[816] Insbesondere bei Aktionärsklägern, die lediglich über eine Splitterbeteiligung an der Gesellschaft verfügen, wären die Anforderungen an Intensität und Auswirkungen, die der behauptete Rechtsverstoß auf die Rechtsstellung der Aktionäre hat, besonders kritisch zu prüfen.

Die antragstellenden Aktionäre müssten daher darlegen und gegebenenfalls nachweisen, dass sich eine unmittelbare Umsetzung des angegriffenen Beschlusses in nicht hinzunehmender Weise auf ihre Aktionärsrechte auswirken würde, während die voraussichtlichen Folgen einer zeitweiligen Blockade des Hauptversammlungsbeschlusses unternehmerisch tragbar wären. Sie hätten also vorzutragen, ob und inwiefern die betriebswirtschaftlichen Folgen einer Aufhebung des angegriffenen Hauptversammlungsbeschlusses, aber auch schon die Auswirkungen des anhängigen Klageverfahrens im Hinblick auf den behaupteten Rechtsverstoß hinnehmbar sind.

Das erkennende Gericht wäre demnach befugt, nach eigenem Ermessen eine Interessenabwägung vorzunehmen, die über das geltende Relevanzerfordernis hinausgeht.[817] Hierbei empfiehlt sich ähnlich dem französischen und englischen Recht besonders im Rahmen von eintragungsbedürftigen Kapitalmaßnahmen und Strukturbeschlüssen eine restriktive Auslegung der zu berücksichtigenden Aktionärsinteressen. Je schwerer die voraussichtlichen wirtschaftlichen Folgen eines Klageverfahrens sowie einer Aufhebung des Hauptversammlungsbeschlusses für die Gesellschaft sind, desto höher müssen die Anforderungen an

---

[816] Ähnlich Kiethe, NZG 2004, 489, 494, der bei Hinweisen auf eine rechtsmissbräuchliche Klageerhebung eine zivilrechtliche Vermutung für das Vorliegen des subjektiven Missbrauchstatbestandes befürwortet.

[817] Für die Einführung einer Interessenabwägung ebenfalls Saenger, AG 2002, 536, 542; Zöllner in: Reformbedarf, 1994, S. 147, 158 f.; gegen eine Differenzierung zwischen leichten und schweren Informationsmängeln Hommelhoff, ZGR, 1993, 452, 467.

die behauptete Rechtsverletzung sein. Stehen die drohenden Folgen für das betroffene Unternehmen außer Verhältnis zu der Intensität und den Auswirkungen des behaupteten Informationsfehlers, wäre eine Klage trotz eines möglichen Rechtsverstoßes unzulässig.

Der betroffenen Gesellschaft müsste es zudem ebenfalls offen stehen, Gründe für einen unmittelbaren Vollzug des angegriffenen Hauptversammlungsbeschlusses wie etwa drohende erhebliche Kostennachteile und Finanzierungsprobleme, schwerwiegende Investitionshindernisse oder voraussichtliche Arbeitsplatzverluste größeren Ausmaßes, vorzubringen. Durch die gerichtliche Abwägungsmöglichkeit könnten Aussetzungsanträge, die lediglich mit Bagatellverstößen oder mit Rechtsverletzungen begründet werden, die im Hinblick auf die Auswirkungen eines Anfechtungsverfahrens nicht hinreichend gewichtig sind, zurückgewiesen werden, ohne dass eine aufwendige und langwierige Beweisaufnahme über das tatsächliche Vorliegen des behaupteten Rechtsverstoßes erforderlich wäre.

Dann wäre im Gegensatz zu der geltenden Rechtslage sowie den geplanten Reformen eine sofortige Umsetzung der beschlossenen Maßnahmen möglich. Stellt sich nach Abschluss des Anfechtungsverfahrens heraus, dass die angefochtene, aber bereits umgesetzte Maßnahme rechtswidrig war und an sich aufzuheben wäre, könnte die Gesellschaft in Anlehnung an § 16 Abs. 5 S. 6 UmWG und § 246a AktG verpflichtet werden, dem Anfechtungskläger den Schaden zu ersetzen, der aus der Ausführung des fehlerhaften Hauptversammlungsbeschlusses entstanden ist.

b) Reform der Sanktionen kapitalmarktbezogener Publizitätsverstöße

Die rechtsvergleichende Untersuchung legt schließlich eine Verschärfung der Sanktionen wegen kapitalmarktbezogener Publizitätspflichtverletzungen nahe.

(i) Strafrechtliche Maßnahmen

Zunächst sollte im Rahmen des Straftatbestands der Marktmanipulation gemäß §§ 20a Abs. 1, 38 Abs. 2 WpHG statt des bislang zu erbringenden Nachweises der haftungsbegründenden Kausalität lediglich eine bloße Eignung zur Kursbeeinflussung gefordert werden, um Beweisprobleme zu vermeiden und das deutsche Recht an internationale Standards anzupassen.

Ferner kommt in Betracht, die Gewinnabschöpfungsmöglichkeiten über die geltenden §§ 73 ff. StGB hinaus, die einen Verfall nur bei nachgewiesener Kausalität zwischen Pflichtverletzung und Gewinn zulassen, zu erweitern und auch im Falle einer Straftat gemäß §§ 20a Abs. 1, 38 Abs. 2 WpHG einen erweiterten Verfall gemäß § 73d StGB vorzusehen, um sicherzustellen, dass aus Informationsverstößen resultierende Gewinne der Verurteilten bereits dann abgeschöpft werden können, wenn das Gericht von einer illegalen Herkunft überzeugt ist.

Zwar ist ein erweiterter Verfall bislang nahezu ausschließlich im Rahmen von Straftatbeständen zum Schutz gegen die organisierte Kriminalität zulässig, da diese Tathandlungen wesensmäßig auf Gewinnerzielung gerichtet sind.[818] Doch dürfte das Ziel einer Gewinnsteigerung durch kriminelles Handeln auch bei vorsätzlicher Falschinformation des Sekundärmarktes regelmäßig gegeben sein.[819]

(ii) Aufsichtsbehördliche Sanktionen

Die rechtsvergleichende Untersuchung legt ferner eine deutliche Anhebung der bei fahrlässigen Pflichtverletzungen eröffneten Bußgeldrahmen nahe, um im internationalen Wettbewerb ein vergleichbares Abschreckungspotential zu gewährleisten. Dies gilt insbesondere, wenn den pflichtwidrig handelnden Personen ein Wertpapiergewinn nachgewiesen werden kann.

Zudem empfiehlt es sich, auch bei grob fahrlässigen Publizitätsverstößen gemäß § 73d StGB i.V.m. § 87 OwiG die Möglichkeit eines erweiterten Verfalls zuzulassen, damit die BaFin etwaige Gewinne der Pflichtverletzer schon dann abschöpfen kann, wenn sie nach den Umständen des konkreten Falles davon überzeugt ist, dass bestimmte Vermögensgegenstände aufgrund des Informationsverstoßes erlangt wurden.

(iii) Zivilrechtliche Maßnahmen

Die in Deutschland derzeit viel diskutierte zivilrechtliche Verantwortlichkeit von Aktiengesellschaften und Organmitgliedern wegen fehlerhafter Sekundärmarktpublizität ist sowohl in Frankreich als auch in England grundsätzlich anerkannt. Angesichts der in den letzten Jahren aufgetretenen Fälle eines Missbrauchs öffentlicher Mitteilungen spricht einiges dafür, die Schadensersatzhaftung, deren Zweck zum einen in der pönalisierenden, zum anderen in der präventiven verhaltenssteuernden Wirkung liegt, auszudehnen. Eine erweiterte Haftung würde zu einer Steigerung des Anlegervertrauens mit dem Ziel, den in Deutschland im internationalen Vergleich nach wie vor bestehenden Nachholbedarf bei der Beteiligung der Bevölkerung am Produktivvermögen zu verringern,[820] beitragen. Die Ausdehnung der zivilrechtlichen Verantwortlichkeit ist hinsichtlich des sachlichen Anwendungsbereichs sowie des Problems der haftungsbegründenden Kausalität für Emittenten und Organmitglieder einheitlich zu behandeln. Im Übrigen sind die Emittenten- und die Organaußenhaftung differenziert auszugestalten.

---

818 Vgl. W. Schmidt in: Leipziger Kommentar StGB, § 73d Rn. 1, 9. Zu möglichen Konflikten zwischen dem Institut des Verfalls und zivilrechtlichen Ansprüchen geschädigter Aktionäre siehe Gassmann, wistra 2004, 41 m.w.N.

819 Taschke in: VGR, Bd. 9, 2005, S. 127, 139 m.w.N. zum Verfall bei unternehmensbezogenen Straftaten.

820 Insoweit sei nur auf die im internationalen Vergleich niedrige Zahl der Börseneinführungen in Deutschland hingewiesen, vgl. DAI-Factbook 2003, 03-3-3a, 03-3-3b.

(a) Schadensersatzhaftung des Emittenten

Hinsichtlich des sachlichen Anwendungsbereichs der Emittentenhaftung empfiehlt es sich, statt der geltenden Sonderbehandlung von ad hoc-Publizitätsverstößen entsprechend dem französischen und englischen Recht eine gleichlaufende Informationshaftung für alle fehlerhaften öffentlichen Pflichtmitteilungen zu schaffen.[821] Zudem wäre zu erwägen, die Schadensersatzhaftung ähnlich dem derzeit ruhenden Diskussionsentwurf eines *Gesetzes zur Verbesserung der Haftung für falsche Kapitalmarktinformationen* (KapInHaG) nicht nur auf schriftliche Mitteilungen, sondern auch auf mündliche Erklärungen im Rahmen einer Hauptversammlung sowie auf Angaben in vom Emittenten veranlassten Informationsveranstaltungen zu erstrecken und wie im französischen und englischen Kapitalmarktrecht auch auf freiwillige Mitteilungen auszudehnen.

Darüber hinaus sollten im Rahmen der haftungsbegründenden Kausalität, die in Deutschland teilweise als das „Nadelöhr" der zivilrechtlichen Haftung angesehen wird,[822] in Anlehnung an das etwa weniger restriktive französische Recht Haftungserleichterungen vorgesehen werden. Da weder die umstrittene US-amerikanische *fraud-on-the-market*-Doktrin[823] noch Analysen der Informationseffizienz des Kapitalmarktes hinreichend sichere Anhaltspunkte für die Annahme einer Transaktionskausalität bieten,[824] liegt es nahe, entsprechend der Prospekthaftung jedenfalls in den Fällen, in denen die Anlageentscheidung zeitnah zu dem Informationsfehler erfolgte, eine Umkehr der Darlegungs- und Beweislast einzuführen. Dabei erscheinen weder die ursprünglich geplante 6-Monatsfrist noch die in dem derzeit ruhenden Diskussionsentwurf des KapInHaG (§ 37a Abs. 3 WpHG-E) vorgesehene 3-Monatsfrist angemessen. Angesichts der Schnelllebigkeit der Kapitalmärkte wäre eine Umkehr der Darlegungs- und Beweislast allenfalls bei einem Zeitraum von ein bis zwei Monaten sachgerecht; im Falle eines längeren Zeitablaufs sollte den Anlegern aber die Möglichkeit eines konkreten Kausalitätsnachweises verbleiben.[825]

Im Hinblick auf die dauerhaft mit der Gesellschaft verbundenen Aktionäre sowie die tradierte gläubigerorientierte Finanzverfassung der Gesellschaft, die namentlich in den Verboten der Einlagenrückgewähr und des Erwerbs eigener Aktien gemäß § 57 Abs. 1 AktG und § 71 Abs. 1 AktG zum Ausdruck kommt, ist eine Ausdehnung der Schadensersatzverantwortlichkeit des Emittenten im

---

[821] Siehe Fleischer, Gutachten F zum 64. DJT, F 107 ff. m.w.N.; Mehrheitsbeschluss Nr. 1.9. des 64. DJT; abgedruckt in DB 2002, 2037; ähnlich Veil, BKR 2005, 91; Mülbert/Steup, WM 2005, 1633, 1634 ff.

[822] So Terminologie von Körner, NJW 2004, 3386, 3387.

[823] *US Supreme Court, Basic v Levinson*, 485 U.S. 224 (1988); siehe hierzu auch Veil, ZHR 167 (2003), 365, 375 ff m.w.N.

[824] Spindler, WM 2004, 2089, 2093 m.w.N.; anders Sauer, ZBB 2005, 24, 28 ff., der einen Verzicht auf das Tatbestandsmerkmal der Transaktionskausalität befürwortet.

[825] So auch Mülbert, Börsen-Zeitung Nr. 168 v. 01.09.2004, S. 2.

Übrigen problematisch.[826] Zwar wird – auch von Seiten der Rechtsprechung[827] – die Ansicht vertreten, der Gläubigerschutz habe hinter dem Anlegerschutz zurückzustehen und dürfe nicht die Bereitschaft von Investoren, der Gesellschaft Eigenkapital zu geben, erschweren.[828] Doch darf nicht verkannt werden, dass Aktionäre den Gesellschaften Eigenkapital, also Risikokapital zur Verfügung stellen, das im Vergleich zum Fremdkapital typischerweise mit einem höheren Ausfallrisiko verbunden ist.[829] Vor diesem Hintergrund ist nicht ersichtlich, wieso Aktionäre gegenüber Fremdkapitalgebern privilegiert werden und schon bei (grob) fahrlässigem Handeln der Organmitglieder einen Schadensersatzanspruch erhalten sollen.[830] Der Anlegerschutz muss vielmehr dort enden, wo die einer Kapitalanlage innewohnenden (typischen) Risiken beginnen.[831]

Aktionäre sollten wissen, dass neben unternehmerischen Unwägbarkeiten jedenfalls auch ein fahrlässiges Fehlverhalten von Managern ein Teil des Risikos ist, das naturgemäß mit der Beteiligung an einer Gesellschaft einhergeht.[832] Dies gilt gerade unter Berücksichtigung der Tatsache, dass sie vor ihrer Investitionsentscheidung aufgrund der umfangreichen schadensersatzbewehrten[833] Aufklärungs- und Beratungspflichten der Wertpapierdienstleistungsunternehmen gemäß § 31 Abs. 2 Nr. 1 WpHG, bei denen insbesondere die geschäftsspezifischen Risiken der jeweiligen Kapitalanlage im Mittelpunkt stehen,[834] sowie der speziellen Belehrungspflicht des § 37d WpHG bei Börsentermingeschäften,[835] umfassend über die Risiken einer Aktienanlage aufgeklärt wurden. Anleger, die bereits nach Maßgabe dieser Vorgaben im Vorfeld über die allgemeinen Risiken

---

826 Mülbert, JZ 2002, 826, 834 f.

827 BGH, ZIP 2005, 1270 (EM.TV).

828 So Fleischer, Gutachten F zum 64. DJT, F 100; Zimmer in: Schwark, KMRK, §§ 37b, 37c WpHG, Rn. 11 f., 13; Henze in: Großkommentar AktG, § 57 Rn. 20, 22, 24; ähnlich OLG Frankfurt a. M., ZIP 2005, 710, 713 bezüglich § 826 BGB

829 So zu Recht Langenbucher, ZIP 2005, 239, 242 ff.; ähnlich Kutzner, WM 2005, 1401, 1408 im Hinblick auf § 20a WpHG.

830 Ähnlich Spindler, WM 2004, 2089, 2098; DAV-Stellungnahme zum Diskussionsentwurf des KapInHaG, ZIP 2004, 2348, 2349.

831 So auch Wagner, DStR 2005, 1449 im Hinblick auf den freien Kapitalmarkt; so auch Fleischer, Gutachten F zum 64. DJT, F 28 f., ohne daraus jedoch die hier gezogenen Schlussfolgerungen zu ziehen.

832 So ebenfalls Fleischer/Kalss, AG 2002, 331 und Fleischer, Gutachten F zum 64. DJT, F 100; Baums, ZHR 167 (2003), 139, 166; Hopt/Voigt in: Hopt/Voigt, Kapitalmarktinformationshaftung, 2005, S. 116 f.; Gottschalk, DStR 2005, 1648, 1652, die hieraus aber den umgekehrten Schluss ziehen und die Abwälzung des Haftungsrisikos auf die in der Gesellschaft verbleibenden Aktionäre rechtfertigen wollen.

833 Mülbert in: Assmann/Schneider, WpHG, Vor § 37d Rn. 15 ff.; Koller in: Assmann/Schneider, WpHG, Vor § 31 Rn. 17 ff.; Schwark in: Schwark, KMRK, vor § 31 WpHG Rn. 9.

834 Horn in: Bankrecht 2002, S. 73, 123 ff.; Schwark in: Schwark, KMRK, in: § 31 WpHG Rn. 52 ff.; Koller in: Assmann/Schneider, WpHG, § 31 Rn. 104 ff.

835 Mülbert in: Assmann/Schneider, WpHG, § 37d Rn. 21 ff.; Schwark in: Schwark, KMRK, in: § 37d WpHG Rn. 19 ff.

der jeweiligen Kapitalanlage informiert wurden, sollten für die auf dieser Grundlage getroffenen Anlageentscheidungen auch einstehen müssen. Zusätzliche weitreichende Schutzerwägungen auf Sekundärebene schießen insoweit über das Ziel hinaus.

Auch ein Vergleich mit dem französischen und englischen Recht legt es nicht unbedingt nahe, die Schadensersatzhaftung der Gesellschaft zu verschärfen. Nur das französische Recht sieht eine zivilrechtliche Verantwortlichkeit der Gesellschaft bei fahrlässigem Handeln der Organmitglieder vor, während das englische Recht die Gewährung von Schadensersatzansprüchen gegen den Emittenten an ein vorsätzliches Handeln und auch im Rahmen der Beweisführung an strenge Voraussetzungen knüpft.

Daher ist die Einführung einer allgemeinen Emittentenhaftung wegen grob fahrlässiger fehlerhafter Information des Sekundärmarktes besonders kritisch zu prüfen. Dies gilt insbesondere bei mündlichen Mitteilungen, bei denen leicht Fehler unterlaufen können. Hier sollten besonders strenge Anforderungen an das Verschuldenserfordernis gestellt werden, um die jeweils verantwortliche Person sowie die Gesellschaft nicht über Gebühr zu belasten und einem Rechtsmissbrauch entgegenzuwirken. Jedenfalls hinsichtlich mündlicher Falschmitteilungen außerhalb der Hauptversammlung erscheint daher eine Haftung wegen sittenwidriger vorsätzlicher Schädigung gemäß § 826 BGB ausreichend.[836]

Da sich in zahlreichen Fällen fehlerhafter Sekundärmarktpublizität trotz bestehender Indizien für ein unredliches Verhalten der Verantwortlichen kein Vorsatz nachweisen lässt, erscheint es im Übrigen vertretbar, die Emittentenhaftung – beispielsweise im Wege einer Analogie zu den §§ 37b, 37c WpHG[837] – auf Fälle eines grob fahrlässigen Verhaltens der Mitglieder der Verwaltungsorgane zu erstrecken. Allerdings sollte eine Schadensersatzverantwortlichkeit nur in Betracht kommen, wenn der fehlerhaften Information eine erhebliche Bedeutung zukommt.[838] Zudem sollte die Haftung durch einen detaillierten Katalog von Entlastungsmöglichkeiten, beispielsweise den Einwand, die fehlerhafte Angabe sei in Übereinstimmung mit unternehmensinternen Kontrollvorkehrungen (*Chinese walls* etc.) vorgenommen worden, entschärft werden. Schließlich ist in der Insolvenz der Gesellschaft im Hinblick auf den aktienrechtlich gebotenen Gläubigerschutz und die Funktion des Aktionärs als Eigen- und damit Risikokapitalgeber ein Rangrücktritt der Anleger gegenüber Fremdkapitalgebern zu erwägen.[839]

---

[836] Gegen eine über die Vorgaben des § 826 BGB hinausgehende Schadensersatzhaftung für mündliche oder freiwillige Angaben Mülbert, Börsen-Zeitung Nr. 168 v. 01.09.2004, S. 2; ders., JZ 2002, 826, 836; a. A. Fleischer, Gutachten F zum 64. DJT, F 112; Möllers, JZ 2005, 75, 81; siehe auch Mehrheitsbeschluss Nr. 1.10. des 64. DJT, abgedruckt in DB 2002, 2037.

[837] So Mülbert/Steup,WM 2005, 1633, 1651 ff.; a.A. Dühn, Schadensersatzhaftung, 2003, S. 115.

[838] Ähnlich Mülbert/Steup,WM 2005, 1633, 1651 f.

[839] So auch Langenbucher, ZIP 2005, 239, 244.

(b) Organaußenhaftung

Hinsichtlich der Organaußenhaftung sind entsprechend der Ausführungen zur Emittentenverantwortlichkeit eine Ausdehnung des sachlichen Anwendungsbereichs und Erleichterungen beim Nachweis der haftungsbegründenden Kausalität zu befürworten. Im Übrigen ist ebenfalls zweifelhaft, ob und inwieweit eine zivilrechtliche Schadensersatzhaftung gegenüber Anlegern über die Fälle einer vorsätzlichen fehlerhaften Sekundärmarktinformation hinaus ausgedehnt werden sollte.

Für eine erweiterte Außenhaftung von Organmitgliedern spricht, dass sie im Vergleich zur Emittentenhaftung eine größere Präventivwirkung entfalten und gerade bei drohender Insolvenz der Gesellschaft den Anreiz für fehlerhafte Meldungen verringern dürfte.[840] Zudem könnten hierdurch Kompensationszahlungen auf Kosten der übrigen Aktionäre und der Gläubiger vermieden werden. Denn selbst im Falle einer Inregressnahme der Schädiger, die in Deutschland auch bei Beachtung der *ARAG/Garmenbeck*-Entscheidung des Bundesgerichtshofs[841] häufig zweifelhaft sein dürfte, hätte bei einer reinen Emittentenhaftung zunächst die Gesellschaft die Haftungsrisiken zu tragen. Zwar ist die Haftungsmasse von Organmitgliedern beschränkt, da sie selbst bei hohem Einkommen in der Regel kein ausreichendes Vermögen haben dürften, um eine effektive Schadenswiedergutmachung erbringen zu können.[842] Doch könnte dieses Ausfallrisiko durch D&O-Versicherungen abgefangen werden, auch wenn diese aufgrund von Versicherungsprämien und Risikozuschlägen letztlich zu – kalkulierbaren – Mehrkosten für die Gesellschaften führen.[843] Daher wiegen die positiven Auswirkungen einer Organaußenhaftung trotz eines möglichen Selbstbehalts die Befürchtung auf, Organmitglieder seien aufgrund der drohenden Verantwortlichkeit weniger risikofreudig und würden im Falle der Erhebung von Schadensersatzklagen ihre eigentliche Leitungstätigkeit aufgrund der Prozessvorbereitung vernachlässigen.[844] Um – abgesehen von der teilweisen Überwälzung der Haftungsrisiken aufgrund der D&O-Versicherungsprämien[845] – nicht die Aktionärsmehrheit, sondern die eigentlichen Schädiger zu treffen, sollte mithin der aktienrechtliche Regelfall der Organinnenhaftung gemäß § 93 AktG nicht nur im Rahmen der Prospekthaftung, sondern auch in bestimmten Fällen fehlerhafter Sekundärmarktpublizität durchbrochen werden. Hierfür spricht schließlich auch,

---

840 Fleischer, Gutachten F zum 64. DJT, F 102 f.; Mülbert, JZ 2002, 826, 832.
841 BGHZ 135, 244, 254 ff.
842 Paal, DStR 2005, 382, 384 f.; Casper, BKR 2005, 83, 88.
843 Vgl. Mülbert, JZ 2002, 826, 835; zu den Möglichkeiten einer Enthaftung des Managements siehe Fleischer, WM 2005, S. 909.
844 Kritisch dagegen Mülbert, JZ 2002, 826, 832; Sünner, DB 2004, 2460, 2463.
845 Veil, ZHR 167 (2003), 365, 397; Ekkenga, ZIP 2004, 781, 788; Paal, DStR 2005, 426, 430; Gottschalk, Der Konzern 2005, 274, 284.

dass die Außenhaftung von Mitgliedern der Verwaltungsorgane ebenfalls fester Bestandteil des französischen und englischen Kapitalmarktrechts ist.

Allerdings ist fraglich, welcher Verschuldensmaßstab im Rahmen der Organaußenhaftung gelten sollte. Die Gewährung von Schadensersatzansprüchen einzelner Anleger schon bei (grob) fahrlässigem Handeln hätte zwar eine Verringerung etwaiger Beweisschwierigkeiten,[846] aber auch eine verstärkte Konfrontation mit – teilweise rechtsmissbräuchlichen – Einzel- und Sammelklagen[847] zur Folge, so dass Organmitglieder vielfach zu Lasten ihrer eigentlichen Verwaltungs- und Kontrolltätigkeit mit der Umgehung oder Verteidigung gegen Haftungsklagen beschäftigt wären.[848] Eine Fahrlässigkeitshaftung würde zu einer zunehmenden Verrechtlichung der Offenlegung von Informationen führen und insbesondere mittelständischen Unternehmen ohne eigene Rechtsabteilung Schwierigkeiten bereiten.[849] Jedenfalls die Bereitschaft zur Erteilung freiwilliger Informationen dürfte hierdurch sinken,[850] zumal schon jetzt aufgrund der Unsicherheiten bei der praktischen Umsetzung des § 15 WpHG beobachtet werden konnte, dass die Unternehmensleitungen angesichts einer drohenden Haftung wegen fehlerhafter ad hoc-Meldungen geneigt sind, sinnvolle Investitions- oder Finanzierungsentscheidungen hinauszuzögern.[851] Zudem würde eine extensive Erweiterung der Organaußenhaftung trotz der Bestimmung eines angemessenen Selbstbehalts der verantwortlichen Organmitglieder deutlich höhere Kosten für die D&O-Versicherungen nach sich ziehen. Dies wäre insbesondere deshalb bedenklich, da die Haftungsverantwortung im Außenverhältnis vielfach nicht auf das intern zuständige Organmitglied eingegrenzt werden kann.[852]

Vor allem aber gilt auch im Hinblick auf Schadensersatzansprüche gegen Organmitglieder, dass Aktien Risikopapiere sind und dass Aktionäre im Vergleich zu Fremdkapitalgebern nicht privilegiert werden sollen.[853] Eine Außenhaftung von Organmitgliedern ist angesichts der Aufklärung im Vorfeld einer Aktienanlage

---

[846] Für eine Schadensersatzhaftung grob fahrlässig handelnder Organmitglieder Fleischer, Gutachten F zum 64. DJT, F 99 ff. m.w.N.; Möllers, JZ 2005, 75, 81; Hopt, BB 2002, Heft 38, S. 1 („Die erste Seite"); Mehrheitsbeschlüsse Nr. 1.11. und 1.12 des 64. DJT, abgedruckt in DB 2002, 2037.

[847] Noch zum RegE des Kapitalanleger-Musterverfahrensgesetzes (KapMuG): Hess, WM 2004, 2329; Reuschle, WM 2004, 2334; Sessler, WM 2004, 2344; Duve/Pfitzner, BB 2005, 673; zum RefE: Hess/Michailidou, ZIP 2004, 1381; dies., WM 2003, 2318.

[848] Mülbert, JZ 2002, 826, 832, der mit dieser Argumentation generell eine Außenhaftung der Leitungsorgane ablehnt.

[849] Ähnlich Sünner, DB 2004, 2460, 2463.

[850] Casper, BKR 2005, 83, 87.

[851] Vgl. Ekkenga, ZIP 2004, 781, 788.

[852] Siehe Mülbert, JZ 2002, 826, 832, der beispielhaft darauf hinweist, dass es im Hinblick auf das Unverzüglichkeitsgebot des § 15 Abs. 1 S. 1 WpHG kaum möglich ist, alle Vorstandsmitglieder vor der Veröffentlichung einer ad hoc-Mitteilung zu informieren.

[853] Ähnlich Spindler, WM 2004, 2089, 2098; DAV-Stellungnahme zum Diskussionsentwurf des KapInHaG, ZIP 2004, 2348, 2349.

gemäß § 31 Abs. 2 Nr. 1 und § 37d WpHG nur bei vorsätzlichen Falschdarstellungen zu befürworten. Dies gilt insbesondere dann, wenn die jeweiligen Verwaltungsmitglieder von der Verletzung der Publizitätspflicht profitiert haben.[854] Zudem sollten Schadensersatzansprüche von Anlegern ähnlich dem französischen Kapitalmarktrecht und entsprechend der Emittentenhaftung nur dann eröffnet sein, wenn der fehlerhaften Information eine erhebliche Bedeutung zukommt. Da die Beachtung der Kapitalmarktpublizität als Teil der Leitungsaufgaben des Vorstandes auch die Überwachungsfunktion des Aufsichtsrats betrifft,[855] ist insoweit eine Vorsatzhaftung der einzelnen Aufsichtsratsmitglieder ebenfalls gerechtfertigt.

(c) Prozessuale Rechtsdurchsetzung durch die BaFin?

Im Hinblick auf die unterschiedliche prozessuale Rechtsdurchsetzung in Frankreich und England stellt sich die Frage, ob in Deutschland zusätzlich zu Klagen geschädigter Aktionäre weitere Wege geschaffen werden sollten, um Anlegern Schadensersatz wegen mangelhafter Sekundärmarktpublizität zukommen zu lassen.

Neben Klagen geschädigter Individualanleger nach Maßgabe des *Kapitalanleger-Musterverfahrensgesetzes* (KapMuG) könnte insoweit eine allgemeine Klagebefugnis der BaFin in Erwägung gezogen werden, die in Anlehnung an das englische Kapitalmarktrecht schon bei grob fahrlässigem Handeln der jeweiligen Vorstands- oder Organmitglieder zum Tragen käme. Hierdurch ließen sich zahlreiche Einzel- und Sammelklagen und im Hinblick auf die behördlichen Informations- und Untersuchungsbefugnisse viele Schutzlücken, die insbesondere angesichts der im Rahmen des Verschuldens regelmäßig bestehenden Beweisschwierigkeiten auftreten, vermeiden.

Allerdings würde die Einführung der behördlichen Klagemöglichkeit zu einer beträchtlichen Ausweitung der Verwaltungsaufgaben der BaFin führen, da der Börsenaufsichtsbehörde dann nicht nur die Entscheidung über das Ob einer Klageerhebung, sondern auch die Aufgabe zukäme, die Höhe der erzielten rechtswidrigen Gewinne, die Identität der Geschädigten und die Summe der jeweils zu erstattenden Schadensersatzbeträge zu ermitteln. Zudem bestehen aufgrund der Masse von möglicherweise geschädigten Einzelaktionären und der Tatsache, dass zahlreiche Anleger lediglich über Inhaberaktien verfügen und somit weder der jeweiligen Aktiengesellschaft noch der BaFin bekannt sind, erhebliche Bedenken an der Praktikabilität dieses Verfahrens und einer

---

[854] Siehe Veil, ZHR 167 (2003), 365, 397, der das Kriterium des eigenen wirtschaftlichen Interesses ebenfalls für entscheidend hält.

[855] So bzgl. der ad hoc-Publizität Möllers/Leisch, WM 2001, 1648, 1652; a.A. Mülbert, Börsen-Zeitung Nr. 168 v. 01.09.2004, S. 2.

angemessenen Verteilung etwaiger Schadensersatzzahlungen. Im Übrigen sei nur daran erinnert, dass auch das offizielle englische Restitutionsverfahren aufgrund der Unsicherheiten über die Höhe der erzielten rechtswidrigen Gewinne, die Identität der Geschädigten und die jeweils zu erstattenden Schadensersatzbeträge von Seiten der englischen Literatur heftig kritisiert wird.

Die Einführung eines behördlichen Schadensersatzverfahrens ist daher im deutschen Recht nicht zu empfehlen.

c) Sonstiges

Schließlich kommt in Anlehnung an Vorschriften des englischen Rechts eine Ausdehnung der gesetzlichen Bestellungshindernisse für Organmitglieder unabhängig von der Kapitalmarktaktivität der Gesellschaft jedenfalls bei strafrechtlichen Verurteilungen wegen Informationsverstößen in Betracht. Alternativ zu einer pauschalen Ergänzung der Katalogtatbestände des § 76 Abs. 3 S. 3 AktG um weitere Straftaten, wie z.B. § 264a StGB, § 400 AktG, §§ 20a Abs. 1, 38 Abs. 2 WpHG, könnte dem jeweiligen Strafgericht *de lege ferenda* die Befugnis erteilt werden, mit der strafrechtlichen Verurteilung je nach Einzelfall fakultativ auch ein Bestellungsverbot anzuordnen.[856] Flankierend hierzu könnte entsprechend dem englischen *Register of Disqualified Persons* ebenfalls ein allgemein zugängliches Register, in dem alle mit einem Bestellungsverbot belegten Personen namentlich aufgelistet sind, eingeführt werden. Ob von dieser Maßnahme allerdings ein großes Abschreckungspotential ausgehen dürfte, erscheint aufgrund der Erfahrungen der englischen Rechtspraxis fraglich.

---

[856] So Fleischer, Gutachten F zum 64. DJT, F 106; ablehnend Mülbert, JZ 2002, 826, 835, der eine Ausdehnung der Bestellungshindernisse für unverhältnismäßig hält und allenfalls einen (befristeten) Entzug der Geschäftsführungsbefugnis befürwortet. Siehe auch Art. 11 des Entwurfs eines Forderungssicherungsgesetzes des Bundesrates, BT-Drucks. 15/3594 S. 13 f., 25. Für die mittelfristige Einführung eines EU-weiten Verbots der Tätigkeit als Vorstandsmitglied als Strafe für irreführende Erklärungen hat sich auch die Europäische Kommission in ihrem Aktionsplan zur Modernisierung des Gesellschaftsrechts vom 21.05.2003 ausgesprochen, abrufbar unter *http://europa.eu.int/eur-lex/de/com/cnc/2003/com2003_0284de01.pdf*.

IV. Gesamtbetrachtung

Die vorstehende Untersuchung hat gezeigt, dass die deutschen aktien- und kapitalmarktrechtlichen Informationsvorgaben aus Sicht von Aktionären und (potentiellen) Anlegern im internationalen Vergleich teilweise erhebliche Schutzlücken aufweisen. Die aktienrechtlichen Informationsmöglichkeiten sind mit Ausnahme der fragmentarischen im Handelsregister bekannt zu gebenden Daten ausschließlich hauptversammlungsbezogen und abgesehen vom Auskunftsrecht des § 131 AktG lückenhafter ausgestaltet als die nach französischem oder englischen Recht eröffneten Informationsbefugnisse, die eine umfassende unterjährige Unterrichtung der Aktionäre gewährleisten. Im Rahmen der Sonderprüfung geben nur das deutsche und das französische Aktienrecht Aktionären durchsetzbare Informationsrechte. Letzteres ist jedoch weiter entwickelt und flexibler einsetzbar, während die deutsche Sonderprüfung ein schwerfälliges Aufklärungsinstrumentarium mit erheblichen Konsequenzen für die betroffene Gesellschaft darstellt.

Im Rahmen der Sekundärmarktpublizität sind lediglich die Vorschriften der ad hoc-Publizität in Deutschland, Frankreich und England vergleichbar. Die deutschen gesetzlichen Regeln der Interimsberichterstattung bleiben dagegen deutlich hinter den französischen oder englischen Bestimmungen zurück, obwohl detaillierte Vorgaben bezüglich Inhalt und Darstellung der Zwischenberichte für die betroffenen Emittenten nicht zu einem nennenswerten zeitlichen und personellen Mehraufwand führen würden. Informationspflichten bezüglich der Vergütungspolitik der Gesellschaft sind in Deutschland im Gegensatz zum französischen und englischen Recht ebenfalls (noch) nicht vorgeschrieben.

Die deutsche Kapitalmarktpublizität ist aber nicht nur auf der Tatbestands-, sondern auch auf der Sanktionsebene lückenhaft und gewährleistet im Vergleich zum französischen und englischen Recht einen weniger effektiven Anlegerschutz. Zwar hat der deutsche Gesetzgeber Verstöße gegen die kapitalmarktrechtlichen Publizitätsvorschriften durch die Schaffung eines umfangreichen Straf- und Bußgeldkatalogs pönalisiert. Doch können Verletzungen der Publizitätsbestimmungen in Frankreich und England vor allem deshalb einfacher und effizienter sanktioniert werden, weil weder die Verhängung von Bußgeldern noch die strafrechtliche Sanktionierung an einen Kausalitätsnachweis geknüpft ist. Auch sind die Bußgeldrahmen in Deutschland deutlich geringer und die Möglichkeiten einer Gewinnabschöpfung wesentlich restriktiver. Die zivilrechtliche Haftung von Emittenten und Organmitgliedern ist in Frankreich und England ebenfalls umfassender und in sich stimmiger ausgestaltet als im deutschen Recht.

Demgegenüber benachteiligt die deutsche Anfechtungsklage, die praktisch bedeutsamste Sanktion von aktienrechtlichen Informationspflichtverletzungen, im Gegensatz zu den entsprechenden englischen oder französischen Klagen, die insbesondere durch die strengen prozessualen Klagevoraussetzungen stärker den Interessen der Gesellschaftsleitung und der Aktionärsmehrheit Rechnung tragen, deutsche Aktiengesellschaften und ihre unternehmerische Tätigkeit im internationalen Vergleich erheblich, indem sie Aktionären faktisch ein Vetorecht gegen zahlreiche Strukturentscheidungen gewährt und ihnen so die Möglichkeit gibt, die Gesellschaft einseitig zu schädigen. Da der klagende Aktionär beliebig entscheiden kann, ob der Prozess bis zum Erlass eines Urteils durchgeführt oder vorzeitig beendet wird, beinhaltet die Klage nicht nur ein erhebliches Erpressungspotential, sondern läuft gerade in den Fällen einer vorzeitigen Verfahrensbeendigung leer. Die restriktive Fassung der Aktionärsklagen des französischen und englischen Gesellschaftsrechts lässt jedoch im Hinblick auf die – mit Ausnahme des hauptversammlungsbezogenen Auskunftsrechts – umfassenderen Informationspflichten und die erweiterten Befugnisse zur Einleitung einer Sonderprüfung in Frankreich nicht den Schluss zu, die dortigen Informationsvorgaben seien im Vergleich zu den deutschen Bestimmungen unzureichend.

Das deutsche aktien- und kapitalmarktrechtliche Informationssystem ist mithin sowohl aus Aktionärssicht als auch vom Standpunkt der Gesellschaften und ihrer Leitungsorgane aus weiter zu entwickeln. Dabei sind auf der einen Seite die Informationsmöglichkeiten von Aktionären und potentiellen Anlegern zu erweitern, um die Attraktivität deutscher Aktiengesellschaften für in- und ausländische Investoren zu steigern und die internationale Wettbewerbsfähigkeit zu stärken. Auf der anderen Seite bedarf insbesondere die Anfechtungsklage trotz der zuletzt erfolgten Reformen einer grundsätzlichen Überprüfung, um vor dem Hintergrund einer erleichterten grenzüberschreitenden Sitzverlegung zu vermeiden, dass sich Aktiengesellschaften durch gezielte Verlegung des Geschäftssitzes in einen anderen Staat der europäischen Union dem deutschen Recht entziehen.

Literaturverzeichnis

Adams, Michael — Aktienoptionspläne und Vorstandsvergütungen, Zeitschrift für Wirtschaftsrecht 2002, S. 1325 – 1344.

Alcock, Alistair — *The Financial Services and Markets Act 2000: A Guide to the New Law, Bristol 2000* (zitiert: Alcock, *Financial Services and Markets Act*).

Altenhain, Karsten — Die Neuregelung der Marktpreismanipulation durch das Vierte Finanzmarktförderungsgesetz, Betriebs-Berater 2002, S. 1874 – 1879.

d'Arcy, Anne/ Meyer, Andreas — Neue Anforderungen an die Zwischenberichterstat tung durch die Transparenzrichtlinie, Der Konzern 2005, S. 151 – 158.

Assmann, Heinz-Dieter/ Schneider, Uwe H. (Hrsg.) — Wertpapierhandelsgesetz, Kommentar, 3. Auflage, Köln 2003 (zit.:Bearbeiter in: Assmann/Schneider, WpHG).

Augsberg, Steffen — Verfassungsrechtliche Aspekte einer gesetzlichen Offenlegungspflicht für Vorstandsbezüge, Zeitschrift für Rechtspolitik 2005, S. 105 – 109.

Barnert, Thomas — Deliktischer Schadensersatz bei Kursmanipulation de lege lata und de lege ferenda, Wertpapier-Mitteilungen 2002, S. 1473 – 1484.

Barz, Carl Hans/ Brönner, Herbert/ Klug, Ulrich u.a. (Hrsg.) — Aktiengesetz Großkommentar, 3. Auflage, Berlin 1973 (zit.: Bearbeiter in: Großkommentar AktG³).

Baums, Theodor — Gutachten F für den 63. Deutschen Juristentag, München 2000, (zit.: Baums, Gutachten F zum 63. DJT),

ders. (Hrsg.) — Bericht der Regierungskommission Corporate Governance, Köln 2001 (zit.: Baums, Regierungskommission Corporate Governance, 2001),

ders. — Editorial: Anlegerschutz und Neuer Markt, Zeitschrift für das gesamte Handels- und Wirtschaftsrecht, 166. Band 2002, S. 375 – 382,

ders. — Haftung wegen Falschinformation des Sekundärmarktes, Zeitschrift für das gesamte Handels- und Wirtschaftsrecht, 167. Band 2003, S. 139 – 192.

Bayer, Walter	1000 Tage neues Umwandlungsrecht - eine Zwischenbilanz, Zeitschrift für Wirtschaftsrecht 1997, S. 1613 – 1626.
Bellinghausen, Rupert	Der Missbrauch von Minderheitsrechten in Kapitalgesellschaften nach französischem Recht, Recht der internationalen Wirtschaft 1997, S. 100 – 105.
Graf von Bernstorff, Christoph	Einführung in das englische Recht, 2. Auflage, München 2000 (zit.: Graf von Bernstorff, Einführung in das englische Recht).
Blair, Michael (Hrsg.)	*Blackstone's Guide to the Financial Services & Markets Act 2000*, Oxford 2001 (zitiert: Bearbeiter in: Blair, *Blackstone's Guide*).
Boizard, Martine	*Les nouvelles obligations d'information des dirigeants envers le marché, Revue des sociétés* 2003, S. 795 – 805.
Bonneau, Thierry/ Drummond, France	*Droit des marchés financiers*, Paris 2001 (zit.: Bonneau/Drummond, *Marchés financiers*).
Buchta, Jens/ Sasse, Marc	Freigabeverfahren bei Anfechtungsklagen gegen Squeeze-out-Beschlüsse, Deutsches Steuerrecht 2004, S. 958 – 962.
Bürgers, Tobias	Das Anlegerschutzverbesserungsgesetz, Zeitschrift für Bank- und Kapitalmarktrecht 2004, S. 424 – 432.
Casper, Matthias	Persönliche Außenhaftung der Organe bei fehlerhafter Information des Kapitalmarkts?, Zeitschrift für Bank- und Kapitalmarktrecht 2005, S. 83 – 90.
Collin, P.H./ Janssen, Sigrid/Kornmüller, Anke/ Livesey, Rupert	Pons-Fachwörterbuch Recht, 2. Auflage, Stuttgart 1998 (zit.: Pons, Fachwörterbuch Recht).
Cozian, Maurice/ Viandier, Alain/ Deboissy, Florence	*Droit des Sociétés*, 17. Auflage, Paris 2004 (zitiert: Cozian/Viandier/Deboissy).
Davies, Paul L.	Struktur der Unternehmensführung in Großbritannien und Deutschland: Konvergenz oder fortbestehende Divergenz?, Zeitschrift für Unternehmens- und Gesellschaftsrecht 2001, S. 268 – 293,

ders. *Gower and Davies' Principles of Modern Company Law*, 7. Auflage, London 2003 (zitiert: Davies, *Company Law*).

Delga, Jacques *Le point sur l'affaire «Vivendi Messier» après la décision de l'AMF du 3 novembre 2004, Droit des Sociétés, Mars* 2005, S. 4.

Deutscher Juristentag Schriftführer-Amt der Ständigen Deputation Verhandlungen des vierunddreißigsten Deutschen Juristentages zu Köln vom 12. bis 15. September 1926, Zweiter Band (Stenographischer Bericht), Berlin 1927 (zit.: Redner in: Verhandlungen des 34. DJT, 1926).

Deutsches Aktieninstitut DAI-Factbook 2003, Statistiken, Analysen und e.V. Graphiken zu Aktionären, Aktiengesellschaften und Börsen, Frankfurt a.M. 2003.

Dezeuze, Eric *La réparation du préjudice devant la juridiction pénale, Revue des sociétés 2003*, S. 261 – 283.

Diekmann, Hans/ Leuering, Dieter Der Referentenentwurf eines Gesetzes zur Unternehmensintegrität und Modernisierung des Anfechtungsrechts (UMAG), Neue Zeitschrift für Gesellschaftsrecht 2004, S. 249 – 257.

Diekmann, Hans/ Sustmann, Marco Gesetz zur Verbesserung des Anlegerschutzes (Anlegerschutzverbesserungsgesetz – AnsVG), Neue Zeitschrift für Gesellschaftsrecht 2004, S. 929 – 939.

Dietl, Clara-Erika/ Lorenz, Egon Wörterbuch für Recht, Wirtschaft und Politik mit erläuternden und rechtsvergleichenden Kommentaren, Teil 1, Englisch - Deutsch, 6. Auflage, München 2000 (zit.: Dietl/Lorenz).

Dißars, Björn-Axel Anfechtungsrisiken bei Squeeze-out – zugleich eine Analyse der bisherigen Rechtsprechung, Zeitschrift für Bank- und Kapitalmarktrecht 2004, S. 389 – 394.

Doralt, Peter / Druey, Jean-Nicolas u.a. Konzernrecht für Europa, Forum Europaeum Konzernrecht, Zeitschrift für Unternehmens- und Gesellschaftsrecht 1998, S. 672 – 772.

Drinkuth, Henrik Formalisierte Informationsrechte bei Holzmüller-Beschlüssen?, Die Aktiengesellschaft 2002, S. 256 – 259.

Duve, Christian/ Pfitzner, Tanja — Braucht der Kapitalmarkt ein Gesetz für Massenverfahren?, Der Entwurf eines Gesetzes über Musterverfahren in kapitalmarktrechtlichen Streitigkeiten (KapMuG) auf dem Prüfstand, Betriebs-Berater 2005, S. 673 - 679.

Dühn, Matthias — Schadensersatzhaftung börsennotierter Aktiengesellschaften für fehlerhafte Kapitalmarktinformation *de lege lata* und *de lege ferenda*, Frankfurt a.M. 2003 (zitiert: Dühn, Schadensersatzhaftung, 2003)

Ebenroth, Carsten-Thomas — Das Auskunftsrecht des Aktionärs und seine Durchsetzung im Prozeß unter besonderer Berücksichtigung des Rechtes der verbundenen Unternehmen, Bielefeld 1970.

Eichelberger, Jan — Zur Verfassungsmäßigkeit von § 20a WpHG, Zeitschrift für Bankrecht und Bankwirtschaft 2004, S. 296 – 302.

Ekkenga, Jens — Fragen der deliktischen Haftungsbegründung bei Kursmanipulationen und Insidergeschäften, Zeitschrift für Wirtschaftsrecht 2004, S. 781 – 793.

Emmerich, Volker/ Habersack, Mathias — Aktien- und GmbH-Konzernrecht, 3. Auflage, München 2003 (zit.: Bearbeiter in: Emmerich/Habersack, Konzernrecht).

Erbs, Georg/ Kohlhaas, Max (Hrsg.) — Strafrechtliche Nebengesetze mit Straf- und Bußgeldvorschriften des Wirtschafts- und Verwaltungsrechts, Band I, München 2002 (zit.: Bearbeiter in: Erbs/Kohlhaas).

Ernst, Werner/Zinkhahn, Willy u.a. (Hrsg.) — BauGB, Kommentar, München 2004 (zit.: Bearbeiter in: Ernst/Zinkhahn/Bielenberg, BauGB).

Escher-Weingart, Christina/ Lägeler, Alexander/ Eppinger, Christoph — Schadensersatzanspruch, Schadensart und Schadensberechnung gem. der §§ 37b, 37c WpHG, Wertpapier-Mitteilungen 2004, S. 1845 – 1896.

Farrar, John/ Hannigan, Brenda — *Farrar's Company Law*, 4. Auflage, London 1998 (zit: Bearbeiter in: *Farrar's Company Law*).

Fleischer, Holger — Aktienrechtliche Sonderprüfung und Corporate Governance, Recht der Internationalen Wirtschaft 2000, S. 809 – 816,

ders.	Der Financial Services and Markets Act 2000: Neues Börsen- und Kapitalmarktrecht für das Vereinigte Königreich, Recht der internationalen Wirtschaft 2001, S. 817 – 825,
ders.	Der Inhalt des Schadensersatzanspruchs wegen unwahrer oder unterlassener unverzüglicher Ad-hoc-Mitteilungen, Betriebs-Berater 2002, S. 1869 – 1874,
ders.	Directors' Dealings, Zeitschrift für Wirtschaftsrecht 2002, S. 1217 – 1229,
ders.	Die persönliche Haftung der Organmitglieder für kapitalmarktbezogene Falschinformationen, Zeitschrift für Bank- und Kapitalmarktrecht 2003, S. 608 – 615,
ders.	Zur deliktsrechtlichen Haftung der Vorstandsmitglieder für falsche Ad-hoc-Mitteilungen, Der Betrieb 2004, S. 2031 – 2036,
ders.	Ungeschriebene Hauptversammlungszuständigkeiten im Aktienrecht: Von „Holzmüller" zu „Gelatine", Neue Juristische Wochenschrift 2004, S. 2335 – 2339,
ders.	Konturen der kapitalmarktrechtlichen Informationsdeliktshaftung, Zeitschrift für Wirtschaftsrecht 2005, S. 1805 – 1812.
Fleischer, Holger/ Jänig, Ronny	Verantwortlichkeit für falsche Kapitalmarktinformationen in Frankreich – das droit des marchés financiers, Recht der internationalen Wirtschaft 2002, S. 729 – 736.
Fleischer, Holger/ Kalss, Susanne	Kapitalmarktrechtliche Schadensersatzhaftung und Kurseinbrüche an der Börse, Die Aktiengesellschaft 2002, S. 329 – 336.
Forster, Karl-Heinz/ Grunewald, Barbara/ u.a. (Hrsg.)	Festschrift für Bruno Kropff, Aktien- und Bilanzrecht, Düsseldorf 1997 (zit.: Bearbeiter in: Festschrift Kropff, 1997).
Fuhrmann, Lambertus	Gesetzliche Formerfordernisse von Vorstandsberichten, Die Aktiengesellschaft 2004, S. 135 – 141.
Fuhrmann, Lambertus/ Linnerz, Markus	Das überwiegende Vollzugsinteresse im aktien- und umwandlungsrechtlichen Freigabeverfahren, Zeitschrift für Wirtschaftsrecht 2004, S. 2306 – 2311.

Fürhoff, Jens / Wölk, Armin — Aktuelle Fragen zur Ad hoc-Publizität, Wertpapier-Mitteilungen 1997, S. 449 – 459.

Gaede, Karsten / Mühlbauer, Thilo — Wirtschaftsrecht zwischen europäischem Primärrecht, Verfassungsrecht und der richtlinienkonformen Auslegung am Beispiel des Scalping, Zeitschrift für Wirtschafts- und Steuerstrafrecht 2005, S. 9 – 17.

Gantenberg, Philippp — Die Reform der Hauptversammlung durch den Regierungsentwurf eines Gesetzes zur Unternehmensintegrität und Modernisierung des Anfechtungsrechts – UMAG, Der Betrieb 2005, S. 207 – 212.

Gassmann, Sebastian — Abschöpfung illegitimer Tatvorteile und Ansprüche geschädigter Aktionäre, Zeitschrift für Wirtschafts- und Steuerstrafrecht 2004, S. 41 – 48.

Geibel, Stefan J. — Der Kapitalanlegerschaden, Tübingen 2002 (zit.: Geibel, Kapitalanlegerschaden, 2002).

Geiler, Karl — Die wirtschaftlichen Strukturwandlungen und die Reform des Aktienrechts, Berlin 1927 (zit.: Aktienrecht, 1927).

Génevois, Bruno — *Le Conseil constitutionnel et l'extension des pouvoirs de la Commision des opérations de bourse, Revue française de droit administratif* 1989, S. 671 – 689.

Gerber, Olaf — Die Haftung für unrichtige Kapitalmarktinformationen – Zugleich eine Besprechung der BGH-Entscheidung vom 19.7.2004 „Infomatec“, Deutsches Steuerrecht 2004, S. 1793 – 1798.

Gesellschaftsrechtliche Vereinigung VGR (Hrsg.) — Gesellschaftsrecht in der Diskussion 1999, Band 2, Köln 2000 (zit: Bearbeiter in: VGR (Hrsg.), Bd. 2, 2000),

dies. — Gesellschaftsrecht in der Diskussion 2000, Band 3, Köln 2001 (zit: Bearbeiter in: VGR (Hrsg.), Bd. 3, 2001),

dies. — Gesellschaftsrecht in der Diskussion 2004, Band 9, Köln 2005 (zit: Bearbeiter in: VGR (Hrsg.), Bd. 9, 2005).

Gessler, Ernst / Hefermehl, Wolfgang u.a. (Hrsg.) — Aktiengesetz Kommentar, Band II, §§ 76-147; Band IV, §§ 291- 410, München 1973 (zit.: Bearbeiter in: Gessler/Hefermehl/Eckard/Kropff).

Goerdeler, Reinhard/ Hommelhoff, Peter u.a. (Hrsg.) — Festschrift für Alfred Kellermann zum 70. Geburtstag am 29. November 1990, Zeitschrift für Unternehmens- und Gesellschaftsrecht, ZGR Sonderheft 10, Berlin 1990, S. 1 – 14 (zit.: Bearbeiter in: Festschrift Kellermann, 1990).

Götze, Cornelius — „Gelatine" statt „Holzmüller" – Zur Reichweite ungeschriebener Mitwirkungsbefugnisse der Hauptversammlung, Neue Zeitschrift für Gesellschaftsrecht 2004, S. 585 – 589.

Goffaux-Callebaut, Géraldine — *La définition de l'intérêt social, Revue trimestrielle de droit commercial et de droit économique 2004*, S. 35 – 45.

Boyle, A. J./ Potts, Robin/ Sealy, Leonard S. — *Gore-Browne on Companies*, 46. Auflage, Bristol 2004 (zit.: Bearbeiter in: Boyle/Potts/Sealy, *Gore-Browne on Companies*).

Gottschalk, Eckart — Die deliktische Haftung für fehlerhafte Ad-hoc-Mitteilungen – Zugleich eine Besprechung der BGH-Entscheidung vom 9.5.2005 – EM.TV, Deutsches Steuerrecht 2005, S. 1648 – 1654;

ders. — Die persönliche Haftung der Organmitglieder für fehlerhafte Kapitalmarktinformationen de lege lata und de lege ferenda, Der Konzern 2005, S. 274 – 286.

Groß, Wolfgang — Informations- und Auskunftsrechte des Aktionärs, Die Aktiengesellschaft 1997, S. 97 – 107,

ders. — Kapitalmarktrecht, Kommentar zum Börsengesetz, Börsenzulassungsverordnung, Verkaufsprospektgesetz, Verkaufsprospektverordnung, 2. Auflage, München 2002 (zit.: Groß, Kapitalmarktrecht),

ders. — Haftung für fehlerhafte oder fehlende Regel- oder ad-hoc-Publizität, Wertpapier-Mitteilungen 2002, S. 477 – 486.

Großmann, Klaus/ Nikoleyczik, Tobias — Praxisrelevante Änderungen des Wertpapierhandelsgesetzes – Die Auswirkungen des Vierten Finanzmarktförderungsgesetzes, Der Betrieb 2002, S. 2031 – 2036.

Grüner, Michael — Zeitliche Einschränkungen des Rede- und Fragerechts auf Hauptversammlungen – zugleich eine Besprechung der BVerfG-Entscheidung „Wenger/Daimler-Benz“, NZG 2000, 192 –, Neue Zeitschrift für Gesellschaftsrecht 2000, S. 770 – 779.

Guyon, Yves — *Les dispositions du décret du 3 mai 2002 relatives aux assemblées générales d'actionnaires, Revue des sociétés 2002*, S. 421,

ders. — *Droit des Affaires, Tome 1, Droit commercial général et Sociétés*, 12. Auflage, Paris 2003,

ders. — *Droit des Affaires, Tome 2, Entreprises en difficultés, Redressement judiciaire – Faillite,* 9. Auflage, Paris 2004.

Habersack, Mathias — Die Mitgliedschaft – subjektives und ‚sonstiges' Recht, Tübingen 1996 (zit.: Mitgliedschaft, 1996),

ders. — Der Finanzplatz Deutschland und die Rechte der Aktionäre, Zeitschrift für Wirtschaftsrecht 2001, S. 1230 – 1239,

ders. (Hrsg.) — Festschrift für Peter Ulmer zum 70. Geburtstag am 2. Januar 2003, Berlin 2003 (zit.: Bearbeiter in: Festschrift Ulmer, 2003).

Habersack, Mathias/ Mülbert, Peter O./ Schlitt, Michael (Hrsg.) — Unternehmensfinanzierung am Kapitalmarkt, Köln 2005, (zit: Bearbeiter in: Habersack/Mülbert/Schlitt, Unternehmensfinanzierung, 2005).

Hanau, Hans — Der Bestandsschutz der Mitgliedschaft anlässlich der Einführung des „Squeeze Out“ im Aktienrecht, Neue Zeitschrift für Gesellschaftsrecht 2002, S. 1040 – 1047.

Hannoun, Charley — *L'action en nullité et le droit des sociétés (Réflexions sur les cources procédurales du droit de crititque et leurs fonctions), Revue trimestrielle de droit commercial* 1993, S. 229 – 253.

Häuser, Franz/ Hammen, Horst/ u.a. (Hrsg.) — Festschrift für Walther Hadding zum 70. Geburtstag am 8. Mai 2004, Berlin 2004 (zit.: Bearbeiter in: Festschrift Hadding, 2004).

Hellgardt, Alexander	Fehlerhafte Ad-hoc-Publizität als strafbare Marktmanipulation, Zeitschrift für Wirtschaftsrecht 2005, S. 2000 – 2008.
Hemeling, Peter	Die Durchführung der Hauptversammlung – Die Chance des UMAG nutzen!, Die Aktiengesellschaft 2004, S. 262 – 263.
Henze, Hartwig	Aktienrecht – Höchstrichterliche Rechtsprechung, 4. Auflage, Köln 2000 (zit.: Henze, HRR AktienR),
ders.	Aspekte und Entwicklungstendenzen der aktienrechtlichen Anfechtungsklage, Zeitschrift für Wirtschaftsrecht 2002, S. 97 –108,
ders.	Pünktlich zur Hauptversammlungssaison: Ein Rechtsprechungsüberblick zu Informations- und Auskunftsrechten, Betriebs-Berater 2002, S. 893 – 903,
ders.	Vermögensbindung und Anlegerschutz, Neue Zeitschrift für Gesellschaftsrecht 2005, S. 115 – 121.
Henze, Hartwig (Hrsg.)	Gesellschaftsrecht 2001 (RWS-Forum 20), Köln 2001, (zit.: Bearbeiter in: Gesellschaftsrecht 2001),
Henze, Hartwig/ Timm, Wolfram/ Westermann, Harm Peter (Hrsg.)	Gesellschaftsrecht 1995, (RWS-Forum 8), Köln 1996 (zit.: Bearbeiter in: Gesellschaftsrecht 1995).
Hess, Burkhard	Der Regierungsentwurf für ein Kapitalanlegermusterverfahrensgesetz - eine kritische Bestandsaufnahme, Wertpapier-Mitteilungen 2004, S. 2329 – 2334.
Hess, Burkhard/ Michailidou, Chrisoula	Die kollektive Durchsetzung von Schadensersatzansprüchen im Kapitalmarktrecht, Wertpapier-Mitteilungen 2004, S. 2318 – 2325.
dies.	Das Gesetz über Musterverfahren zu Schadensersatzklagen von Kapitalanlegern, Zeitschrift für Wirtschaftsrecht 2004, S. 1381 – 1387.
Hicks, Andrew	*Director Disqualification: Can it Deliver?, Journal of Business Law 2001*, S. 433 – 460.
Hirschberger, Max/ Weiler, Lothar	Das Freigabeverfahren für Hauptversammlungsbeschlüsse nach dem UMAG-Entwurf (§ 246a AktG-E) – Ein Aus für „räuberische" Aktionäre?, Der Betrieb 2004, 1137 – 1139.

Hirte, Heribert	Mißbrauch aktienrechtlicher Anfechtungsklagen, Vom Querulieren und seinen Grenzen, Betriebs-Berater 1988, S. 1469 – 1477,
ders.	Grenzen der Vertragsfreiheit bei aktienrechtlichen Unternehmensverträgen – Besprechung der Entscheidung BGHZ 122, 211 – , Zeitschrift für Unternehmens- und Gesellschaftsrecht 1994, S. 644 – 664,
ders.	Informationsmängel und Spruchverfahren, Anmerkung zu den Urteilen des BGH vom 18.12.2000 – II ZR 1/99 – (MEZ) und vom 29.1.2001 – II ZR 368/98 – (Aqua Butzke-Werke), Zeitschrift für das gesamte Handels- und Wirtschaftsrecht, 167. Band 2003, S. 8 – 34,
ders.	Die Reform der Anfechtungsklage im italienischen Recht: Vorbild für das UMAG?, Zeitschrift für Wirtschaftsrecht 2004, S. 1091 – 1093.
Hirte, Heribert/ von Bülow, Christoph (Hrsg.)	Kölner Kommentar zum WpÜG mit AngebVO und §§ 327a – 327f AktG, Köln 2003 (zit.: Kölner Kommentar WpÜG).
Hoffmann-Becking, Michael (Hrsg.)	Münchener Handbuch des Gesellschaftsrechts, Band 4, Aktiengesellschaft, 2. Auflage, München 1999,
ders.	Grenzenlose Abwehrklagen für Aktionäre, Zeitschrift für das gesamte Handels- und Wirtschaftsrecht, 167. Band 2003, S. 357 – 364.
Hollington, Robin	*Shareholders' Rights*, 4. Auflage, London 2004 (zit.: Hollington, *Shareholders' Rights*).
Holzborn, Timo/ Bunnemann, Jan	Änderungen im AktG durch den Regierungsentwurf für das UMAG, Zeitschrift für Bank- und Kapitalmarktrecht 2005, S. 51 – 58.
Holzborn, Timo/ Israel, Alexander	Das Anlegerschutzgesetz, - Die Veränderungen im WpHG, VerkProspG und BörsG und ihre Auswirkungen auf die Praxis -, Wertpapier-Mitteilungen 2004, S. 1948 – 1956.
Hommelhoff, Peter	Minderheitenschutz bei Umstrukturierungen, Zeitschrift für Unternehmens- und Gesellschaftsrecht 1993, S. 452 – 473.

Hopt, Klaus J./ Voigt, Hans-Christoph	Prospekt- und Kapitalmarktinformationshaftung – Recht und Reform der Europäischen Union, der Schweiz und den USA, Tübingen 2005 (zit.: Bearbeiter in: Hopt/Voigt, Kapitalmarktinformationshaftung, 2005).
Hopt, Klaus J./ Wiedemann, Herbert (Hrsg.)	Großkommentar AktG, 4. Auflage, Berlin (zit.: Bearbeiter in: Großkommentar AktG),
dies.	Großkommentar AktG, Vierter Band §§ 291 – 410 AktG, Einführungsgesetz zum Aktiengesetz, 3. Aufl. 1975, (Lieferung 1 §§ 291 – 328) Dezember 1971 (zit.: Bearbeiter in: Großkommentar AktG³).
Horn, Norbert/ Krämer, Achim (Hrsg.)	RWS-Forum 22, Bankrecht 2002, Köln 2003 (zit: Bearbeiter in: Bankrecht 2002).
Hüffer, Uwe	Minderheitsbeteiligungen als Gegenstand aktienrechtlicher Auskunftsbegehren, Zeitschrift für Wirtschaftsrecht 1996, S. 401 – 411,
ders.	Aktiengesetz, 6. Auflage, München 2004 (zit: Hüffer, AktG).
Hutter, Stephan / Leppert,Michael	Das 4. Finanzmarktförderungsgesetz aus Unternehmenssicht, Neue Zeitschrift für Gesellschaftsrecht 2002, S. 649 – 657.
Hutter, Stephan / Stürwald, Florian	EM.TV und die Haftung für fehlerhafte Ad-hoc-Mitteilungen, Neue Juristische Wochenschrift 2005, S. 2428 – 2431.
Ihrig, Hans-Christoph / Erwin, Holger	Zur Anwendung des Freigabeverfahrens nach § 246a AktG auf „Altbeschlüsse“ und bereits eingetragene Beschlüsse, Betriebs-Berater 2005, S. 1973 – 1978.
Jähnke, Burkhard/ Laufhütte, Heinrich W./ Odersky, Walter (Hrsg.)	StGB, Leipziger Kommentar, Großkommentar, 11. Auflage, Berlin (zit: Bearbeiter in: Leipziger Kommentar).
Jahn, Joachim	UMAG: Das Aus für „räuberische Aktionäre“ oder neues Erpressungspotential?, Betriebs-Berater 2005, S. 5 – 13.
Joussen, Peter	Auskunftspflicht des Vorstandes nach § 131 AktG und Insiderrecht, Der Betrieb 1994, S. 2485 – 2489,
ders.	Der Auskunftsanspruch des Aktionärs, Die Aktiengesellschaft, 2000, S. 241 – 249.

Kallmeyer, Harald — Umwandlungsgesetz Kommentar, 2. Auflage, Köln 2001 (zit.: Bearbeiter in: Kallmeyer, UmwG).

Kiethe, Kurt — Abkauf von Anfechtungsrechten der Aktionäre – neuere Tendenzen rechtsmissbräuchlichen Verhaltens räuberischer Aktionäre, Neue Zeitschrift für Gesellschaftsrecht 2004, S. 489 – 494.

Körner, Marita — Infomatec und die Haftung von Vorstandsmitgliedern für falsche ad hoc-Mitteilungen, Neue Juristische Wochenschrift 2004, S. 3386 – 3388.

Kort, Michael — Die Registereintragung gesellschaftsrechtlicher Strukturänderungen nach dem Umwandlungsgesetz und nach dem Gesetz zur Unternehmensintegrität und Modernisierung des Aktienrechts (UMAG), Betriebs-Berater 2005, S. 1577 – 1582,

ders. — Die Haftung der AG nach §§ 826, 31 BGB bei fehlerhaften Ad-hoc-Mitteilungen, Neue Zeitschrift für Gesellschaftsrecht 2005, S. 496 – 498.

Kowalewski, Jörn / Hellgardt, Alexander — Der Stand der Rechtsprechung zur deliktischen Haftung für vorsätzlich falsche Ad-hoc-Mitteilungen, Der Betrieb 2005, S. 1839 – 1842.

Krämer, Lutz Robert/ Theiß, Simone — Delisting nach der Macrotron-Entscheidung des BGH, Die Aktiengesellschaft 2003, S. 225 – 242.

Krause, Rüdiger — Ad-hoc-Publizität und haftungsrechtlicher Anlegerschutz, Zeitschrift für Unternehmens- und Gesellschaftsrecht 2002, S. 799 – 841.

Krieger, Gerd — Aktionärsklage zur Kontrolle des Vorstands- und Aufsichtsratshandelns, Zeitschrift für das gesamte Handels- und Wirtschaftsrecht, 163. Band 1999, S. 343 – 363,

Kropff, Bruno (Hrsg.) — Aktiengesetz, Textausgabe des Aktiengesetzes von 06.09.1965 (Bundesgesetzblatt I S. 1089) und des Einführungsgesetzes zum Aktiengesetz (Bundesgesetzblatt I S. 1185) mit Begründung des Regierungsentwurfs, Bericht des Rechtsausschusses des Deutschen Bundestages, Verweisungen und Sachverzeichnis, Düsseldorf 1965.

Kropff, Bruno/ Semler, Johannes (Hrsg.) Münchener Kommentar Aktiengesetz, 2. Auflage, München (zit.: Bearbeiter in: Münchener Kommentar AktG).

Kuthe, Thorsten BB-Gesetzgebungsreport: Die Fortsetzung der Aktienrechtsreform durch den Entwurf eines Gesetzes zur Unternehmensintegrität und Modernisierung des Aktienrechts, Betriebs-Berater 2004, S. 449 – 451.

ders. Änderungen des Kapitalmarktrechts durch das Anlegerschutzverbesserungsgesetz, Zeitschrift für Wirtschaftsrecht 2004, S. 883 – 888.

Kutzner, Lars Das Verbot der Kurs- und Marktpreismanipulation nach § 20a WpHG – Modernes Strafrecht?, Wertpapier-Mitteilungen 2005, S. 1401 – 1408.

Langenbucher, Katja Kapitalerhaltung und Kapitalmarkthaftung, Zeitschrift für Wirtschaftsrecht 2005, S. 239 – 245.

Lefebvre, Francis (Hrsg.) *Droit des Affaires, Sociétés Commerciales 2004*, Levallois 2003 (zit.: Lefebvre, *Sociétés commerciales*).

Leibholz, Gerhard/ Rinck, Hans Justus/ Hesselberger, Dieter (Hrsg.) Grundgesetz für die Bundesrepublik Deutschland, 7. Auflage 1993, (zit.: Leibholz/Rinck/Hesselberger, GG).

Leisch, Clemens Vorstandshaftung für falsche Ad-hoc-Mitteilungen - ein höchstrichterlicher Beitrag zur Stärkung des Finanzplatzes Deutschland, Zeitschrift für Wirtschaftsrecht 2004, S. 1573 – 1580.

Leppert, Michael/ Stürwald, Florian Aktienrückkauf und Kursstabilisierung – Die Safe-Harbour-Regelungen der Verordnung (EG) Nr. 2273 und der KuMaKV, Zeitschrift für Bankrecht und Bankwirtschaft 2004, S. 302 – 314.

Letréguilly, Hervé *La responsabilité des émetteurs en matière d'information financière, Revue de Droit Bancaire et Financier* 2004, S. 448 – 453.

Letzel, Hans-Joachim Directors' Dealings in der Unternehmenspraxis, Zeitschrift für Bank- und Kapitalmarktrecht 2002, S. 862 – 868.

Leuering, Dieter	Die Ad-hoc-Pflicht auf Grund der Weitergabe von Insiderinformationen (§ 15 I 3 WpHG), Neue Zeitschrift für Gesellschaftsrecht 2005, S. 12 – 17.
Ludewig, Wilhelm	Hauptprobleme der Reform des Aktienrechts, Marburg 1929 (zit.: Aktienrecht, 1929).
Lutter, Marcus	Die entgeltliche Ablösung von Anfechtungsrechten – Gedanken zur aktiven Gleichbehandlung im Aktienrecht –, Zeitschrift für Unternehmens- und Gesellschaftsrecht 1978, S. 347 – 372.
ders.	Theorie der Mitgliedschaft – Prolegomena zu einem Allgemeinen Teil des Korporationsrechts –, Archiv civilistischer Praxis, Band 180 (1980), S. 84 – 159.
ders.	Aktionärs-Klagerechte, Juristenzeitung 2000, S. 837 – 842,
ders. (Hrsg.)	Umwandlungsgesetz, Kommentar, Band I, §§ 1 - 151, 2. Auflage, Köln 2000 (zit.: Bearbeiter in: Lutter, Umwandlungsgesetz).
Lutter, Marcus/ Leinekugel, Rolf	Der Ermächtigungsbeschluss der Hauptversammlung zu grundlegenden Strukturmaßnahmen – zulässige Kompetenzübertragung oder unzulässige Selbstentmachtung? Zeitschrift für Wirtschaftsrecht 1998, S. 805 – 817.
De Mahenge, Yves Huyghé	*L'indemnisation des actionnaires victimes de délits boursiers, Revue de Droit Bancaire et Financier* 2002, S. 107.
Maier-Raimer, Georg/ Webering, Anabel	Ad hoc-Publizität und Schadensersatzhaftung – Die neuen Haftungsvorschriften des Wertpapierhandelsgesetzes –, Wertpapier-Mitteilungen 2002, S. 1857 – 1864.
Maréchal, Anne	*La responsabilité des dirigeants des sociétés cotées en matière d'information financière, Droit des sociétés, Août/Septembre* 2001, n° 16, S. 4 – 11.
Martens, Klaus-Peter	Die Reform der aktienrechtlichen Hauptversammlung, Die Aktiengesellschaft 2004, S. 238 – 245.
Mattout, Jean-Pierre	*Information financière et responsabilité des dirigeants, Revue de Droit Bancaire et Financier 2004*, S. 454 – 458,

ders. *Information financière et responsabilité des dirigeants, Décembre* 2004, S. 11 – 14.

Maul, Silja / Lanfermann, Georg EU-Kommission nimmt Empfehlungen zu Corporate Governance an, Der Betrieb 2004, S. 2407 – 2409.

Meilicke, Heinz/ Heidel, Thomas Das Auskunftsrecht des Aktionärs in der Hauptversammlung, Deutsches Steuerrecht 1992, S. 72 – 75,

dies. UMAG: „Modernisierung" des Aktienrechts durch Beschränkung des Eigentumsschutzes der Aktionäre, Der Betrieb 2004, S. 1479 – 1487.

Menke, Rainard/ Porsch, Winfried Verfassungs- und europarechtliche Grenzen eines Gesetze zur individualisierten Zwangsoffenlegung der Vergütung der Vorstandsmitglieder, Betriebs-Berater 2004, S. 2533 – 2537.

Merle, Philippe *Droit commercial, Sociétés commerciales*, 9. Aufl., Paris 2003.

Merkner, Andreas/ Sustmann, Marco Insiderrecht und Ad-Hoc-Publizität – Das Anlegerschutzverbesserungsgesetz „in der Fassung durch den Emittentenleitfaden der BaFin", Neue Zeitschrift für Gesellschaftsrecht 2005, S. 729 – 738.

Mertens, Hans-Joachim Der Aktionär als Wahrer des Rechts?, Aktuelle Probleme der Durchsetzung von Aktionärsrechten, Die Aktiengesellschaft 1990, S. 49 – 55.

Messerschmidt, Nicoletta Die neue Ad-hoc-Publizitätspflicht bei mehrstufigen Entscheidungsprozessen – Ist der Aufsichtsrat damit überflüssig?, Betriebs-Berater 2004, S. 2538 – 2540.

Mestre, Jacques/ Pancrazi, Marie-Eve *Droit commercial*, 26. Auflage, Paris 2003.

Möller, Andreas Die Neuregelung des Verbots der Kurs- und Marktpreismanipulation im Vierten Finanzmarktförderungsgesetz, Wertpapier-Mitteilungen 2002, S. 309 – 317.

Möllers, Thomas M. J. Anlegerschutz durch Aktien- und Kapitalmarktrecht – Harmonisierungsmöglichkeiten nach geltendem und künftigem Recht – , Zeitschrift für Unternehmens- und Gesellschaftsrecht 1997, S. 334 – 367, ders. — Der Weg zu einer Haftung für Kapitalmarktinformationen, Juristenzeitung 2005, S. 75 – 83,

ders. — Insiderinformation und Befreiung von der Ad-hoc-Publizität nach § 15 Abs. 3 WpHG – Zur Neubeurteilung von mehrstufigen Entscheidungsprozessen durch das Anlegerschutzverbesserungsgesetz – Wertpapier-Mitteilungen 2005, S. 1393 – 1400,

ders. — Das Verhältnis der Haftung wegen sittenwidriger Schädigung zum gesellschaftsrechtlichen Kapitalerhaltungsgrundsatz – EM.TV und Comroad, Betriebs-Berater 2005, S. 1637 – 1642.

Möllers, Thomas M. J./ Leisch, Franz Clemens — Haftung von Vorständen gegenüber Anlegern wegen fehlerhafter Ad-hoc-Meldungen nach § 826 BGB, Wertpapier-Mitteilungen 2001, S. 1648 – 1662.

Möllers, Thomas M. J./ Rotter, Klaus — Offene Fragen zum Anwendungsbereich der §§ 37b und 37c WpHG, Neue Zeitschrift Gesellschaftsrecht 2003, S. 112 – 116,

dies. — Schaden und Kausalität im Rahmen der neu geschaffenen §§ 37b und 37c WpHG, Zeitschrift für Bank- und Kapitalmarktrecht 2002, S. 1071 – 1079,

dies. (Hrsg.) — Ad-hoc-Publizität, Handbuch der Rechte und Pflichten von börsennotierten Unternehmen und Kapitalanlegern, München 2003 (zitiert: Bearbeiter in: Möllers/Rotter, Ad-hoc-Publizität, 2003).

Morse, Geoffrey K. (Hrsg.) — *Palmer's Company Law*, Volume 1 und 2, London 2004 (zit.: *Palmer's Company Law*).

Mülbert, Peter O. — Aktiengesellschaft, Unternehmensgruppe und Kapitalmarkt, Die Aktionärsrechte bei Bildung und Umbildung einer Unternehmensgruppe zwischen Verbands- und Anlegerschutzrecht, 2. Auflage, München 1996 (zit.: Mülbert, Aktiengesellschaft, Unternehmensgruppe und Kapitalmarkt),

ders. — Empfiehlt es sich, im Interesse des Anlegerschutzes und zur Förderung des Finanzplatzes Deutschland das Kapitalmarkt- und Börsenrecht neu zu regeln?, Juristenzeitung 2002, S. 826 – 837.

Mülbert, Peter O./ Steup, Steffen	Emittentenhaftung für fehlerhafte Kapitalmarktinformation am Beispiel der fehlerhaften Regelpublizität – das System der Kapitalmarktinformationshaftung nach AnSVG und WpPG mit Ausblick auf die Transparenzrichtlinie –, Wertpapier-Mitteilungen 2005, S. 1633 – 1655.
Le Nabasque, Henri	*Rejet de la théorie de la faute séparable des fonctions du dirigeant, Revue de Droit Bancaire et Financier* 2004, S. 268.
Nietsch, Michael	Schadensersatzhaftung wegen Verstoßes gegen Ad-hoc-Publizitätspflichten nach dem Anlegerschutzverbesserungsgesetz, Betriebs-Berater 2005, S. 785 – 790.
Nitschke, Manfred / Bartsch, Hans-Jürgen	Über Bedeutung und Umfang des Auskunftsrechts, insbesondere im Zusammenhang mit Entlastungsbeschlüssen, Die Aktiengesellschaft 1969, S. 95 – 100.
ders.	Neue Entwicklungen im Aktienrecht und moderne Informationstechnologie 2003......-.........2005, Neue Zeitschrift für Gesellschaftsrecht 2004, S. 297 – 303.
Ohl, Daniel	*Droit des sociétés cotées*, Paris 2003 (zit.: Ohl, *Sociétés cotées,* 2003).
Paal, Boris P.	Die persönliche Haftung – ein wirksames Mittel zur Verbesserung der Kontrolltätigkeit des Aufsichtsrats bei kapitalmarktorientierten Unternehmen? Teil I: Deutsches Steuerrecht 2005, S. 382 – 385. Teil II: Deutsches Steuerrecht 2005, S. 426 – 432.
Park, Tido	Kapitalmarktstrafrechtliche Neuerungen des Vierten Finanzmarktförderungsgesetzes, Betriebs-Betrater 2003, S. 1513 – 1517.
Paschos, Nikolaos	Berichtspflichten des Vorstands bei der Ermächtigung zum Bezugsrechtsausschluss und deren Ausübung im Rahmen eines genehmigten Kapitals, Wertpapier-Mitteilungen 2005, 356 – 365.
Paschos, Nikolaos / Neumann, Kay-Uwe	Die Neuregelungen des UMAG im Bereich der Durchsetzung von Haftungsansprüchen der Aktiengesellschaft gegen Organmitglieder, Der Betrieb 2005, S. 1779 – 1786.

Pelzer, Karen Christina — Das Auskunftsrecht der Aktionäre in der Europäischen Union, Köln 2004 (zitiert: Pelzer, Auskunftsrecht, 2004).

Pennington, Robert R. — *Company Law*, 7. Auflage, London 1995 (zit.: Pennington, *Company Law*),

ders. — Jura Europae, GR IV, Vereinigtes Königreich 90.10 (zit.: Pennington, Jura Europae, IV).

Pezard, Alice — *Code monétaire et financier*, *Edition 2001*, Paris 2001 (zit.: Pezard, *Code monétaire et financier*).

Pfeiffer, Gerd / Kummer, Joachim / Scheuch, Silke — Festschrift für Hans Erich Brandner zum 70. Geburtstag, Köln 1996 (zit.: Bearbeiter in: Festschrift Brandner, 1996).

Pluskat, Sorika — Die durch das Anlegerschutzverbesserungsgesetz geänderte Regelung der Directors' Dealings vor dem Hintergrund der Richtlinie zur Durchführung der Marktmissbrauchsrichtlinie, Zeitschrift für Bank- und Kapitalmarktrecht 2004, S. 467 – 473

dies. — Die Neuregelung der Directors' Dealings in der Fassung des Anlegerschutzverbesserungsgesetzes, Der Betrieb 2005, S. 1097 – 1101.

Poisson Schödermeier, Marie-Danielle — *Le nouveau visage de l'expertise de gestion à la lumière de l'expérience anglaise, Revue internationale de droit comparé* 1987, S. 913 – 944.

Reichert, Jochen/ Weller, Marc-Philippe — Haftung von Kontrollorganen – Die Reform der aktienrechtlichen und kapitalmarktrechtlichen Haftung, Zeitschrift für Rechtspolitik 2002, S. 49 – 56.

Reuschle, Fabian — Ein neuer Weg zur Bündelung und Durchsetzung gleichgerichteter Ansprüche - Zum Entwurf eines Kapitalanleger-Musterverfahrensgesetzes (KapMuG), Wertpapier-Mitteilungen 2004, S. 2334 – 2344.

Ripert, G./Roblot, R. — *Traité de Droit commercial, Tome I – Volume 2, Les sociétés commerciales*, 18. Auflage, Paris 2002 (zit.: Bearbeiter in: Ripert/Roblot, *Droit commercial I-2*).

Rössner, Michael-Christian/ Bolkart, Johannes — Schadensersatz bei Verstoß gegen Ad-hoc-Publizitätspflichten nach dem 4. Finanzmarktförderungsgesetz, Zeitschrift für Wirtschaftsrecht 2002, S. 1471 – 1477.

Rodewald, Jörg/ Siems, Mathias — Haftung für die „frohe Botschaft" - Rechtsfolgen falscher Ad-hoc-Mitteilungen, Betriebs-Berater 2001, S. 2437 – 2440.

Romain, Alfred/ Bader, Hans Anton/ Byrd, B. Sharon — Wörterbuch der Rechts- und Wirtschaftssprache, Teil I, Englisch - Deutsch, 5. Auflage, München 2000 (zit.: Romain/Bader/Byrd).

Roth, Günter H. — Die (Ohn-)Macht der Hauptversammlung, Zeitschrift für Wirtschaftsrecht 2003, S. 369 – 378.

Rudolph, Bernd — Viertes Finanzmarktförderungsgesetz – ist der Name Programm?, Betriebs-Berater 2002, 1036 – 1041.

Rützel, Stefan — Der aktuelle Stand der Rechtsprechung zur Haftung bei Ad-hoc-Mitteilungen, Die Aktiengesellschaft 2003, S. 69 – 79.

Saenger, Ingo — Aktienrechtliche Anfechtungsklagen: Verfahrenseffizienz und Kosten, Die Aktiengesellschaft 2002, S. 536 – 543.

Sakkoulas, Ant. N. (Hrsg.) — Die Aktiengesellschaft und der Kapitalmarkt – Der Anlegerschutz, 11. Tagung der griechischen Handels- und Gesellschaftsrechtler, Athen/Komotini 2002, (zit.: Bearbeiter in: Sakkoulas, Anlegerschutz, 2002).

Sauer, Knut — Haftung für Falschinformation des Sekundärmarktes, Frankfurt a.M. 2004 (zit.: Sauer, Haftung, 2004)

ders. — Kausalität und Schaden bei der Haftung für falsche Kapitalmarktinformationen, Zeitschrift für Bankrecht und Bankwirtschaft 2005, S. 24 – 35.

Schäfer, Frank A. — Grundzüge des neuen Börsenrechts, Zeitschrift für Wirtschaftsrecht 1987, S. 953 – 959,

ders. (Hrsg.) — Wertpapierhandelsgesetz Börsengesetz mit BörsZulV Verkaufsprospektgesetz mit VerkProspV, Kommentar, Berlin 1999 (zit.: Bearbeiter in: Schäfer).

Schäffer Verlag Stuttgart (Hrsg.) — Festschrift 40 Jahre „Der Betrieb", Stuttgart 1988 (zit.: Bearbeiter in: Festschrift 40 Jahre „Der Betrieb").

Schiessl, Maximilian — Ist das deutsche Aktienrecht kapitalmarkttauglich?, Die Aktiengesellschaft 1999, S. 442 – 452.

Schlaus, Wilhelm — Der Auskauf opponierender Aktionäre, Die Aktiengesellschaft 1988, S. 113 – 117.

Schlitt, Michael	Die gesellschaftsrechtlichen Voraussetzungen des regulären Delisting - Macrotron und die Folgen, Zeitschrift für Wirtschaftsrecht 2004, S. 533 – 541.
Schmidt, Karsten	Gesellschaftsrecht, 4. Auflage, Köln 2002.
Schmitz, Alexandra	Aktuelles zum Kursbetrug gemäß § 88 BörsG, Zeitschrift für Wirtschafts- und Steuerstrafrecht 2002, S. 208 – 213.
Schmolke, Ulrich	Organwalterhaftung für Eigenschäden von Kapitalgesellschaften, 2004.
Schneider, Uwe-H.	Der pflichtenauslösende Sachverhalt bei „Directors' Dealings", Der sachliche Anwendungsbereich des § 15a WpHG, Betriebs-Berater 2002, S. 1817 – 1821,
ders.	Meldepflichtige Wertpapiergeschäfte von Organmitgliedern („Directors' Dealings") im Konzern, Zum Verhältnis zwischen Konzernrecht und Konzern-Kapitalmarktrecht, Die Aktiengesellschaft 2002, S. 473 – 477.
Schockenhoff, Martin	Informationsrechte der HV bei Veräußerung eines Tochterunternehmens, Zugleich Besprechung der Altana/Milupa-Entscheidung des BGH, Neue Zeitschrift für Gesellschaftsrecht 2001, S. 921 – 926.
Schubert, Werner / Hommelhoff, Peter (Hrsg.)	Hundert Jahre modernes Aktienrecht, Eine Sammlung von Texten und Quellen zur Aktienrechtsreform 1884 mit zwei Einführungen, ZGR-Sonderheft 4, Berlin 1985 (zit.: Schubert/Hommelhoff, Hundert Jahre modernes Aktienrecht)
Schwark, Eberhard	Börsengesetz, Kommentar, 2. Auflage, München 1994 (zit.: Schwark, BörsG),
ders. (Hrsg.)	Kapitalmarktrechtskommentar, München 2004 (zit.: Bearbeiter in: Schwark, KMRK).
Seibt, Christoph	Die Reform des Verfolgungsrechts nach § 147 AktG und des Rechts der Sonderprüfung, Wertpapier-Mitteilungen 2004, S. 2137 – 2145.
Semler, Johannes / Hommelhoff, Peter / Doralt, Peter u.a.	Reformbedarf im Aktienrecht, Kontrollrechte des einzelnen Aktionärs: Beschränkung, Erweiterung und Missbrauchsbekämpfung, ZGR Sonderheft 12, Berlin 1994 (zitiert: Bearbeiter in: Reformbedarf, 1994).

Sessler, Anke — Das Kapitalanleger-Musterverfahrensgesetz - eine Stellungnahme aus anwaltlicher Sicht, Wertpapier-Mitteilungen 2004, S. 2344 – 2348.

Sheikh, Saleem — *Shareholder Remedies, International Company and Commercial Law Review 1997*, S. 47 – 51,

ders. — *Changes to the Listing Rules, International Company and Commercial Law Review 2001*, S. 222 – 226,

ders. — *Company Law for the 21st Century – Part 1: A New Regime for Small and Private Companies, International Company and Commercial Law Review 2001*, S. 311 – 319,

ders. — *Company Law for the 21st Century – Part 2: Corporate Governance, International Company and Commercial Law Review 2002*, S. 89 – 97,

ders. — *Company Investigations: Powers for the 21st Century, International Company and Commercial Law Review 2002*, S. 228 – 232.

Siebel, Ulf R./Gebauer, Stefan — Prognosen im Aktien- und Kapitalmarktrecht, - Lagebericht, Zwischenbericht, Verschmelzungsbericht, Prospekt usw. –
Teil I: Wertpapier-Mitteilungen 2001, S. 118 – 134,
Teil II: Wertpapier-Mitteilungen 2001, S. 173 – 193.

Sinewe, Patrick — Keine Anfechtungsklage gegen Umwandlungsbeschlüsse bei wertbezogenen Informationsmängeln, - Ausstrahlungswirkung der Entscheidungen des BGH vom 18.12.2000 und vom 29.1.2001, DB 2001 S. 319 und 471 -, Der Betrieb 2001, 690 – 691.

Spindler, Gerald — Persönliche Haftung der Organmitglieder für Falschinformationen des Kapitalmarktes, - de lege lata und de lege ferenda -, Wertpapier-Mitteilungen 2004, S. 2089 – 2098,

ders. — Kapitalmarktreform in Permanenz – Das Anlegerschutzverbesserungsgesetz, Neue Juristische Wochenschrift 2004, S. 3449 – 3512,

ders. — Die Reform der Hauptversammlung und der Anfechtungsklage durch das UMAG, Neue Zeitschrift für Gesellschaftsrecht 2005, S. 825 – 831, ders. — Haftung und Aktionärsklage nach dem neuen UMAG, Neue Zeitschrift für Gesellschaftsrecht 2005, S. 865 – 872.

Spindler, Gerald/ Speier, Torben — Die neue Ad-hoc-Publizität im Konzern, Betriebs-Berater 2005, S. 2031 – 2035.

Stefani, Gaston/ Levasseur, Georges/ Bouloc, Bernard — *Procédure pénale*, 18. Auflage, Paris 2001.

Steinmeyer, Roland/ Häger, Michael — WpÜG, Kommentar zum Wertpapiererwerbs- und Übernahmegesetz mit Erläuterungen zum Minderheitenausschluss nach §§ 327a ff. AktG, Berlin 2002 (zit.: Steinmeyer/Häger, WpÜG).

Storp, Roger — Reform des französischen Unternehmensrechts im Rahmen des Gesetzes über „Neue Wirtschaftliche Regulierungen" vom 15.5.291, Recht der internationalen Wirtschaft 2002, S. 409 – 423.

Streinz, Rudolf/ Ohler, Christoph — § 20a WpHG in rechtsstaatlicher Perspektive - europa- und verfassungsrechtliche Anforderungen an das Verbot von Kurs- und Marktpreismanipulation, Wertpapier-Mitteilungen 2004, S. 1309 – 1360.

Sünner, Eckart — Ungereimtheiten des Entwurfs eines Kapitalmarktinformationshaftungsgesetzes, Der Betrieb 2004, S. 2460 – 2463.

Thin, Christine — *La fausse information du marché et le délit d'initié, Revue de Jurisprudence Commerciale, 49ᵉ année – Hors-série 2005, Entreprise : Information et Rumeur, Colloque Droit et Commerce à Deauville 2/3 Avril 2005*, S. 71 – 80.

Thomas, Heinz/ Putzo, Hans u.a. (Hrsg.) — Zivilprozessordnung, 26. Auflage, München 2004 (zit. : Bearbeiter in: Thomas/Putzo, ZPO).

Thümmel, Roderich — Haftung für geschönte Ad-hoc-Meldungen: Neues Risikofeld für Vorstände oder ergebnisorientierte Einzelfallrechtsprechung?, Der Betrieb 2001, S. 2331 – 2333.

Tollkühn, Oliver — Die Ad-hoc-Publizität nach dem Anlegerschutzverbesserungsgesetz, Zeitschrift für Wirtschaftsrecht 2004, S. 2215 – 2220.

Triebel, Volker (Hrsg.) Englisches Handels- und Wirtschaftsrecht, 2. Auflage, Heidelberg 1995 (zit.: Triebel, Englisches Handels- und Wirtschaftsrecht).

Tripmaker, Stefan Der subjektive Tatbestand des Kursbetruges, Zeitschrift für Wirtschafts- und Steuerstrafrecht 2002, S. 288 – 292.

Tröger, Tobias Vorbereitung von Zustimmungsbeschlüssen bei Strukturmaßnahmen, Zeitschrift für Wirtschaftsrecht 2001, S. 2029 – 2042.

ders. Informationsrechte der Aktionäre bei Beteiligungsveräußerungen, Besprechung des Urteils BGH vom 1501.2001- II ZR 124/99 („Altana/Milupa), Zeitschrift für das gesamte Handels- und Wirtschaftsrecht 165. Band 2001, S. 593 – 605.

Urbain-Parleani, Isabelle *L'expertise de gestion et l'expertise in futurum, Revue des sociétés* 2003, S. 223 – 237.

Ulmer, Peter Aktienrecht im Wandel, Archiv für die civilistische Praxis, Band 202 (2002), S. 143 – 178.

Vatel, David *Aspects judiciaires et juridictionnels du pouvoir de sanction de la COB, Revue des Sociétés 1994*, S. 25 – 41.

de Vauplane, Hubert/ Simart, Odile *Délits boursiers: Propositions de réforme, Revue de Droit Bancaire et de la bourse 1997*, S. 85 – 98.

de Vauplane, Hubert / Bornet, Jean-Pierre *Droit des marchés financiers*, 3. Auflage, Paris 2001 (zit.: de Vauplane/Bornet, *Marchés financiers*).

Veil, Rüdiger Die Ad-hoc-Publizitätshaftung im System kapitalmarktrechtlicher Informationshaftung, Zeitschrift für das gesamte Handels- und Wirtschaftsrecht, 167. Band 2003, S. 365 – 402,

ders. Die Haftung des Emittenten für fehlerhafte Information des Kapitalmarkts nach dem geplanten KapInHaG, Zeitschrift für Bank- und Kapitalmarktrecht 2005, S. 91 – 98,

ders. Klagemöglichkeiten bei Beschlussmängeln der Hauptversammlung nach dem UMAG, Die Aktiengesellschaft 2005, S. 567 – 576.

Vetter, Eberhard Squeeze-out nur durch Hauptversammlungsbeschluss?, Der Betrieb 2001, S. 743 – 747.

ders. — Squeeze-out – Der Ausschluß der Minderheitsaktionäre aus der Aktiengesellschaft nach den §§ 327a – 327f AktG, Die Aktiengesellschaft 2002, S. 176 – 190.

Vogel, Joachim — Scalping als Kurs- und Marktpreismanipulation – Besprechung von BGH, Urteil vom 6.11.2003 – 1 StR 24/03, Neue Zeitschrift für Strafrecht 2004, S. 252 – 256.

Vorpeil, Klaus — Neuere Entwicklungen im englischen Handels- und Wirtschaftsrecht, Recht der internationalen Wirtschaft 2002, S. 630 – 639.

Wagner, Klaus-R. — Freier Kapitalanlagemarkt: Bewusste und eigenverantwortliche Entscheidung von Anlegern – Aus Anlass des BGH-Urteils vom 26.10.2004, Deutsches Steuerrecht 2005, 1449 – 1454.

Wank, Rolf/ Hirte, Heribert/ Thüsing, Gregor (Hrsg.) — Festschrift für Herbert Westermann zum 70. Geburtstag, München 2002 (zit: Bearbeiter in: Festschrift Wiedemann, 2002).

Wareham, Robert (Hrsg.) — *Tolley's Company Law Handbook 2000-2001*, 7th Edition, Croydon 2000 (zit: Tolley's).

Waschull, Dirk — Das Unternehmen im engeren Sinne als verfassungsrechtliches Eigentum – Zum Begriff des Eigentums in Art. 14 GG, Baden-Baden 1999 (zit.: Waschull, Unternehmen).

Weber, Martin, — Die Entwicklung des Kapitalmarktrechts im Jahre 2004, Neue Juristische Wochenschrift 2004, S. 3674 – 3681.

Weiler, Lothar/ Tollkühn, Oliver — Die Neuregelung der „directors' dealings" nach dem Vierten Finanzmarktförderungsgesetz, Der Betrieb 2002, S. 1923 – 1927.

Weißhaupt, Frank — Der „eigentliche" Holzmüller-Beschluß - Über Dogmatik und Anforderungen eines Instruments aktienrechtlicher Zuständigkeitsordnung, Neue Zeitschrift für Gesellschaftsrecht 1999, S. 804 – 811,

ders. — Kompensationsbezogene Informationsmängel in der Aktiengesellschaft, Frankfurt a. M. 2003 (zit.: Informationsmängel, 2003), ders. Modernisierung des Informationsmängelrechts in der Aktiengesellschaft nach dem UMAG-Regierungsentwurf, - Versuch einer kritischen Systematisierung, Wertpapier-Mitteilungen 2004, S. 705 – 712,

ders. Holzmüller-Informationspflichten nach den Erläuterungen des BGH in Sachen „Gelatine“, Die Aktiengesellschaft 2004, S. 585 – 592,

ders. Informationsmängel in der Hauptversammlung: die Neuregelungen durch das UMAG, Zeitschrift für Wirtschaftsrecht 2005, S. 1766 – 1773.

Weitemeyer, Birgit Der BGH stärkt das Auskunftsrecht der Aktionäre nach einer Fusion, Neue Zeitschrift für Gesellschaftsrecht 2005, S. 341 – 343.

Wiedemann, Herbert Der Kapitalanlegerschutz im deutschen Gesellschaftsrecht, Betriebs-Berater 1975, S. 1591 –1598.

Wilde, Christian Informationsrechte und Informationspflichten im Gefüge der Gesellschaftsorgane, Zeitschrift für Unternehmens- und Gesellschaftsrecht 1998, S. 423 – 465.

Wilhelm, Jan Inkompetenz des Aktionärs und Auskunfts- und Klagerecht, Der Betrieb 2001, S. 520 – 522.

Wilsing, Hans-Ulrich Neuerungen des UMAG für die aktienrechtliche Beratungspraxis, Zeitschrift für Wirtschaftsrecht 2004, S. 1082 – 1091,

ders. Der Regierungsentwurf des Gesetzes zur Unternehmensintegrität und Modernisierung des Anfechtungsrechts, - Neuerungen für die aktienrechtliche Beratungspraxis -, Der Betrieb 2005, S. 35 – 41.

Wilsing, Hans-Ulrich/ Kruse, Tobias Anfechtbarkeit von Squeeze-out- und Eingliederungsbeschlüssen wegen abfindungswertbezogener Informationsmängel, Betriebs-Berater 2002, S. 1539 – 1543.

Witt, Carl-Heinz Das Informationsrecht des Aktionärs und seine Durchsetzung in den USA, Großbritannien und Frankreich, Funktionale Gesamtbetrachtung im Vergleich zum Deutschen Recht, Die Aktiengesellschaft, 2000, S. 257 – 267.

Ziemonis, Hildegard — Neuerungen im Insiderrecht und bei der Ad-hoc-Publizität durch die Marktmissbrauchsrichtlinie und das Gesetz zur Verbesserung des Anlegerschutzes, Neue Zeitschrift für Gesellschaftsrecht 2004, S. 537 – 543.

Zietsch, Udo/ Holzborn, Timo — Zulassungsfolgepflichten börsennotierter Unternehmen, Wertpapier-Mitteilungen 2002, S. 2356 – 2367.

Ziouvas, Dimitris/ Walter, Tonio — Das neue Börsenstrafrecht mit Blick auf das Europarecht – zur Reform des § 88 BörsG – , Wertpapier-Mitteilungen 2002, S. 1483 – 1488.

Zitelmann, Ernst — Festschrift für Ernst Zitelmann zu seinem 60. Geburtstage überreicht von Verehrern und Schülern, München 1913 (zit.: Bearbeiter in: Festschrift Zitelmann, 1913).

Zöller, Richard (Hrsg.) — Zivilprozessordnung, 25. Auflage, Köln 2005 (zit.: Bearbeiter in: Zöller, ZPO).

Zöllner, Wolfgang (Hrsg.) — Kölner Kommentar zum Aktiengesetz, 2. Auflage (zit.: Bearbeiter in: Kölner Kommentar AktG),

ders. — Zur Problematik der aktienrechtlichen Anfechtungsklage, Die Aktiengesellschaft, 2000, S. 145 – 157.

FSC
www.fsc.org
MIX
Papier | Fördert gute Waldnutzung
FSC® C083411

Kolibri 360 GmbH
Ferdinand-Jühlke-Straße 7
99095 Erfurt, Deutschland
produktsicherheit@kolibri360.de

Druck:
CPI Druckdienstleistungen GmbH
im Auftrag der
Kolibri 360 GmbH
Ferdinand-Jühlke-Str. 7
99095 Erfurt